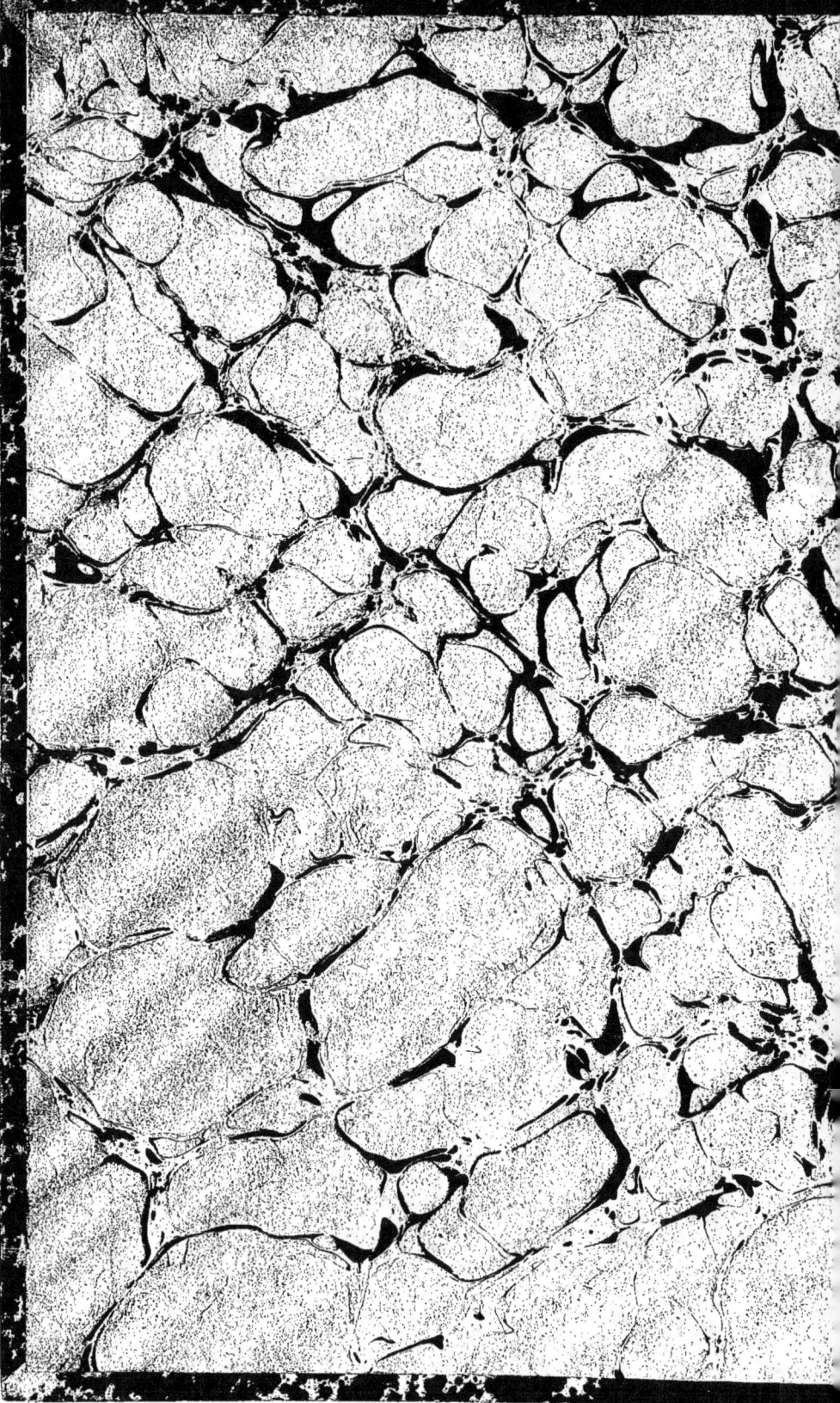

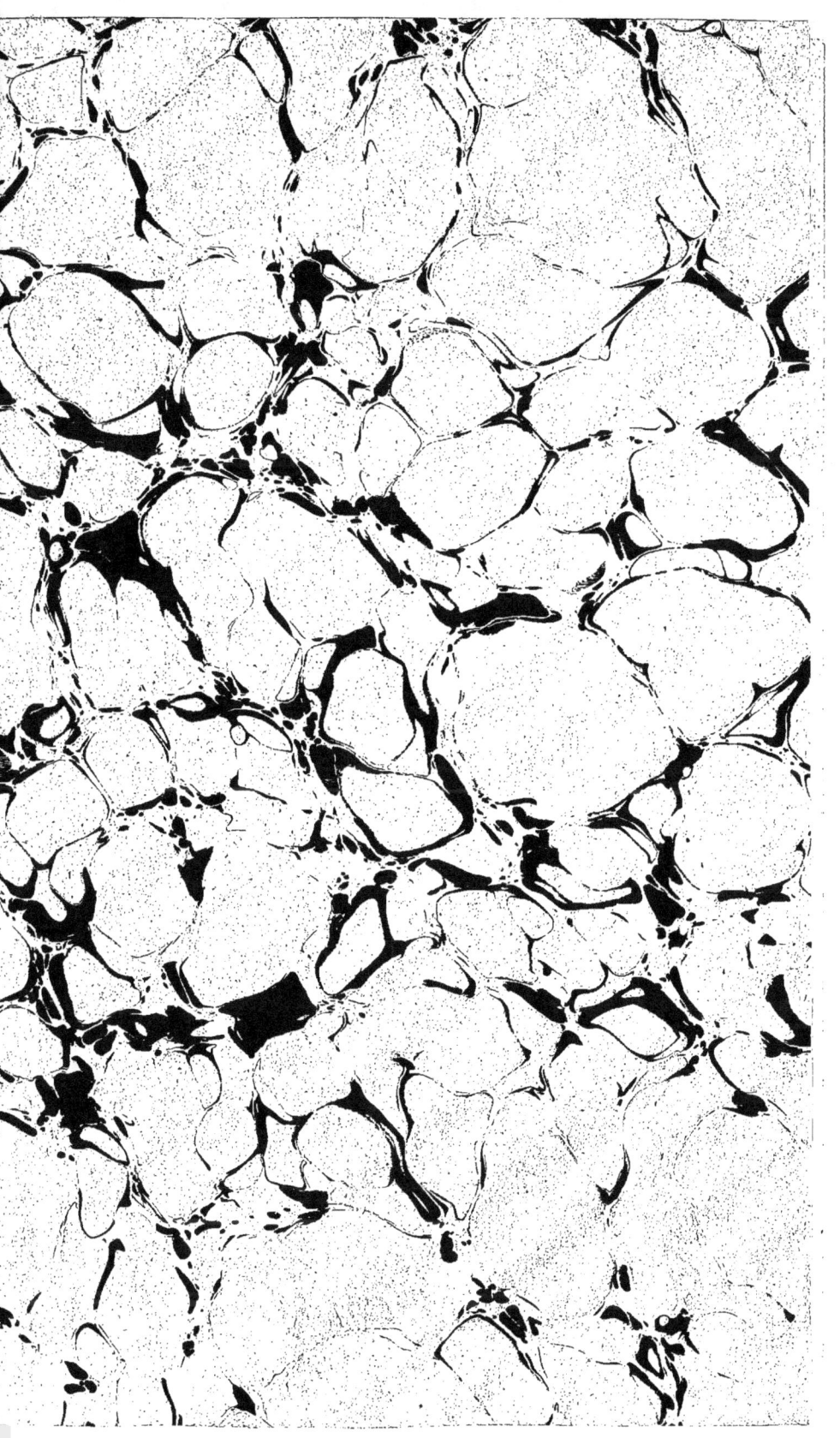

Exemplaire magasins

MÉMOIRES

DU

CARDINAL DE RICHELIEU

PUBLIÉS

D'APRÈS LES MANUSCRITS ORIGINAUX

POUR LA SOCIÉTÉ DE L'HISTOIRE DE FRANCE

AVEC LE CONCOURS DE

L'INSTITUT DE FRANCE — ACADÉMIE FRANÇAISE

(FONDATIONS DEBROUSSE ET GAS)

TOME SIXIÈME

(1626)

A PARIS

LIBRAIRIE ANCIENNE ÉDOUARD CHAMPION

LIBRAIRE DE LA SOCIÉTÉ DE L'HISTOIRE DE FRANCE

5, QUAI MALAQUAIS

M DCCCC XXV

Prix :
20 francs

Exercice 1925
2ᵉ volume.
(*Voir au verso.*)

*Le Siège social de la Société de l'histoire de France
est à Paris, rue des Francs-Bourgeois, n° 60.
Toutes les publications sont en vente chez M. Éd. Champion,
libraire de la Société, quai Malaquais, n° 5.*

VOLUMES RÉCEMMENT PARUS :

Exercice 1921.

397. Annuaire-Bulletin, 1921.
398. Rapports et notices sur les Mémoires du cardinal de Richelieu, fasc. VI. } Distribué en sept. 1921.
399. Mémoires du cardinal de Richelieu, t. V. } Distribué en déc. 1921.

Exercice 1922.

400. Rapports et notices sur les Mémoires du cardinal de Richelieu, fasc. VII. } Distribué en mai 1922.
401. Grandes Chroniques de France, t. II. } Distribué en oct. 1922.
402. Annuaire-Bulletin, 1922.

Exercice 1923.

403. Dépêches des ambassadeurs milanais sous Louis XI, t. IV. } Distribué en juin 1923.
404. Grandes Chroniques de France, t. III. } Distribué en déc. 1923.
405. Annuaire-Bulletin, 1923.

Exercice 1924.

406. Mémoires du maréchal de Florange, t. II. } Distribué en juin 1924.
407. Correspondance authentique de Godefroi, comte d'Estrades, t. I. } Distribué en mars 1925.
408. Annuaire-Bulletin, 1924.

MÉMOIRES
DU
CARDINAL DE RICHELIEU

MÉMOIRES

DU

CARDINAL DE RICHELIEU

PUBLIÉS

D'APRÈS LES MANUSCRITS ORIGINAUX

POUR LA SOCIÉTÉ DE L'HISTOIRE DE FRANCE

AVEC LE CONCOURS DE

L'INSTITUT DE FRANCE — ACADÉMIE FRANÇAISE

(FONDATIONS DEBROUSSE ET GAS)

TOME SIXIÈME

(1626)

A PARIS

LIBRAIRIE ANCIENNE ÉDOUARD CHAMPION

LIBRAIRE DE LA SOCIÉTÉ DE L'HISTOIRE DE FRANCE

5, QUAI MALAQUAIS

MÉMOIRES

DU

CARDINAL DE RICHELIEU

TOME SIXIÈME

(1626)

PUBLIÉ SOUS LA DIRECTION DE

M. LACOUR-GAYET, Membre de l'Institut

PAR

Robert LAVOLLÉE

AVEC UN AVANT-PROPOS DE

M. Gabriel HANOTAUX, de l'Académie française

M DCCCC XXV

EXTRAIT DU RÈGLEMENT.

Art. 14. — Le Conseil désigne les ouvrages à publier, et choisit les personnes les plus capables d'en préparer et d'en suivre la publication.

Il nomme, pour chaque ouvrage à publier, un Commissaire responsable, chargé d'en surveiller l'exécution.

Le nom de l'éditeur sera placé en tête de chaque volume.

Aucun volume ne pourra paraître sous le nom de la Société sans l'autorisation du Conseil, et s'il n'est accompagné d'une déclaration du Commissaire responsable, portant que le travail lui a paru mériter d'être publié.

Le Directeur de la publication soussigné déclare que le tome VI des Mémoires du Cardinal de Richelieu, *préparé par* M. Robert Lavollée, *lui a paru digne d'être publié par la* Société de l'Histoire de France.

Fait à Paris, le 25 octobre 1925.

Signé : G. LACOUR-GAYET.

Certifié :

Le Secrétaire de la Société de l'Histoire de France,

H. COURTEAULT.

AVANT-PROPOS

La *Société de l'Histoire de France* a décidé, conformément au désir qui lui en a été exprimé par l'Académie française, de poursuivre rapidement la publication des *Mémoires du cardinal de Richelieu*.

A la suite des polémiques qui se sont produites au sujet de l' « authenticité » de ces *Mémoires*, il est assez naturel que l'Académie française ait demandé aux savants et dévoués éditeurs de préciser leurs intentions et qu'on se soit trouvé dans la nécessité d'examiner à nouveau cette grave question de l' « authenticité ».

Pour ce qui concerne les intentions des éditeurs et l'impulsion nouvelle à donner à la publication, il est permis de dire qu'elle sera poursuivie, jusqu'à complet achèvement, avec le plus de célérité possible. Les dispositions sont prises à cet effet. La *Société de l'Histoire de France* pense pouvoir arriver à publier au moins trois volumes en deux ans. Ainsi l'ensemble de l'ouvrage serait livré au public dans une période d'environ dix années.

Mais, pour prendre une telle résolution, il était nécessaire qu'on se décidât à écarter dorénavant toute polémique, toute discussion générale au sujet de la rédaction des *Mémoires*, qu'il fût entendu que leur valeur était reconnue et que l'on s'en tînt uniquement à la publication du texte accompagné des courtes notes destinées à l'éclairer.

C'est sur ce point, qu'à la demande de la *Société de*

l'Histoire de France, je crois devoir, à titre personnel, apporter quelques explications.

« Les *Mémoires de Richelieu* sont de faux Mémoires », telle est l'assertion qui, lancée un jour dans le public, vint le surprendre et ébranler sa foi dans la valeur de cet important document de l'histoire de France.

On connaît la polémique qui s'ensuivit. Sans songer à rouvrir le débat, je vais tenter d'expliquer comment une pareille allégation put se produire, et pourquoi, malgré ce qu'elle a d'absolu, il est permis de garder une pleine et entière confiance historique dans l'œuvre dont la *Société de l'Histoire de France* a entrepris, sous de hauts patronages, de donner une nouvelle édition.

Nous sommes, je crois, en présence d'un malentendu portant sur le sens de ce mot : *Mémoires*.

On donne ce nom, aujourd'hui, à une autobiographie personnelle, à un récit de la vie d'un homme et des événements auxquels il a pris part ou assisté. Les types les plus célèbres de ce genre d'ouvrages sont les *Mémoires du cardinal de Retz*, les *Mémoires de Saint-Simon*. L'acception actuelle s'est surtout répandue à partir du XVIIIe siècle. Auparavant, le sens du mot était assez différent : on qualifiait de *Mémoires* les recueils de pièces provenant du cabinet d'un ministre, d'un homme public, ou bien encore ayant trait à une affaire importante, à une action politique, même à une période historique; nous dirions aujourd'hui, de préférence : *Recueil de documents, Dossiers, Archives*.

On peut citer de nombreuses publications portant ce titre de *Mémoires* et conçues dans l'esprit que je viens de dire : les *Mémoires de Condé*, les *Mémoires de la Ligue*, les

Mémoires de Villeroy. Ni Villeroy, ni Condé n'apparaissent, dans ces grandes publications, comme les rédacteurs de leur propre biographie ou d'une histoire de leur temps. Leurs noms figurent, sur le titre des ouvrages en question, comme indiquant l'origine des documents, ou même, simplement, les affaires auxquelles ces recueils sont consacrés. Les *Mémoires de la Ligue*, ce sont des documents sur la Ligue; les *Mémoires de Villeroy*, c'est le recueil des dossiers provenant du cabinet de Villeroy; les *Mémoires de Condé* se rapportent aux guerres de religion dans le temps où Henri de Condé était le chef du parti protestant. Personne ne songerait à discuter l'intérêt de ces publications; personne ne songerait à discuter leur « authenticité ».

Avec les *Mémoires du cardinal de Richelieu* nous entrons dans un ordre d'idées un peu différent. Le grand ministre a conçu, certainement, le dessein d'écrire un récit des événements de son temps; il en a, même, commencé la rédaction. Mais, bientôt, absorbé par les affaires publiques, il a dû se détourner de l'œuvre entreprise, et, par suite de sa mort, elle s'est trouvée interrompue.

Ceci dit, il convient d'observer, tout d'abord, que Richelieu n'a jamais donné à l'ouvrage qu'il méditait le titre de *Mémoires*. Il l'intitulait « *l'Histoire* » ou « *l'Histoire du Roi* ». Les études de M. Avenel, les *Documents inédits* que j'ai publiés moi-même ont établi que, sur les papiers émanant du Cardinal lui-même, ces expressions : *l'Histoire*, ou *pour l'Histoire*, reviennent si souvent que le dessein du ministre ainsi que la peine qu'il prit durant de longues années pour l'exécuter ne peuvent être mis en doute[1].

1. Voir aussi, dans les *Rapports et notices sur l'édition des*

Cette explication permet de se rendre compte, à ce qu'il semble, du malentendu d'où est né le débat. On avait, d'une part, de très importants *Mémoires* provenant du cabinet de Richelieu. Parmi ces *Mémoires*, et les résumant en quelque sorte, on avait une *Histoire du Roi*, commencée par Richelieu, poursuivie par sa volonté et sous sa direction tant qu'il vécut : un peu d'inattention, et le malentendu se produisait.

Vers l'année 1820, M. Petitot avait commencé la publication d'une vaste collection de *Mémoires* relatifs à l'histoire de France. Le public lettré n'ignorait pas qu'il existait, dans le dépôt des Archives étrangères, en ce temps-là fermé au public, un ensemble de documents provenant du cabinet de Richelieu. On parlait de *Mémoires* (dans le sens moderne du mot) rédigés par lui. Déjà, même, un fragment de l'*Histoire* avait paru sous le titre *Histoire de la mère et du fils*.

Le roi Louis XVIII ayant accordé à M. Petitot et à ses collaborateurs l'autorisation de pénétrer dans le sanctuaire des Archives, ils se trouvèrent en présence de l'immense amas des papiers provenant du Cardinal. Cherchant des *Mémoires*, ils eurent sous la main les deux manuscrits de l'*Histoire*. L'éditeur n'hésita pas ; ces manuscrits, dont l'un paraissait une première copie de l'autre, c'étaient bien les *Mémoires* que l'on cherchait, ceux qui figuraient parmi les « Mémoires » du Cardinal (sens ancien) ; ils avaient leur place toute indiquée dans la collection des *Mémoires* (sens moderne) de l'histoire de France ; et c'est sous ce titre qu'on les publia.

Depuis lors, historiens et érudits ont cité à l'envi les

Mémoires de Richelieu, le mémoire de M. François Bruel sur le titre original des *Mémoires de Richelieu* (t. I, p. 249-276).

Mémoires du cardinal de Richelieu et, s'appuyant sur une publication qui présentait, en même temps qu'un texte rédigé, un incomparable recueil de documents authentiques, ils se sont félicités de pouvoir apporter cette incomparable documentation à l'appui de leurs études sur le ministère du Grand Cardinal. N'était-ce pas lui-même qui parlait dans ce récit et dans ces pièces ordonnées, encadrées (si j'ose dire) selon sa volonté et sous sa direction?

Est-il permis vraiment de dire, dans ces conditions, que les *Mémoires de Richelieu* sont des *faux*?

Reste une objection : ces *Mémoires*, Richelieu ne les a pas rédigés de sa propre main.

Mais, tout d'abord, n'est-ce pas exagérer infiniment le scrupule que d'exiger la *main* d'un grand ministre, d'un homme d'État de ce calibre sur les documents historiques ou politiques provenant de son cabinet, pour consentir à les admettre comme « authentiques » ?

S'imagine-t-on que Richelieu, mort en pleine activité et, si j'ose dire, sur la brèche des grandes affaires, ait eu le temps et la volonté d'écrire lui-même ces pages nombreuses où les faits révolus étaient exposés?

Un ministre est absorbé non seulement par le présent, mais par l'avenir. Sa pensée et son activité n'ont pas de trêve. Revenir sur le passé! Mais il faudrait du temps, de la santé, que sais-je, il faudrait tout ce qui fait la tranquillité placide de l'homme de lettres. Quand cet éternel mourant se traîne jusqu'à Perpignan, dans l'appareil que l'on sait, pour étouffer la conspiration de Cinq-Mars et que sa main à demi paralysée tient le Roi pour qu'il ne retourne pas, une fois encore, vers son dangereux favori, certes non, il ne songeait pas à s'asseoir devant un bureau pour écrire, *de sa main*, en vue de satisfaire les érudits de l'avenir, ce récit auquel il attachait, d'ailleurs, tant de prix et qu'il avait conçu sous le titre d' « Histoire du Roi ».

Il ne le perdait pas de vue ; il songeait toujours à sa propre défense devant ses contemporains et devant la postérité, à ce que nous appellerions sa *propagande ;* il n'entendait pas renoncer à justifier ses actes, à expliquer sa conduite. Il était fermement résolu à établir son argumentation sur des preuves convaincantes ; et c'est pourquoi il réclamait, de toutes mains, des témoignages, des documents destinés à éclairer son système de gouvernement ; et c'est pourquoi il ne cessait d'accumuler tous les documents de l'*Histoire :* mais il ne l'écrivait pas.

Peut-être, quand il était de séjour à Paris ou à Rueil, lui arrivait-il de passer dans le cabinet des secrétaires attachés à ce service et de leur jeter quelques mots d'encouragement : « Comment va l'*Histoire?* » On peut admettre que, de temps en temps, il s'asseyait devant eux, répondait à une question, confirmait ou modifiait un détail, ne perdant jamais de vue ce *mémorial* auquel il se promettait peut-être de mettre lui-même la main si le service de l'État venait à lui créer des loisirs… Mais quand, et quels loisirs?

Quoi qu'il en soit, sa collaboration personnelle, indiscutable au début, se fait de plus en plus rare quand on approche de la fin et on peut dire que, pour les dernières parties de la rédaction, on n'en trouve plus aucune trace.

Les choses ainsi exposées, sommes-nous, oui ou non, en présence des *Mémoires du cardinal de Richelieu* et ce document est-il digne d'être publié à nouveau et consulté en confiance?

Il me semble que la réponse s'impose. Oui, nous avons

entre les mains une œuvre authentique, puisque nous possédons, appuyée sur les *Mémoires* provenant du cabinet de Richelieu, l'*Histoire du Roi* telle qu'il l'a en partie rédigée et telle que ses secrétaires l'ont poursuivie de son vivant ou après sa mort. On sait, en effet, que la nièce du Cardinal, la duchesse d'Aiguillon, ne laissa pas l'œuvre interrompue et qu'elle la fit conduire au point où nous la trouvons par des hommes de confiance et de capacité, familiers de la pensée du Cardinal et qui lui continuèrent leur concours. L'ensemble de l'œuvre forme ainsi un tout qu'on ne peut qu'accepter tel qu'il nous est parvenu.

Il n'y a pas un morceau important des *Mémoires de Richelieu*, en tant qu'appuyé, d'ailleurs, sur les dossiers du Cardinal, qui ne soit d'origine certaine et qui n'ait sa source au plus près de la pensée du Cardinal. Le travail des secrétaires se borne, en général, à mettre bout à bout les documents, lettres, récits, témoignages de toutes sortes réunis par lui ou par son ordre. Naturellement ce travail, pas plus que les phrases de transition, parfois les courts exposés nécessaires, n'émanent que rarement du Cardinal.

Mais nous sommes avertis : l'examen des manuscrits, l'étude approfondie des dossiers nous éclaire suffisamment sur la part à faire au Cardinal lui-même ; et c'est précisément le caractère de cette édition nouvelle, qu'en apportant la plus minutieuse attention à renseigner le lecteur, elle lui permettra de distinguer l'origine réelle de tous les passages, de toutes les citations, de toutes les rédactions qui composent, dans l'ensemble, le texte des *Mémoires*, ou plutôt de l'*Histoire*, que la mort interrompit.

Quant à marquer d'une tare indélébile l'ensemble de l'œuvre, quant à écarter de l'information historique française cet admirable recueil, ce recueil unique, puisqu'il est *sincère*, puisqu'il s'appuie toujours sur des documents incontestables, ce serait, en vérité, contraire à toute sagesse, à toute dignité, à toute équité.

Quoi! voilà un génie d'action incomparable qui prend la peine de rédiger ou, du moins, préparer pour son temps et pour ses contemporains une œuvre extraite de son cabinet et consacrée à l'histoire. Il veut être vrai, n'ayant rien à cacher; il collige lui-même les témoignages les plus importants, les textes irréfutables; il les ordonne, les épingle, les annote parfois, et ce sont ces originaux mêmes qui deviennent la base authentique de sa rédaction. On fait d'ordinaire un reproche aux auteurs de *Mémoires :* travaillant de souvenir, longtemps après les événements, plaidant pour leur propre cause, ils tirent à eux la vérité. Certes, il est loin d'être toujours véridique, notre Saint-Simon, qui, d'ailleurs, n'est qu'un témoin!

Et voici l'un des acteurs, un premier rôle s'il en fut, qui se présente devant nous, nous ouvre son cabinet, nous dit : « Lisez, contrôlez, jugez. » Et il s'agit d'une période capitale de notre histoire; il s'agit des fondations du grand siècle, il s'agit du plus grand ministre qu'ait connu la France. Il a eu la volonté, la hardiesse, la franchise d'entreprendre l'œuvre et de la surveiller de son vivant, autant qu'il l'a pu. Après sa mort, le travail a été poursuivi selon sa pensée et sa volonté formellement exprimées. Qu'importe que ce soit Charpentier, Cherré, Harlay, le secrétaire de nuit, ou tel autre secrétaire ayant ou non « la main », qui aient laissé des traces de leur intervention sur ces pièces originales, ou qu'ils les aient même reliées entre elles par de courts exposés; ils n'ont fait que se conformer à des instructions actuelles ou posthumes. La pensée du maître est en eux.

Et puis, les documents sont là : ce grand ministère, ce grand règne en sont illuminés, voilà ce qui importe.

Par l'étude, la comparaison, la réflexion, toute suspicion sera écartée : l'œuvre apparaîtra avec son caractère complexe, certes, avec ses écritures diverses, avec une sorte de trouble inévitable dans les conditions où elle a été conçue et exécutée; mais elle fait le plus grand honneur à la mémoire du Cardinal par sa sincérité, son autorité exemplaire et sa grandeur.

Gabriel HANOTAUX,
de l'Académie française.

MÉMOIRES
DU
CARDINAL DE RICHELIEU

ANNÉE 1626 (suite).

Mais[1], tandis que le Roi, croyant voir apaiser toutes les tempêtes étrangères qui étoient émues contre le repos de la France, s'appliquoit aux remèdes des maux internes qui la travailloient et des duels qui éloignoient d'elle la bénédiction de Dieu, qui n'est jamais donnée à ceux qui, au milieu de la paix, versent le sang qui ne doit être épandu qu'en la guerre, voici qu'un orage

---

1. Ce début de texte a été écrit par Sancy sur le manuscrit A (Aff. étr., France 58, fol. 65) à la place du passage suivant, qui a été rayé : « A peine le Roi avoit-il par la grâce et l'assistance visible de Dieu dissipé tous les nuages qui troubloient son État qu'un orage se forme... » — Ce volume des *Mémoires* est très loin d'avoir revêtu la forme définitive que certainement une révision plus attentive lui aurait donnée; on y remarque en particulier de très nombreuses redites; l'exposé des faits manque de méthode, et l'ordre chronologique est trop souvent négligé; cependant, il contient de nombreux et très intéressants détails qu'on ne trouvera nulle part ailleurs, des passages importants qui, par le style aussi bien que par les idées exprimées, témoignent de la part que le Cardinal a

se forme de nouveau, d'autant plus à craindre que c'est dans le cœur même de l'État, qu'il enveloppe la personne qui y est la plus considérable après celle du Roi[1].

L'auteur et le conducteur étoit[2] le maréchal d'Ornano, que le Cardinal avoit conseillé au Roi de délivrer de prison et le mettre auprès de Monsieur, et de plus l'honorer encore de la charge de maréchal de France[3].

Cet homme, n'ayant pas un cœur sensible aux grâces qu'il avoit reçues du Roi ou en surmontant le ressentiment par une ambition démesurée, osa bien secrètement s'élever contre S. M. et tramer une faction, la plus étrange qui fut jamais vue en l'État.

Cette faction[4] étoit si grande[5], que non seulement

prise à la rédaction des éléments qui y sont entrés. Dans son ensemble, ce récit concorde avec ceux des mémoires du temps. Mais, si l'on veut avoir sur les événements de cette année et surtout sur la conspiration de Chalais, qui est l'un des morceaux principaux du récit, des notions exactes et claires, on lira l'*Histoire du règne de Louis XIII* du P. Griffet (éd. 1758), t. I, p. 476-533, et les biographies de Mme de Chevreuse par V. Cousin et M. Louis Batiffol.

1. Sancy avait ajouté ces mots, qui ont été barrés : « et s'attaqua à la personne même de S. M. ».
2. Le manuscrit A porte : « L'auteur et le conducteur en étoit le maréchal d'Ornano. »
3. Comparer avec notre t. IV, p. 130-132. Ce fut le 18 août 1624 que d'Ornano fut rappelé à la cour. Il reçut le bâton de maréchal de France le 7 janvier 1626 (*Journal* d'Andilly, p. 7), nomination confirmée par lettres du 13 janvier.
4. Avec ces mots commence le 7e cahier de 1626. Sur la couverture de ce cahier, Sancy a écrit : « P{re} partie », et ces deux lignes de sommaire : « Cette grande faction du Colonel avant sa prise. » Cette phrase a été rayée et, en dessous, Charpentier a écrit : « Faction du Colomnel (*sic*). »
5. On trouvera plus loin un passage presque identique à ce paragraphe et aux trois suivants.

les princes, les grands du royaume, les officiers de la maison du Roi, les princesses et les dames de la cour de la Reine et le parti huguenot, mais les Hollandois, le duc de Savoie, l'Angleterre et l'Espagne en étoient.

Son dessein alloit à faire sortir Monsieur hors de la cour, non seulement afin que, les armes à la main, il obtînt du Roi de grands avantages, mais, s'il pouvoit, pour passer encore plus avant contre la personne même du Roi[1]. Et, de peur que Monsieur ne fût retenu par le mariage, ils le dissuadoient de se marier, et principalement avec Mlle de Montpensier, laquelle, après la mort de M. d'Orléans[2], lui fut destinée, attirant à eux, par ce moyen, Monsieur le Comte, à qui ils disoient qu'elle devoit être laissée pour l'épouser[3].

Tous les grands se joignoient à eux par la légèreté ordinaire des François, le désir de changement, et le déplaisir de voir établir l'autorité royale et que la li-

1. Dans son interrogatoire du 19 août 1626, le deuxième auquel fut soumis Chalais devant la Chambre criminelle chargée de le juger, l'accusé jura « n'avoir jamais parlé ni entendu parler, ni su qu'il y eût aucun dessein contre la personne du Roi, ni qu'on ait tenu aucun mauvais propos de Sadite Majesté » (Pièces du procès, p. 162, publ. par Laborde, 1781).

2. Ce qui suit jusqu'à la fin du paragraphe a été écrit en marge par Sancy, au lieu de cette première rédaction : « Ils s'opposoient au mariage de Monsieur avec Mlle de Montpensier et y intéressoient Monsieur le Prince, feignant que Monsieur se marieroit avec sa fille quand il auroit perdu la volonté d'épouser Mlle de Montpensier. » Cette phrase est elle-même le résultat de corrections apportées par Sancy au premier texte du manuscrit A.

3. Ce paragraphe est un résumé des principales charges relevées contre Chalais et ses complices; on trouvera plus loin ces mêmes idées développées et répétées à plusieurs reprises, souvent sous des formes presque identiques.

berté leur fût ôtée de la violer impunément, comme ils avoient fait depuis longtemps.

Les huguenots leur adhéroient par l'expérience passée d'avoir toujours profité dans nos troubles ; les Hollandois, par le déplaisir qu'ils avoient de la paix d'Espagne[1] et de ce qu'on avoit refusé de faire une ligue offensive et défensive avec eux ; le duc de Savoie, par le désir de se venger de l'offense qu'il prétendoit avoir reçue au traité de la paix[2] qui avoit été fait sans lui[3] ; l'Angleterre, par son infidélité seulement, et l'Espagne, par l'inimitié qu'elle nous porte et les intérêts de son ambition ; et tous ensemble, par la créance qu'un chacun d'eux avoit que cette faction étoit si puissante au dedans et si appuyée au dehors qu'elle étoit capable de renverser l'État. Et pour ce qu'ils savoient bien qu'ils ne pourroient jamais venir à bout de ces malheureux desseins tandis que le Cardinal vivroit, ils étoient résolus de le perdre[4].

1. Conclue à Monçon le 5 mars 1626.
2. Le traité de Monçon.
3. Cf. notre t. V, p. 251-252. — Lors de son interrogatoire sur la sellette, le 18 août, Chalais déclara qu'il « ouït dire à Monsieur que ledit prince de Piémont promettoit 10,000 hommes » (*Pièces du procès* de Chalais, p. 158).
4. Voyez un « Mémoire » rédigé par l'évêque de Mende à son retour d'Angleterre (Aff. étr., Angleterre 26, fol. 209 v° et 210) : « ... Mais parce que les uns et les autres [Mme de Chevreuse et sa cabale] voient bien que sous le ministère de Mgr le cardinal de Richelieu il leur est malaisé d'exécuter leurs mauvais desseins, il semble que tous aient conspiré sa ruine, présumant bien que, s'il succombe en servant si dignement son maître et portant si haut ses intérêts, personne n'osera à l'avenir s'opposer à leur puissance (fol. 209 v°)... Toutes ces raisons leur [aux Anglais] font désirer passionnément qu'il [Richelieu] soit ou ruiné à la cour ou hors du monde, ce qu'ils se promettent toujours, les ayant vus souvent, lorsqu'il arrivoit

Ceux qui conspirèrent contre César délibérèrent quant et quant de se défaire de Marc-Antoine, qu'ils savoient être homme de cœur et lui être fidèle : leur cruauté n'alla pas jusque-là ; mais ils se contentèrent de l'amuser, cependant qu'ils exécutoient leur exécrable dessein, dont mal leur prit, car Antoine vengea la mort de César.

Ceux-ci, qui croyoient[1] bien ne pouvoir amuser le Cardinal, qui avoit l'œil trop ouvert pour se laisser endormir, firent complot de s'en défaire, soit en le disgraciant, soit en usant de violence en son endroit[2].

Dès le commencement de l'année[3], c'étoit un bruit commun qui couroit par la cour et dans tout l'État, qu'il s'y formoit une grande cabale, ce que l'on méprisa d'abord ; mais quand on vit qu'il s'augmentoit de jour à autre, que l'on considéra qu'en telles matières tels bruits sont d'ordinaire avant-coureurs des vérités et que celui-ci étoit accompagné de divers avis, tant du dehors que du dedans le royaume, on jugea qu'on ne les pouvoit négliger sans péril pour la personne du Roi et son État, et sans crime à ceux qui se tairoient en une occasion si importante.

des courriers extraordinaires de France, estimer d'abord qu'il apportoit les pires nouvelles du Cardinal que ses serviteurs eussent pu entendre » (fol. 210 r°). — Au dos de ce document, on lit : « Mémoire de M. de Mande (sic) sur son retour d'Angleterre, 1626 », et Charpentier a écrit « Employé ».

1. Le manuscrit B porte *croient*.
2. Allusion probable à l'attentat manqué de Fleury qui, d'après Andilly (*Journal*, p. 21), eut lieu le 11 mai, huit jours après l'arrestation d'Ornano.
3. Ce paragraphe, qui est au fol. 68 v° du manuscrit A, se trouve déjà, à peu près textuellement, au fol. 65 v°, où il est barré ; il venait après le paragraphe terminé par « ... une faction la plus étrange qui fut jamais vue en l'État », p. 2.

Universellement tout le monde crioit cabale et blâmoit les ministres comme ne voyant goutte ; on dit qu'on va emmener Monsieur à Amiens, à Metz, à Bourges, en Bretagne, en Angleterre. Le Cardinal n'y voit point d'apparence et il tient que ceux qui ont ces pensées cherchent plutôt ce qui se peut que ce qui est.

D'Andilly[1] et du Verger[2] disoient souvent qu'ils pensoient qu'on méditât quelque chose de grand, qu'ils avoient peur qu'on fût prévenu.

Verger dit, devant Pâques, que si, dans la fête, on ne mettoit la main sur le collet du Maréchal, il craignoit qu'il ne fût plus temps.

Marcheville[3] et Passart[4] disoient qu'il[5] perdoit Mon-

1. D'Andilly, on le sait, fut congédié par Monsieur, au service de qui il était, le 12 mai 1626. Il raconte cet événement dans son *Journal*, sans donner d'explications sur les raisons de cette disgrâce. Il rapporte seulement (p. 18) que Monsieur aurait dit au Roi, aussitôt après l'arrestation du maréchal d'Ornano : « Monsieur, ne m'ôtez point Andilly ; il est fort homme de bien et j'en réponds. » D'Andilly affirme également (p. 23) que le Roi et la Reine mère désapprouvèrent fort son renvoi.

2. Peut-être Antoine Phélypeaux, seigneur du Verger, fils de Raymond, seigneur d'Herbault, la Vrillière et du Verger, et de Claude Gobelin, reçu conseiller au Parlement le 19 juillet 1624, puis intendant de justice en Bourbonnais, ensuite conseiller d'État, mort le 19 mars 1665. Il avait épousé Marie de Villebois, fille de Jacques de Villebois, maître d'hôtel du Roi.

3. Henri de Gournay, comte de Marcheville, bailli de Saint-Mihiel, gouverneur du jeune duc Charles IV de Lorraine, puis premier chambellan de Gaston d'Orléans, plus tard ambassadeur à Constantinople ; fils de Regnault de Gournay, seigneur de Villé et de Quicourt, bailli de Nancy, et de Louise d'Aspremont.

4. François Passart, aumônier ordinaire de Gaston d'Orléans et conseiller du Roi, était fils de François Passart, seigneur de la Fresnaye, et de Jacqueline Robineau.

5. Le Maréchal.

sieur et qu'il lui mettoit de dangereuses impressions en la tête.

Passart rapportoit qu'il lui avoit ouï dire que Messieurs de Villeroy et le Chancelier[1] avoient chassé M. de Sully[2], le maréchal d'Ancre les avoit chassés[3], le Chancelier avoit chassé Schönberg[4], La Vieuville le Chancelier[5], et La Vieuville avoit été chassé par le Cardinal[6], et qu'ainsi, en un jour, il chasseroit ceux qui servoient maintenant[7].

Un homme, qui donnoit d'ordinaire des avis d'Espagne, disoit, depuis quatre mois persévéramment, qu'il se faisoit une union forte des princes ensemble et de Monsieur, par le moyen dudit Maréchal.

Bassompierre dit souvent à Bautru, pour le dire au Cardinal, qu'il étoit aveuglé, qu'on cabaloit impunément de son temps, parce, disoient tous les cabalistes, qu'il n'étoit pas dangereux ennemi et qu'il n'y avoit rien à craindre de lui[8]. Il dit à la Reine, le jour de la prise du Colonel[9], qu'il venoit lui décharger sa con-

1. Nicolas Brûlart, marquis de Sillery.
2. Voyez t. I, p. 135-141.
3. T. II, p. 15 et 23.
4. Le chancelier de Sillery obtint la disgrâce de Schönberg le 20 janvier 1623 (voyez t. III, p. 272).
5. Sillery perdit sa charge de chancelier au début de janvier 1624 (voyez le t. IV, p. 1 et suiv.).
6. La disgrâce de La Vieuville est du 13 août 1624 (voyez le t. IV, p. 117-120).
7. Ce paragraphe a été rayé sur le manuscrit A (fol. 69); mais, par la suite, on a écrit en marge : « bon ».
8. Les mots qui suivent (barrés depuis) terminaient le paragraphe : « On a su de divers autres lieux qu'ils avoient cette opinion » (ms. A, fol. 69 v°).
9. Le 4 mai 1626. Les *Mémoires*, pour désigner le maréchal

science, qu'Obazine[1] avoit été envoyé faire un voyage vers Saint-Géry[2] pour aller trouver des grands, et que le Roi ne pourroit plus remédier aux cabales quand il voudroit[3].

Turgot[4], les fêtes de Pâques, dit au Cardinal qu'il

Jean-Baptiste d'Ornano, écrivent indifféremment « le Maréchal » ou le « Colonel ». Jean-Baptiste d'Ornano avait, en effet, été nommé colonel des Corses, lorsque, en septembre 1597, son père Alphonse fut créé maréchal de France, et il le resta jusqu'à sa mort. Dès le mois de mai 1626, les Corses furent licenciés.

1. Roger de Buade, abbé d'Obazine ou Aubazine en Limousin, aumônier du Roi de 1621 à 1624, était fils d'Antoine de Buade, seigneur de Frontenac, baron de Palluau, conseiller d'État, capitaine et gouverneur des châteaux de Saint-Germain-en-Laye et premier maître d'hôtel du Roi, chevalier du Saint-Esprit en 1619, et de Jeanne de Secondat. Il mourut, âgé de quarante-cinq ans, probablement le 18 juin 1640. On l'a identifié à tort avec Henri d'Escoubleau de Sourdis, évêque de Maillezais en 1623, qui fut également abbé d'Obazine. Les *Mémoires* nous apprennent, plus loin (p. 20), qu'Obazine était beau-frère de Saint-Géry, identifié ci-dessous; Roger de Buade avait, en effet, une sœur qui épousa Clément de Laroque-Bouillac, baron de Saint-Géry.

2. Clément de Laroque-Bouillac, baron de Saint-Géry, gouverneur, en 1625, de la ville de Montdragon, avait épousé, en juin 1620, Anne de Buade, fille d'Antoine de Buade et de Jeanne de Secondat et sœur de l'abbé d'Obazine (voyez Bibl. nat., Cabinet des titres, dossiers bleus 143). Avenel (*Lettres*, t. VII, p. 941, et t. VIII, p. 37) identifie à tort, mais avec réserves, ce Saint-Géry avec Joseph de Saint-Géry, baron de Magnas, neveu du duc d'Épernon.

3. La rédaction première de ce paragraphe du manuscrit A (fol. 69 v°) était au style direct; les corrections, sauf une de Charpentier (le mot *grands*), sont de Sancy. Il n'y a pas traces de ces propos de Bassompierre dans ses *Mémoires*.

4. Peut-être Jacques, sieur de Saint-Clair, Sousmont, Sainte-

avoit quelque chose à lui dire d'important; il ne le put écouter pour lors. Trois ou quatre jours après, le rencontrant, il lui demanda ce que c'étoit; il lui répondit que c'étoient diverses conférences et cabales que le Colonel faisoit avec plusieurs grands.

Ledit Turgot parla au Roi, conformément à cela, contre le Colonel et, le Roi en ayant averti le Colonel, il répondit que c'étoit un méchant homme, d'autant qu'il faisoit grande profession d'amitié avec lui, ce qu'il dit pour empêcher qu'il ne fût cru[1].

On mit le Colonel auprès de Monsieur, pour le corriger des mauvaises habitudes qu'il sembloit contrac-

Croix, etc., fils d'Antoine Turgot, qui fut le premier de sa famille établi à Paris. Après avoir suivi le parti des armes, il fut, à vingt ans, député de la noblesse du bailliage de Caen aux États de Normandie et député de la noblesse de ces États pour présenter des cahiers de doléances au Roi. Président de la noblesse aux États généraux de 1614, il fut ensuite conseiller au Parlement de Rouen (1616), maître des requêtes en 1619, puis intendant du Berry, du Bourbonnais, de la Marche, de la Normandie, de Touraine, d'Anjou, du Maine (1631). Conseiller d'État en 1643, président à mortier au Parlement après son frère Nicolas, en 1657, il mourut conseiller d'État ordinaire de la grande direction des finances le 13 mai 1659. Il avait épousé, en 1619, Anne Faviès du Boulay, fille de Jacques, conseiller d'État. Il fut l'ancêtre du ministre de Louis XVI (cf. G. Villain, *Tableau généalogique de la famille Turgot*, dans *Procès-verbaux de la Commission du Vieux-Paris*, 1899, annexe, p. 60). Le Turgot dont il est ici question était des amis de Montpinson, familier de Gaston d'Orléans, et de Charles de Bernetz, maître d'hôtel de ce prince en 1627.

1. La première rédaction du manuscrit A (fol. 69 v°) était : le Colonel répondit : « C'est un méchant homme, car il fait grande profession d'amitié avec moi, ce qu'il dit pour empêcher qu'il ne fût cru. » Les corrections ont été faites par Sancy.

ter lorsqu'il étoit sur sa foi[1] et empêcher qu'il se portât dans des cabales avec les grands[2]. Au lieu de le porter à ces fins, lui-même adhère à toutes ses débauches et saletés pour lui plaire, jusque-là que Monsieur avoua au Roi et à la Reine que peu s'en étoit fallu qu'il n'eût pris la vérole avec une femme que le frère du Colonel[3] lui avoit produite, femme abandonnée non seulement à toute la cour, mais à leurs valets[4].

1. C'est-à-dire lorsqu'il était abandonné à lui-même; c'est un terme de fauconnerie; on laisse un oiseau aller sur sa foi.
2. La même idée est exprimée dans notre t. IV, p. 131.
3. Il s'agit vraisemblablement ici d'Henri-François, seigneur de Mazargues, marquis d'Ornano, mort en décembre 1652. Il avait épousé, en 1615, Marguerite de Montlaur, sœur de la femme du maréchal d'Ornano; on verra qu'il fut emprisonné le 6 mai 1626. Il fut nommé, le 20 septembre 1643, colonel général des Corses, charge vacante depuis la mort de son frère. A cette date, il était gouverneur de Tarascon, de Pont-Saint-Esprit, de Saint-André et premier écuyer de Monsieur. Il servit en 1627 et 1628, lors des guerres du Languedoc, et en 1632 dans les troupes de Monsieur. — Le Maréchal avait un autre frère, Joseph-Charles, comte d'Ornano (1592-1670), qui fut abbé de Montmajour-les-Arles et de Sainte-Croix de Bordeaux, suivit Monsieur à Bruxelles, devint maître de la garde-robe de ce prince et obtint, le 18 décembre 1652, à la mort de son frère Henri-François, la charge de colonel général des Corses, qui, depuis mai 1626, n'était qu'honorifique, et qui cessa d'exister à sa mort en 1670.
4. Le manuscrit A porte ici ces mots, qui ont été rayés : « Il le tira de l'intelligence de M. d'Elbeuf, qui étoit contraire au dessein qu'il a toujours eu d'être absolu envers Monsieur, et l'a mis en union avec d'autres dont il se méfioit moins, mais qui sont contraires à l'État » (fol. 70). — Dans ses *Mémoires*, publiés par Robert Lavollée pour la Société d'histoire diplomatique (Paris, 1914), Chizay écrit, p. 161 : « Ledit duc d'Orléans ayant eu quelques communications avec la Neveu, fille

Monsieur vivoit fort bien avec le Roi et la Reine sa mère auparant sa délivrance[1]; depuis il lui fit non seulement perdre l'affection pour eux, mais le respect; et le bruit commun étoit, entre les grands et les petits, que Monsieur devoit sortir de la cour, qu'il se devoit plaindre de ce qu'on le traitoit en enfant, qu'on ne lui donnoit aucun emploi ni dans les Conseils, ni dans la guerre, où il en avoit demandé, qu'il étoit sans apanage, dans une nécessité extraordinaire.

Depuis quatre ou cinq mois le Colonel avoit rompu d'amitié avec tous ceux qu'il savoit avoir les sentiments au repos et à la paix et avoit pris habitude avec Déageant et Modène, contraires au Roi et à la Reine sa mère et aux ministres, esprits de division et de cabale.

Ils s'enfermoient deux ou trois fois la semaine régulièrement chez sa femme[2] pour tenir des conseils, ce qu'on ne pouvoit ni devoit juger être fait à autre fin que pour tramer un dessein semblable à celui qu'ils avoient fait par le passé[3]; sur quoi il plut au Roi faire connoître, de son mouvement, à la Reine sa mère et à ses serviteurs qu'il en prenoit un grand ombrage, d'autant, disoit-il, que Déageant et Modène étoient les

qui avoit perdu toute honte, en avoit reçu quelque léger mal d'amour. »

1. Avant la délivrance du Colonel, sa sortie de prison (août 1624).

2. Marie de Raymond, comtesse de Montlaur, fille de Louis, marquis de Maubec, comte de Montlaur, et de Marie de Maugiron, avait épousé en premières noces Philippe de Montauban d'Agoult, comte de Sault, baron de Grimaud. Elle avait épousé d'Ornano en 1608.

3. Les verbes de ce début de paragraphe étaient d'abord au présent de l'indicatif; ils ont été mis à l'imparfait par Sancy (ms. A, fol. 70 v°).

mêmes qui avoient travaillé à lui donner de mauvaises impressions contre elle, que c'étoient eux qui avoient porté Luynes, pendant le siège de Soissons[1], à le faire résoudre à s'en aller à Meaux, ce qui lui faisoit croire le bruit qu'on faisoit courre de la retraite de Monsieur.

Après la mort de Luynes, Déageant et Modène n'avoient point levé la tête[2]. Depuis quatre mois ils se montroient ouvertement, agissoient fortement, comme étant appuyés, et Déageant ne craignoit point de dire, parlant de Monsieur qu'il disoit qu'on altéroit quelquefois contre le Roi et la Reine : « Je le réduirai bien ; il ne veut pas aller à Fontainebleau, je le ferai partir dans deux jours. » Sur l'opinion qu'il eut qu'on vouloit refuser l'entrée du Conseil à Monsieur, il[3] dit à M. d'Effiat : « Il faut qu'il vienne à Paris pour huit jours, et je le réduirai. » Il dit au même : « Il faut faire venir Monsieur le Prince. Quand il sera ici nous en viendrons bien à bout. Il faut établir des diverses classes de Conseils pour les

1. Avril 1617.
2. Dans ses *Mémoires* (p. 311-327, éd. de 1668), qui furent rédigés sur la demande de Richelieu, Déageant se justifie de sa conduite au moment de la conspiration de Chalais, affirmant qu'il n'avait point eu de part à ces conspirations, qu'il n'avait entretenu Monsieur qu'une fois, qu'il travaillait alors pour le Cardinal à certaines questions touchant le commerce et que son emprisonnement avait été obtenu du Cardinal sur de faux rapports de Fancan et de son frère Langlois, jaloux du crédit dont il jouissait auprès de Richelieu. Il est à noter que les *Mémoires* de Déageant ont été rédigés par lui après juillet 1632, car il écrit, p. 312, « feu M. le maréchal d'Effiat », et celui-ci mourut le 27 juillet 1632. Cf. dans les *Rapports et notices* de la présente édition, t. II, p. 180-189, l'article de M. Delavaud sur « Quelques collaborateurs de Richelieu », dont Déageant.
3. Déageant.

princes » ; et plusieurs autres discours semblables, faits à M. d'Effiat et au Cardinal.

Le président Le Jay, qui étoit souvent vu par Déageant, dit à M. d'Effiat qu'il avoit soupçon de quelque grand dessein, qu'il craignoit pour la Reine, qu'il sembloit que quelque malheur menaçât cet État.

Déageant écrivit une lettre à Mme la Connétable[1] quinze jours avant la prise du Colonel[2], par laquelle il lui mandoit qu'on ne faisoit pas cas de lui, qu'on le tenoit pour inutile; mais qu'on verroit que dans peu de temps il seroit aussi utile qu'il avoit jamais été.

Le Colonel dit au P. Joseph qu'il ne pouvoit répondre de Monsieur, qu'il[3] étoit maître de ses volontés, qu'on le conseilloit de s'en aller hors la cour, qu'il[4] ne seroit pas responsable de quoi qu'il arrivât.

Le Colonel, parlant au Cardinal dix ou douze jours avant sa prison[5], fit semblant de s'ouvrir à lui et, pour toute ouverture, lui dit que Des Ouches conseilloit à Monsieur de ne venir point où étoit le Roi, ains s'éloigner de la cour. Ledit Colonel dit audit Père qu'on donnoit ce conseil à Monsieur, sans dire qui.

Déageant, venu pour assurer le Roi du Colonel, lui dit qu'on donnoit ce conseil à Monsieur; mais au lieu de dire que c'étoit Des Ouches, il dit que c'étoient les

---

1. Le connétable de Lesdiguières, mort le 28 septembre 1626, eut deux femmes : Claudine de Béranger, morte en 1608, et Marie Vignon, marquise de Treffort, qu'il avait épousée le 16 juillet 1617.
2. Le Colonel ayant été arrêté le 4 mai, c'est vers le 19 avril que cette lettre aurait été écrite.
3. Monsieur.
4. Lui, Ornano.
5 C'est-à-dire : environ le 23 avril.

grands et Madame la Princesse : d'où il étoit clair que l'on donnoit ces conseils-là et qu'on méditoit là-dessus, ce qui étoit si notoirement crime que, pour la même chose, Coconas et La Mole furent exécutés à mort du temps de Henri III[e][1].

En ce temps, le Cardinal donna divers avis au Colonel : que la hantise de la Princesse[2] lui faisoit tort[3] ; que les familiarités qu'il avoit avec la Reine donnoient quelque ombrage. On le conseilla de se familiariser avec le Roi. Jamais il ne s'est voulu séparer des conversations qu'on lui faisoit connoître lui être préjudiciables, ni prendre intelligence particulière avec le Roi, tant il avoit peur que ceux avec qui il cabaloit en eussent du soupçon. Et, de fait, quand il fut fait maréchal de France[4], tous les grands furent étonnés, pensant qu'on l'avoit gagné, jusques à ce que, trois jours après cet honneur reçu, il les assura du contraire.

Qui plus est, trois jours avant[5] sa prise[6], comme on lui disoit encore la même chose, qu'il devoit s'éclaircir avec le Roi de tout ce qu'il entendroit dire, il répondit qu'il le feroit dans un mois ; ce qui donna occasion de

---

1. Les mots « du temps de Henri 3me » ont été ajoutés par Sancy sur le manuscrit A (fol. 71 v°). C'est le 30 avril 1574 que le comte Annibal de Coconas et son complice Boniface de la Mole furent exécutés pour avoir tenté de faire monter sur le trône de France François, duc d'Alençon, frère de Charles IX, à la place d'Henri III, alors en Pologne.

2. Il s'agit ici de la princesse de Condé.

3. Voyez, deux paragraphes plus loin, le même conseil dans la bouche du P. Joseph.

4. Le 7 janvier 1626.

5. Quoique les manuscrits A et B portent *après*, il faut évidemment lire *avant*.

6. C'est-à-dire : le 2 mai.

croire que, pendant ce temps, il vouloit voir si ses cabales réussiroient, sinon s'accommoder avec S. M.

Le P. Joseph avertit plusieurs fois le Colonel que les pratiques de Madame la Princesse lui faisoient tort, qu'il s'en corrigeât, que cela perdroit sa fortune. Si cette pratique eût été sans dessein, la conservation de sa fortune la lui eût fait quitter. Mais, tant s'en faut, il continuoit toujours et disoit pour ses excuses qu'il en étoit amoureux, prétexte qui n'est bon à prendre sur le sujet d'une personne de cette qualité que pour couvrir un plus grand crime.

Il[1] dit au même temps à la Reine, sur l'imagination qu'il eut qu'on faisoit difficulté de mettre Monsieur au Conseil, que, si on ne le faisoit, Monsieur feroit une escapade.

Si telles menaces ne sont crimes en matière d'État, rien ne le peut être que l'effet des conspirations, étant certain que par là il exprimoit son désir et non celui de Monsieur, sur qui il avoit un tel pouvoir qu'il a souvent dit que, si Monsieur faisoit mal, c'étoit à lui à qui il s'en falloit prendre, qu'il avoit une entière créance en lui, et qu'il répondoit de ses comportements.

Il proposa au Roi, quant et quant, de mettre Monsieur au Conseil, de lui donner son apanage, un don de 500,000 livres, de rétablir vingt-huit capitaines corses qu'on lui avoit retranchés en son particulier, et le faire payer de toutes ses anciennes pensions : demandes faites hors de temps, expressément pour engager, par raison, le Roi à un refus, ou pour, en obtenant cela de lui, se faire planche[2] à tout ce que le

1 Le maréchal d'Ornano.
2. C'est-à-dire : ouvrir le chemin, aider.

dérèglement de son ambition pourroit mettre en la tête de son maître.

Monsieur, d'autre part, devant que d'être du Conseil[1], dit au cardinal de la Valette et Bassompierre, le jour du festin qu'il fit pour sa naissance[2] : « Je suis du Conseil; je vous avois bien dit, il y a trois mois, que je me ferois valoir. Ceci ne sera qu'un degré pour monter à d'autres choses. »

Au même temps, Escalurbes[3] ouït Billard[4] disant à Monsieur : « Peu de temps après que vous serez au Conseil, il y faut introduire le Colonel; il en faut venir là. » Sur quoi une voix répondit : « Il n'est pas temps d'en parler. »

Et pour faire voir qu'il y avoit quantité de personnes de qualité qui en étoient (et particulièrement Monsieur le Prince), Cornillan[5], Lafférnas[6] et plusieurs autres

---

1. C'est le dimanche 3 mai que Monsieur prit séance au Conseil (*Journal* d'Andilly, p. 16).
2. Le 25 avril (*Journal* d'Andilly, p. 16).
3. A cette époque vivait un gentilhomme toulousain appelé Escoloubre ou Escouloubre.
4. Peut-être s'agit-il ici de Louis Billard, sommier de la chapelle du Roi en 1638, ou encore d'Antoine Billart, valet de chambre du Roi de 1624 à 1634.
5. Peut-être Jean de Vernède, vicomte de Corneillan, gentilhomme ordinaire de la chambre du Roi et colonel d'un régiment de gens de pied en 1629, mort non marié en 1631. Il était fils d'Hector-François, vicomte de Corneillan, colonel d'un régiment de son nom, gentilhomme ordinaire de la chambre du Roi, et de Jeanne de Corneillan-Montalègre.
6. Le texte primitif du manuscrit A (fol. 73) était le suivant : « ... Et pour faire voir qu'il y a quantité de personnes de qualité qui en étoient, premièrement touchant Monsieur le Prince, on étoit averti par Cornillan et Lafférnas... » Les corrections ont été faites par Sancy; il avait d'abord mis « pour Monsieur

semblables disoient tous les jours que le Colonel tramoit quelque chose de grand, et voyoit Madame la Princesse, et lioit Monsieur avec Monsieur le Prince.

Saintoul[1] dit au Tremblay[2] que le Cardinal refusoit l'amitié dudit prince son maître, et que dans trois mois il seroit bien étonné, qu'il le verroit en cour plus puissant que lui.

Madame la Princesse, la mère[3], et l'évêque d'Albi[4] dirent souvent à diverses personnes que, quand on ne voudroit donner congé à Monsieur le Prince de venir à la cour, il ne lairroit d'y venir, ayant assez d'amis pour cela.

le Prince », puis c'est la leçon « et particulièrement Monsieur le Prince » qui a prévalu.

1. Le manuscrit A porte : Saintou. Il s'agit de Jean Fradet de Saint-Aoust (en Berry), comte de Châteaumeillant (érection en 1644), seigneur de Saint-Aoust, maréchal de camp et lieutenant général d'artillerie, qui épousa Jeanne-Marie de Saint-Gelais et mourut en 1659; il était fils de Jean Fradet et de Françoise Bouffet, fille d'un seigneur de Saint-Aoust, mariés en 1596.

2. Le frère du Père Joseph, nommé gouverneur de la Bastille par lettres de provision du 14 mai 1626; il prit possession de son gouvernement quatre jours plus tard.

3. Charlotte-Catherine de la Trémoïlle, fille de Louis III de la Trémoïlle, duc de Thouars, et de Jeanne de Montmorency, avait épousé, le 16 mars 1586, Henri de Bourbon, prince de Condé (1552-1588); elle mourut le 28 août 1629; elle était la mère d'Henri, prince de Condé, et d'Éléonore, princesse d'Orange.

4. Alphonse d'Elbène (neveu d'Alphonse d'Elbène, son prédécesseur, mort en 1608), consacré évêque en 1607. Après les troubles et la révolte du Languedoc, en 1632, il se retira à Florence et fut déposé à l'Assemblée générale du clergé de 1645; il protesta contre cette déposition et rentra en France. Il mourut à Paris en 1651.

Déageant dit de plus que ledit sieur Prince ne se fioit point en sa femme, mais bien en sa mère ; que, pour cet effet, il avoit fait naître l'occasion du voyage de sa mère vers lui, sous prétexte du baptême de son fils[1], pour être informé de toutes choses par elle et lui dire ses volontés ; qu'à son retour il la verroit et apprendroit toutes nouvelles qu'il promettoit de dire au Cardinal.

D'où il est constant qu'il y avoit quelque secret entre eux et de grande importance, puisqu'on feint un voyage exprès pour les faire savoir ; et on estime que Déageant tenoit tel langage pour amuser le monde, sur l'appréhension qu'il pouvoit avoir qu'on découvrît leurs affaires.

Du Plessis[2], témoin irréprochable, avertit le Cardinal, lorsqu'on commençoit à parler de la paix d'Espagne et de celle des huguenots[3], que ledit sieur le

1. Louis, prince de Condé, le « grand Condé », né le 26 septembre 1621, fut baptisé le 6 mai 1626 à Bourges : le Roi, représenté par le duc de Montmorency, fut parrain et la Reine marraine. Voyez, sur les cérémonies de ce baptême, le *Mercure françois*, t. XII, p. 300-307.

2. Le scribe du manuscrit A, en l'espèce Isaac Cherré (voyez sur ce personnage, dans le t. III des *Rapports et notices*, notre article « De l'authenticité des *Mémoires* du cardinal de Richelieu », p. 276 et suiv. et 383), transcrivant évidemment une pièce chiffrée, avait écrit *Démétrius;* Sancy a corrigé en mettant *Du Plessis* (fol. 74). A la marge (fol. 74), Sancy a écrit ces mots, qui ont été reproduits en marge du manuscrit B : « Du Plessis étoit un gentilhomme confident de M. d'Épernon. » Nous avons donné sur ce personnage une note biographique dans le t. II, p. 324.

3. La paix avec l'Espagne fut signée à Monçon le 5 mars 1626 et celle conclue avec les huguenots le fut à Paris le 5 février 1626 ; mais les négociations espagnoles avaient com-

Prince lui avoit envoyé un gentilhomme, nommé Saintoul, le prier de le voir en cachette à six lieues de chez lui, où il se trouveroit dans un bois, afin que de là il pût aller vers quelque grand avec qui il étoit besoin de faire union pour s'opposer au gouvernement présent. Du Plessis dit à Saintoul qu'il ne le pouvoit faire, n'ayant point d'ordre; qu'au bout du compte il ne voyoit pas qu'on pût rien faire d'assez fort pour le dessein qu'il témoignoit avoir, si Monsieur n'en étoit. L'autre lui dit deux ou trois fois qu'il ne se mît point en peine et enfin, pressé par ledit Du Plessis, lui déclara qu'ils étoient assurés du Colonel par Madame la Princesse, que Monsieur le Comte en étoit, moyennant un mariage en sa faveur, et qu'il y porteroit tous ses amis. Saintoul le pria que, puisqu'il ne vouloit pas aller trouver Monsieur le Prince, qu'il s'en retournât au moins en diligence vers le duc d'Épernon[1], parce que son maître l'y enverroit et qu'il seroit bien aise, quand il y arriveroit, d'y être introduit par lui. Cette preuve étoit évidente.

Il étoit aussi à noter, sur le sujet d'Obazine, que, deux jours avant la prise du Colonel[2], Marsillac[3] vit

mencé en mai 1625 et les pourparlers avec les huguenots dès février 1625 et surtout au mois de novembre suivant.

1. Première rédaction du manuscrit A (fol. 74 v°), avant les corrections de Sancy : « Du Plessis ne voulant pas aller trouver Monsieur le Prince, il lui dit qu'il allât donc trouver en diligence le seigneur son ami... »

2. Le 2 mai.

3. Bertrand de Crugy de Marsillac, gouverneur de Sommières en Languedoc, avait été, avant 1615, au service du prince de Condé; puis il s'attacha à la fortune de Luynes, qu'il avait aidé à conquérir le pouvoir, et enfin se déclarait serviteur de la Reine régnante. Intime ami de Tronson, il passait

Saint-Géry, beau-frère dudit Obazine[1], en Gascogne, qui lui dit que Monsieur le Prince l'envoyoit quérir, et qu'il étoit nécessaire pour le service du Roi qu'il le vît.

De plus, Lafférnas dit avoir su de du Vouldy[2], partisan, qu'un peu auparavant la prise du Colonel il avoit vu Monsieur le Prince, lui sixième, en un faubourg de Troyes.

Voici encore une chose plus remarquable[3] : le duc

pour « homme de grande intelligence aux intrigues de la cour ». On verra plus loin comment il fut disgracié et arrêté le 1er août 1626.

1. Voyez la note 2 de la p. 8.

2. La famille du Vouldy, de Troyes, a compté parmi ses membres un médecin du Roi (1614-1622), qui fut ensuite son maître d'hôtel en 1630, puis secrétaire de la maison et couronne de France en mai 1636, mort en février 1664. Il ne semble pas qu'il s'agisse ici de lui, puisque les *Mémoires* parlent d'un « partisan ». Son fils, Jean, marié en 1617 à Antoinette Broussel, fut secrétaire de la maison et couronne de France en mai 1637 et mourut vers 1639. Les renseignements précis manquent sur ces divers personnages. Mais le « Catalogue des partisans » (1649) parle d'un du Vouldy, extrêmement riche, mort entre 1644 et 1649, beau-frère de Claude Cornuel, intendant des finances. Est-ce lui que nomment les *Mémoires?*

3. La rédaction primitive du manuscrit A (fol. 74 v°) était la suivante : « Les lettres et manifestes de Monsieur le Prince témoignant son zèle envers la religion, son affection à la paix d'Espagne et son injuste éloignement la doivent augmenter encore. Ce que Monsieur le Prince dit à M. de Guise est fort remarquable. Il y a beaucoup de particularités qui aboutissent à ce point que s'il ne pouvoit rentrer en grâce du Roi et de la... » ; la suite de la phrase se trouve à une autre page (fol. 78). A cette première rédaction en avait été substituée une autre, inscrite en marge et dont Sancy avait écrit les trois premiers mots : « Ledit sieur de Guise, revenant de Provence, raconta au Cardinal à Fontainebleau... », le reste comme dans le texte du manuscrit B; à son tour, cette nouvelle rédaction

de Guise, revenant de Provence[1], raconta au Cardinal, à Fontainebleau, qu'ayant vu Monsieur le Prince en s'en allant, il lui avoit dit[2], sur ce qu'il croyoit qu'il fût mécontent[3], que, s'il[4] ne pouvoit rentrer en grâce du Roi et de la Reine pour revenir en cour, il feroit contre eux ce qu'il pourroit; qu'il ne désiroit point que Monsieur épousât Mlle de Montpensier, non qu'il voulût que Monsieur le Comte l'épousât, mais parce que c'étoit un mariage présent pour Monsieur; qu'il étoit bien aise qu'il n'eût point d'enfants à son préjudice; que, s'il voyoit que Monsieur eût une autre femme prête, il aimeroit mieux que Monsieur épousât Mlle de Montpensier que Monsieur le Comte, parce que, si Monsieur le Comte l'épousoit, il se fortifieroit par ce moyen pour lui disputer un jour la couronne, si le Roi et Monsieur n'avoient point d'enfants. Il lui a dit de plus[5] que ledit sieur le Prince l'avoit assuré que le Maréchal[6] étoit à lui. Toutes lesquelles choses ledit sieur de Guise rapporta aussi au Roi et à la Reine sa mère.

avait été barrée et la suivante lui avait été substituée : « Ce que Monsieur le Prince dit à M. de Guise est fort remarquable. Ledit sieur de Guise, revenant de Provence... », etc. Finalement, Sancy a rédigé le texte tel qu'il a passé dans le manuscrit B, tel que nous le donnons.

1. C'est en mai que le duc de Guise vint à Paris et vit le cardinal de Richelieu; il était de retour à Marseille le 8 juin (Aff. étr., France 1700, fol. 304, 306).

2. C'est-à-dire : Monsieur le Prince avait dit au duc de Guise.

3. C'est-à-dire : sur ce que Monsieur le Prince croyait que le duc de Guise fût mécontent.

4. Monsieur le Prince.

5. C'est-à-dire : le duc de Guise dit de plus au Cardinal.

6. Le maréchal d'Ornano.

Un conseiller de la cour nommé Grasseteau[1], intime ami du Coigneux[2], qui buvoit et mangeoit[3] avec lui quasi tous les jours, dit au Tremblay, qu'il savoit avoir été autrefois à Monsieur le Prince, qu'il falloit avouer que Le Coigneux étoit le plus généreux homme du monde; que, bien que Monsieur le Prince n'eût pas bien reconnu ses services passés, personne ne l'avoit servi plus utilement qu'il avoit fait depuis peu. Le Tremblay lui demandant comment, l'autre lui répondit : « En ce que c'est lui qui a fait rompre le mariage de Mlle de Montpensier et fait connoître au Colonel qu'au

1. Hugues Grasseteau, conseiller au parlement de Paris, reçu le 13 août 1610.
2. Jacques Le Coigneux, chevalier, seigneur de Lierville et de Bachaumont, fils unique d'Antoine Le Coigneux, maître ordinaire de la Chambre des comptes, et de Marie de Longueil, reçu conseiller au Parlement en 1611, fut président aux Requêtes du palais de 1616 à 1619 et nommé, en 1619, conseiller d'État et président en la Chambre des comptes. Goulas nous raconte (*Mémoires*, t. I, p. 29) qu' « en ayant usé comme la plupart des jeunes gens de Paris, je veux dire ayant mangé la meilleure part de son bien et en désirant trouver d'autre, il s'offrit probablement au cardinal de Richelieu... après la mort de Madame » (4 juin 1627). En tout cas, il était chancelier du duc d'Orléans. Louis XIII le fit, en 1630, président à mortier au Parlement. Par déclaration du 30 mars 1631, il fut déclaré criminel de lèse-majesté, ayant suivi le parti de Gaston d'Orléans; mais, en janvier 1632, il était éloigné de la cour de Monsieur et réfugié en Flandre. En 1643, il fut remis en possession de sa charge de président à mortier. Il se maria trois fois : 1° à Marie Cerisier, fille d'un maître ordinaire en la Chambre des comptes; 2° à Marie Bitault, fille d'un maître des requêtes de l'hôtel; et 3° à une demoiselle de Chaumont.
3. La première version du manuscrit A (fol. 75 v°) était *qui boit et mange;* ce passage est donc vraisemblablement la copie d'un document contemporain des événements.

lieu de celui-là il falloit faire celui de Monsieur et de Mlle de Bourbon[1]. »

Ce qui rendoit cela plus croyable étoit le mécontentement que Monsieur le Prince avoit d'être éloigné, l'instance pressante qu'il faisoit d'y retourner, et les mémoires que, depuis peu, il avoit fait, par sa femme, présenter au Roi sur ce sujet[2].

Quant à Monsieur le Comte[3], nous avons déjà vu ci-devant[4] que Saintoul dit à Du Plessis qu'il étoit à eux.

Davantage, Mme de Longueville la douairière avoit dit, il y avoit plus de trois mois, que Madame la Comtesse vouloit faire sortir son fils de la cour, à quelque prix que ce fût, pour aller en Savoie; et que, s'y opposant, à cause des mauvais bruits qui couroient qu'il se formoit une cabale, elle lui répondit que si, son fils étant dehors, l'effet de ces bruits arrivoit, on diroit qu'il seroit du parti. Mlle de Senneterre[5] répondit que

---

1. Ce paragraphe se trouve en marge du manuscrit A, fol. 78, où il a été barré.
2. Ce paragraphe a été écrit par Sancy; il fait partie du corps même du texte du manuscrit A (fol. 75 v°), ce qui indique bien la part personnelle prise par Sancy à la première rédaction des *Mémoires*. — Ici venait, sur le même manuscrit, fol. 75-76, la copie d'un mémoire du prince de Condé. Ce mémoire, daté du 21 mars, est au *Mercure françois*, t. XII, année 1626, p. 285 et suiv. Il a été également publié en avril 1626, sous forme de plaquette in-8°, avec le titre de : « Mémoires de Monseigneur le Prince, présentez au Roy, à la Royne mère et à Messieurs de son Conseil. » Nous le donnons à l'appendice n° I.
3. Le mémoire du prince de Condé était suivi sur le manuscrit A (fol. 78) d'un paragraphe qui n'est autre que la suite d'une phrase inachevée du fol. 74 v° (voyez p. 20, n. 3).
4. P. 20.
5. Madeleine de Saint-Nectaire ou Senneterre, fille de Fran-

cette raison-là devoit convier à le faire sortir, d'autant qu'en ce cas il vaudroit mieux qu'il fût dehors que de le faire par après[1].

Voilà quant à Monsieur, Monsieur le Prince et Monsieur le Comte.

Voyons les autres qui étoient encore liés avec eux contre le Roi. Voyons les autres princes et grands du royaume[2].

M. de Cucé[3], premier président du parlement de Bretagne[4], et l'évêque de Rennes[5] vinrent exprès en

çois, chevalier des ordres, et de Jeanne de Laval, et sœur de Henry de Saint-Nectaire, marquis de la Ferté-Nabert, maréchal de camp dans l'armée du comte de Soissons en 1622, était dame d'honneur de la comtesse de Soissons; elle mourut fort âgée à Paris, vers 1646, sans avoir été mariée.

1. Le paragraphe, depuis les mots *et que s'y opposant*, était au présent; la transformation a été faite par Sancy (ms. A, fol. 78 v°).

2. Première rédaction de A (fol. 78 v°), corrigée par Sancy : « Voilà pour les princes qui étoient liés contre le Roi, Monsieur, Monsieur le Prince, Monsieur le Comte. Quant aux autres, voyons premièrement M. de Vendôme et M. le Grand Prieur, son frère. »

3. Jean de Bourgneuf, sieur de Cucé et d'Orgères, premier président au parlement de Bretagne le 6 avril 1595 (son père le fut avant lui et son grand-père avait été président à mortier), s'était démis de sa charge, en faveur de son fils Henri, en 1622; il ne mourut qu'en juin 1636, de sorte qu'Henri ne prit effectivement possession de son siège qu'après cette date. Jean de Cucé avait été nommé conseiller au parlement de Paris le 5 septembre 1583, maître des requêtes en avril 1587, puis président du Grand Conseil et conseiller d'État.

4. Ces mots : « premier président du parlement de Bretagne », ont été ajoutés par Sancy entre les lignes du manuscrit A (fol. 78 v°).

5. Pierre Cornulier (1573-1639), auparavant évêque de Tréguier, évêque de Rennes de 1619 à sa mort.

cour pour avertir que M. de Vendôme se fortifioit en Bretagne, gagnoit le tiers et le quart par brigues et argent, pour être en état de s'en rendre maître à la première occasion qu'il attendoit; qu'ils savoient même par un ministre[1] confident qu'il animoit les huguenots à la guerre et leur faisoit espérer qu'il arriveroit des mouvements en l'État qui les favoriseroient. Le premier dit aussi plusieurs fois qu'on faisoit un grand parti pour Monsieur.

De la maison de Guise, Mme de Chevreuse dit au même temps, avec joie, chez la Reine, qu'il falloit que le Colonel fût du Conseil, qu'il en seroit et qu'il avertiroit de tout.

Quant aux seigneurs particuliers, premièrement pour MM. d'Épernon et La Valette, Des Ouches dit à M. de Schönberg avoir ouï dire à Monsieur qu'il avoit une porte de derrière, savoir Metz.

Marillac[2], sans savoir ce discours, rapporta que La Valette étoit tout pensif depuis deux mois, qu'il avoit ôté de Metz tous ceux qui lui étoient suspects, tenoit deux mille hommes prêts et arrhés par deux chefs en Lorraine[3].

Monsieur de Lorraine manda à Marillac qu'il avertît qu'il ne se mêloit point de l'intelligence du gouverneur

1. Un pasteur protestant.
2. Il est question ici et quelques lignes plus bas du maréchal de Marillac.
3. Première rédaction du manuscrit A (fol. 78 v°) : « Marillac... a rapporté que La Valette est tout pensif depuis deux mois, qu'il a ôté de Metz... », etc.; les corrections sont de Sancy.

de Metz¹ et du prince de Phalsbourg², ce qui montroit qu'il falloit qu'il sût qu'il y avoit quelque chose de grand et de mauvais, puisqu'il s'en purgeoit³. Ajoutez que le gouverneur de Metz voulut gagner un capitaine qui étoit dans Verdun, pour le mettre dans la citadelle de Verdun quand il voudroit.

De la maison du Roi plusieurs en étoient⁴ : Chalais⁵, dont nous verrons les preuves ci-après, nous en est un évident témoignage⁶.

1. C'était le duc d'Épernon (1554-1642), ainsi que l'écrivent plus loin les *Mémoires*; mais il est à noter que Bernard de Nogaret, duc de la Valette, son second fils, y commandait à sa place, et c'est du duc de la Valette qu'il est ici question.
2. Louis de Lorraine, prince de Phalsbourg, fils naturel du cardinal Louis de Guise, archevêque de Reims (1555-1588), et d'Aymerie de Lescherenne, dame de Grimaucourt; d'abord baron d'Ancerville, il mourut à Munich en 1631, sans enfants d'Henriette de Lorraine, sœur de Charles III, duc de Lorraine et de Bar.
3. En juillet 1626, l' « intelligence » de La Valette et du prince de Phalsbourg semblait avoir cessé, puisque Marillac, qui commandait dans Verdun, annonçait, le 14 juillet, à Richelieu, que « le prince de Phalsbourg n'est pas content de La Valette » et qu'il est disposé à « se donner au Roi et désire que ce soit avec obligation vers le Roi et Richelieu » (Aff. étr., Lorraine, supplément 7, fol. 191).
4. Le manuscrit B portait primitivement *y trempoient*, qui est la leçon du manuscrit A (fol. 79 v°).
5. Henri de Talleyrand, comte de Chalais, né en 1599, fils de Daniel de Talleyrand, prince de Chalais, et de Jeanne-Françoise de Lasseran-Massencome (fille du maréchal de Monluc), mariés le 31 octobre 1587, avait épousé, en 1623, Charlotte de Castille, veuve du comte de Charny. Ses intrigues, dont il est longuement question dans ce volume, le firent condamner à la peine de mort; il fut décapité à Nantes le 19 août 1626.
6. Ce paragraphe, corrigé par Sancy, était primitivement

De celle de Monsieur quasi tous y trempoient : le Colonel, Déageant[1], Modène, Puylaurens[2], Boitalmed[3], Le Coigneux même, et Chaudebonne[4], que Modène dit qui étoient ceux qui avoient mis le Colonel dans les cabales et étoient cause de son malheur.

Quant au parti huguenot, soit le Languedoc, soit la Rochelle, il avoit été gagné; on n'y avoit pas eu grand'peine.

rédigé de la manière suivante : « De la maison du Roi, Chalais en étoit. Nous en verrons les preuves ci-après » (ms. A, fol. 79 v°).

1. *Var. :* d'Eagen (ms. B), soigneusement corrigé.

2. Antoine de l'Age, seigneur, puis, en 1634, duc de Puylaurens, mort en 1635, était fils de René de l'Age, premier écuyer de Madame, et de Jeanne Pot de Rhodes, mariés en 1602. Il fut nourri, jusqu'à l'âge de vingt ans, comme enfant d'honneur de Gaston d'Orléans, qui le fit ensuite gentilhomme ordinaire de sa chambre, maître de sa garde-robe, puis son premier chambellan, surintendant, grand maître enquêteur et général réformateur des eaux et forêts de son apanage et du domaine de la duchesse d'Orléans.

3. Ce Boitalmed, appelé quelquefois aussi Bois d'Almay ou Bois d'Ennemetz ou Bois Danemetz, est en réalité Jacques Daniel de Bois d'Ennemets (dép. de l'Eure), fils de Jean-Paul Daniel, seigneur de Authevernes, d'Arquecourt, des Veneurs et du Viennois, capitaine d'infanterie du régiment de La Meilleraie, et de Marie de Gillain. Il était maréchal des logis de Gaston d'Orléans. Disgracié lors du siège de la Rochelle, il mena une vie assez aventureuse et fut tué en duel à Venise en 1627. Il est l'auteur des « Mémoires d'un favori de S. A. R. Monseigneur le duc d'Orléans », imprimés pour la première fois à Leyde en 1668.

4. Claude d'Urre, seigneur de Chaudebonne, gentilhomme ordinaire et favori de Gaston d'Orléans, était fils de Louis d'Urre de Cornillan d'Oncieu (qui avait été gouverneur des ville et château de Crest, lieutenant général des armées du Roi et gouverneur de Provence) et de Geneviève de Laire, mariée

Toiras manda par son frère[1] qu'il avoit vu des lettres qu'on écrivoit de Paris à la Rochelle, par lesquelles on mandoit qu'ils prissent courage, et qu'ils devoient avoir espérance en une grande brouillerie de cour qui arriveroit bientôt[2].

Marsillac[3], de Monsieur le Prince, vint de Languedoc donner le même avis, que cette espérance étoit en ces quartiers-là, que M. de Rohan attendoit cette occa-

à Louis d'Urre en 1576 (celui-ci avait épousé, en premières noces, en 1548, Antoinette de la Baume-Suze).

1. Il s'agit ici de l'un des frères du maréchal de Toiras, peut-être de Paul de Saint-Bonnet de Toiras, seigneur de Montferrier, lieutenant du Roi aux gouvernements d'Amboise, Fort-Louis et île de Ré, qui fut tué dans Ré en 1627. Les autres frères du maréchal (fils de Aymar de Saint-Bonnet, seigneur de Toiras et de Restinclières, et de Françoise du Claret de Saint-Félix, dame de Palières, mariés en 1572) furent Jacques de Saint-Bonnet, seigneur de Restinclières, né en 1575, gouverneur de Lunel en 1622, sénéchal de Montpellier en 1623, tué à la bataille de Leucate en 1647. — Simon de Saint-Bonnet de Toiras, seigneur de la Forest, conseiller du Roi, gouverneur de la ville de Foix en 1621, après son frère Jacques, qui en avait été pourvu quelques mois auparavant (c'est peut-être de lui qu'il est question ici). — Claude de Saint-Bonnet de Toiras, agent du clergé, abbé de Saint-Gilles et de Longvilliers, prieur de Longpont, évêque de Nîmes en 1625, mort à Montpellier en 1642. — Robin de Saint-Bonnet, qualifié aussi de seigneur de Restinclières, capitaine au régiment des gardes du Roi, tué dans l'île de Ré en 1627.

2. La deuxième partie du 7e cahier de l'année 1626 commence avec le paragraphe suivant. La couverture de ce cahier (ms. A, fol. 81) porte, de la main de Sancy, ces mots : « 1626. 2de partie du 7me cahier. Suite de la faction et la prise du Colonel. » La dernière phrase a été barrée. Au-dessous, Charpentier a écrit : « Suite de la faction du Colomnel (sic) et sa prise. »

3. Bertrand de Crugy de Marsillac, déjà mentionné.

sion et que la plupart des grands étoient du dessein[1].

Et comme si la France n'eût pas été suffisante, tournant ses armes contre soi-même, de se détruire entièrement, ils appeloient encore tous les étrangers pour être de la partie.

Le duc de Savoie. Son ambassadeur[2] étant dans le dégoût de la paix d'Espagne[3] dit à plusieurs personnes et au Cardinal même qu'il avoit dit à son maître, pour sa consolation, que dans peu de temps nous aurions tant d'affaires en France que nous aurions besoin de lui[4].

L'Espagne. Le Rhingrave[5] dit souvent à M. de Schön-

1. On lit dans l'*Histoire de la Rochelle* du P. Arcère (t. II, p. 224) : « Les Rochellois étoient disposés à souscrire aux conditions proposées [pour la paix] par le Chancelier, lorsque des lettres adressées de Paris aux ministres L'Houmeau et La Chapelière firent naître des irrésolutions et des incidents... On exhortoit les Rochellois à tenir ferme; on leur annonçoit en même temps une prochaine brouillerie entre la France et l'Angleterre », ce qui permettrait d'obtenir de meilleures conditions de paix.

2. L'abbé Alexandre Scaglia, deuxième fils du comte Philibert de Verrue, abbé de Staffarde, de Suse et de Malegia, conseiller intime du duc de Savoie, fut ambassadeur à Rome de 1614 à 1623, en France de 1624 à 1627, puis chargé de missions à Londres à la même époque, dans les Bays-Bas (1627-1628), à Madrid et à Milan de 1628 à 1631 et en 1635. Il mourut à Anvers en 1641. C'était un ennemi avéré de la France, tout dévoué à la politique espagnole.

3. Le traité de Monçon, du 5 mars 1626.

4. Pour la participation de la Savoie à la conspiration, voyez ci-dessus, p. 4.

5. Philippe-Othon, prince de Salm, fils du rhingrave Frédéric (1547-1610), avait été mis en 1623 au rang des princes de l'Empire; il avait épousé Christine de Croÿ et mourut en 1634.

berg, non de France mais d'Allemagne[1], qu'il y avoit un grand parti qui remueroit bientôt et qu'il savoit que l'Espagne interviendroit par argent.

Autant en disoit sans cesse un homme qui servoit le Roi à lui donner des avis d'Espagne; il ne lui sauroit rien particulariser, sinon qu'une grande cabale se formoit que l'Espagne fomentoit et aidoit par argent.

L'Angleterre. Le Colonel alla en ce temps-là visiter M. de Chevreuse et s'enquit soigneusement s'il étoit pas vrai que les Anglois[2] s'en étoient allés mal contents, et s'ils feroient pas remuer les huguenots dans trois ou quatre mois. L'autre lui disant que non, il répliqua qu'il parloit contre sa créance et qu'indubitablement ils le feroient. Chevreuse lui disant sur ce sujet : « Dites-moi ce que fera Monsieur dans quatre mois et je vous dirai ce que feront les Anglois avec les huguenots[3] », il se prit à rire.

Monsieur de Mende, qui étoit lors en Angleterre grand aumônier de la reine, écrivit lors plusieurs fois

1. Il n'est pas question ici de Henri de Schönberg, maréchal de France en 1625, ainsi que le spécifie notre texte, mais de Jean-Meinard, comte de Schönberg, maréchal du Haut et Bas-Palatinat, gouverneur de Juliers et de Clèves, qui avait épousé Anne Dudley. Il fut le père de Frédéric-Armand de Schönberg, maréchal de France en 1675, mort en 1690. Sa famille, originaire du diocèse de Trèves, est différente de celle de Misnie, à laquelle appartenait le maréchal Henri de Schönberg, dont le nom revient si souvent dans les histoires du temps et les *Mémoires*.

2. Holland et Carleton, ambassadeurs anglais en France depuis le début de janvier 1626; ils étaient repartis pour l'Angleterre le 28 mars suivant.

3. Le texte primitif du manuscrit A (fol. 82 v°), avant la correction effectuée par Sancy, était : « Et je vous dirai ce que feront les huguenots. »

que le dessein du roi d'Angleterre étoit de mettre la guerre en France[1].

Blainville écrivit que Buckingham lui ayant proposé de faire union avec la France, afin qu'elle lui aidât à ruiner les parlements d'Angleterre, et qu'il aideroit aussi à la France à ruiner la Rochelle, il le trouva le lendemain refroidi et lui dit qu'il le prioit d'attendre à une autre saison et qu'il continueroit à faire ces ouvertures. Au même temps ceux du parlement, par gens affidés, envoyèrent savoir de Blainville s'il ne savoit point quelles nouvelles Buckingham pouvoit avoir reçues de France, parce qu'il leur avoit fait dire tout fraîchement qu'ils verroient dans peu de temps qu'ils ne devoient faire nul état des forces de France, qu'elles étoient à mépriser, que bientôt il y arriveroit quelque changement notable, occasion en laquelle il auroit lieu de se signaler de telle sorte à l'avantage de l'Angleterre qu'elle auroit sujet de l'adorer ; et tout cela fut dit huit ou dix jours avant la prise du Colonel[2].

De la Hollande, on n'en étoit pas encore si assuré, mais on avoit de grandes présomptions : on voyoit Aersens[3] s'être refroidi de la recherche d'une ligue qu'il

---

1. Première rédaction du manuscrit A (fol. 82 v°) : « A ce propos, il faut noter que Monsieur de Mende écrivit lors plusieurs fois d'Angleterre que le dessein du roi d'Angleterre... » La correction est de Sancy. L'évêque de Mende écrivait encore au cardinal de Richelieu, en juin 1626 : « Si Buckingham peut s'accommoder [avec le Parlement d'Angleterre], il jettera la guerre dans votre État » (Aff. étr., Angleterre 41, fol. 115 v°). Dans une autre lettre, du 11 juin (*Ibid.*, fol. 113 v°), le même évêque écrivait qu'il ne doutait pas que les Anglais n'eussent la volonté de « troubler » le Roi en son « État ».

2. C'est-à-dire : le 26 ou le 28 avril.

3. François van Aersens, seigneur de Sommelsdyck et de la

avoit au commencement poursuivie avec grande ardeur, et leur procédé avec le Roi n'étoit pas avec l'observance accoutumée[1].

Voilà la plus effroyable conspiration dont jamais les histoires aient fait mention. Que si elle l'étoit en la multitude des conjurés, elle l'étoit encore davantage en l'horreur de son dessein, car leur dessein alloit non simplement à élever leur maître[2] au-dessus de sa condition, mais à abaisser et à perdre la personne sacrée du Roi.

Le jour qu'on en avoit étoit le mépris avec lequel on savoit qu'ils en parloient, particulièrement Mme de Chevreuse[3].

Plaate, né en 1572, mort en 1641, fut ambassadeur des Pays-Bas en France, dont il fut rappelé en 1613, puis envoyé ambassadeur à Venise (1620); il était en 1624 et 1625 ambassadeur extraordinaire à Londres. Il signe : François d'Aersen (Aff. étr., corresp. politique, Hollande 10, fol. 77, 84, 214).

1. Monsieur avoua, le 18 juillet, que « du temps du Colonel ils s'étoient aussi assurés de l'amitié d'Harsen, ambassadeur extraordinaire des États [en France] ». Le procès-verbal de ces aveux ajoute, réflexion due probablement au Cardinal : « Sur quoi est à noter que tout d'un coup Harsen, qui étoit convenu des articles d'un nouveau traité avec les États, se refroidit sans que l'on en pût pénétrer la cause, qui peut-être étoit l'assurance qu'on lui avoit donnée des brouilleries qu'on méditoit » (Aff. étr., France 782, fol. 224). Les dépêches de l'ambassadeur français en Hollande, d'Espesses, témoignent du peu d'empressement de ce pays (et particulièrement de Aersens, qui était de retour à la Haye sans avoir rien conclu en France) à signer un nouveau traité (21 mai, 13 août 1626) (Aff. étr., corresp. politique, Hollande 10, fol. 133, 198). Cf., en outre, une dépêche d'Aersens du 17 septembre (*Ibid.*, fol. 214).

2. C'est-à-dire : Gaston d'Orléans.

3. On trouvera plus loin le détail des propos tenus par Mme de Chevreuse, après la disgrâce d'Ornano.

Deux personnes de qualité vinrent supplier le Roi de leur pardonner une faute qu'ils avoient commise en un dessein qu'ils découvriroient pourvu qu'on ne les alléguât jamais[1]. Le Roi leur ayant donné sa parole, ils découvrirent que l'on vouloit l'abaisser pour élever Monsieur.

Des confesseurs du jubilé[2] disent des personnes s'être adressées à eux et s'être accusées, comme d'un grand crime, d'un grand dessein et parti qu'il y avoit pour élever Monsieur au préjudice du Roi; ils en avertirent avec permission, sans vouloir être nommés.

On fit un procès-verbal à Moulins, qu'on mit entre les mains de M. le Garde des sceaux[3], d'un homme qui, venant de Paris, passant par là, découvrit que la partie des princes étoit si bien faite qu'il y avoit cinquante mille hommes unis pour mettre le Roi dans un monastère[4].

Ils vouloient commencer par faire sortir Monsieur de la cour, qui étoit comme le signal pour allumer le feu chacun de son côté[5].

1. Autrement dit : pourvu qu'on ne citât jamais leurs noms, qu'on ne les prît pas à témoin.
2. Le jubilé de 1626 eut lieu de mars à mai 1626.
3. Première rédaction du manuscrit A (fol. 83 v°) : « On a fait un procès-verbal à Molins qui est entre les mains de M. le Garde des sceaux. » — A noter que cette première rédaction du manuscrit A, ainsi que celle du paragraphe précédent, indiquent que les *Mémoires* ont été rédigés ici à l'aide de documents contemporains des événements.
4. Il sera parlé plus loin des intentions que les conjurés avaient d'enfermer le Roi dans un cloître. Le cocher du duc de Vendôme disait en juin : « N'a-t-on pas bien rasé Louis le Fainéant? », et le bruit courait, vers la même époque, en Savoie, que l'on allait « reclure » Louis XIII.
5. Les *Mémoires* reproduiront à plusieurs reprises cette assertion.

Le Colonel, comme nous avons dit ci-dessus[1], en menaçoit déjà et disoit qu'on donnoit le conseil à Monsieur et qu'il n'en pouvoit pas répondre. Et encore Passart a dit plusieurs fois que Monsieur lui avoit dit qu'il n'avoit rien plus à contre-cœur que coucher hors de chez lui, aimant ses aises, et cependant qu'on le vouloit accoutumer à ce faire, faisant semblant d'être surpris [de] la nuit[2] aux chasses, afin qu'il fût prêt, quand on voudroit, de faire un trou à la nuit[3].

Le Colonel, quinze jours devant qu'être emprisonné[4], demanda à M. d'Herbault[5] un passeport, pour faire venir de Flandre des armes pour armer quatre mille hommes, en suite, disoit-il, d'un marché qu'il avoit fait, il y avoit trois ou quatre jours, de ce nombre d'armes, sur un vieil passeport de M. de Puyzieulx. Il en écrivit à Baugy[6], résident pour le Roi à Bruxelles.

1. P. 3, 13.
2. Le manuscrit B porte : *faisant semblant d'être surpris la nuit aux chasses*, ce qui est une faute de copie commise par le scribe. Nous avons adopté la leçon du manuscrit A (fol. 84).
3. Autrement dit : de s'enfuir.
4. C'est-à-dire : vers le 19 avril.
5. Raymond Phélypeaux, seigneur d'Herbault, de la Vrillière et du Verger, fils de Louis Phélypeaux, seigneur de la Cave et de la Vrillière, et de Radegonde Garraut, né en 1560, secrétaire de la chambre du Roi en 1590, trésorier des parties casuelles en 1591, trésorier de l'Épargne en 1599, succéda à Paul Phélypeaux de Pontchartrain, son frère cadet, mort le 21 octobre 1621, dans la charge de secrétaire d'État, le 5 novembre 1621, et mourut à Suse le 2 mai 1629. Il avait épousé, en juillet 1594, Claude Gobelin.
6. Nicolas de Bar, seigneur de Baugy en Berry, avait été ambassadeur auprès de l'Empereur en 1616 et 1617; il fut ambassadeur en Hollande de 1628 à 1634, après l'avoir été à Bruxelles en 1626.

Ce qui est à remarquer en cela est pourquoi il avoit laissé écouler tant de temps pour faire venir ces armes et les vouloit faire venir maintenant.

Or, pour faire réussir leur dessein, faire sortir Monsieur hors de la cour et prendre les armes avec effet, il falloit premièrement venir à bout du Cardinal, dragon veillant incessamment au salut de son maître.

Ils s'en vouloient défaire en le disgraciant ou le faisant tuer[1].

En le disgraciant, nous avons vu ci-devant les embûches qu'ils lui dressoient pour cela, et comme Tronson, Sauveterre et Baradat[2] y travailloient et tenoient quasi la chose pour assurée, pour ce que S. M. ayant seulement une ou deux fois prêté l'oreille sans rejeter ce qu'ils disoient, ils tiroient de là une conséquence que le Cardinal étoit perdu, tenant pour maxime qu'entre écouter et être persuadé il y a peu de différence, et que, qui peut être attaqué, quoique par de fausses apparences, est assurément ruiné.

1. Voyez plus haut, p. 5, la même idée exprimée un peu différemment.
2. François de Baradat, marquis de Damery en Champagne, fils de Guillaume de Baradat, qui avait été gentilhomme de Catherine de Médicis et d'Henri IV, fut attaché d'abord à la Petite-Écurie du Roi; sortant de page (23 novembre 1624), il fut pris en affection par Louis XIII. Le 8 avril 1625, il reçut la charge de premier écuyer de la Petite-Écurie et la capitainerie de l'hôtel du Petit-Bourbon, que la démission de M. de Liancourt avait rendue vacante; en 1626, il eut la charge de premier gentilhomme, sur la démission du duc de Montmorency, et la capitainerie de Saint-Germain. On verra plus loin quels furent, d'après les présents *Mémoires*, les motifs de sa disgrâce, qui eut lieu le 2 décembre 1626. En 1630, il combattit courageusement aux côtés du maréchal de Toiras, assiégé dans Casal. Il mourut en 1683.

Quant à la violence, Montpinson avoit donné avis à l'abbé de Foix[1] qu'il y avoit deux hommes[2] qui cherchoient l'occasion d'attenter contre la personne du Cardinal. Plusieurs autres avis semblables étoient donnés de diverses parts, et les dépositions de Chalais et du Grand Prieur, que nous verrons ci-après, les avertissements du Coigneux, et ce qui plut à Monsieur en dire au Roi et à la Reine sa mère, n'ont pas dû depuis donner lieu d'en pouvoir douter[3].

Sur tout cela et plusieurs autres circonstances le Roi prit résolution d'y pourvoir. Il envoya quérir le cardinal de Richelieu et le sieur de Schönberg pour avoir leur avis[4]. Tous deux, ayant eu connoissance de ce qui est

1. Bonaventure de la Font, abbé de Saint-Volusien de Foix, avait succédé à Pierre de Caulet, mort en 1617 ; il eut pour successeur, en 1627, Étienne de Caulet, neveu de son prédécesseur.

2. Première rédaction du manuscrit A (fol. 84 v°) : « Quant à la violence, Monpinson avoit donné avis à l'abbé de Foix, qu'il savoit de Juvigny, qu'il y avoit deux hommes... »

3. Cette fin du paragraphe, depuis : *et les dépositions de Chalais*, a été écrite par Sancy et corrigée par lui. Elle fait partie du corps même du texte du manuscrit A (fol. 84 v°).

4. Ce qui suit, jusqu'à la page 41, au paragraphe commençant par : « On examina par après... », a certainement pour source un document qui devait résumer l'opinion de Schönberg et du Cardinal. Sa date nous est donnée par un membre de phrase de la page 40, ainsi conçu : « La paix d'Espagne n'étant pas encore conclue, ni celle des huguenots bien affermie... ». Le traité de Monçon, auquel il est ainsi fait allusion, est du 5 mars 1626, mais ne fut ratifié en France et en Espagne que le 2 mai, et la paix avec les protestants avait été signée le 5 février précédent. Il est clair que le document, source de cet important passage, est antérieur au 2 mai et postérieur au 5 février 1626. En outre, il y est fait allusion à un factum, daté du 21 mars et remis par le prince de Condé, ce qui permet de supposer que Louis XIII prit l'avis de Richelieu et de Schönberg en avril.

ci-dessus, estimèrent qu'il étoit difficile en affaire pareille à celle-ci d'avoir des preuves plus concluantes que les susdites; qu'en matière de conspirations il est presque[1] impossible d'en avoir de mathématiques; que, quand les conjectures sont pressantes, elles en doivent tenir lieu, lorsqu'on les juge telles, considérées sans passion; car souvent on n'a l'entier éclaircissement d'une conspiration dans un État que par l'événement, qui est incapable de remède.

Ils représentèrent au Roi qu'en telle nature d'affaires c'étoit à lui, de son propre mouvement, à voir ce qu'il lui plaisoit faire et à ses serviteurs à l'y servir, quoique par cette voie ils s'exposassent aveuglément à de très grands inconvénients pour eux, et quasi assurément à leur perte.

Ils dirent que les remèdes pouvoient être différents. Le premier seroit de tâcher de gagner les malfaisants en les comblant de bienfaits : ce remède étoit celui que volontiers on conseilleroit au Roi.

Ils ajoutèrent qu'ils savoient bien qu'on répondroit peut-être que, puisque la liberté, le rétablissement, les honneurs, dignités et bienfaits n'avoient pu contenir le maréchal d'Ornano en son devoir, rien ne le pourroit faire à l'avenir;

Qu'ils n'ignoroient pas qu'il seroit à craindre que la connoissance que ce personnage prendroit du seul remède dont on voudroit user en son endroit lui fît tous les jours entreprendre quelque chose de nouveau pour obtenir par ce moyen tout ce que bon lui sembleroit;

1. Ce début de paragraphe et les deux paragraphes précédents, qui font partie du corps même du texte du manuscrit A, ont été écrits par Charpentier.

Qu'ils craignoient que, se servant de ce seul remède, le Roi n'osât à l'avenir rien entreprendre d'important en son État, parce qu'il auroit toujours lieu d'appréhender que cet homme ne remît sus la cabale qu'il avoit déjà formée, au préjudice de son service; mais que, S. M. voulant pour un temps se contenter de ne rien entreprendre dans l'État, il pouvoit se servir de ce remède, qui amolliroit le cœur du Maréchal, ou au moins le rendroit-il d'autant plus condamnable que plus auroit-il reçu de bienfaits de S. M.;

Qu'ils savoient bien que, si l'Espagne ou les huguenots faisoient quelque entreprise contre cet État, on ne pourroit plus leur résister et empêcher en même temps l'effet des cabales qu'on auroit tramées à loisir, vu qu'en ce cas, au lieu d'avoir rien à craindre, on espéreroit par la rébellion, en tant qu'on auroit comblé de bienfaits les auteurs de celle-ci au lieu de les châtier[1]; ils avouèrent qu'on pouvoit faire une telle cabale, qu'en une occasion favorable pour eux ils pourroient révolter la moitié de la France, vu les mécontentements ordinaires en ce royaume;

Qu'il étoit à craindre que par cette voie il fallût dépendre de la miséricorde du Maréchal, qui sans doute deviendroit absolu par ce moyen, et le plus puissant

1. Cette phrase, peu claire, peut être ainsi résumée et commentée : ils savaient bien qu'on ne pourrait résister à une entreprise de l'Espagne ou des huguenots et empêcher en même temps l'effet des cabales tramées à loisir, parce que les ennemis de l'État mettraient leur espoir dans une rébellion, les auteurs de la présente cabale ayant été comblés de bienfaits au lieu qu'il aurait fallu les châtier pour enlever dans l'avenir tout espoir aux fauteurs de désordre et aux ennemis de la France.

homme de l'État, puisque, quand on penseroit avoir contenté Monsieur en le mettant du Conseil et lui donnant son apanage, on n'auroit fait autre chose que de donner des forces au Maréchal, pour le rendre en son particulier plus insolent ;

Qu'il y avoit certaines personnes à qui on ne pouvoit jamais faire autre chose que battre le chien devant le lion[1] et d'autres qui étoient bons sujets pour exemple, et qu'en matière de cabales il étoit nécessaire d'ôter à ceux qu'on reconnoissoit être les boute-feux le moyen de l'allumer ;

Qu'il y avoit des maux qu'on guérissoit sans hasard et d'autres où les remèdes avançoient la mort ; mais qu'il en falloit prendre le hasard quand on jugeoit qu'autrement la même mort arriveroit indubitablement, au lieu qu'il se pouvoit faire qu'on s'en garantiroit par le remède dont on se vouloit servir ;

1. On trouve cette expression dans Guron, *Histoire du temps*, p. 30. — Cet auteur affirme qu'au Conseil, Richelieu et Schönberg se refusèrent à suivre l'avis de Bérulle et de Marillac, qui estimaient nécessaire d'arrêter, outre les Vendôme (sur ce point tout le monde aurait été d'accord), diverses autres personnes. Bérulle aurait même insisté auprès de Richelieu pour l'amener à partager ses vues, mais celui-ci lui aurait répondu « qu'il étoit souvent des factions comme des grandes machines, lesquelles se ruinoient d'elles-mêmes quand on leur ôtoit les pièces qui leur servoient de principale liaison, qu'en matière d'État il falloit prévenir les maux, mais par les voies les plus douces, et qu'il suffisoit en certaines occasions de battre le chien devant le lion ». L'expression « battre le chien devant le lion » ou le loup signifie, d'après Furetière, « corriger un grand en châtiant un petit devant lui », autrement dit faire peur à un personnage puissant, qu'on ne peut atteindre, en châtiant, à sa place et à titre d'exemple, une personne de petite condition.

Que, depuis que les cabales ont pris racine dans les esprits, si on ne les arrache tout à fait, elles repoussent toujours; partant, qu'il semble y avoir grand péril à ne déraciner pas celle-ci; péril pour le Roi, péril pour l'État, au bien duquel on est obligé en conscience de pourvoir, péril pour la Reine, péril pour Monsieur, qu'on vouloit perdre par ce moyen;

Que, si ce remède ne sembloit bon, le meilleur étoit d'ôter ceux qui donnoient de mauvais conseils à Monsieur, le traiter parfaitement bien en son particulier, afin que son esprit fût content ou qu'au moins tout le monde eût lieu de juger qu'on n'oublioit rien de ce qu'on devoit à cette fin.

Ensuite ils dirent au Roi que, si S. M. vouloit user de rigueur envers le Maréchal, il falloit, auparavant de s'y résoudre, bien considérer les suites que cette affaire pourroit avoir :

Qu'il pourroit arriver que Monsieur, préparé par le Maréchal aux événements qu'il pourroit prévoir lui devoir arriver de ses mauvais desseins, ou mal conseillé par des personnes de sa cabale et de son dessein, sortiroit de la cour avec plusieurs grands, qui, considérant plus le futur que le présent, se joindroient à lui, ce qui pourroit apporter beaucoup de mal;

Que, la paix d'Espagne n'étant pas encore conclue, ni celle des huguenots bien affermie[1], il étoit à craindre qu'une escapade de Monsieur rompît l'une et l'autre; qu'aussi pouvoit-il arriver que la prise du Maréchal, rompant ses factions, ôteroit toute espérance à ceux, tant du dedans que du dehors du royaume, qui désiroient le feu dans la France;

1. Voyez la note 4 de la page 36.

Que, comme il y avoit plusieurs personnes intéressées en cette faction, on n'oublieroit rien à dire contre ceux qui auroient servi à la rompre en servant le Roi; qu'ils tâcheroient de faire croire que la Reine seroit cause de l'éloignement du Maréchal, par ressentiment du passé[1], ou pour porter Monsieur au mariage dont il le détournoit, ou pour s'assurer de sa personne et se fortifier de son affection, en ce qu'il étoit probable qu'il oublieroit le Maréchal quand il ne l'auroit plus;

Qu'ils savoient bien que la conduite que LL. MM. avoient eue jusqu'à présent les garantiroit eux et son Conseil de tout blâme, puisqu'ils n'avoient rien oublié pour détourner le Maréchal de mal faire par toutes sortes de bienfaits, qui n'avoient servi qu'à le rendre plus hardi et insolent; qu'il y avoit peu de gens dans la maison de son maître qui ne fussent contre lui, qui n'improuvassent sa conduite, et à qui sa tyrannie ne fût insupportable[2].

On examina par après si, devant que de faire cette action, il seroit bon de faire revenir Monsieur le Prince auprès du Roi.

On disoit que, s'il y étoit, il entreroit en la garantie de l'action qu'on vouloit faire; que, par ce moyen, Monsieur seroit privé de la retraite qu'il pourroit avoir en son gouvernement, et qu'on seroit exempt de la ca-

1. En mars 1623, Marie de Médicis avait songé à marier Gaston d'Orléans et Mlle de Montpensier. D'Ornano, gouverneur de ce prince, avait alors été de ceux qui s'étaient efforcés, avec succès, de faire échouer ce projet. Voyez notre t. III, p. 283-285.

2. Sancy a fait subir quelques modifications à ce paragraphe et au précédent, mettant au passé les verbes qui étaient au présent (ms. A, fol. 87 r° et v°).

lomnie qu'il feroit courre qu'on éloignoit[1] les princes du sang; qu'on s'exempteroit par ce moyen du péril qu'il y avoit que Monsieur le Prince et Monsieur le Comte s'unissent avec Monsieur en cabale hors la cour, ce qui renverseroit tout le royaume, Monsieur le Prince étant le seul capable de conduire l'esprit de Monsieur dans une rébellion; que, s'il demeuroit éloigné, le coup qu'on vouloit faire faire lui donneroit le cœur et les volontés de tous les autres cabalants qui s'entendroient avec lui; qu'il décriroit cette action par manifestes comme violente, puisqu'il avoit eu la hardiesse maintenant d'en faire un[2], et profiteroit du mal que les ministres du Roi recevroient pour l'avoir servi; enfin que sa venue ôteroit toute espérance aux brouillons et que Monsieur ne seroit plus, ce semble, en hasard de s'en aller, tant parce qu'il n'auroit pas de retraite assurée que parce qu'il craindroit que Monsieur le Prince prît sa place[3].

Le Roi n'estima point ces raisons, son aversion étant telle contre Monsieur le Prince qu'il ne voulut point entendre parler de son retour; qu'étant brouillon de son naturel et fort actif, il y feroit plus de mal cent fois qu'à la campagne, où il n'oseroit rien entreprendre à cause de son peu de courage; qu'il empoisonneroit toute la cour de ses vices; qu'il n'y auroit plus de secret au Conseil; qu'il n'oublieroit rien de ce qu'il pourroit pour le brouiller avec la Reine; que tous les jours

1. Première rédaction du manuscrit A (fol. 87 v°) : *éloigne*.
2. Voyez plus haut, p. 23, note 2.
3. On remarque sur le manuscrit A plusieurs corrections effectuées par Sancy et portant sur les temps des verbes (fol. 87 et 88).

il feroit faire mille mauvais offices au tiers et au quart par des petites gens qu'il possédoit par ses débauches ; enfin, qu'il étoit aussi à craindre qu'étant à la cour il fît faire une escapade à Monsieur que s'il en étoit dehors.

Partant S. M. résolut que, sans faire venir Monsieur le Prince, il falloit s'assurer de la personne du maréchal d'Ornano.

Ensuite de quoi, le 4ᵉ mai, S. M. étant à Fontainebleau[1] envoya quérir, à dix heures de soir, ledit Maréchal, lequel étant arrivé dans la chambre de l'Ovale fut arrêté par le sieur du Hallier, capitaine des Gardes qui étoit lors en quartier[2], et mené en la chambre où fut aussi arrêté le maréchal de Biron[3].

En même temps on envoya se saisir de la personne de Chaudebonne[4], qui fut mené en la chambre du Hallier ; et le lendemain ils furent tous deux conduits au Bois-de-Vincennes.

On commanda à la maréchale d'Ornano de se retirer de Paris ; ce qu'elle fit et elle alla à Gentilly, où, à quelques mois de là, il lui fut enjoint d'aller en une de ses maisons en Dauphiné ou en Provence ; mais, étant

1. Le Roi était parti pour Fontainebleau le 4 avril.
2. Voyez, sur ces incidents, un mémoire manuscrit aux arch. des Aff. étr., France, vol. 767 (fol. 36-39 et suiv.) ; le *Mercure françois*, p. 269-275 ; une relation de l'arrestation d'Ornano envoyée à Béthune (Bibl. nat., ms. Français 3668, fol. 48) et Andilly, *Journal*, p. 16-20, qui confirment l'ensemble du récit des *Mémoires*.
3. Armand de Gontaut, baron de Biron, né en 1562, fait maréchal de France en 1594, fut décapité pour crime de haute trahison le 31 juillet 1602.
4. Cf. *Journal* d'Andilly, p. 19, 20, dont les renseignements concordent avec ceux des *Mémoires*.

tombée malade, Monsieur obtint du Roi qu'elle se retirât seulement[1] à trente lieues de Paris[2].

Modène et Déageant, confidents dudit Maréchal, furent mis en la Bastille[3], comme aussi Mazargues et d'Ornano, ses frères[4].

On s'assura du Pont-Saint-Esprit, Tarascon, Saint-André[5], du Pont-de-l'Arche et Honfleur, places dont ledit Maréchal avoit le gouvernement[6].

Ledit Maréchal étant dans le bateau dans lequel on le conduisit au Bois-de-Vincennes, dit qu'il eût bien voulu que les cardinaux et princes, qui étoient cause qu'il étoit là, fussent en sa place.

1. La fin de ce paragraphe et les deux suivants ont été écrits sur le manuscrit A, de la main de Sancy, à la suite du corps même du texte (fol. 88 v°).
2. Voyez le *Journal* d'Andilly, p. 20, 21, qui donne les mêmes détails que les *Mémoires*.
3. Ils furent arrêtés par le chevalier du guet Louis Testu et embastillés le 5 mai.
4. Arrêtés le 5 mai, ils furent mis dans la Bastille le 6.
5. Aujourd'hui Saint-André-de-Roquepertuis (Gard), à vingt-sept kilomètres de Pont-Saint-Esprit.
6. Avec le paragraphe suivant commence le 8ᵉ cahier de 1626. Sur la couverture Sancy a écrit : « 1626. 8ᵉ », et les bizarres indications qui suivent et qui ont été barrées : « Ergefangen. On dit son dessein étoit tel, tel, etc. Die Welschen alle si bindten sich mitt ihm die weil, etc. Lors Adamus (?) [probablement la forme latine du surnom Adameau, désignant Richelieu en langage chiffré] donna le conseil que le duc de Milan donna à Loys onze. Séparez. Pour cela v[ide]amus die fursten. » Charpentier a écrit plus bas le sommaire suivant : « Suite de la faction du Colomnel (*sic*). Entrevue de Monsieur le Prince et du Cardinal à Limours. Voyage de Monsieur audit lieu le même jour. Déclaration de Monsieur » (ms. A, fol. 90).

Il manda à sa femme qu'elle n'eût point de peur, qu'il n'avoit fait que ce qu'elle savoit. Mais elle, ayant appris la nouvelle de sa prise, dit : « Mon mari est mort ! »

[Il] dit à Chaudebonne : « Vous témoignerez que je suis innocent, je sais que vous l'êtes aussi. » Puis il dit : « Je n'ai jamais que bien servi ; si j'avois voulu faire ce à quoi on m'a convié, je mériterois être ici. » Ce dont il est coupable[1], pour n'avoir pas averti du dessein qu'il savoit qu'on tramoit au préjudice du Roi et de l'État.

Monsieur le Prince dit à Tronson : « Le Colonel est un fourbe et méchant ; le Roi a bien fait de tâcher à le gagner par bienfaits, mais il n'eût jamais su le faire ; et, ne le pouvant, il a eu raison ; c'est un méchant ; vous verrez que dans un mois il accusera le tiers et le quart, qui n'étoit point de cette affaire. »

La douleur de M. de Vendôme en Bretagne fut visible, celle de Madame la Comtesse ne se put cacher.

Ayant été trouvée une lettre de la Colonelle à Monsieur, avec deux mémoires d'instructions, l'un comme il devoit vivre avec la Reine sa mère, l'autre avec le Cardinal, d'abord que l'on montra la lettre à Monsieur, il s'écria qu'elle étoit fausse, qu'il connoissoit bien l'écriture, que ce n'étoit point d'elle, et en jura ; que si on vouloit condamner le Colonel sur des lettres et témoins, cela étoit bien aisé, vu qu'il avoit quantité d'ennemis et qu'on pouvoit feindre des lettres. Il redit tant de fois cela, que cela donna toute occasion de croire qu'il

---

1. Remarquez les mots : « ... il *est* coupable », qui indiquent que la source de ce passage a dû être rédigée presque au moment des événements relatés.

savoit bien qu'ils avoient écrit et parlé autrement qu'ils ne devoient[1].

Modène dit que, trois mois avant la prise du Maréchal, il avoit prévu cet orage et le lui avoit dit; ce qui est[2] une assez bonne preuve qu'il y en avoit sujet.

Monsieur témoigna avoir un grand ressentiment de la prise du Colonel. Il alla trouver le chancelier Aligre, qui s'excusa et dit que cela n'avoit pas été fait par son conseil; mais, quand il fut vers le Cardinal pour lui en faire ses plaintes, il[3] lui répondit courageusement que, non seulement il ne nioit pas que le Roi ne lui en eût demandé son avis auparavant, mais que, s'il ne l'eût fait en une chose si importante, il eût cru avoir sujet de le supplier de lui permettre de se retirer, puisqu'il n'eût pas témoigné avoir une entière confiance en lui; que, S. M. lui ayant fait l'honneur de lui en parler, il le lui avoit conseillé, comme une chose non seulement utile, mais absolument nécessaire à sa personne, au repos de son État et au bien particulier même de Monsieur. Il[4] ne le mésestima pas de cette réponse, mais sa mauvaise volonté contre lui s'augmenta, croyant avoir été seul cause de cette action[5].

Nous avons vu ci-dessus que cette cabale étoit si

1. Ce paragraphe et le précédent ont été rédigés à l'aide d'un document contemporain des événements, ainsi que le prouvent les temps des verbes de la première rédaction (ms. A, fol. 91 v°).

2. Le manuscrit A (fol. 91 v°) portait primitivement *est*, puis Sancy a mis *estoit*, ce qui aurait dû être la bonne leçon; mais, finalement, le manuscrit B porte *est*.

3. Le Cardinal.

4. Gaston d'Orléans.

5. Croyant que seul le Cardinal avait été la cause de cette action.

grande que non seulement les princes, les grands du royaume, les officiers de la maison du Roi, les princesses et les dames de la cour de la Reine et le parti huguenot, mais les Hollandois, le duc de Savoie, l'Angleterre et l'Espagne en étoient[1]; son dessein alloit à faire sortir Monsieur de la cour, non seulement afin que, les armes à la main, il obtînt du Roi de grands avantages, mais, s'il pouvoit, pour passer encore plus avant contre la personne du Roi[2]; et de peur que Monsieur ne fût retenu par le mariage, il[3] le dissuadoit de se marier, et principalement avec Mlle de Montpensier, laquelle, après la mort de M. d'Orléans, lui fut destinée[4].

Il s'opposoit au mariage de Monsieur avec Mlle de Montpensier, et y intéressoit Monsieur le Prince, feignant que Monsieur se marieroit avec sa fille[5], et Monsieur le Comte, par l'espérance qui lui restoit d'épouser Mlle de Montpensier[6].

1. Ce début de paragraphe est la reproduction textuelle d'une phrase de la p. 3.

2. La première rédaction du manuscrit A (fol. 92) était toute différente : « Son dessein alloit à faire sortir Monsieur de la cour, afin que, les armes à la main, il obtînt du Roi de grands avantages, s'il ne pouvoit passer plus avant. » C'est Sancy qui, d'une main appliquée, a fait les corrections. Les *Mémoires* ont déjà insisté sur cette idée d'un complot contre la vie ou la liberté du Roi. Cf. p. 3.

3. Les *Mémoires* veulent désigner ici le maréchal d'Ornano.

4. Cf. ci-dessus, p. 3.

5. Anne-Geneviève de Bourbon, née le 27 août 1619, fille de Henri de Bourbon, prince de Condé, et de Charlotte-Marguerite de Montmorency, mariée le 2 juin 1642 à Henri d'Orléans, duc de Longueville, morte le 15 avril 1679.

6. Le 27 juillet 1626, l'exempt des gardes Lamont, à qui on

Tous les grands se joignoient facilement à eux par la légèreté des François, le désir de changement et le déplaisir de voir l'autorité royale s'établir et leur ôter la liberté de la violer impunément, comme ils avoient fait longtemps auparavant ; les huguenots, par l'expérience passée d'avoir toujours profité dans nos troubles ; les Hollandois, par le déplaisir qu'ils avoient de la paix d'Espagne et de ce qu'on avoit refusé de faire une ligue offensive et défensive avec eux ; le duc de Savoie, par le désir de se venger de l'offense qu'il prétendoit avoir reçue au traité de la paix, qui avoit été faite sans lui ; l'Angleterre, par son infidélité seulement ; et l'Espagne, par l'inimitié qu'elle nous porte et les intérêts de son ambition ; et tous ensemble, par la créance qu'un chacun d'eux avoit que cette faction étoit si puissante au dedans et si appuyée au dehors qu'elle étoit capable de renverser l'État[1].

Entre plusieurs avis que le Cardinal donna au Roi pour anéantir cette épouvantable faction, un des principaux fut qu'il falloit diviser ceux qui étoient liés ensemble, et, quand ils seroient séparés, diminuer la puissance d'un chacun.

Le premier point fut le sage conseil que le duc de Milan[2] donna à Louis XIe, qu'à quelque prix que ce fût il devoit séparer les princes conjurés contre lui en

avait commis la surveillance de Chalais emprisonné, déposa que, les 23 et 24 juillet, Chalais avait dit « que Monsieur le Comte a obtenu de Monseigneur de n'épouser pas Mlle de Montpensier pour la laisser à mondit sieur le Comte » (*Pièces du procès* de Chalais, p. 48).

1. Comparez avec la p. 4.
2. François Sforza, duc de Milan de 1450 à 1466.

la ligue du Bien-Public[1]; que cette division se pouvoit faire ou en réunissant quelques-uns véritablement au service du Roi, ou les mettant tous en jalousie et soupçon les uns des autres.

Et parce que la personne la plus importante qu'ils avoient ou pouvoient avoir étoit celle de Monsieur le Prince, il[2] conseilla au Roi de lui[3] permettre une entrevue avec mondit sieur le Prince qui la demandoit, laquelle seroit capable de produire l'effet désiré[4]. S. M. l'eut agréable et lui manda à Limours[5], où il étoit lors,

---

1. Ce paragraphe est en marge du manuscrit A (fol. 93). Il a été écrit d'abord par Charpentier, qui avait mis : « C'est le sage conseil... » Sancy a pris la plume et a écrit : « Le premier point fut le sage conseil... »

2. Le Cardinal.

3. Au Cardinal.

4. On a vu que dès le 21 mars 1626, le prince de Condé avait fait remettre au Roi, à la Reine mère et aux membres du Conseil un mémoire par lequel il demandait à rentrer en grâces et à la cour, exposant en outre les inconvénients que son exil apportait à ses affaires.

5. Le château de Limours a souvent changé de mains. Anciennement, il était à la famille de Montmort. Il fut, en 1515, acquis par Jean Poncher, qui commença à bâtir le château qui existait au xviie siècle. Anne de Pisseleu, duchesse d'Étampes, acquit le domaine en 1539 et acheva la construction. Il passa aux mains de Diane de Poitiers en 1547; Philippe Hurault, comte de Cheverny et chancelier de France, l'acquit en 1597; enfin, son fils Louis le vendit à Richelieu le 6 avril 1623, qui lui-même le revendit au Roi pour Gaston d'Orléans le 23 décembre 1626. A la mort de Marguerite de Lorraine, veuve de Gaston d'Orléans, Limours fut réuni au domaine de la couronne. Le château se composait d'un corps de logis rectangulaire flanqué de deux tours carrées sur le devant et de deux tours rondes sur le derrière; un parc magnifique s'étendait

qu'il eût à entendre ledit seigneur le Prince en tout ce qu'il lui voudroit dire, excepté pour ce qui concerneroit son retour[1].

Monsieur le Prince ensuite vint à Limours[2], lui parla avec grand témoignage d'affection au service du Roi et soumission à sa volonté.

Le Cardinal lui donna des assurances de l'amitié du

devant et sur le côté droit du château. Cette demeure, d'aspect sévère, fut démolie en 1835.

1. Première rédaction du manuscrit A (fol. 93) : « S. M. l'eut agréable et lui en écrivit à Limours, où il étoit, la lettre suivante. » Les corrections ont été effectuées par Sancy. Le texte de la lettre du Roi à Richelieu est dans le manuscrit A, au fol. 93 v°; la voici : « Mon cousin, ayant écrit, il y a trois ou quatre jours, à mon cousin le prince de Condé sur ce qu'il m'a fait dire avoir un extrême désir de vous voir, que j'aurois fort agréable votre entrevue, je vous fais la présente pour vous disposer à le recevoir; et afin que vous ayez plus de liberté de conférer avec lui, je vous commande d'ouïr et entendre tout ce qu'il voudra vous dire, fors et excepté pour ce qui concerne son retour, duquel, s'il vous parle, vous lui direz n'avoir aucune liberté de lui répondre sur ce sujet, que tous discours en seroient inutiles, puisque l'ordre qu'il peut recevoir pour ce regard dépend de moi seul et de l'état de mes affaires. Il sait la croyance que j'ai en vous, me servant comme vous faites. Je la témoigne avec satisfaction et prie Dieu qu'il vous ait, mon cousin, en sa garde et vous donne une parfaite santé. Écrit à Paris, ce 30ᵉ de mai 1626. Louis. » Cette lettre a été publiée par M. Topin, *Louis XIII et Richelieu*, p. 130, et reproduite par M. de Beauchamp, *Louis XIII d'après sa correspondance avec le cardinal de Richelieu*, p. 67.

2. Ces mots, qui commencent le paragraphe, sont de la main de Sancy (ms. A, fol. 94). Ce paragraphe était précédé d'un autre, qui a été barré (fol. 93 v°) : « Monsieur le Prince, accompagné de M. de Montmorency et de M. l'évêque d'Albi, l'alla trouver à Limours peu après que Monsieur en fût sorti. » Cette entrevue eut lieu le 30 mai.

Roi et de la Reine en son endroit, qu'il n'avoit rien à craindre de LL. MM., mais beaucoup à espérer; que, quant à lui, il n'osoit proposer son retour de peur de jalousie; qu'il y avoit des ministres dont l'humeur, par excès d'amitié et de bonté, étoit jalouse de ceux en qui il se confioit[1]; que le temps apporte les choses que l'on désire souventefois lorsqu'on y pense le moins.

Il répondit qu'il étoit content d'être où le Roi voudroit. De là, entrant sur les affaires, il dit son avis de tous ceux qui servoient le Roi en son Conseil, les uns desquels il estimoit intéressés et les autres bien foibles. Il conseilla fortement d'achever le procès du maréchal d'Ornano; que c'étoit un coup de maître; qu'il lui falloit donner des commissaires; qu'il ne falloit[2] point laisser un mal si grand impuni; qu'il falloit bien traiter Monsieur, mais d'autre part aussi faire tout ce qui étoit de besoin, afin qu'il n'y eût aucune faction en l'État, les rois devant la paix à leurs sujets. Enfin il lui dit qu'il le mésestimoit d'une seule chose, qui étoit qu'il offensoit pour le service du Roi force gens puissants, sans penser aux moyens de se garantir à l'avenir; qu'il devoit avoir soin de s'établir, autrement il seroit vieil, misérable et persécuté; ou, s'il ne vouloit cela, qu'il ne devoit choquer le monde.

Et sur ce qu'il lui dit[3] qu'après que le Roi seroit

1. Le manuscrit B porte par erreur : *ils se confioient*. Les verbes de ce paragraphe, avant les corrections de Sancy, étaient au présent.

2. Première rédaction du manuscrit A (fol. 94) : *qu'il ne faut point*.

3. C'est-à-dire : et sur ce que le Cardinal dit à Monsieur le Prince...

hors de cette affaire il vouloit se retirer[1], il lui répondit[2] que l'État seroit perdu s'il se retiroit, qu'il avoit mis les affaires en un point si glorieux qu'il étoit nécessaire pour les y conserver et leur y donner un ferme établissement[3].

Il[4] demeura à coucher à Limours et le lendemain à dîner, et ne se pouvant lasser de louer publiquement devant un chacun le Cardinal, s'il lui est permis de dire la vérité en ce sujet auquel il est intéressé[5], il di-

1. C'est la seule allusion faite par Richelieu à son désir de quitter alors le pouvoir. Il est certain, cependant, que le Cardinal demeura à Limours après son entrevue avec le prince de Condé, et c'est de cette retraite qu'il écrivit deux lettres, l'une au Roi et l'autre à la Reine mère, pour leur demander l'autorisation de « vivre dorénavant en personne privée ». Le 9 juin, Louis XIII répondit au Cardinal par un refus des plus flatteurs. Cette lettre du Roi a été publiée par Laborde dans les *Pièces du procès de Chalais*, p. 9, 10. Voyez aussi, au sujet de ces événements, Avenel, *Lettres*, t. VIII, p. 33, et Griselle, *Lettres de la main de Louis XIII*, t. II, p. 459, note 2, et 539. — Le Cardinal parlera à nouveau de quitter le pouvoir en novembre 1626, lorsque les menées du premier écuyer Baradat sembleront menacer sa faveur, mais Baradat fut disgracié le 2 décembre.

2. Le prince de Condé répondit au Cardinal.

3. Le document qui a servi à la rédaction de ce paragraphe et des trois précédents avait ses verbes au présent et au style direct; les transformations de style ont été faites par Sancy.

4. Le prince de Condé.

5. Première rédaction du manuscrit A (fol. 94 v°) : « S'il m'est permis de dire la vérité en ce sujet, auquel je suis intéressé. » Sancy a écrit cette addition au texte du manuscrit A, en marge. Le manuscrit B l'avait d'abord reproduite telle quelle (France 51, fol. 53), mais Charpentier lui a donné la forme adoptée ici. L'adjonction écrite par Sancy, en marge du manuscrit A, aussi bien que les corrections que Charpentier y a apportées ne se comprendraient guère, semble-t-il, si Riche-

soit[1] qu'il y avoit longtemps qu'il avoit désiré son amitié; qu'enfin il étoit venu là afin qu'un chacun le connût et que ses glorieuses actions, qui étoient si connues d'un chacun que ses ennemis ne les pouvoient nier et étoient au-dessus de toute envie, l'y avoient obligé; qu'il ne fut jamais un si grand ministre que lui dans cet État, ni si désintéressé; qu'il en parloit sans flatterie et pour l'avoir lui-même éprouvé, car, depuis sa conduite, le Roi l'avoit tenu bas comme il avoit voulu; qu'il[2] étoit en état qu'on ne sauroit penser qu'il en parlât autrement qu'il ne croyoit; qu'il avoit vu, dès l'entrée de son ministère[3] dans l'État, qu'en l'affaire d'Italie et des Grisons il avoit préféré la gloire du Roi et la grandeur de l'État aux intérêts de Rome, lesquels sa propre dignité l'obligeoit d'affectionner. Il[4] pouvoit appréhender en cette action le blâme des zélés inconsidérés, les calomnies des écrivains; il avoit généreusement tout méprisé pour effacer la honte des autres

lieu n'avait pas été considéré par son premier secrétaire et par l'évêque de Saint-Malo comme l'auteur des *Mémoires*. Cf. mon article des *Rapports et notices*, t. II, p. 331; t. III, p. 337.

1. Cette fin de paragraphe est tirée d'un document de la main d'un secrétaire (Aff. étr., France 782, fol. 160). Ce document est précédé d'une feuille détachée sur laquelle Sancy a écrit : « pour la feuille 37 », et Charpentier : « Ce que Monsieur le Prince dit de M. le Cardinal à Limours en mai 1626. » Une main, qui est peut-être celle de Le Masle ou d'Isaac Cherré, a ajouté « Employé ». Le document, folioté 160, est rédigé au style direct; c'est le prince de Condé qui parle. Tout ce document a été utilisé dans le manuscrit A; mais, comme il est indiqué plus loin, en note, la fin de ce document n'a pas été reproduite dans le manuscrit B.

2. Le prince de Condé.
3. Dès l'entrée du ministère du Cardinal.
4. Le Cardinal.

traités et en poursuivre un qui fût honorable au Roi ; il avoit fait le mariage d'Angleterre, nonobstant toutes sortes de contradictions, pour donner un contrepoids à la grandeur d'Espagne. Quand les Anglois avoient voulu s'échapper et faire la mine de favoriser les huguenots pour obliger le Roi à faire une ligue offensive pour le recouvrement du Palatinat, il les avoit si heureusement maniés qu'il s'étoit servi d'eux pour faire que le Roi donnât la paix aux huguenots[1], comme de maître à valet, et qu'il retint des avantages que nul n'eût osé espérer. Dès que les Anglois avoient voulu abuser du bon accueil qu'on leur avoit fait pour se servir d'eux[2], il avoit fait glorieusement la paix d'Espagne[3], où il avoit retenu les avantages que les Espagnols nous avoient ôtés et leur avoit fait renoncer à ceux qu'ils avoient poursuivis et sans lesquels ils avoient toujours dit qu'ils ne concluroient jamais la paix. Il avoit fait monter l'affaire des financiers au double de ce qu'on s'étoit promis, et si avec tout cela il n'avoit point de soin de sa fortune et ne regardoit qu'au Roi, si Monsieur avoit été ébranlé par quelques mauvais conseils, aussitôt il y avoit pourvu courageusement et n'avoit été retenu d'aucune considération de ses intérêts présents ou à venir qu'il n'eût fait tout ce qu'un grand et fidèle ministre pouvoit faire ; et partant qu'il étoit résolu de l'aimer quand même il ne voudroit pas[4].

1. Signée à Paris, le 5 février 1626.
2. Des huguenots.
3. Traité de Monçon, 5 mars 1626.
1. Le discours du Prince est plus long dans le manuscrit A ; il occupe encore les recto et verso du folio 96, mais ces deux pages ont été barrées (voyez ci-dessus, p. 53, n. 1). Les voici

Il écrivit au Roi conformément à tout cela[1], et par-

---

[1]. d'après la source (Aff. étr., France 782, fol. 160 v°) : « Je n'ai jamais trompé ceux à qui j'ai promis mon amitié. La Reine sait bien comme j'ai vécu avec le feu Connétable après lui avoir promis. La considération de la Reine ne sauroit l'empêcher de m'aimer, car je suis son très humble serviteur et je sais très bien l'avantage qu'elle a sur moi, puisqu'elle est la mère du Roi. Je suis résolu de servir le Roi par les airs que M. le Cardinal me donnera. Je me chargerai de toute l'envie que le Roi voudra et m'emploierai à tout ce qu'il lui plaira me commander dedans ou dehors la cour, selon qu'il voudra. Si je tiens parole, nous sommes indéfaisables. Si je ne le fais pas, M. le Cardinal peut me faire plus de mal en un quart d'heure auprès du Roi que je n'en saurois faire en dix ans. Au reste, il a donné de si bonnes preuves de la pureté de ses intentions pendant le temps de son administration que la calomnie même ne peut plus avoir de prise contre lui et qu'il ne faut point appréhender à s'engager de suivre aveuglément ses pensées, n'y ayant personne qui ait des yeux qui ne voie clairement qu'elles ne peuvent être que très avantageuses pour l'État. Après qu'il en fut parti, parlant du sujet de son voyage, il disoit partout qu'il étoit assuré de la bonne volonté du Roi et de la Reine sa mère et savoit bien qu'il ne recevroit jamais mal de LL. MM., mais tout bien ; qu'il n'avoit point parlé de son retour qu'il remet à la volonté du Roi, lequel saura bien l'employer aux occasions qu'il lui plaira, connoissant mieux ce qu'il lui faut que lui-même ; que le Cardinal lui a communiqué toutes les affaires passées et présentes et qu'il en a dit son avis ; que le Cardinal l'a assuré de son amitié ayant eu commandement du Roi de ce faire, selon qu'il lui a dit ingénuement ; que pour son particulier il a assuré le Roi et la Reine sa mère de son affection et de son service envers tous et contre tous, selon qu'il y est obligé et qu'il n'y manquera. Conformément à ce discours qu'il tenoit, il écrivit au Roi la lettre suivante. »

1. Il est curieux de comparer les pages qui précèdent avec la lettre que Bullion envoyait au Cardinal le *19 juin* 1626, de Lyon, où il était de passage, se rendant à Turin en ambassade extraordinaire (Aff. étr., corresp. politique, Turin 7, fol. 204-205) : « Monseigneur, J'ai vu à mon passage de Dijon Monsieur

ticulièrement qu'il ne pouvoit prendre un meilleur conseil que de s'assurer de la personne du maréchal

le Prince, lequel me parla fort particulièrement de la résolution qu'il a de servir le Roi et de vivre parfaitement bien avec vous, ne voulant accès aucun de S. M. et de la Reine sa mère que par votre seul moyen, ne se pouvant lasser de publier vos louanges et d'estimer les bonnes maximes dans lesquelles vous conduisez heureusement et avantageusement les affaires du Roi, en dépit de l'envie même qui est contrainte de reconnoître la vérité de ce discours. Je suis obligé, Monseigneur, de vous dire, par le très humble service que je vous ai voué, que le discours, de deux grosses heures et davantage, réitéré près d'une heure le lendemain que je rencontrai mondit seigneur le Prince dans la rue, n'a abouti à autre chose, sinon que mondit seigneur le Prince désire avec une passion extraordinaire que fassiez trouver bien au Roi qu'il voie S. M. pour si peu de temps qu'il plaira à Sadite Majesté, m'ayant même dit qu'il se contentera d'être une heure à la cour, afin que toute la France pût connoître qu'il n'est mal auprès de S. M. et de la Reine sa mère, et qu'il ira et viendra tout ainsi et toutes les fois qu'il lui sera ordonné, lui étant très aisé pour les affaires publiques et du dedans et du dehors, dont nous avons parlé assez amplement, de bien vivre avec vous, Monseigneur, étant entièrement dans la résolution de votre conduite et du dedans et du dehors. Je ne me suis chargé de vous faire cette harangue, mais j'ai estimé d'être obligé de vous donner avis de ce qu'il (sic) s'est passé, ayant exhorté tout ce qu'il m'a été possible mondit seigneur le Prince à patienter et qu'il falloit vous laisser conduire et que toutes choses se feroient à son contentement, à leur temps. Il m'a prié instamment de le voir à mon retour d'auprès de M. le Connétable. J'attendrai sur ce point l'honneur de vos commandements, suivant lesquels je servirai S. M. et vous, Monseigneur, en ce qu'il vous plaira me commander. J'espère me rendre dans deux jours auprès de M. le Connétable pour y servir suivant ce qu'il vous a plu me prescrire... Je vous supplie me favoriser toujours de la continuation de votre protection et croire que je suis véritablement, Monseigneur..., etc. » Les instructions de Bullion sont du 1ᵉʳ juin 1626 (Aff. étr., corresp. politique, Turin 7, fol. 173-179). Le 2 septembre il

d'Ornano[1], et qu'assurément[2] l'affaire finiroit par un témoignage de sa bonté ou par une ouverte justice, bien qu'il n'ait besoin de justifier ses actions qu'à Dieu ; qu'il[3] ne doute point aussi qu'il[4] ne sache bien empêcher toutes factions contraires à son service, comme il y est obligé devant Dieu, dans lesquelles son nom[5] ne sera jamais trouvé, car il[6] demeurera à jamais à lui envers tous et contre tous, absolument et sans condition. Il l'offre et lui jure sur la damnation de son âme, aujourd'hui qu'il a communié, et le supplie d'en prendre créance et à toutes les autres choses que le Cardinal lui a communiquées, lesquelles il[7] lui[8] dira, qu'il[9] s'en remet sur lui[10] et lui[11] dira que ses[12] avis se sont

quittait la Savoie, fin septembre il était à Valence et en novembre à Paris.

1. Le début de ce paragraphe a été écrit par Sancy en bas du folio 95 v° du manuscrit A. — Ce manuscrit contient toute la lettre du prince, dont la transcription commence au folio 97 r° ; les rédacteurs des *Mémoires* n'ont utilisé que la seconde moitié de la lettre, qui est au verso du folio 97.

2. Cette partie de la lettre de Monsieur le Prince au Roi, utilisée ici, est sur le manuscrit A (fol. 97 v°) au style direct. Elle avait été copiée telle quelle dans le manuscrit B (fol. 54). C'est Charpentier qui y a fait les corrections nécessaires pour faire passer le document du style direct au style indirect. On trouvera à la note 2 de la page suivante le texte de cette lettre.

3. Le prince de Condé.
4. Le Roi.
5. Le nom du prince de Condé.
6. Le prince de Condé.
7. Le Cardinal.
8. Au Roi.
9. Le prince de Condé.
10. Richelieu.
11. Au Roi.
12. Les avis du prince de Condé.

trouvés fort conformes aux siens[1], ne désirant rien tant que de voir régner S. M. absolument, et que chacun sous lui tienne sa partie; il ne veut aussi oublier de témoigner à S. M. qu'en quelque lieu qu'il soit il sera toujours très content, pourvu qu'il soit assuré de ses bonnes grâces, comme il est maintenant, assurant S. M. que, quand il voudroit, il lui seroit impossible d'en douter; le lieu où il lui sera le plus utile est celui où il souhaitera toujours plus être, lui avouant pourtant que, plus de près il pourra faire voir ses actions à S. M., plus aura-t-il de contentement[2].

1. Aux avis de Richelieu.
2. Le manuscrit B portait, en outre (fol. 55) : « Désirant qu'à jamais il plaise à V. M. de me croire votre très humble, très obéissant, très fidèle sujet et serviteur : Henry de Bourbon. » Voici le texte de la lettre du prince au Roi (ms. A, fol. 97) : « Sire, J'ai reçu un contentement qui ne se peut exprimer d'avoir vu Monseigneur le Cardinal et avoir appris de lui la continuation de votre bonne volonté en mon endroit. Il m'a entretenu du succès de vos affaires et de la très honorable paix qu'avez traitée avec les Espagnols sur le sujet de la Valteline, sans néanmoins en rien désobliger vos alliés, mais, au contraire, ayant religieusement conservé leurs intérêts. En cela reluit la prudence de vos résolutions, comme elle a fait ci-devant en la conduite de toutes vos autres affaires. Je ne puis aussi que je ne loue la fidélité de mondit s[r] le Cardinal, qui met à part tous ses propres intérêts pour soutenir fidèlement les vôtres, ne craignant point, pour votre service, d'acquérir plusieurs ennemis. Et sur la résolution qu'il m'a dit qu'aviez prise de faire un traitement à Monseigneur votre frère, tel que sa qualité le mérite, j'ose dire que je vous eusse conseillé le même, si déjà vous n'eussiez pris ce conseil, car il vous doit être cher comme la principale colonne de votre État et appui de la France, principalement jusques à ce que Dieu vous donne des enfants, de quoi je le prie tous les jours. Et quant à mes avis que désirez savoir sur ce qui touche M. le maréchal d'Or-

Si l'entrevue de Monsieur le Prince avec le Cardinal eut une si heureuse fin, le voyage que Monsieur fit le même jour[1] vers ledit Cardinal ne fut pas d'un moindre fruit pour le service et le contentement du Roi ; car il sut si bien dissiper les nuages des mauvais conseils que les factions lui avoient donnés et si bien remettre et gagner son esprit que, dès le jour suivant, 31ᵉ mai, jour de la Pentecôte, il alla trouver le Roi et la Reine sa mère et, leur ouvrant son cœur, leur fit la décla-

nano, je vous dirai que je suis assuré que n'avez rien fait que bien et qu'assurément l'affaire finira, ou par un témoignage de votre bonté, ou par une ouverte justice, bien que n'ayez besoin de justifier vos actions qu'à Dieu. Je ne doute point aussi que vous ne sachiez bien empêcher toutes factions contraires à votre service, comme vous y êtes obligé devant Dieu, dans lesquelles mon nom ne sera jamais trouvé, car je demeurerai à jamais à vous, envers tous et contre tous absolument, et sans condition. Je vous l'offre et jure sur la damnation de mon âme, aujourd'hui que j'ai communié, et vous supplie d'en prendre créance et à toutes les autres choses, lesquelles M. le Cardinal m'a communiquées, lesquelles il vous dira. Je m'en remets sur lui et vous dirai que mes avis se sont trouvés fort conformes aux siens, ne désirant rien tant que de voir régner V. M. absolument et que chacun sous lui tienne sa partie. Je ne veux aussi oublier de témoigner à V. M. qu'en quelque lieu que je sois, je serai toujours très content, pourvu que je sois assuré de vos bonnes grâces, comme je suis maintenant, assurant V. M. que, quand je voudrois, il me seroit impossible d'en douter. Le lieu où je vous serai le plus utile est celui où je souhaiterai toujours plus être, vous avouant pourtant que plus de près je pourrai faire voir mes actions à V. M., plus aurai-je de contentement, désirant qu'à jamais il plaise à V. M. de me croire votre très humble, très obéissant, très fidèle sujet et serviteur,

Henry de Bourbon ».

Comparer avec les « Paroles dictées à M. le prince de Condé », publiées par Avenel, *Lettres*, t. VII, p. 582, 583.

1. 30 mai.

ration suivante que, pour gage perpétuel de sa fidélité, il désira[1] être signée de la main de LL. MM. et de la sienne[2] :

« Sur les divers artifices et desseins de plusieurs mal affectionnés à la paix, à la grandeur et à la prospérité de la maison royale, qui désireroient la troubler par ombrages, soupçons et défiances et voudroient donner lieu, par ce moyen, à ceux qui prennent les espérances d'une imaginaire grandeur sur sa ruine, singulièrement à l'occasion des mauvais bruits qu'on a fait courir du mécontentement de Monsieur pour ce qui s'est passé depuis peu en l'affaire du sieur maréchal d'Ornano, Monsieur, désirant faire voir au Roi la sincérité de ses actions et ouvrir franchement son cœur devant S. M., ayant une pleine confiance de sa bonté, de laquelle dépend le comble de toute sa grandeur et félicité, a promis à S. M. de l'aimer non seulement comme son frère[3], mais le révérer comme son père, son roi et souverain seigneur, la supplie très humblement de croire qu'il n'ignore point le mauvais dessein de ceux qui aspirent à s'agrandir par leur division et ruine, mais qu'il aimeroit mieux mourir que d'y contribuer jamais par un seul désir et consentement, di-

1. Première rédaction du manuscrit A, fol. 98 : *il désire*.
2. L'original de cette déclaration est aux Affaires étrangères (France 782, fol. 151-153); elle est signée « Louis, Marie, Gaston »; une copie de Le Masle en est conservée au même dépôt (*Ibid.*, fol. 155-157), mais les signatures manquent. Nous avons suivi la leçon de l'original. Cf. aussi le « Projet de réunion », donné par Avenel (*Lettres*, t. II, p. 221-225), où l'on relève quelques-unes des idées exprimées ici.
3. Nous suivons ici l'original; les manuscrits A et B donnent des leçons différentes.

rectement ou indirectement, en quelque manière que ce puisse être; qu'il est très résolu[1] de ne se séparer jamais de sa personne, de ses intérêts ni de ceux de l'État, n'avoir aucune intelligence ni union qui puisse être préjudiciable à l'État, ni donner ombrage à S. M.; qu'il veut soumettre de bon cœur ses volontés et ses affections à celles de S. M. qu'il aura toujours pour loi et règle[2] de ses actions[3]; qu'il ne lui sera jamais dit, proposé ou suggéré aucun conseil de la part de qui que ce soit, dont il ne donne avis à S. M., jusques à ne lui taire point les moindres discours qu'on tiendra pour lui donner des ombrages du Roi et de ses conseils, afin que, n'étant entre eux qu'un cœur et une âme, n'ayant qu'un même secret et vivant ensemble avec une telle confiance que nulle sorte d'artifice ne la puisse rompre, ils puissent franchement dissiper les desseins de ceux qui voudroient s'élever par leur ruine.

1. C'est la leçon de l'original. Le manuscrit A, fol. 98 v°, porte « ... en quelque manière que ce soit; qu'il est tout résolu... ».
2. Manuscrit A (fol. 98 v°) : pour règle et pour loi de ses actions.
3. Avec la phrase suivante commence le 9ᵉ cahier de 1626 (ms. A, fol. 101). La feuille de couverture (fol. 100) porte les indications suivantes : Sancy a écrit : « 1626. 9ᵐᵉ cahier. Le commencement de 45. » Vient ensuite une sorte de sommaire, également de la main de Sancy : « Mo[nsieur] promet au Roi de lui être fidèle. — Le G[rand] Prieur va quérir M. de Vendôme. — Chalais est pris, on lui donne des juges. » Ce sommaire a été barré. Au-dessous, Charpentier a écrit : « Suite de l'union de Mʳ avec Leurs Majestés. Le Roi retire les sceaux du chancelier Aligre et les donne au sʳ de Marillac. Voyage du Roi en Bretagne. Prise de Mʳˢ de Vendôme et de Chalais. Établissement d'une chambre criminelle pour faire leurs procès. Ouverture des États de Bretagne. »

De quoi il prie la Reine sa mère de vouloir répondre pour lui, la suppliant très humblement de croire qu'il accomplira de bonne foi ce qu'il promet en ses mains et en sa présence, comme devant un autel où il voit l'image vivante de celui qui punit éternellement les parjures, où il a devant les yeux la mémoire très glorieuse du feu Roi, son très honoré seigneur et père, et qu'il n'a ni ne veut avoir pensée, mouvement ni dessein aucun qui ne tende à l'aimer, honorer et révérer comme une bonne mère; qu'il y est obligé par toutes les lois et principalement par le ressentiment naturel qu'il a dans le cœur, qu'il exprimera toujours plus par effets que par paroles. Pour faire encore voir à LL. MM. comme il désire leur complaire en toutes choses, il leur promet d'aimer et affectionner sincèrement ceux qu'ils aimeront et se conduire en sorte qu'on reconnoîtra[1] qu'il les tient pour ses serviteurs et qu'il ne met point de différence entre ses propres intérêts et ceux du Roi; qu'il veut être servi par ceux qui sont auprès de lui, autant et plus que lui-même, leur commandant à tous d'avertir S. M. si jamais il pensoit à faire le contraire de ce qu'il promet et l'abandonner en ce cas; remettant, au surplus, à la bonté du Roi de traiter favorablement ledit sieur maréchal d'Ornano, en considération de la supplication qu'il en a faite à S. M.

« Sur quoi il a plu au Roi de donner sa foi et parole royale à Monsieur son frère, qu'il le tient et veut tenir, non seulement comme son frère, mais comme son propre fils; qu'il sait et reconnoît très bien que sa sûreté gît principalement en sa personne qu'il tient, par

1. Manuscrit A (fol. 101 v°) : qu'on connaîtra.

inclination et par raison, comme la moitié de soi-même,
protestant devant Dieu qu'il consentiroit plutôt à recevoir du mal que de souffrir jamais qu'il lui en fût fait;
qu'il connoît bien le dessein de ceux qui les voudroient
voir en division ne tendre qu'à profiter de leur perte,
à quoi il sait qu'il n'a pas[1] de plus assuré remède que
d'aimer, chérir et affectionner Monsieur son frère,
comme celui sur lequel il veut appuyer sa maison et
la conservation de sa propre personne; qu'il ne saura
jamais, par rapport ou autrement, aucune chose qui
le regarde, dont il ne lui donne avis et qu'il ne lui die
franchement, afin qu'il ne puisse arriver entre eux
aucune mauvaise intelligence; qu'il ne prendra jamais
ni ne souffrira qu'on lui donne aucun conseil contre le
bien, l'avantage et la sûreté de Monsieur qu'il veut
aimer et chérir plus que jamais, sans que, par aucune
voie que ce soit, il puisse changer de cœur ni d'affection envers lui. Et pour étreindre cette union si sainte,
si nécessaire à l'État et à la maison royale, il prie, de
toute son affection, la Reine sa mère d'intervenir,
pour demeurer entre eux comme le vrai et l'unique
lien de leur amitié indissoluble et répondre, en qualité
de mère, de la sincérité avec laquelle S. M. gardera
ce qu'il lui plait promettre; désire en outre S. M. et
commande à ceux desquels il se sert en ses plus importantes affaires, et sur lesquels il a toute confiance,
qu'ils l'avertissent franchement s'ils s'aperçoivent que,
par quelque malheur, il vint à se départir d'une si
sainte résolution, leur commandant de n'avoir en cela
autre but que de servir à l'amitié et très étroite union
avec Monsieur son frère, laquelle S. M. dépose entre

1. Manuscrit A (fol. 102 r°) : à quoi il sait n'avoir pas.

leurs mains, pour avoir un soin très exact de l'entretenir et contribuer tout ce qu'il leur sera possible pour l'accroître.

« Après ces promesses, la Reine, joignant avec larmes ses mains au ciel et priant Dieu pour l'union, grandeur et félicité de ses deux enfants, les a conjurés, au nom de Dieu et par les plus tendres et puissantes[1] affections de la nature, de vouloir être toujours bien unis, sans donner lieu à aucun soupçon ni défiance et de vouloir s'entr'aimer cordialement et avec sincérité, leur protestant que c'est la plus grande joie qu'elle puisse jamais recevoir au monde, sans laquelle elle ne sauroit passer sa vie qu'avec toute sorte de misères et de déplaisirs; qu'au contraire ils la combleront de bonheur, qui leur apportera toute sorte de bénédictions, s'ils sont soigneux de garder inviolablement leur foi et leur parole, dont, comme mère, elle se charge et en répond à tous les deux réciproquement, désirant passionnément qu'ils croient que celui d'entre eux qui viendroit à manquer lui abrégeroit ses jours, desquels elle ne désire l'usage que pour les voir heureux et contents.

« LL. MM. et Monsieur ayant juré ce que dessus sur les saints Évangiles, il leur a plu de signer cet écrit en témoignage de leur étroite union et pour assurance qu'ils veulent inviolablement observer ce qui est porté en icelui. Fait à Paris, ce dernier de mai, fête de Pentecôte 1626. Ainsi signé : LOUIS, MARIE, GASTON. »

Le lendemain, qui étoit le premier jour de juin, le

---

1. Le scribe du manuscrit B a seulement écrit : « Les plus tendres affections de la nature. » Nous donnons les leçons de l'original et du manuscrit A (fol. 102 v°).

Roi envoya demander les sceaux au chancelier Aligre[1], qui n'avoit pas osé soutenir à Monsieur la justice du conseil de S. M. sur l'arrêt du maréchal d'Ornano[2], et les bailla à Marillac[3], qui avoit la charge de ses finances, le Cardinal le lui ayant conseillé pour la réputation de probité où il étoit et son ancienneté dans le Conseil[4].

Cela fait, parce que le duc de Vendôme se trouvoit bien avant et des premiers dans la cabale dudit Maréchal et essayoit de se fortifier en Bretagne et la soustraire[5] du service du Roi, S. M. résolut de partir de Paris pour y aller[6] et là se saisir de sa personne, au cas qu'il ne vînt point la trouver sur le chemin.

S. M. étant déjà[7] partie et le Cardinal étant allé, quelques jours auparavant, prendre des eaux en sa maison de Limours[8], le Grand Prieur, qui connoissoit sa conscience chargée et soupçonnoit sa perte et celle

1. Sur la disgrâce d'Aligre et la nomination de Michel de Marillac comme garde des sceaux, voyez le *Mercure françois*, t. XII, p. 312-318, et le *Journal* d'Andilly, p. 25, 26.

2. Voyez ci-dessus, p. 46.

3. Michel de Marillac.

4. Le manuscrit A (fol. 103 v°) portait, en outre : « et la force et résolution de son esprit », mots qui ont été barrés; la correction est significative.

5. Première leçon du manuscrit A (fol. 103 v°) : *et l'éloigner du service du Roi*. Sancy a fait la correction.

6. Le Roi et les Reines partirent de Paris le 2 juin et Monsieur y demeura jusqu'au 5, date à laquelle il se rendit à Orléans.

7. Ce mot a été ajouté par Sancy sur le manuscrit A (fol. 103 v°).

8. Ici il y a un blanc de près d'une demi-page sur le manuscrit A (fol. 103 v°); un trait à la plume indique cependant que ce qui précède et ce qui suit font partie de la même phrase, comme il est visible. — Le Cardinal prenait les eaux à Forges

de son frère, se résolut d'aller le quérir en poste et l'amener par le chemin.

Il passa par Limours pour voir s'il connoîtroit point le dessein du Roi; mais le Cardinal prit une conduite qui lui étoit ordinaire et telle qu'il lui fut impossible de rien connoître; car il ne fit point semblant de reconnoître qu'il eût peur, aussi peu de s'apercevoir que, par une fausse hardiesse, il voulût prétexter une innocence pour son frère et pour lui en venant franchement trouver le Roi. Le Grand Prieur lui disant qu'il alloit quérir son frère, il ne lui dit jamais qu'il faisoit bien ou mal, parce qu'il voyait bien qu'ils ne pouvoient se sauver ou résister à la puissance du Roi, quand ils fussent demeurés en Bretagne, et qu'il estimoit beaucoup meilleur que S. M. eût cette peine de les aller quérir jusque-là (où aussi bien falloit-il qu'il[1] allât quand il les prendroit par chemin) que de leur donner prétexte de dire qu'on les eût attirés par de belles paroles, trompés et pris sur de belles espérances.

Est à noter[2] que, dès qu'on commença à s'apercevoir de la faction dont il étoit question, S. M., se résolvant de la dissiper, fut conseillée de dire au Grand Prieur un discours que le duc de Vendôme son frère avoit fait en Bretagne, qui aboutissoit à dire qu'il ne verroit jamais le Roi qu'en peinture. On prévit bien que le Grand Prieur, entendant ces paroles en un temps où la faction n'étoit pas prête à jouer son jeu, seroit con-

(4 kilomètres de Limours). C'est de Limours qu'il écrivit au Roi et à Marie de Médicis deux lettres par lesquelles il demandait à quitter le pouvoir (ci-dessus, p. 52).

1. Le Roi.
2. C'est la leçon du manuscrit A (fol. 104); le manuscrit B porte : *Et à noter*.

traint de supplier le Roi de trouver bon que son frère se justifiât de ce discours et que, pour cet effet, S. M. trouvât bon qu'il le vînt trouver. Il arriva ainsi qu'on l'avoit jugé; et non seulement le Grand-Prieur fit-il cette supplication au Roi, mais le duc de Vendôme, en ayant eu avis par lui, dépêcha un courrier et écrivit une lettre pleine de belles protestations et conforme aux discours de son frère.

Le Roi fit une réponse au Grand Prieur, par laquelle son frère ne pouvoit éviter de le venir trouver si ouvertement il ne se déclaroit coupable, car S. M. lui dit qu'il demandoit permission que ledit sieur de Vendôme vînt se justifier, que cela étoit inutile, que S. M. ne le désiroit point, étant telle qu'elle ne vouloit pas honorer de sa vue ceux qui ne désiroient pas de le voir[1].

Tant plus le Roi témoignoit ne désirer pas la venue du duc de Vendôme, plus son frère en pressoit-il la permission. Sur quoi S. M. lui dit enfin que, s'il avoit dit ce qu'on lui avoit rapporté, il lui mandât qu'elle ne désiroit point qu'il vînt, puisqu'en ce cas il ne la vouloit pas voir; s'il ne l'avoit point dit, qu'il fît ce qu'il voudroit. Tel discours l'obligeoit à venir par nécessité, puisque autrement il se fût déclaré coupable, au lieu qu'il se tenoit fort innocent[2].

1. Première rédaction du manuscrit A (fol. 104 v°) : « Le Roi lui fait une réponse par laquelle il ne pouvoit éviter de le venir trouver si, ouvertement, il ne se déclaroit coupable. S. M. lui dit : « Vous demandez permission que M. de Ven-« dôme vienne se justifier de ce que je vous ai dit; cela est « inutile et je ne le désire point, étant tel que je ne veux pas « honorer de ma vue ceux qui ne désirent pas me voir. » Les modifications apportées à ce passage sont de Sancy.

2. La première rédaction de ce paragraphe était au style direct; les corrections ont été faites par Sancy (ms. A, fol. 105).

Le duc de Vendôme, ayant vu la prise du Colonel, se trouva fort en peine de s'être engagé à venir trouver le Roi tant par ses lettres que par la réponse de S. M. à son frère. Il commença à s'en excuser par lettres et prendre prétexte de demeurer en la province, sur l'accident arrivé[1], pour empêcher qu'il n'y arrivât aucun trouble; mais, comme ils virent le Roi parti pour aller à Blois, ils se doutèrent bien que le Roi alloit plus loin et se résolurent à faire de nécessité vertu.

Ils arrivèrent le 11⁰ du mois et furent arrêtés dès le 12[2]. Le Cardinal n'avoit pu encore joindre le Roi; mais il arriva le même jour de leur prise[3].

M. de Vendôme, aussitôt qu'il fut pris, dit au marquis de Mauny : « En quel état est Monsieur? Est-il arrêté ou non? » Demande qui faisoit bien connoître qu'il y avoit quelque intelligence entre eux qu'ils reconnoissoient de leur part être criminelle[4].

En l'absence du Cardinal on avoit conseillé à S. M.

1. L'emprisonnement du maréchal d'Ornano.
2. On trouvera d'intéressants détails sur l'arrestation des Vendôme au t. XII du *Mercure françois*, p. 318-324. Louis XIII fit preuve, à l'égard de ces princes, de sa dissimulation coutumière. Cf. aussi Andilly, *Journal*, p. 27.
3. Ce paragraphe contient quelques erreurs de date. C'est bien le 11 juin que les Vendôme arrivèrent à Blois et ils furent arrêtés le samedi 13, dans la nuit du 12 au 13, vers deux heures (voyez le *Mercure françois* et Andilly, *Journal*, p. 27, 28). Quant au Cardinal, il arriva le lundi 14 à Blois, ainsi qu'il ressort d'une lettre qu'il écrivait au Roi le 13 (Avenel, *Lettres*, t. II, p. 215).
4. D'après le *Mercure françois* (t. XII, p. 320), les paroles qu'échangèrent les Vendôme après leur arrestation auraient été différentes, mais témoignaient d'une légitime inquiétude. — On transféra les prisonniers à Amboise.

de mander à Monsieur le Comte qu'il sortît de Paris et à Madame la Comtesse qu'elle se retirât en l'une de ses maisons. Le Cardinal fit changer ce conseil pour ce qu'il estima que ce commandement donneroit lieu à Monsieur le Comte de faire ce qu'il désiroit le plus, qui étoit de s'éloigner de la cour, en laquelle il appréhendoit de se trouver par la connoissance qu'il avoit de l'union qu'ils avoient tous faite au préjudice de leur devoir; que les ennemis du repos public diroient qu'on prenoit certains princes, qu'on éloignoit ceux du sang, et par là tâcheroient de faire croire aux plus grossiers que ce qui étoit justice étoit pure violence; qu'il valoit beaucoup mieux donner sujet à Monsieur le Comte de demeurer avec honneur à Paris, où il ne pourroit mal faire, quand il le voudroit, que de l'en éloigner, vu que par là tout le monde reconnoîtroit la bonté extraordinaire du Roi et le respect qu'il portoit à son sang, en ce qu'il dissimuleroit la faute de Monsieur le Comte et ne chercheroit autre voie pour le remettre en son devoir que celle de l'honneur et des bienfaits.

Le Roi agréa cette proposition, qui fut exécutée avec tant d'heur que le conseil de Monsieur le Comte en fut surpris et étonné, et ceux mêmes qui étoient les plus aigres avouèrent la conduite de S. M. aussi pleine de bonté que de prudence[1].

S. M. continua son voyage[2]. Le maréchal de Schön-

1. Il y a ici un blanc sur le manuscrit A, qui occupe le bas du feuillet 106 recto et le verso de ce même feuillet, sauf les deux dernières lignes. Un trait à l'encre, tracé depuis, indique que les deux paragraphes doivent se suivre.

2. Le Roi était le 27 à Tours, le 29 à Saumur, le 1er juillet aux Ponts-de-Cé et le 3 à Nantes.

berg demeura malade à Blois de la goutte; le Cardinal s'en alla à Richelieu et M. le Garde des sceaux visita MM. de Vendôme pour voir s'ils voudroient décharger leur conscience et reconnoître si le Roi leur devroit pardonner, par leur ingénue confession, les fautes qu'il savoit assez d'ailleurs. Ils refusèrent au commencement de répondre; mais enfin ils répondirent, pour cacher avec d'autant plus d'artifice ce qu'ils savoient, qu'ils protestoient ne rien oublier en leurs réponses.

Le Roi poursuivoit son voyage, et, ayant appris par le chemin diverses nouvelles des mauvais desseins auxquels certains esprits vouloient porter Monsieur contre son propre bien, il manda par trois fois au Cardinal qu'il se hâtât de le venir trouver[1].

S. M. étant arrivée à Nantes[2], et ses serviteurs[3] l'y ayant jointe, il leur dit le mécontentement qu'il avoit de Chalais et les avis qu'il avoit de ses menées.

Dès Paris[4], Chalais s'étoit offert au cardinal de Richelieu de servir le Roi auprès de Monsieur; le commandeur de Valençay lui avoit porté parole de sa

1. Chalais aurait dit qu'il se vengerait sur le Cardinal de l'arrestation des Vendôme (*Mercure françois*, t. XII, p. 338). C'est à ce moment (d'après le *Mercure françois*) que le Roi aurait donné à Richelieu des « mousquetons entretenus » pour le garder de « quelque sinistre entreprise ». Quant aux ordres de rejoindre le Roi, dont parle ici Richelieu, et qui ont pu lui être portés verbalement, on n'en trouve pas trace.
2. Le 3 juillet.
3. Richelieu et les ministres.
4. La première leçon du manuscrit A (fol. 107) était la suivante : « Sur ce point, il faut noter que dès Paris... » La correction est de Sancy. — Le Roi quitta Paris le 2 juin.

part et depuis il l'avoit confirmée de vive voix. Il promettoit donner avis des mauvais conseils qu'on donneroit à Monsieur et le temps et les moyens qu'il faudroit suivre pour y remédier. Il avoit eu d'abord cette intention[1]; mais il en fut détourné de telle sorte, par un amour auquel il s'embarqua[2], qu'au lieu de sa-

1. Le manuscrit A (fol. 107 v°) portait, avant correction de Sancy : « Je crois qu'il avoit eu d'abord cette intention. » Notez les mots : « Je crois... »

2. Chalais aimait Mme de Chevreuse. Les lettres qu'il lui écrivit de sa prison en font foi; elles ont été publiées en 1781 par Laborde à la suite des *Pièces* du procès de Chalais (p. 210-213) et données par V. Cousin (*Madame de Chevreuse*). Il nous a semblé qu'on les liroit avec intérêt. *Première lettre :* « Si mes plaintes ont touché les âmes les plus insensibles quand mon soleil manquoit de luire dans les allées dédiées à l'amour, où seront ceux qui ne prendront part à mes sanglots dans une prison où ses rayons ne peuvent jamais entrer et mon sort d'autant plus rigoureux qu'il me défend de lui faire savoir mon cruel martyre. Dans cette perplexité, je me loue de mon maître qui fait simplement souffrir le corps et murmure contre les merveilles de ce soleil dont l'absence tue l'âme et cause une telle métamorphose que je ne suis plus moi-même que dans la persistance de l'adorer, et mes yeux qui ne servoient qu'à cela sont justement punis de leur trop grande présomption par plus de larmes versées que n'en causa jamais l'amour. » *Seconde lettre :* « Puisque ma vie dépend de vous, je ne crains pas de l'hasarder pour vous faire savoir que je vous aime; recevez-en donc ce petit témoignage et ne condamnez pas ma témérité. Si ces beaux yeux que j'adore regardent cette lettre, j'augure bien de ma fortune, et s'il advient le contraire, je ne souhaite plus ma liberté, puisque j'y trouverois mon supplice. » *Troisième lettre :* « Ce n'est pas de cette heure que j'ai reconnu de la divinité en vos beautés, mais bien commencé-je à apprendre qu'il faut vous servir comme déesse, puisqu'il ne m'est pas permis de vous faire savoir mon amour sans courre fortune de la

tisfaire à ses promesses il faisoit le contraire; il servoit lui-même de conseil et d'instrument pour porter Monsieur à se séparer de la cour et troubler le repos de la France au lieu d'en conserver la paix.

Le Cardinal, ayant connu cela, le fit sommer plusieurs fois de sa parole; mais, voyant que ses effets n'y correspondoient pas, il le fit avertir par le chevalier de Valençay, qui étoit le premier qui lui avoit parlé de sa part, de n'estimer plus avoir sûreté à la cour sur la parole dudit Cardinal; que le Roi étoit fort mal content de lui et qu'indubitablement, s'il ne changeoit de procédé, il étoit au chemin de se perdre[1].

Rien ne put détourner ce pauvre gentilhomme :

vie; prenez-en donc du soin, puisqu'elle vous est du tout dédiée, et, si vous la jugez digne d'être conservée, dites au compagnon de mes malheurs qu'il vous souviendra quelquefois que je suis le plus malheureux des hommes. Il ne faut que lui dire oui. » Ces lettres méritent quelques explications; Chalais, dans ces trois lettres, dit ne pouvoir faire connaître son amour à la duchesse; il est certain, en effet, que celle-ci, craignant d'être compromise, avait fait savoir à Chalais, par écrit, qu'elle ne répondrait pas aux missives du prisonnier, parce que « sa vie et son honneur » en dépendaient. Chalais était entré en correspondance avec Mme de Chevreuse par l'intermédiaire d'un de ses domestiques, Martin de Scinich, qui l'avait suivi en prison pour le servir (c'est lui que Chalais, dans sa troisième lettre, appelle le « compagnon de mes malheurs »); ce Martin écrivait à son frère Johannes, qui, lui aussi, était au service de Chalais et lui faisait porter les lettres de la duchesse, malheureusement par l'entremise d'un laquais du sieur de Lamont, exempt des gardes du corps, qui avait précisément pour mission de surveiller l'accusé, et qui communiqua au Roi les lettres dont il était chargé. Il sera parlé plus loin de ces incidents.

1. Première rédaction du manuscrit A (fol. 107 v°) : *il le voyoit au chemin de se perdre*, corrigée par Sancy.

aussi étoit-il trop embarqué, car déjà il avoit envoyé La Louvière[1], un sien domestique, vers M. de la Valette, et le sieur d'Obazine étoit parti pour aller vers M. d'Épernon pour le même effet[2].

Le Roi voyant son obstination à faire tout le contraire de ce qu'il lui avoit promis, le fit arrêter[3], et incontinent après fit expédier une commission du grand sceau, le 8ᵉ juillet[4], par laquelle il commit le garde des sceaux de Marillac pour informer des faits de conjuration, faction et soulèvement d'État et autres crimes de lése-majesté dont il étoit accusé, prenant avec lui Beauclerc[5], secrétaire d'État, pour faire et parfaire le procès aux coupables pour, les procès instruits et en état de juger, être pourvu de tels juges que S. M. verroit bon être.

Ensuite de cela S. M. fit expédier des lettres, audit mois, contenant l'érection d'une chambre de justice

1. Gaston Delpuech ou Del Puech, d'une famille originaire du Languedoc, sieur de la Louvière ou Loubière, qui, d'après Bassompierre, était un émissaire de Gaston d'Orléans, était bien au service de Chalais, à qui il avait été donné par les Gramont (Griffet, *Histoire...*, p. 503).
2. Le duc de la Valette gouvernait dans Metz pour le duc d'Épernon, son père. Les conjurés espéraient trouver dans cette ville un refuge pour Gaston d'Orléans, qui songeait à quitter la cour avec ses partisans.
3. Le 8 juillet. Le récit de cette arrestation est au *Mercure françois*, t. XII, p. 339, 340.
4. Elle est au *Mercure françois*, t. XII, p. 386-387.
5. Charles Le Beauclerc (ou de Beauclerc), baron d'Achères et de Rougemont, fils de Jean Le Beauclerc, trésorier de l'Extraordinaire des guerres, intendant des finances le 24 janvier 1623, secrétaire d'État le 5 février 1624, à la place de M. de Puyzieulx, mort en 1630.

criminelle pour le jugement desdits procès[1], lesquelles furent enregistrées au parlement de Rennes le 5ᵉ août, et, le 10ᵉ, autres lettres encore, contenant la commission et pouvoir des juges de ladite chambre, lesquels elle choisit de la plus grande réputation de probité qui fussent en sa cour de parlement de Bretagne et en son Conseil pour vaquer avec le garde des sceaux à ladite commission[2].

Elle choisit de sa cour de parlement[3] les sieurs de Cucé et de Bry[4], premier et second présidents, Descartes[5] et Hay[6], doyen et sous-doyen, et autres con-

---

1. Le *Mercure françois* (t. XII, p. 387-396) donne le texte des lettres royales portant érection de la chambre criminelle et fixant sa composition et ses attributions.

2. Cf. ces lettres au *Mercure françois*, t. XII, p. 391-396.

3. Il s'agit ici du parlement de Bretagne.

4. Jean de Bourgneuf, sieur de Cucé, premier président depuis 1595, et Isaac Loisel de Bry, conseiller au parlement de Bretagne le 12 avril 1586, président à mortier le 18 février 1596, résigna sa charge, vers 1621, en faveur de son fils Henry, maître des Requêtes, décédé avant réception, puis la passa à un autre de ses fils en stipulant qu'il resterait lui-même encore huit ans en fonctions; mais il mourut auparavant, le 10 novembre 1634.

5. Joachim Descartes, père du philosophe, conseiller au parlement de Bretagne le 6 décembre 1585, cède sa charge, en 1625, à son fils Joachim, obtient, le 10 décembre, d'exercer encore quatre ans. Il reçoit ses lettres d'honorariat le 20 juillet 1628 et meurt le 17 octobre 1640.

6. Simon Hay, sieur de la Bouexière et de Couellan, conseiller au parlement de Bretagne le 20 octobre 1594, résigna sa charge en faveur de son fils le 30 juin 1628, avec autorisation de l'exercer quatre ans encore. Admis à l'honorariat le 1ᵉʳ mai 1632, il mourut le 3 juillet 1635.

seillers[1]; de son Conseil d'État, les sieurs Foucquet[2], Machault[3] et de Criqueville[4].

Attendons ce que feront les juges travaillant au procès de Chalais et voyons cependant ce qui se passe aux États de Bretagne, dont le Roi fit l'ouverture le lendemain 11e juillet[5].

Après que le Roi eût dit trois ou quatre paroles, il

1. C'étaient Gilles de Lys, Laurent Peschart, Jean du Halgouët, de Martigné, Oudart, Huet et François d'Andigné; les greffiers désignés étaient Pierre Malescot, notaire et secrétaire du Parlement, et Pierre de Verdun, son commis.

2. Il n'est pas question ici de Christophe Foucquet, procureur général au parlement de Rennes depuis 1618, vicomte de Vaux, maître des Requêtes, puis conseiller d'État, et qui figure au procès de Chalais comme procureur général du parlement de Rennes, mais de son cousin François Foucquet, père du célèbre surintendant, qui avait épousé Marie de Maupeou en 1610, avait été nommé conseiller au parlement de Rennes en février 1608 et était maître des Requêtes de l'Hôtel (cf. Lair, *Nicolas Foucquet*, chap. 1).

3. Charles de Machault, seigneur d'Arnouville (1587-1667), fils de Louis de Machault, seigneur de Boutigny, et de Catherine Hervieu, fut conseiller au Grand Conseil le 25 avril 1608, maître des Requêtes le 20 août 1619, puis intendant des Armées en Normandie, Languedoc, Bourgogne et Dauphiné, enfin conseiller d'État et doyen du Conseil d'État en mars 1665.

4. Tanneguy de Launay, fils de Robert de Launay, seigneur de Criqueville et de Lullay, gentilhomme de la Chambre du Roi, et de Marguerite Richard, dame d'Hérouville et de Ranville, seigneur de Criqueville, né à Caen, conseiller au Grand Conseil (1614), maître des Requêtes de l'Hôtel (mai 1620), président à mortier au parlement de Rouen en août 1632, mort en février 1650; il avait épousé Anne Vialart, morte en février 1638.

5. Ces États se tenaient à Nantes.

se remit à ce que le Garde des sceaux leur déduiroit particulièrement de sa part[1].

Il[2] leur dit[3] que deux sujets menoient le Roi en cette province : l'un pour les voir, qui lui étoit chose très agréable; l'autre, qui lui étoit plein de douleur, qui étoit pour prévenir les orages qui sembloient menacer cette province de désolation. Il conclut en demandant une assistance extraordinaire pour le Roi en ses besoins extraordinaires[4].

1. D'après M. Hanotaux, les lignes suivantes des *Maximes d'État et fragments politiques*, p. 65, seraient un premier projet des paroles que le Roi devait dire à l'ouverture des États de Bretagne : « Messieurs, les grandes affaires que j'ai entreprises pour le bien de cet État, la gloire de cette couronne, sont le seul et vrai sujet de mon voyage en ce lieu. M. le Chancelier vous les fera entendre plus particulièrement, ainsi que je le lui ai commandé. » Le *Mercure françois* prétend que le Roi aurait dit ces simples mots : « Messieurs, je vous suis venu voir pour tenir les États et mettre ordre aux grands maux dont la province étoit menacée, comme vous dira M. le Garde des sceaux de ma part » (t. XII, p. 341).

2. Le garde des sceaux.

3. C'est avec ces mots que commence le 10e cahier du manuscrit A, fol. 111. La feuille de couverture de ce cahier (fol. 110) porte ce sommaire de Sancy : « 1626. 10me. Les États de Bretagne, xi juillet. Gouvernement Thémines. Monsieur fit instances sur les apanages. Discours sur le mariage de Monsieur; s'il est utile au R[oi] ou non. » Vient ensuite cette indication, due à Sancy : « Le p[remie]r discours du mariage est ici »; puis, ce sommaire de Charpentier : « Suite des États de Bretagne. Lettres du gouvernement du maréchal de Thémines enregistrées. Places de M. de Vendôme rasées. Monsieur médite sa retraite. Demande son apanage. Discours du Cardinal sur son mariage. »

4. Cette harangue, qui occupe les pages 341 à 348 du tome XII du *Mercure françois*, a été publiée en plaquette en

Le lendemain de l'ouverture des États, les lettres de provision du gouvernement de Bretagne en faveur du maréchal de Thémines furent présentées et enregistrées[1]. Ils accordèrent libéralement au Roi une subvention extraordinaire[2]. Et pour ce qu'à cause de la maison de Penthièvre dont Mme de Vendôme est descendue[3], ledit sieur de Vendôme avoit des prétentions, bien que clairement fausses et injustes, sur la Bretagne, à raison desquelles il s'étoit laissé emporter, à l'exemple de M. de Mercœur[4], son beau-père, à s'y

1626, sans indication de lieu. Ce paragraphe des *Mémoires* reproduit presque textuellement quelques phrases du début de la harangue.

1. Elles sont au *Mercure françois*, p. 326-332; elles furent signées à Blois le 23 juin 1626 et enregistrées au parlement de Bretagne le 12 juillet. A noter que le fils aîné du maréchal de Thémines avait tué en duel le frère aîné du Cardinal, Henri de Richelieu, en 1619.

2. Les États de Bretagne accordèrent au Roi une somme de 500,000 livres et à la Reine mère 150,000 livres, « pour reconnoissance des faveurs reçues d'elle » (*Mercure françois*, p. 417).

3. Françoise de Lorraine, duchesse de Mercœur, d'Étampes et de Penthièvre, princesse de Martigues (1592-1669), fille unique de Philippe-Emmanuel, duc de Mercœur, et de Marie de Luxembourg, avait épousé, en juillet 1609, César, duc de Vendôme, fils naturel d'Henri IV et de Gabrielle d'Estrées.

4. Les manuscrits A et B portent *Mercure*. César, duc de Vendôme, qui avait épousé la fille unique de Philippe-Emmanuel de Lorraine, duc de Mercœur (à qui sa femme, Marie de Luxembourg, avait apporté le duché de Penthièvre, composé de terres bretonnes), avait fait siennes les prétentions de son beau-père, qui pensait se faire proclamer duc-souverain de Bretagne. Après la mort des Guises (1588), le duc de Mercœur s'était déclaré chef de la Ligue en Bretagne; il avait traité avec l'Espagne, combattu contre les troupes royales et n'avait con-

vouloir fortifier contre le Roi, les États supplièrent S. M. qu'elle commandât que les fortifications non nécessaires de plusieurs villes et châteaux qui lui appartenoient en Bretagne fussent démolies; ce que S. M. leur accorda et fit ensuite depuis raser Ancenis, Lamballe et quelques autres places[1].

Pendant sa prison[2], Monsieur, qui étoit continuellement sollicité de la part de ceux qui étoient à Paris de sortir de la cour, méditoit sa retraite. On lui proposoit que, pourvu qu'il sortît de la cour, c'étoit assez à un homme de sa qualité pour faire un parti. Le déplaisir qu'il avoit de la poursuite de Chalais et de la découverte qu'on avoit faite de ses desseins lui faisoit prêter l'oreille à tout ce qu'en un autre temps il eût bien jugé n'être pas faisable.

Enfin, pressé de ceux qui, sous prétexte de le vouloir servir, cherchoient leur salut dans sa perte, il se résolut de sortir. Le Cardinal étoit retiré, pour ses incommodités, à deux lieues de Nantes, en une maison nommée La Haye, où, la veille de son partement, il l'alla voir pour tâcher de découvrir de lui s'il étoit vrai qu'on eût quelque dessein de passer en l'affaire de Chalais plus avant que sa personne. Le Cardinal, jugeant son dessein par ses inquiétudes, prit la hardiesse de lui dire qu'assurément il avoit quelque chose

---

senti à signer une trêve en 1595 avec Henri IV et à lui faire sa soumission (1598) qu'à la condition, réalisée en 1609, que sa fille épouserait César de Vendôme.

1. Voyez à ce sujet le *Mercure françois*, p. 369-373, qui donne la déclaration du Roi sur la démolition de places en Bretagne, déclaration datée du 31 juillet et enregistrée au parlement de Paris le 7 septembre.

2. L'emprisonnement de Chalais.

en la tête et prit occasion, sur ce sujet, de lui faire voir le dessein que plusieurs, par cette voie, prenoient de le perdre; qu'il n'y avoit salut pour lui qu'auprès du Roi; que sa personne étoit si nécessaire au Roi qu'il étoit impossible qu'il pût penser à chose qui lui pût être préjudiciable; que l'intérêt de la Reine sa mère, qui alloit à les conserver tous deux, le devoit assurer; qu'il n'y avoit homme au monde qui dût ni pût, par raison, donner aucun conseil contre lui, ni qui pût être assez hardi pour le pouvoir faire. Sur cela, sans rien dire, il changea de dessein, comme il confessa depuis[1].

Cependant Monsieur fit nouvelles instances pour son apanage, à même fin encore qu'il les faisoit à Blois; car son esprit avoit été si débauché par le Colonel, Chalais, le Grand Prieur et les autres de la cabale que, quelque bon dessein qu'il fît de vivre avec le Roi comme il devoit, il lui venoit toujours quelque pensée contraire, à une heure de là; et Puylaurens et Boistalmet[2] l'y fortifioient, jusque-là que le président Le Coigneux avertit le Cardinal qu'ils s'engageoient à faire un manifeste contre lui, que l'esprit de Monsieur ne se guérissoit point, et qu'il témoignoit toujours en particulier lui vouloir grand mal et qu'il ne lui pardonneroit jamais.

Monsieur étant en cette disposition-là, en faisant paroître une toute contraire, vint, le 23 juillet, voir le

1. C'est le 25 juillet que, dans le cabinet de la Reine mère à Nantes, en présence du Cardinal et du maréchal de Schönberg, Gaston d'Orléans fit l'aveu de son projet de fuite (Aff. étr., France 782, fol. 226).

2. Bois d'Ennemets.

Cardinal en l'évêché de Nantes où il étoit logé et, après lui avoir fait plusieurs protestations de vouloir honorer et obéir à la Reine sa mère, lui dit que c'étoit maintenant tout de bon qu'il étoit vrai[1], que celle[2] qu'il avoit faite par le passé n'avoit été que pour gagner temps et que même, la dernière fois qu'il lui avoit parlé, il avoit fait semblant d'avoir du mal[3] et [le] lui avoit dit en grande confiance, encore qu'il ne fût pas, parce qu'il avoit une extrême aversion du mariage, non à cause de la personne de Mlle de Montpensier, mais en général parce qu'il appréhendoit de se lier. Ensuite, il prioit le Cardinal d'assurer qu'il se marieroit quand on voudroit, pourvu qu'on lui donnât son apanage en même temps. Sur quoi il dit que feu M. d'Alençon[4] avoit eu trois apanages, savoir est : le premier qui valoit cent mille livres de revenu ; le second, celui de Pologne, quand la couronne[5] lui échut par la mort du roi Charles[6], et le troisième, une augmentation qui lui fut donnée pour lui faire poser les armes[7]. Sur cela,

1. C'est-à-dire sincère.
2. La protestation.
3. C'est-à-dire une maladie qui pouvait alors l'empêcher de se marier. Voyez p. 10.
4. François de Valois (1554-1584), fils d'Henri II et de Catherine de Médicis.
5. La couronne de Pologne, à laquelle on crut un temps qu'il pourrait parvenir. Cette phrase des *Mémoires* est peu précise.
6. Charles IX, mort en 1574.
7. François de Valois, duc d'Alençon, d'Anjou, de Touraine, etc... (1554-1584), eut en apanage (lettres patentes du 8 février 1566) le duché d'Alençon et autres terres, plus les comtés du Perche, de Gisors, de Mantes et Meulan et la seigneurie de Vernon. Après sa révolte à la tête du parti des Politiques et Mécontents, il obtint pour conditions de sa soumission (1576)

le Cardinal lui dit qu'il ne falloit pas prendre pied sur ces apanages et qu'il y avoit une considération particulière en son fait, qui n'empêcheroit pas le Roi de lui en donner un bon, bien qu'elle pût porter à ne le faire pas. S'enquérant soigneusement de ce que c'étoit, le Cardinal lui dit que l'intention du feu Roi étoit qu'on lui donnât de grosses pensions, mais non pas un apanage, comme on avoit donné aux autres enfants de France. Il demanda si cette volonté du feu Roi étoit signée. Le Cardinal lui répondit que non, et que le Roi ne s'en vouloit servir. Ensuite de cela il lui dit force belles paroles pour l'assurer de son amitié, auxquelles le Cardinal répondit avec le respect qu'il devoit[1].

un accroissement d'apanage, comprenant les duchés d'Anjou, de Touraine et de Berry, et le comté d'Évreux, qui fut érigé en duché (Blanchard, *Compilation des ordonnances*, t. I, p. 897).

1. Ce paragraphe est tiré de quelques lignes d'un ensemble de documents originaux (sortes de procès-verbaux des aveux faits par Gaston d'Orléans sur les conspirations de Chalais, des duc et Grand Prieur de Vendôme) conservés aux Affaires étrangères, France 782, fol. 222-228, et intitulés : « Diverses choses que Monsieur a avouées au Roi; » ce titre est de la main de Charpentier; au-dessus, le même secrétaire a écrit : « Employé », et, au-dessous du titre, deux mains différentes ont écrit : « Juillet et août 1626 »; il est possible que les mots « juillet et » soient de la main de Richelieu. Ces documents, écrits quelquefois par Bouthillier père ou par Charpentier, l'ont été surtout par Le Masle. Ils sont signés du Roi, de Marie de Médicis, de Richelieu, de Michel de Marillac, de Schönberg. Le passage qui nous intéresse ici est au folio 225 et débute ainsi : « Le 22ᵉ juillet, Monsieur étant venu voir le cardinal de Richelieu en la maison épiscopale de Nantes, après lui avoir fait... » Le procès-verbal est signé du cardinal de Richelieu et écrit par Le Masle. Cet ensemble de documents a été publié par V. Cousin, *Madame de Chevreuse*, p. 364-372.

Étant parti d'avec lui, Le Coigneux le vint trouver[1] et lui demander, de sa part, pour apanage, l'Orléanois, le pays chartrain, le Blaisois et la Touraine. Sur quoi le Cardinal lui répondit qu'il ne falloit point qu'il espérât cela, la raison ne permettant un si grand apanage; que s'il le proposoit il se ruineroit auprès du Roi; qu'il estimoit que si Monsieur avoit l'Orléanois et le pays chartrain il devoit être content; toutefois qu'il ne rendroit autre réponse sinon qu'il parleroit au Roi de ce que Monsieur lui commandoit. Le Cardinal en traita avec le Roi, qui eut agréable d'avantager Monsieur en son apanage tant qu'il pourroit.

Mais, sur le fait du mariage, le Cardinal n'en voulut pas donner son avis. Il représenta seulement à S. M., en son Conseil, toutes les raisons pour et contre[2], et lui fit le discours qui s'ensuit :

« Pour[3] ne faire pas ce mariage, on peut considérer

1. Cette visite avait été annoncée par Monsieur le 23 juillet (cf. Aff. étr., France 782, fol. 225 v°).
2. Dans la « Succincte narration », qui précède le *Testament politique* de Richelieu (éd. de 1740, t. I, p. 14), et qui devait être mise sous les yeux de Louis XIII, on lit ces mots : « Comme ce ne fut pas sans grande bonté et sans prudence tout ensemble que vous consentîtes à Nantes au mariage de Monsieur votre frère, la sincérité avec laquelle vos serviteurs prirent la hardiesse de vous représenter auparavant les inconvénients qui en pourroient arriver fut une preuve bien loyale de leur fidélité et un témoignage bien assuré qu'ils n'avoient pas dessein de vous surprendre. »
3. Avec ce paragraphe commence le texte de l' « Avis » donné par le Cardinal sur le mariage de Monsieur; il finit, p. 91, avec le paragraphe commençant par « Après tout cela, il ne reste rien qu'à espérer... », et finissant par « ... ce qui est le plus expédient pour sa personne et pour son État ». C'est la copie à peu près textuelle d'un document conservé aux Affaires

l'intérêt du Roi, celui de Monsieur ou celui des princes du sang.

« Pour le Roi, on peut dire que si Monsieur a des enfants il sera plus considéré que S. M.[1] ; qu'il prendra une forte liaison avec les princes qui entreront en l'honneur de son alliance; ce qui lui donneroit diverses pensées dans le royaume, préjudiciables au repos de l'État et au bien du service de S. M.

« Pour Monsieur, on peut considérer : l'imagination, quoique vaine, d'une meilleure fortune, dans laquelle on pourroit avoir pour lui des pensées d'une alliance plus haute.

« Pour l'intérêt des autres princes du sang[2], il est

étrangères (France 782, fol. 240-244) et intitulé (fol. 240) de la main même de Richelieu : « Considérations sur le mariage de Monsieur son frère. » Une main différente a ajouté : « 1626. 20 juillet », et Sancy a griffonné « Employé ». Nous suivons de préférence aux autres leçons celle de ce document, qui a été revu par Richelieu : il porte, en effet, quelques corrections de la main du Cardinal, que nous noterons au fur et à mesure, et, à la fin (fol. 244 r°), ce signe de renvoi et ce mot : « Φ Après », écrits par Richelieu lui-même. Le mot « Après » commence le dernier paragraphe de l' « Avis » (voyez p. 91). Nous saisissons ainsi sur le vif les procédés de rédaction et de corrections du Cardinal, préparant les *Mémoires*. On remarquera que la majorité de ces corrections témoignent d'un extrême souci du style. Avenel (*Lettres...*, t. II, p. 226-235) a publié intégralement ce document important; il le donne avec hésitations comme étant du 24 juillet, mais une main contemporaine l'a daté du 20.

1. La note suivante figure à la marge du manuscrit A (fol. 114) : elle est de la main d'Isaac Cherré, comme cette partie du texte du manuscrit A : « Cette raison a une autre face qui sera touchée ci-après. »

2. Notes marginales du manuscrit A (main d'Isaac Cherré) : « M. de Guise n'est pas d'humeur à hasarder sa fortune. M. de

évident à ne le faire pas, tant parce que moins y auroit-il d'espérance que le Roi ou Monsieur aient[1] de enfants plus en auront-ils à la couronne, que parce aussi que, ce mariage rompu, il va directement à Monsieur le Comte qui, par ce moyen, augmentera beaucoup en autorité, en biens et en liaisons d'hommes e de gouvernements considérables[2].

« Pour le faire, il faut considérer à l'opposite l'intérêt du Roi, celui de Monsieur, celui des princes et, de plus, celui de la France.

« On a ouï dire à M. d'Épernon que, le feu roi Henri IIIe n'ayant point d'enfants, c'étoit une question du temps, savoir s'il devoit laisser marier M. le duc d'Alençon[3] ou non. La plupart estimoient qu'un tel mariage étoit désavantageux au Roi, pour les mêmes raisons qui étoient appuyées alors par les uns à bonne intention, et par les autres comme partisans de ceux

---

Chevreuse est tout-à-fait attaché à son plaisir et à ses aises. M. d'Elbeuf n'a point d'établissement. — Les personnes : Monsieur le Comte, M. le duc de Savoie, M. de Longueville, M. de Vendôme, M. le Grand Prieur; M. de Guise et les siens; Monsieur le Prince, lié par le mariage de sa fille avec la maison de Guise et par l'intérêt commun de lui et de Monsieur le Comte contre la maison royale. »

1. La leçon des manuscrits A (fol. 114 r°) et B (fol. 65 v°) est *ayant*.

2. Note marginale du manuscrit A (main d'Isaac Cherré) : « Les gouvernements : Berry, Bourbonnois, Auvergne, Dauphiné, Savoie, Provence, à la propriété de laquelle les prédécesseurs de M. de Guise ont prétendu; Languedoc, où M. de Montmorency, beau-frère de Monsieur le Prince, est gouverneur; Normandie; Bretagne, qui n'est plus en état de nuire par l'ordre que S. M. y a mis. »

3. François, duc d'Alençon, puis d'Anjou en 1576 (1554-1584), appelé *Monsieur*.

qui vouloient la ruine de la maison royale. Lui, au contraire, disoit au Roi qu'un tel mariage lui étoit nécessaire, parce que, si Monsieur[1] avoit des enfants, cela ôteroit tout lieu aux étrangers de penser à la couronne et par conséquent de faire aucun attentat sur les personnes royales. Cependant le conseil de la plus grande part prévalut et, comme on sait, les deux frères finirent sans enfants; Monsieur, le premier[2]; après quoi fut commis le misérable attentat contre le feu roi Henri III[e3].

« Lorsque Monsieur le Prince voulut faire aller Monsieur[4] aux armées de Languedoc conjointement avec S. M.[5], elle en fut divertie par cette considération, que la sûreté[6] de l'un dépendoit de la conservation de l'autre.

« Qui plus est, si le mariage ne se fait pas, on laisse Monsieur en l'état de pouvoir écouter et entretenir des négociations en pays étrangers sous prétexte de mariage : ce qui pourroit bien être avantageux pour lui, mais non pour le Roi ni pour l'État. On le laisse en outre en état de penser au mariage de la fille de Monsieur le Prince[7], qui seroit de bien plus périlleuse conséquence que celui qu'on veut faire à présent.

« L'intérêt de Monsieur se trouve en ce mariage, à raison de la sûreté qu'il lui apporte par les enfants qu'il en peut avoir; mais autrement il semble n'y être

1. Le duc d'Alençon.
2. Le 10 juin 1584.
3. Tué par Jacques Clément le 1er août 1589.
4. Gaston d'Orléans.
5. En mars 1622 (cf. notre t. III, p. 227).
6. Leçon des manuscrits A (fol. 114 v°) et B (fol. 66 r°) : *l'assurance*.
7. Anne-Geneviève de Bourbon (voyez p. 47).

pas, vu qu'il le prive de plus grande espérance de liaison tendante à négociations qui pourroient diminuer le repos et la tranquillité du Roi et de l'État.

« L'intérêt des princes du sang ne s'y rencontre pas, d'autant qu'il les éloigne de la ligne royale et empêche qu'ils ne se fortifient par des liaisons préjudiciables.

« L'intérêt de la France y est évident parce que, si l'exemple de ce qui est arrivé au roi Henri IIIe a lieu[1], ce mariage assure la personne du Roi, ôte lieu[2] de craindre apparemment que cette couronne passe en une autre main que celle de la ligne royale, arrête les desseins des uns, affoiblit les pensées des autres et, ôtant toute occasion d'entreprise, conserve et affermit la paix.

« Le Roi a besoin de grande prudence pour se résoudre sur ces diverses considérations; car, tel lui dissuadera le mariage, sous prétexte de l'intérêt de S. M. représenté ci-dessus, qui le fera pour favoriser Monsieur, son frère, lui[3] donnant lieu de penser à une alliance étrangère ou à celle de la fille de Monsieur le Prince[4], ou l'en dissuadera[5] aussi, peut-être pour fa-

---

1. C'est-à-dire si le Roi meurt sans enfants.
2. Nous donnons la leçon du document des Affaires étrangères (France 782, fol. 242), quoique le manuscrit A porte (fol. 115 r°) cette correction de Charpentier : « ôte sujet », qui a été faite pour éviter la répétition, à courte distance, du mot « lieu ».
3. Le document portait *en donnant lieu;* Richelieu a écrit *lui*.
4. Nous donnons ici la leçon du document (fol. 242 v°) et celle du manuscrit A (fol. 115 v°); le manuscrit B (fol. 67 r°) porte seulement : *ou à celle de Monsieur le Prince*.
5. Les mots : *l'en dissuadera* sont écrits de la main de Richelieu sur le document (fol. 242 v°), au lieu de *le fera*.

voriser Monsieur le Prince ou par haine de la maison de Guise; tel aussi le fera[1] innocemment et sans mauvais dessein.

« Il se pourra faire aussi que, comme quelques-uns le conseilleront sincèrement pour assurer la personne du Roi et pour le salut de l'État, d'autres encore le conseilleront pour rendre Monsieur plus considérable pour l'alliance qu'il prendra et par les enfants, s'il vient à en avoir.

« Ceux qui seront dépouillés de passion et n'auront devant les yeux que l'intérêt du Roi appréhenderont tellement les calomnies ordinaires et les événements incertains qu'on ne doit pas trouver mauvais si, en une affaire si délicate, ils suspendent leurs jugements.

« S. M. sait que, pour ces considérations, je n'ai jamais voulu lui donner aucun conseil en cette affaire, parce qu'à vrai dire[2] il y a des inconvénients à craindre, soit à faire le mariage, soit à ne le faire pas[3].

« Cependant il y a deux raisons pour lesquelles on peut juger[4] que le Roi tirera avantage du mariage.

« Tandis que S. M. n'aura point d'enfants, elle ne peut être assurée en son État contre les diverses pensées de ceux qui voudroient voir la fin de la maison

---

1. *Le fera* a été écrit par Richelieu sur le document (fol. 242 v°), à la place de *l'en dissuadera*.

2. Avant les corrections effectuées par Richelieu lui-même sur le document qui sert de source, celui-ci portait (fol. 242 v°) : « S. M. sait que, pour ces considérations, je ne lui ai jamais voulu donner aucun conseil, parce qu'à vrai dire... »

3. Première rédaction du document, avant la correction de Richelieu : *à ne le pas faire*.

4. *On peut juger* a été écrit par Richelieu, à la place de *il semble*, sur le document (fol. 242 v°).

royale que par la conservation de la vie de Monsieur;
et d'autant que la vie d'une personne est incertaine,
cette assurance ne sera point entière que lorsque Monsieur aura des enfants, puisqu'en ce cas il est difficile
qu'on puisse faire des desseins pour venir à une succession où il y a plusieurs têtes.

« Outre cela, tant que le Roi et Monsieur n'auront
point d'enfants, S. M. sera contrainte de souffrir de
Monsieur tout ce qu'il voudroit faire, vu que de sa conservation dépend la sûreté du Roi, au lieu que s'il a
une fois des enfants, quoique au berceau, ils assurent
S. M. et lui donnent lieu[1] de retenir sans crainte Monsieur dans les termes de son devoir, au cas qu'il s'en
éloignât; ce qui n'est pas un petit avantage puisque,
en ce cas, S. M. pourra vivre en maître, sans qu'aucune considération l'en empêche.

« Il y a encore une raison considérable entre plusieurs
autres, que j'ai ouï plusieurs fois dire à S. M. lui avoir fait
prendre la résolution de faire ce mariage, c'est qu'il y
a eu d'assez méchantes âmes pour porter aux oreilles
de la Reine que les rois, non plus que les autres
hommes, n'étant pas assurés de vivre longuement,
elle devoit considérer Monsieur comme une personne
qu'elle pourroit épouser[2], si le malheur de la France
nous privoit de celle du Roi, et devoit par conséquent
empêcher[3] qu'il se mariât. Bien qu'il n'y ait personne

---

1. Première rédaction du document (fol. 243 r°), avant la correction faite par Richelieu : *et donnent lieu au Roi.*

2. Mme de Motteville raconte dans ses *Mémoires* (t. I, p. 353) qu'Anne d'Autriche, accusée, en août 1626, par le Roi d'avoir pensé épouser Monsieur si Louis XIII mourait, répondit : « Je gagnerois trop peu au change. »

3. Le mot *empêcher* a été ajouté en marge du document par Richelieu; le copiste l'avait oublié.

qui ne croie que la Reine n'a pas plus tôt ouï cette proposition qu'elle ne l'ait condamnée comme diabolique, si est-ce toutefois que j'ai ouï dire souvent au Roi qu'il seroit bien aise de fermer la porte à telles imaginations par le mariage de Monsieur son frère, auquel il témoignoit aussi se porter pour les considérations suivantes : que ce mariage sépare Monsieur et Monsieur le Comte, qui espère maintenant épouser Mlle de Montpensier, par le moyen de Monsieur, qui lui a promis de la refuser exprès pour la lui faire avoir[1]; qu'il ôte à Monsieur le Prince l'espérance de la couronne, laquelle il regarde ouvertement, ayant témoigné plusieurs fois croire et espérer certainement qu'il l'a posséderoit un jour; que S. M. aime beaucoup mieux, s'il ne doit point avoir d'enfants, que la couronne aille un jour aux enfants de Monsieur qu'à ceux de Monsieur le Prince; que le mariage de Monsieur n'empêchera pas que le Roi ait des enfants s'il en doit avoir[2]; que, si Monsieur en a le premier[3], le Roi les fera nourrir auprès de sa personne, ce qui lui donnera quelque sûreté des comportements de Monsieur; que Mlle de Montpensier se sentira tellement obligée au Roi, qui aura vaincu toutes les difficultés qui auront été faites de la part de Mon-

---

1. Ce paragraphe était ainsi rédigé sur le document (fol. 243 r°) avant les corrections qu'y a faites Richelieu : « Que le mariage sépare Monsieur et Monsieur le Comte, qui n'espère le mariage que par le moyen de Monsieur, qui lui a promis de n'épouser pas Mlle de Montpensier exprès pour lui faire avoir. » Voyez la même idée exprimée p. 3.

2. Ce paragraphe a été écrit, entre les lignes, sur le document (fol. 243 v°) par Charpentier; nous croyons devoir le rétablir ici, quoiqu'il ne figure ni sur le manuscrit A ni sur le manuscrit B.

3. Les mots *en a le premier* ont été écrits par Charpentier sur le document (fol. 243 v°), à la place de *a des enfants*.

sieur en ce mariage, qu'elle n'oubliera rien de ce qu'elle pourra pour faire que Monsieur se gouverne bien avec lui.

« Tout ce que je crains est que[1], bien que Monsieur le Comte espère le mariage pour fruit de l'union qu'il a avec Monsieur, je ne juge pas toutefois que, quand il sera privé de son attente en ce point, il se sépare tout à fait de Monsieur, vu qu'il n'y est pas attaché par cette seule considération, mais encore par les intérêts de M. de Vendôme et particulièrement du Grand Prieur : ce qui fera que, bien que dans son cœur il se tienne offensé de Monsieur à raison du mariage, il n'en fera pas semblant et ne lairra pas de porter Monsieur aux extravagances qu'il pourra, pour montrer que c'est l'intérêt de ses amis et non le sien qui le pique. Or, si Monsieur s'en va étant marié, bien que son mariage ne soit pas cause de cette faute, et qu'au contraire il fût plus capable de la commettre n'étant pas marié[2], beaucoup de gens le croiront et le

---

1. Ces mots sont écrits en marge du document (fol. 243 v°); ils avaient d'abord été écrits par Richelieu un peu plus haut, à la marge, et avaient été barrés. — Avant ce paragraphe, il en existait deux sur le document qui ont été rayés; le premier a été transcrit à la fin de l' « Avis » (p. 91), sur l'indication donnée par Richelieu, qui avait tracé au folio 244 r° le signe ⱷ (reproduit en marge, fol. 243 v°) et suivi du mot « Après »; le second paragraphe barré a été complètement supprimé; il était ainsi rédigé : « Quand toutes les raisons ci-dessus exprimées ne pourroient empêcher un homme sage, en un temps chatouilleux comme celui-ci, et qui est en la posture où je suis, de donner un avis déterminé en un (sic) affaire de telle conséquence, une seule considération qui n'est pas du poids des autres devroit l'empêcher de dire son sentiment. »

2. Les mots : *et, qu'au contraire, il fût plus capable de la*

publieront ainsi et estimeront que la résolution que le Roi aura prise touchant son mariage sera mauvaise, le vulgaire voulant que les événements et les succès justifient les conseils.

« Les judicieux auront beau voir que, si le mariage ne se fait point, Monsieur ne fera pas moins une escapade et n'en sera pas moins puissant et moins fort, cette raison ne répondra pas à l'opinion commune du vulgaire, dont les jugements sont appuyés sur ce qui paroît et sur les sens et non sur la raison.

« Partant, ceux qui auront publié le mariage mauvois, soit selon leur conscience ou par malice, auront sujet de calommier non seulement ceux qui l'auront conseillé, mais aussi ceux qui ne s'y seront pas opposés.

« Après tout cela il ne reste rien qu'à espérer que Dieu, qui seul ne se peut tromper en ses lumières, inspirera dans l'esprit du Roi ce qui est le plus expédient pour sa personne et pour son État[1]. »

Après ce discours, le Cardinal en ayant reçu un autre qui lui étoit adressé[2], contenant les raisons qui

---

commettre n'étant pas marié, ont été ajoutés en marge par le Cardinal sur le document servant de source.

1. L' « Avis » du Cardinal au Roi prend fin avec ce paragraphe.
2. L'avis envoyé à Richelieu est conservé en copie aux Affaires étrangères (France 782, fol. 237-239). Sur une feuille de garde (fol. 236), Charpentier a mis « Employé, 1626 », et Le Masle a écrit : « Avis envoyé à M^r le card^{al} de Richelieu le 19e juillet contre le mariage de Monseigneur, frère du Roi, montré au Roi deux heures après l'avoir reçu. » Cet avis est intitulé (fol. 237 r°) : « Considérations sur le mariage de Monseigneur, frère du Roi, à Monsieur le card^{al} de Richelieu. » A la fin de cet avis (fol. 239 v°), Phélypeaux d'Herbault a écrit : « Il a plu

en devoient détourner le Roi, il le donna à S. M., et le lui fit lire par le sieur d'Herbault, secrétaire d'État, et en prit acte signé dudit d'Herbault. Ce discours-là est rapporté à la fin de ce volume [1].

Le Roi, après l'avoir ouï lire, se résolut, pour l'affection qu'il avoit à Monsieur, de faire ce mariage, nonobstant tout ce qui l'en pouvoit dissuader.

Mais, pour ce qu'à ce mariage, comme nous avons vu ci-devant, il y avoit beaucoup d'oppositions de la part de plusieurs personnes intéressées et toutes avec mauvais dessein, il y falloit mettre ordre particulièrement.

Aucunes de ces personnes-là étoient auprès du Roi, qui l'en dissuadoient d'heure à heure. Les autres étoient auprès de Monsieur, qui l'en éloignoient aussi.

Les principaux de ceux qui agissoient vers Monsieur étoient déjà arrêtés ; savoir est le maréchal d'Ornano, MM. de Vendôme et le Grand Prieur et Chalais.

au Roi me commander de certifier que l'écrit susdit a été vu et présenté à S. M. le second jour d'août 1626, qui l'a vu. (*Signé :*) PHÉLYPEAUX. » On remarquera que, d'après Le Masle, cet avis aurait été vu le 19 juillet, et, d'après d'Herbault, le 2 août seulement.

1. Nous donnons ce document plus loin, à l'Appendice, n° 2. — Cette fin de paragraphe était primitivement ainsi rédigée sur le manuscrit A (fol. 118) : « Et le lui fit lire par le sieur d'Herbault, secrétaire d'État, et après en prit acte. Ce discours est celui qui s'ensuit. » Les corrections ont été effectuées par Sancy, qui a ajouté l'indication suivante : « Le Roi après : v[oyez] ici p. 201 A. » Le discours en question occupe les folios 121 à 124 du manuscrit; le folio 124 r° est la page 201 de la pagination du temps des *Mémoires*. En face des premières lignes du discours, à la marge (fol. 121), Sancy a écrit : « On peut si on veut mettre ce discours ici à la fin de ce volume. » Ce discours occupe les premiers feuillets du 11° cahier du manuscrit A; on lit sur la feuille de couverture de ce cahier :

Il restoit encore Mme de Chevreuse, Monsieur le Comte et autres princes, mais il n'y avoit que Mme de Chevreuse à la cour; car, quant à Puylaurens et Boistalmet, ils étoient trop foibles pour agir sans être appuyés de puissances plus grandes.

Ceux qui gagnés par la faction trompèrent le Roi, et, par toutes sortes d'artifices et de faux rapports, essayèrent de lui donner des ombrages de ce mariage, étoient principalement Tronçon, Marsillac[1] et Sauve-

« 1626. 11me cahier », de la main de Sancy. Celui-ci a également écrit ces mots, qui ont été rayés : « Le 2^d discours du mariage. Le R[oi] s'y résout. » Sancy a encore écrit : « Sauveterre, Tronçon, p. 8. » Plus loin, Charpentier a mis le sommaire suivant : « Discours contre le mariage de Monsieur. Disgrâce de Tronçon, Sauveterre et Marsillac. Chalais accuse la duchesse de Chevreuse. Déclaration de M[onsieu]r touchant ceux qui le conseillèrent de se retirer. »

1. Les *Mémoires* parlent souvent, sans les distinguer suffisamment l'un de l'autre, de deux Marsillac ou Marcillac. Il est d'autant plus important de ne pas les confondre que l'un des deux « était au Cardinal » et que l'autre fut mêlé aux intrigues des adversaires de Richelieu. Ils étaient frères. Voici comment : Grimoud de Crugy de Marsillac (lieutenant de la compagnie d'ordonnance du s^r de Gouhas, capitaine d'une compagnie d'infanterie, gouverneur de Moissac) s'était marié, en 1565, à Françoise de Gout de Marsillac (en Quercy), dont il eut une fille (épouse de Jean du Breuil) et huit fils. Ce furent : 1° Antoine, seigneur de Fauroux et de Marsillac, mort avant 1637, époux de Jeanne de Montagut, mestre de camp le 21 octobre 1620, gouverneur de Moissac depuis avril 1619 (il ne prit possession de ce gouvernement qu'en avril 1626); 2° Pierre, chevalier; 3° Jean, religieux à Saint-Pierre de Moissac, prieur de Chatelmairan et de Saint-Colombe, évêque de Sarlat (comme tel, il n'est pas parlé de lui dans la *Gallia christiana*); 4° Béraud ou Bernard, chevalier de Saint-Jean de Jérusalem; 5° Jean, seigneur de la Cardonnie et de Saint-Béarn en Gascogne, époux, en 1610, d'Anne de Montrect, gouverneur de Moissac en 1614, capitaine au régiment de Chappes en 1629 et, en 1634, au régi-

terre[1], qui étoient d'autant plus dangereux instruments qu'ils étoient continuellement proches de la personne du Roi et qu'ils avoient attiré Baradat à leur cordelle.

Il fut jugé absolument nécessaire, pour achever ce

ment de Nerestang; il vivait encore en 1637; 6° Bertrand, baron de Salbaterre et de Rouziès, gentilhomme ordinaire de la Chambre du Roi, gouverneur de Sommières, qui épousa, en juillet 1634, âgé de près de soixante-dix ans, Catherine de Gout; il était devenu presque infirme des suites des blessures reçues au service du Roi; il fut arrêté en 1626 pour s'être uni aux adversaires du projet de mariage de Monsieur et de Mlle de Montpensier; c'est de lui qu'il est ici question (cf. notre t. I, p. 333); 7° Charles, seigneur du Tillou (près Cognac), capitaine au régiment de Balagni (1610), au régiment de Rambures (1613), capitaine des gardes du duc d'Épernon (1616-1621), capitaine en 1622 au régiment de Piémont, gouverneur en 1624 du château de Châteauneuf en Angoumois, capitaine des gardes du Roi le 30 décembre 1627, tué en 1629 au siège de Privas; il avait épousé, en 1616, Jacquette Vinsouneau, fille de Jean, seigneur de la Pereuze et du Tillou; 8° Sylvestre, qui « a été » au cardinal de Richelieu (lettre de Richelieu au prince de Condé, du 24 juin 1641; Avenel, *Lettres*, t. VII, p. 1049) et qui, en 1626, était attaché au Cardinal comme maître de chambre, fut abbé commendataire de Notre-Dame-de-la-Chastres au diocèse de Saintes, puis de Souillac en 1627, et évêque nommé de Mende le 26 mars 1628. En 1627, Richelieu le chargea de diverses missions de ravitaillement en l'île de Ré, et, de 1635 à 1638, il fut employé au ravitaillement des troupes en Lorraine avec le titre de « général des munitions du Roi ». Il mourut d'apoplexie le 20 octobre 1659, après avoir été opéré de la pierre en 1638. Évêque très actif, il détruisit les repaires d'hérétiques en Gévaudan, organisa des prédications, fonda des couvents de Capucins et d'Ursulines (Bibl. nat., Cabinet des Titres, Cabinet d'Hozier, 228, et Carrés d'Hozier, 216).

1. Valet de garde-robe et huissier du cabinet du Roi, il fut appelé à la cour par le connétable de Luynes (Griffet, *Histoire...*, t. I, p. 509). Il avait été, avant les événements de 1626, au service du comte de Soissons.

mariage, d'éloigner ces petites gens-là d'auprès S. M., qui abusoient si insolemment de son oreille et travailloient son esprit sur les choses qu'il avoit résolues[1].

Dès Blois[2], le Cardinal s'aperçut de leurs menées et envoya au Roi un avis qu'on lui avoit donné de Paris, par lequel on lui mandoit que Tronçon et Marsillac, pour parvenir à leur fin, agissoient contre lui et vouloient gagner Baradat. Le Roi, se fiant en Baradat, lui montra le billet; Baradat, au lieu de faire profit de cet avis qu'on avoit donné ingénument, tel qu'on l'avoit reçu, dit à Tronçon que le Cardinal lui avoit fait un mauvais office; ensuite de quoi Tronçon travailloit contre le Cardinal avec plus de soin. Or, que Baradat ait commis cette infidélité envers le Roi de découvrir à Tronçon ce que le Roi avoit communiqué touchant ce billet, il est bien évident par la méprise que fit ledit Baradat; car, croyant que ce Marsillac, qui étoit nommé dans le billet, fût Marsillac qui étoit au Cardinal[3], il l'envoya quérir et, après avoir tiré serment de lui qu'il ne parleroit jamais de ce qu'il lui diroit, il le voulut piquer contre son maître et lui dit qu'il se méfioit de

1. Le *Mercure françois* (t. XII, p. 375-376) donne des détails intéressants sur les intrigues de Tronçon, Marsillac et Sauveterre. D'Andilly, dans son *Journal* (p. 35-37), indique les causes de leur disgrâce. Il se fait l'écho d'un « on-dit », d'après lequel Marsillac aurait cherché à gagner Anne d'Autriche « et lui auroit baillé des mémoires contre le mariage [de Monsieur avec Mlle de Montpensier], lesquels elle avoit montrés et baillés au Roi ».

2. C'est-à-dire au début de juin; le Roi et la cour étaient arrivés à Blois le 6 juin.

3. Ce Marsillac, « qui étoit au Cardinal », est Sylvestre de Crugy de Marsillac, le futur évêque de Mende, dont il est parlé à la note 1 de la p. 93; l'autre est son frère Bertrand.

lui comme d'un homme qui le trahissoit auprès du Roi. Baradat n'avoit pas toujours été bien avec Tronçon, contre lequel le Roi fut une fois en grande colère pour ce que Baradat lui avoit rapporté qu'il lui avoit voulu faire faire des affaires sans le su de S. M. ; mais cette cabale les réunit et Buhy[1] étoit l'instrument entre eux qui portoit les paroles de l'un à l'autre. Depuis ce billet ils se tiennent encore plus étroitement liés et poussèrent davantage à la roue et crurent en être venus si avant qu'ils n'attendoient plus que le temps commode à faire éclore leur malice et s'en tenoient si assurés que presque ils ne s'en cachoient plus.

Ropré[2], ordinaire du Roi, ouït Sauveterre chez Tronçon lui dire qu'il leur falloit courageusement poursuivre leur pointe contre le Cardinal et le faire chasser, et Louvigny[3] dit clairement à Imbernard[4] qu'il le feroit chasser dans trois jours.

1. Pierre de Mornay, seigneur de Buhy et de la Chapelle (fils de Pierre de Mornay, sieur de Buhy, Saint-Cler et La Chapelle, maréchal de camp et lieutenant général de l'Ile-de-France, et d'Anne d'Anlezy), enseigne de la compagnie des gens d'armes du Roi en 1626, puis maréchal de ses camps et armées, mort le 3 février 1637. Il avait épousé Catherine de Saveuse, fille de Louis de Saveuse, seigneur de Bouquainville, gouverneur d'Étaples, et de Anne de Helin.

2. Jehan de Villelongue, sieur de Roupré ou Ropré, gentilhomme ordinaire du Roi, âgé de trente-cinq ans en 1626.

3. Roger de Gramont, comte de Louvigny, fils d'Antoine (comte de Gramont, de Guiche et de Louvigny, vicomte d'Asté, gouverneur de Bayonne, créé duc et pair en 1643) et de Louise de Roquelaure (mariés en 1601), tué en duel le 18 mars 1629. Il fut l'un des accusateurs de Chalais, ainsi qu'on le verra plus loin.

4. A noter que les manuscrits A et B portent « Imbernard » et l'édition Petitot « Bernard ».

L'official de Sens, nommé Marc[1], dit à Paris au Terac[2], conseiller au présidial de Lyon, que, s'il avoit des affaires avec le Cardinal, il en sortît bientôt parce que, dans peu, on l'enverroit à Rome et la Reine mère en Italie. Cet homme étoit toujours chez Madame la Princesse la mère, qui l'envoyoit quérir souvent, la nuit même, pour traiter avec lui sur les avis qui lui arrivoient.

Le commandeur de Valençay dit à Nantes[3] au Cardinal qu'ils tenoient sa ruine assurée, ce qu'il[4] savoit de la part de Puyzieulx, dont il avoit toujours été confident, pour ce qu'il lui avoit mandé fraîchement qu'ils avoient trouvé moyen d'ouvrir l'oreille du Roi contre le Cardinal. Ensuite de quoi ils le pousseroient vivement et la Reine mère aussi, laquelle ils ne pensoient rien moins que d'éloigner et faire aller en Italie : ce qui étoit bien aisé à croire de tels gens qui n'ont jamais fait autre chose que de penser à telles conspirations,

1. Il faut lire Demarcq. Il s'agit ici de Pierre Demarcq, confident de la princesse douairière de Condé, docteur en théologie, official de Sens, qui fut chargé, par ordre de l'Assemblée générale du clergé de 1626, de rédiger un mémoire, en faveur de l'archevêché de Sens, contre le nouvel archevêché de Paris ; ce mémoire, imprimé à Paris en 1626, est intitulé : « Praejudicium Patrum ecclesiae Gallicanae utrum una provincia in duas excrescere debeat ? »

2. La cour demeura à Nantes du 3 juillet au 24 août.

3. Claude Terrat, appelé aussi *du Terray*, avait été, avant 1627, conseiller au présidial de Lyon. Une famille Terrat, originaire de Condrieu, existait encore en 1727 ; mais l'arbre généalogique qui en fut dressé à cette époque ne contient aucune date utile (ms. 1193 de la bibliothèque de Lyon). Claude Terrat avait quarante-six ans en 1626 (Bibl. nat., Français 6656, fol. 217, 228).

4. Le commandeur de Valençay.

témoin celle du maréchal d'Ancre et celle, plus pleine d'infidélité encore, que ledit Tronçon, le P. Arnoux et Puyzieulx faisoient contre le connétable de Luynes quand il chassa le P. Arnoux[1].

Au même temps le Cardinal fut encore averti à Nantes, d'une autre part bien assurée, qu'ils avoient dépêché vers Monsieur le Prince pour lui donner quelques avis sur le sujet de leur cabale. Et, de fait, Saintoul, confident de Monsieur le Prince, partit de Nantes en si grande diligence qu'il revint quatre jours après; et le P. Arnoux, qui est l'âme de Tronçon, étoit lors près mondit sieur le Prince, où d'Esplan[2] mandoit qu'il étoit venu exprès pour quelque grande affaire, d'autant qu'ils étoient cinq heures par jour en grande conférence. De fait, le Roi reconnut bien que tous ceux qui étoient liés audit sieur le Prince étoient tous contre le mariage et prenoient ce sujet pour dire mal du Cardinal, comme s'il le conseilloit.

Tronçon étoit si hardi qu'il dit tout hautement à Ropré qu'il étoit marri de n'avoir pas parlé comme il devoit contre le conseil que le Cardinal donnoit de ce mariage. Et Baradat osa bien dire à Bouthillier que le conseil du mariage étoit très mauvais pour le Roi et qu'on avoit tort de le lui donner, qu'il étoit à l'avantage de la Reine mère et non du Roi. Marsillac[3] fut si malavisé de dire à Ropré que le Roi devoit prendre une garce pour voir s'il la pourroit engrosser et, cela

1. Voyez le t. III, p. 171-173.
2. Esprit Alard, seigneur d'Esplan; voyez notre t. IV, p. 109. Capitaine de carabins, il avait été nommé grand maréchal des logis de France en 1623; il fut tué en duel en 1631.
3. Bertrand de Marsillac, celui qui fut arrêté peu après (voyez p. 102, n. 2).

étant, répudier la Reine et épouser Mlle de Montpensier[1].

1. Voici la déposition de Ropré ou Roupré, faite à ce sujet, lors du procès de Chalais, le 4 août 1626, à Nantes (*Pièces du procès de... Chalais*, publ. par Laborde, p. 86-88) : « ... A dit qu'il y a environ huit jours qu'il rencontra le sieur de Marsillac dans la cour du château de cette dite ville, lequel lui demanda quelles nouvelles ; et le déposant lui dit : « Je n'en sais « point. » A quoi ledit Marsillac répondit : « Ce mariage est « résolu. Ha! pauvre prince! Que le Roi est mal conseillé! « Qu'un Roi de vingt-cinq ans, qui n'a point d'enfants, marie « un frère de dix-huit ou vingt ans, qui, au bout d'un an, pourra « avoir des enfants, combien de maux cela peut-il faire? Et « cette pauvre princesse, — parlant de la Reine, — que « deviendra-t-elle? Vaudroit-il pas mieux, si le Roi ne peut « avoir d'enfants de la Reine, qu'il prît quelque jeune fille et « la tînt sept ou huit mois en une chambre en la garde de quel-« qu'un qui lui fût fort affidé et puis, elle étant devenue grosse « et voyant qu'il peut avoir des enfants, qu'il se démariât « d'avec la Reine et épousât celle qu'il veut bailler à Monsieur? » Puis ajouta : « Gardez-vous bien de dire ce que je vous dis, car « cela pourroit être cause de ma perte, et, si vous le dites, je « le nierai. » Néanmoins dit ledit déposant que ledit Marsillac ayant été pris par le commandement de S. M. et ne sachant la cause, il a estimé être obligé, en sa conscience et par son devoir envers le Roi, de dire et déclarer les choses ci-dessus, qui est tout ce qu'il a dit, et, lecture faite, a persévéré et signé... » Voici ce que, dans son *Histoire du temps*, Guron dit à ce sujet (p. 34) : il rapporte que « trois méchants esprits » (peut-être Tronçon, Marsillac et Sauveterre) cherchaient à détourner le Roi de marier Monsieur, et que l'un d'eux fut chassé « pour avoir voulu faire complot avec quelques-uns de la maison du Roi, pour lui proposer qu'au lieu de marier Monsieur, il feroit beaucoup mieux de répudier la Reine et prendre à femme la princesse qu'il vouloit donner à son frère. Le Cardinal, à qui cette découverte fut faite, eut tant d'horreur de cette damnable pensée qu'après en avoir averti Leurs Majestés, il porta le Roi à trouver bon que le sieur de Marillac, garde des sceaux, en reçût secrètement la déposition qu'il a entre les mains ».

Tronçon avoit deux déplaisirs sensibles qui l'animoient en ce mauvais dessein : l'un, du procès de Modène et de Déageant[1], dans lequel il craignoit d'être enveloppé à cause de leur ancienne conspiration contre la Reine mère et la mort du maréchal d'Ancre[2] ; l'autre, du bruit qu'on faisoit courre d'un cinquième secrétaire autre que lui, ce qui lui donnoit la mort, d'autant qu'il avoit toujours aspiré si avidement à cette charge, depuis que le P. Arnoux la lui avoit voulu faire tomber entre les mains, que d'Ocquerre[3] disoit avoir de quoi vérifier qu'il donnoit de faux avis au Roi contre la fidélité de lui et des autres secrétaires d'État.

Pour toutes les choses ci-dessus le Roi fit arrêter Marsillac le 1er août et mener prisonnier à Ancenis[4], d'où il fut délivré quelque temps après[5], et commanda à Tronçon et Sauveterre de se retirer en leurs maisons[6] et donna la charge de secrétaire du cabinet, qu'avoit Tronçon, à Lucas[7], premier commis du sieur de

1. Modène et Déageant avaient été arrêtés le 5 mai (cf. p. 44), et on avait commencé à les interroger. Tronçon ne fut disgracié qu'au début d'août.
2. Voyez ce que disent les *Mémoires* (t. II, *passim*, années 1617 et 1618) des intrigues de Modène et Déageant.
3. Nicolas Potier, seigneur d'Ocquerre, secrétaire d'État.
4. Voyez sur cette arrestation le *Mercure françois*, t. XII, p. 375. Le gouvernement de Sommières que possédait Marsillac lui fut enlevé et donné à La Mothe-Serillac (Andilly, *Journal*, p. 35).
5. Les mots : *d'où il fut délivré quelque temps après*, ont été ajoutés entre les lignes par Sancy, d'une écriture très appliquée (ms. A, fol. 127 r°). — Marsillac fut mis en liberté au début d'octobre.
6. Cf. *Mercure françois*, p. 375.
7. Michel Lucas (1562-1639), fils d'un mercier de Loudun, fut premier commis et intendant de la maison de M. de Beau-

Beaulieu-Ruzé[1] et depuis du sieur de Loménie, secrétaire d'État[2].

Il restoit Mme de Chevreuse qui, comme femme, faisoit plus de mal qu'aucun, avoit un grand pouvoir sur l'esprit de Monsieur et faisoit encore agir la Reine en son endroit. Elle avoit confessé au Cardinal, le 21e juin, à Beauregard[3], être vrai qu'il y avoit une union entre les princes pour empêcher ce mariage[4].

Chalais l'avoit accusée pour être celle qui avoit dessein d'empêcher ce mariage et faire que Monsieur le Comte épousât Mlle de Montpensier; faisoit l'union de tous les princes et des huguenots même par Mme de Rohan, et étoit la principale qui avoit porté Monsieur d'aller, depuis la prise du Colonel et avant le départ du Roi, à Fleury[5], où étoit le Cardinal, pour lui faire

lieu-Ruzé, secrétaire d'État, dès 1608. Il fut ensuite secrétaire ordinaire de la Reine mère, d'Anne d'Autriche jusqu'en 1631, et secrétaire de la Chambre du Roi, avec survivance en faveur de son fils Michel; il était « secrétaire de la main » du Roi.

1. Martin Ruzé, seigneur de Beaulieu, Longjumeau, Chilly, La Pressaye (1527-1613), fils de Guillaume Ruzé, receveur général des finances à Tours, et de Marie Testu, avait été nommé secrétaire d'État en 1588; il fut également surintendant des Mines et Minières de France et devint grand trésorier des Ordres le 10 avril 1589.

2. Henri-Auguste de Loménie, seigneur de la Ville-aux-Clercs, comte de Brienne.

3. Le château de Beauregard (comm. de Cellettes, à sept kilomètres de Blois) appartenait à Paul Ardier, trésorier de l'Épargne et conseiller d'État, qui l'avait acheté en 1617. Il y fit exécuter une galerie de portraits, qui a été en partie conservée, et y mourut en 1638.

4. Cette dernière phrase a été ajoutée en marge du manuscrit A (fol. 127 v°) par Charpentier.

5. Fleury-en-Bière (cant. sud et arr. de Melun), à 4 kilomètres de la forêt de Fontainebleau, était un château en pierres

un mauvais parti[1], et depuis, avoir toujours sollicité Monsieur pour le Grand Prieur[2], ou de sortir de la cour ou d'exécuter cette violence.

Aussi Chalais, du commencement qu'il fut prisonnier, avoit-il tout son recours à elle, lui écrivit plusieurs lettres, qui furent surprises et mises entre les mains des juges[3], auxquels le Basque[4], qui les portoit,

et briques, bâti sous Henri II, sur les plans de Pierre Lescot, et embelli par Richelieu. Celui-ci venait de Fleury à Fontainebleau à travers la forêt pour assister au Conseil, lorsque la cour y était. Après l'attentat manqué dont il est parlé ici, Richelieu resta à la Maison-Rouge à Fontainebleau, puis lorsque la cour en partit, le 23 mai, pour regagner Paris, le Cardinal gagna Limours, où il était encore le 30 mai. C'est de Limours qu'il se rendit à Blois, où la cour s'était transportée; il y arriva le 12 juin. Chalais dit qu'il « *croit* que ladite dame de Chevreuse étoit de la première intelligence de ce dessein qui se devoit faire à Fleury, parce qu'après que ledit sieur Cardinal en fut parti, toute l'après-dînée les dames ne firent que rire sur le récit de cette affaire » (*Pièces du procès de Chalais*, déclaration de Lamont du 11 août, p. 137-141). Chalais se rétracte le 19 août (*Ibid.*, p. 168).

1. Plusieurs jeunes seigneurs attachés à Monsieur avoient formé le projet d'aller à Fleury, sous le prétexte de demander à dîner au Cardinal. Une querelle devoit avoir lieu, et Chalais auroit profité du désordre pour tuer Richelieu. Celui-ci, averti par le commandeur de Valençay, partit aussitôt pour Fontainebleau et alla trouver Monsieur. Il lui dit qu'il auroit été charmé de faire les honneurs de sa maison à S. A., mais que, puisqu'elle vouloit s'y amuser en liberté, il la lui cédoit. C'est le 11 mai que cette tentative avortée eut lieu.

2. C'est-à-dire au nom du Grand Prieur.

3. Nous les avons données ci-dessus, p. 71, 72.

4. Joannès de Seinich, natif de Saint-Pé, âgé de vingt et un ans en 1626, dit le Basque, était comme son frère Martin au service de Chalais depuis 1624. Quand Chalais avait été emprisonné, on l'avait autorisé à conserver avec lui Martin, et Jean

dit qu'elle avoit répondu ne vouloir récrire, pour ce qu'il y alloit de sa vie et de son honneur, mais qu'elle feroit merveilles pour sa délivrance[1].

Il dit en son interrogatoire du 11° août que c'étoit elle qui l'avoit engagé en cette méchante affaire, et le Grand Prieur avec elle, après que les Anglois s'en

était resté dans la ville, attendant le retour de son maître. Pour correspondre avec Mme de Chevreuse et sa mère, Chalais se servit de l'intermédiaire de Martin; celui-ci écrivait à son frère Jean sur des tablettes, partie en français, partie en basque, et, en réalité, c'est Chalais qui dictait le contenu de ces lettres. Martin les remettait à un laquais de M. de Lamont, l'exempt des Gardes du Roi, chargé de la surveillance des prisonniers. Ce jeune homme de dix-neuf ans, nommé Denis Tournier, devait porter cette correspondance aux destinataires et rapporter les réponses. Mais il s'empressa de remettre les missives à son maître, qui les fit lire au Roi, et, au fur et à mesure de leur envoi, avant d'être portées à destination, elles étaient traduites et ces traductions étaient vues par Louis XIII ou par ses ministres. Les naïfs prisonniers ne se doutaient pas que leur correspondance était interceptée; les réponses leur parvenaient du reste, mais après avoir été ouvertes. Cet échange de lettres eut lieu les 30 juillet, 4, 5, 6, 7, 9 et 11 août (*Pièces du procès*, en particulier p. 114-127).

1. Sur un document conservé aux Affaires étrangères (France 783, fol. 34-37) et intitulé (fol. 37 v°) : « Informations contre Mrs de Vendôme, Grand Prieur, Louvigny », on lit, au folio 35 v° : « 11. Tablettes avec l'explication de ce qui est contenu en icelles qui portent recommandations que Chalais aimoit [Mme de Chevreuse], laquelle n'a voulu répondre auxdites tablettes d'autant que sa vie et son honneur dépendoit (*sic*) de là. » Cf. *Pièces du procès*, la lettre du 4 août de Jean le Basque à Martin : « Frère, j'ai baillé la lettre à Madame [Mme de Chevreuse]; elle m'a dit qu'elle ne fait point de réponse, que sa vie et son honneur dépendent de cela véritablement; elle m'a dit sur sa vie qu'elle le servira sans écrire, elle lui baille cent baise-mains » (p. 68, 69). Cf. ci-dessus, p. 72, note.

furent allés[1], disant[2] qu'il falloit que cette femme fût occupée et empêcher qu'un homme de cabale contraire ne prît la place des Anglois[3].

Monsieur dit à la Reine sa mère, le dernier juillet, que la Reine l'avoit prié deux fois, depuis trois jours, de ne pas achever ce mariage que le maréchal d'Ornano ne fût mis en liberté[4]. Depuis, il déclara que, lorsque Mme de Chevreuse et elle le virent résolu à consentir à ce mariage, elles se mirent à genoux devant lui pour l'en détourner à quelque prix que ce fût et lui dire que ce qu'autrefois elles mettoient une condition à leurs prières, lui disant qu'il ne fît point ce mariage que premièrement il n'eût délivré le Colonel, c'étoit qu'elles l'estimoient impossible et que, partant, leur intention avoit toujours été de le détourner de ce mariage absolument[5]. Le dessein de Mme de Che-

1. L'ambassade de Holland et de Carleton prit fin le 4 avril 1626.
2. C'est-à-dire : le Grand Prieur disant à Chalais.
3. « [Chalais] dit encore que c'est le Grand Prieur qui a engagé lui répondant avec Mme de Chevreuse, après que les Anglois s'en furent allés, lui disant qu'il falloit que cette femme fût occupée et qu'il falloit empêcher qu'un homme de cabale contraire ne prît la place des Anglois, et que, quelque temps après, ledit Grand Prieur pria lui répondant de ne s'y point engager, d'autant qu'il y étoit embarqué lui-même » (*Pièces du procès*, p. 139).
4. Ce paragraphe est tiré du document intitulé : « Diverses choses que Monsieur a avouées au Roi », fol. 227 r° : « Que la Reine régnante l'a prié, par deux diverses fois depuis trois jours, de ne pas achever le mariage que le maréchal ne fût mis en liberté. » En face, à la marge, Sancy a écrit : « Employé. — La R[eine] R[égnante]. — Cabale. » Le passage de la source est de la main de Le Masle.
5. La rédaction de ce paragraphe est inspirée d'un document d'une page écrit par Charpentier (Aff. étr., France 782, fol. 321),

vreuse, qu'elle ne découvriroit pas à la Reine, étoit, à ce que dit Monsieur à Nantes[1], afin que, le Roi venant à mourir, la Reine pût épouser Monsieur[2].

en tête duquel Richelieu a écrit « Secretissime » et Sancy « Employé »; voici le passage utilisé (en face duquel Sancy a écrit « Chesnelle », ce qui signifiait, en langage chiffré, la Reine Régnante) : « Ledit Hébertin [Monsieur] a dit clairement que trois jours devant son mariage, Chesnelle [Anne d'Autriche] et la Lapidaire [Mme de Chevreuse] s'étoient mises à genoux devant lui pour le prier de n'épouser point Mlle de Montpensier et qu'autrefois elles lui disoient, croyant cette condition impossible, qu'au moins il ne l'épousât point qu'il ne se fût souvenu du Colonel et ne l'eût délivré. » On retrouve plus loin la même idée, les *Mémoires* rapportant que Mme de Chevreuse, Monsieur et les siens avaient coutume de dire à Chalais : « Ne vous souviendrez-vous jamais du Colonel? »

1. Le 15 ou le 16 août.
2. Cette fin de paragraphe, à partir des mots *à Nantes*, est de la main de Sancy (ms. A, fol. 128 v°); elle fait partie du texte même du manuscrit. — Ce paragraphe est tiré du document précité « Diverses choses que M^r a avouées au Roi », fol. 228 r° : « Monsieur, ayant su trois ou quatre jours avant la mort de Chalais qu'il avoit dit que le fondement de l'opposition que les dames faisoient au mariage étoit afin que, si le Roi venoit à mourir, la Reine pût épouser Monsieur, il dit au cardinal de Richelieu : il est vrai qu'il y a plus de deux ans que je sais que Mme de Chevreuse a tenu ce langage. » En face de ce passage, écrit par Charpentier, celui-ci a mis à la marge : « Mariage ». Sancy a écrit en dessous : « Me de Chevreuse. Employé. » On lit également dans un document des Affaires étrangères (France 782, fol. 321), écrit par Charpentier : « On a su par voie secretissime, de la bouche des dieux accouplés qui le peuvent savoir, qu'il étoit vrai que Chesnelle [Anne d'Autriche] croyoit épouser Hébertin [Monsieur] et qu'il y avoit longtemps qu'elle avoit cette espérance. » En face, à la marge, Sancy a écrit « Chesnelle ». Plus récemment, on a écrit en marge « le duc d'Orléans? », doutant que le mot « Hébertin », qui est souligné, désignât le frère du Roi.

Ladite dame de Chevreuse avoit une telle passion à cela qu'autrefois, par le Grand Prieur, par Chalais, et maintenant par elle-même, elle incitoit Monsieur à user de violence contre le Cardinal, ayant, comme dit Chalais à son interrogatoire, accoutumé avec Monsieur et les siens de lui dire : « Ne vous souviendrez-vous jamais du Colonel? », pour donner à entendre : ne vous déferez-vous jamais du Cardinal[1]? Outre ce furieux con-

1. Le 11 août, Chalais déclara en présence de Richelieu et de Lamont que « lorsqu'entre les Dames on disoit : Monsieur ne se souviendra-t-il plus du Colonel, c'étoit à dire : ne fera-t-il point de violence au Cardinal; et que cela étoit un jargon ordinaire entre elles et le Grand Prieur, et qu'il le sait pour ce que ledit Grand Prieur et Mme de Chevreuse le lui ont dit; et que dire : il faut que Monsieur se souvienne du Colonel, c'étoit à dire : il faut qu'il fasse violence au Cardinal; et a ouï, lui répondant tenir souvent ce langage entre ledit Grand Prieur et lesdites dames... » (*Pièces du procès*, p. 137, 138). Ces aveux, Chalais les rétracta, d'ailleurs, ultérieurement, le 19 août, après que lui eut été prononcé son arrêt de mort. Il affirma d'abord que, pour obtenir sa grâce du Roi, « sur l'espérance que Messieurs les principaux ministres du Conseil du Roi lui avoient donné », il avait « déclaré entièrement tout ce qu'il savoit de la faction qui a été »; il prétendit ne « savoir aucuns complices autres que ceux lesquels il a déclarés par le procès, et qu'il a toujours franchement reconnu la vérité, *voire en a dit plus qu'il n'y en avoit, pensant par ce moyen avancer sa grâce...*; que tout ce qu'il a dit par sa dernière interrogation concernant les Dames, comme aussi à ce qu'il en avoit dit au sieur de Lamont, n'est point véritable et qu'il inventa cela, se voyant comme désespéré de la grâce du Roi et croyant contenter » ceux qui prétendaient qu'il en savait plus qu'il n'en avouait. Quelques instants plus tard, Chalais affirmait à nouveau que, « pour le regard de M. le Grand Prieur », il a menti en disant que « lorsque l'on disoit : Monsieur aura-t-il point souvenance du Colonel, [cela] signifioit : Monsieur ne fera-t-il point violence à Monsieur le Cardinal ». De même, il déclara

seil, elle lui en donnoit encore un autre, qui étoit de se dérober du Roi et s'en aller à Paris. De sorte que l'esprit de Monsieur étoit toujours en incertitude s'il devoit s'en aller ou non, comme il avoua le 25ᵉ juillet dans le cabinet de la Reine sa mère, où il dit, en présence du Cardinal et du maréchal de Schönberg[1], que depuis qu'il étoit à Nantes il s'étoit résolu diverses fois avec son petit Conseil de s'en aller. Une fois, il s'en vouloit aller avec cinq ou six gentilshommes sur des coureurs, mais il eut crainte qu'il pouvoit facilement être arrêté[2]. Une autre fois, il s'en vouloit aller avec

avoir menti sur « tout ce qu'il a dit concernant Mᵐᵉ de Chevreuse », comme était faux le contenu de « toutes les lettres qu'il avoit écrites concernant les Dames », et il ne « savoit du tout rien de Mᵐᵉ de Chevreuse, sinon que M. le colonel d'Ornano lui a donné une jupe »; il ajouta que Mᵐᵉ de Chevreuse « ne l'a jamais détourné du service qu'il devoit au Roi » (*Ibid.*, p. 164-169). Une version un peu différente de cette rétractation est donnée dans ce même recueil des *Pièces du procès* (p. 192-194), mais le fond en est identique; on y lit en outre que Chalais déclara que ce qu'il avait écrit « étoit par une extrême rage qu'il avoit contre elle, par une fausse opinion qu'il avoit eue qu'elle l'avoit trompé ».

1. Cette fin de paragraphe et les deux paragraphes suivants, jusqu'à « Or, si Mʳ s'en fût allé, difficilement eût-on renoué le mariage », sont la copie textuelle (sauf quelques corrections dont il est parlé p. 108, note 1) d'une page du document intitulé : « Diverses choses que Mʳ a avouées au Roi », fol. 226, écrite par Le Masle. En marge, Sancy a écrit « Employé », et les lettres A et B ont été inscrites respectivement au début et à la fin de l'extrait.

2. Le 12ᵉ cahier de 1626 commence avec le paragraphe suivant (ms. A, fol. 131). Sancy a griffonné sur la couverture de ce cahier « 1626, 12ᵐᵉ cahier »; puis il a écrit ce sommaire, barré depuis : « Ch[e]vreuse éloignée. On pardonne aux autres, bien qu'ils fussent plusieurs en nombre et en qualité. » Viennent

toute sa maison et, étant à Ingrande, dépêcher vers le Roi pour lui faire savoir que, lui ayant été dit qu'il n'y avoit point de sûreté pour lui à Nantes, il s'en alloit à Blois où il attendroit le retour de S. M.; mais que son dessein étoit, après avoir passé Angers, de prendre le chemin du Perche, droit à Chartres et s'en aller à Paris en grande diligence, et qu'afin qu'il fût plus secret, celui qu'il enverroit d'Ingrande vers le Roi n'en devoit rien savoir; qu'une fois il fut tout près de s'en aller, sans qu'on lui vînt dire que ses maîtres d'hôtel n'avoient pas dîné.

Et comme M. le Cardinal et le maréchal de Schönberg blâmoient les conseils qu'on lui donnoit, il dit : « C'étoient conseils de jeunes gens; mais assurément, si on ne m'eût donné avis qu'il y avoit des compagnies de chevau-légers sur tous les chemins que je pourrois tenir en m'en allant, et si je n'eusse eu crainte d'être arrêté par lesdites troupes, je m'en fusse allé. »

Monsieur dit de plus que, quand il fut voir le Cardinal à la Haye, il étoit résolu de partir l'après-dînée; mais le Cardinal lui dit tant de choses et l'embarrassa tellement, qu'il revint tenir son Conseil, où Le Coigneux lui dit qu'il falloit voir s'il n'y auroit point moyen de le contenter plutôt que de se résoudre à s'en aller; et, comme cela, le dessein fut rompu[1]. Or,

ensuite ces mots de Sancy, qui ont été rayés : « Faudra ajouter ici ce que l'on aura appris des personnes non arrêtées. » Charpentier a ensuite écrit ce sommaire : « Suite de la déclaration de Monsieur touchant sa retraite. Éloignement de la duchesse de Chevreuse. Le Roi pardonne aux autres grands de la faction du Colonel. »

1. Ce paragraphe était primitivement au style direct; Sancy a fait les corrections nécessaires; ainsi, on lisait d'abord : « Mon-

si Monsieur s'en fût allé, difficilement eût-on renoué le mariage. Le Coigneux le dit franchement au Cardinal, quand il l'alla voir, le 23ᵉ juillet, pour ce, lui dit-il, que Monsieur le Comte et autres personnes intéressées, qui avoient pouvoir sur l'esprit de Monsieur, l'en empêcheroient. Il ajouta que le Roi devoit vider l'affaire de Modène avant que retourner à Paris[1], renvoyer la Colonelle et sa sœur[2] en leurs maisons, ôter Canau[3],

---

sieur dit de plus : « Quand je fus voir le Cardinal à la Haye, « j'étois résolu de partir l'après-dîner... », etc. (ms. A, fol. 131 v°). Ce passage du manuscrit A est, en effet, la copie textuelle du document qui a servi de source (cf. p. 107, note 1). Comparez avec la p. 78.

1. Autrement dit faire son procès à Modène et le faire juger avant de retourner à Paris.

2. La Colonelle, femme du maréchal d'Ornano (née Marie de Montlaur, fille de Guillaume-Louis de Raimond de Mormoiron de Maubec de Montlaur, baron de Modène, et de Marie de Maugiron), avait deux sœurs : l'une Jacqueline, qui avait épousé en 1599 Jacques de Grimoard de Beauvoir du Roure, baron de Randon, mort en 1637, et l'autre Marguerite, qui, veuve du comte de Grolée, avait épousé en janvier 1615 Henri-François-Alphonse d'Ornano, seigneur de Mazargues, frère du maréchal.

3. Il faut lire Canault. Ce personnage, qui n'était pas secrétaire de Monsieur, mais du maréchal d'Ornano, était en faveur auprès de Gaston d'Orléans. Il était entré au service d'Ornano en 1616, à l'âge de dix-huit ans. Lors de la première disgrâce du Colonel en juin 1624, Canault fut « la seule créature de M. le Colonel qui demeura » auprès de Monsieur. Lorsqu'en août de la même année le Colonel fut mis en liberté et rappelé à la cour, on obtint de Monsieur qu'il retirât sa faveur à Canault, que l'on accusait d'avoir eu une attitude un peu louche lors de la disgrâce de son maître, mais il demeura jusqu'en 1626 au service du maréchal d'Ornano, et c'est peut-être lui qui obtint du Roi que le corps du Colonel, mort au Bois-de-Vincennes, serait rendu à sa famille.

secrétaire de Monsieur, qui prenoit le parti de Modène tout à fait, et, avant toutes choses, éloigner Baradat, qui étoit si animé qu'il excitoit tous les jours Monsieur à se ressentir de l'affaire de Modène[1], et avoit pour fin de lui persuader que la principale chose à quoi un grand prince devoit penser étoit de se venger; après quoi il[2] proposoit le Cardinal pour objet de sa vengeance et l'excitoit contre lui[3], ce que Monsieur avoua, et qu'il[4] avoit répondu qu'au contraire un grand prince devoit penser à faire ses affaires par toutes sortes de voies[5], même par le moyen de ceux qu'il n'aime pas, que le Cardinal étoit celui qui le pouvoit autant servir auprès du Roi, partant qu'il se devoit prévaloir maintenant de lui et qu'après qu'il auroit fait ses affaires il verroit s'il se devroit venger ou non. « Enfin, dit-il[6], ce coquin aiguise tellement son esprit qu'il faut se servir de tous moyens pour défaire ce qu'il a fait. »

La remarque qui se doit faire sur ce discours[7] est

1. C'est-à-dire de l'arrestation de Modène, effectuée le 5 mai.
2. Baradat.
3. C'est-à-dire : excitoit Monsieur contre le Cardinal.
4. Le Coigneux.
5. Première rédaction du manuscrit A, fol. 132 : « Après quoi il propose le Cardinal pour objet de sa vengeance et l'excite contre lui. Moi, au contraire, disoit-il, je lui persuade qu'un grand prince doit penser à faire ses affaires par toute sorte de voies » (corrections de Sancy). Le reste du paragraphe, sauf ce qui est entre guillemets, a été mis par Sancy au style indirect.
6. *Il* désigne Le Coigneux.
7. Première rédaction du manuscrit A, fol. 132 : « La remarque que je dois faire sur ce discours... » La correction est

qu'il faut que la haine de Monsieur et son désir de vengeance fût bien enraciné, puisqu'on ne pouvoit en arrêter l'effet et le cours présent que lui en laissant l'espérance pour l'avenir.

Pour ces menées, il fut nécessaire d'éloigner Mme de Chevreuse de la cour; ce qu'elle porta si impatiemment que, transportée de fureur, elle dit à Bautru que, du même pied qu'on la traitoit en France, elle feroit traiter les François en Angleterre; qu'il étoit en sa puissance de faire venir en France des armées angloises quand elle voudroit, qu'on ne la connoissoit pas, qu'on pensoit qu'elle n'avoit l'esprit qu'à des coquetteries, qu'elle feroit bien voir avec le temps qu'elle étoit bonne à autre chose; qu'il n'y avoit rien qu'elle ne fît pour se venger et qu'elle s'abandonneroit plutôt à un soldat des Gardes qu'elle ne tirât raison de ses ennemis[1].

Une[2] de ses damoiselles, qu'elle a chassée depuis, dit en grand secret à la Reine mère qu'étant piquée elle disoit quelquefois à Chalais que c'étoit une honte que, le Roi étant idiot et incapable de gouverner, ce faquin de Cardinal gouvernât, qu'il ne le falloit pas souffrir; qu'ils avoient des rois pour eux et qu'ils n'en devoient pas demeurer là; que, lors de la maladie du Roi à

de Sancy. Noter le *je* caractéristique d'une rédaction que l'on peut attribuer à Richelieu.

1. Ce dernier membre de phrase semble tiré d'un mémoire dont Richelieu est vraisemblablement l'auteur et qu'Avenel a publié dans les *Lettres...*, t. II, p. 265-268. On y lit, en effet, que Mme de Chevreuse « a dit ouvertement qu'elle s'abandonneroit plutôt à un soldat qu'elle ne trouvât quelqu'un qui lui fît raison de son éloignement ».

2. Ce paragraphe (qui en forme quatre sur le manuscrit A) a été écrit par Charpentier en marge de ce manuscrit (fol. 132 v°).

Villeroy[1], elle disoit[2] qu'il mourroit et que lors on enverroit la Reine mère en une maison et qu'on dépêcheroit le Cardinal, et ce avec des paroles outrageuses, tant contre le Roi que contre ledit Cardinal. Même elle disoit qu'il falloit poursuivre sa pointe et toujours hasarder, qu'enfin on rencontreroit[3].

Elle avoit tellement animé la Reine[4], en partant d'avec elle[5], que cette princesse, sage et modeste comme elle est, ne laissoit pas de jeter feu et flamme, disant à Nogent[6] qu'elle imputoit au Cardinal l'éloignement de cette femme, pour ce qu'il pouvoit bien

1. C'est au début de juillet 1627, donc un an après les événements racontés ici, que Louis XIII tomba malade; il ne put quitter le château de Villeroy-en-Brie que le 19 août, et la fièvre disparut seulement le 31 du même mois. Les propos imputés ici à Mme de Chevreuse, et dont l'exactitude est déjà bien suspecte, ayant été rapportés par une suivante congédiée, perdent beaucoup de leur valeur en ce qui concerne la culpabilité de Mme de Chevreuse en 1626, puisqu'elle ne les aurait prononcés qu'en 1627.

2. La duchesse de Chevreuse était alors à la cour de Lorraine.

3. Langage figuré emprunté à l'escrime : on pousse de la pointe de l'épée pour toucher l'adversaire; rencontrer, c'est réussir.

4. Anne d'Autriche.

5. C'est-à-dire : lorsque Mme de Chevreuse se sépara de la Reine.

6. Nicolas Bautru, comte de Nogent, d'une famille d'Anjou, fut capitaine des gardes de la porte en 1627. La seigneurie de Nogent-le-Roi fut érigée, pour lui, en comté (août 1636), et celle de Tremblay-le-Vicomte en marquisat (juin 1655). Il était le frère puîné de Guillaume Bautru, comte de Serrant, l'ambassadeur, appelé Bautru. Il avait épousé Marie Coulon, sœur de Jean Coulon, conseiller au Parlement, et mourut en 1661. Il fut, et surtout son frère, en grande faveur auprès du cardinal de Richelieu.

l'empêcher s'il eût voulu. Elle lui tint force mauvais discours, par lesquels elle témoignoit aimer mieux n'avoir jamais d'enfants que d'être séparée de cette créature, et menaçoit le Cardinal de s'en venger à quelque prix que ce fût[1].

Ces personnes, les plus puissantes à empêcher le bien du service du Roi et de l'État, étant éloignées, on pardonna aux autres, bien qu'ils fussent en grand nombre et de bonnes qualités.

M. d'Angoulême, particulier ami de Tronçon, avoit délicatement parlé au Roi contre ce mariage.

M. de Montmorency, le jour même du mariage, vouloit gager qu'il ne se feroit point, à ce que dit Monsieur. Un nommé Lucante[2], son domestique, et d'autres encore, à ce que rapporta Desplan, allèrent trouver Brison[3], qui tenoit encore Le Pouzin[4] nonobstant la

---

1. C'est le 19 août 1626 que Mme de Chevreuse reçut l'ordre de quitter la cour de France. Elle se réfugia à la cour de Lorraine. Andilly prétend (*Journal*, p. 37) que c'est son mari qui l'y envoya. M. Batiffol (*la Duchesse de Chevreuse*, p. 104) affirme qu'elle choisit elle-même cette retraite, s'imposant ainsi son premier exil.

2. Lucante était chirurgien du duc de Montmorency et tout dévoué à son maître. C'est lui qui pansa les blessures du duc après la bataille de Castelnaudary, au cours de laquelle Montmorency rebelle fut fait prisonnier. Il l'assista jusqu'à ses derniers moments, lui coupa les cheveux au moment de l'exécution, et par deux fois lui proposa ou essaya de le faire évader lors du procès (1632) (*Histoire du duc de Montmorency*, Paris, 1699, p. 438, 440, 483, 493).

3. Joachim de Beaumont, baron de Brison, de la maison de Grimoard de Beauvoir du Roure (fils aîné de Rostaing, baron de Beaumont, et de Jeanne de Caires de la Bastide d'Entragues), fut assassiné à Privas par un protestant, le 4 janvier 1628.

4. Le Pouzin, commune du canton de Chomerac, arrondis-

paix faite avec les huguenots, et lui promirent de lui faire avoir des conditions beaucoup plus avantageuses que celles qu'on lui offroit de la part du Roi, s'il avoit courage de tenir un peu plus longtemps[1]. Aussi Chalais, en ses interrogatoires, avoit-il dit que les dames avoient un absolu pouvoir sur ledit duc, et que par lui elles faisoient l'union de Monsieur avec Monsieur le Prince. Monsieur le Prince étoit assez évidemment de cette cabale, ainsi que nous avons dit[2].

sement de Privas, occupait une position stratégique particulièrement forte, à l'issue d'une gorge étroite.

1. On sait que le traité de paix avec les huguenots fut conclu à Paris le 5 février 1626 (cf. notre t. V, p. 226-228). Brison avait surpris le Pouzin, au début de 1626, profitant de l'absence du gouverneur, le comte de Braine, alors à Paris. Par la suite, et malgré la paix conclue avec les protestants en février, il s'était livré à toutes sortes d'exactions, percevant indûment des sommes importantes sur les marchandises en transit sur le Rhône, et ce ne fut que devant la menace d'être assiégé dans le Pouzin par le connétable de Lesdiguières qu'il se se décida à rendre la place, le 27 juillet, à des conditions d'ailleurs très avantageuses, au nombre desquelles sa nomination comme maréchal de camp et le paiement d'une pension de mestre de camp, mais il semble que seule la seconde de ces clauses fut ratifiée par la cour (*Mercure françois*, t. XII, p. 456-461). Pour les négociations avec Brison, voyez les Affaires étrangères, France 1546, fol. 130-160.

2. Lamont déposa le 6 août, au procès de Chalais, que celui-ci avait dit que « ledit sieur de Montmorency avoit tant d'inclination pour les dames et leur étoit si obéissant que toutes fois et quantes qu'elles auroient du mécontentement et voudroient l'employer, il seroit prêt à leur obéir en tout et partout et qu'en ce cas il ne faut point douter qu'elles ne formassent une union entre mondit seigneur [Monsieur] et Messieurs le Prince et de Montmorency, et a répété cela plusieurs fois, disant qu'il y falloit prendre garde » (*Pièces du procès...*, p. 100-102).

Aussi Le Coigneux dit-il au Cardinal, à Nantes, que, pour étonner Monsieur, il lui falloit dire qu'on avoit découvert les négociations du mariage de lui avec la fille de Monsieur le Prince, par où Le Coigneux avouoit indirectement que cette négociation étoit véritable.

Monsieur le Comte étoit un des principaux chefs de la ligue, puisque Monsieur lui quittoit Mlle de Montpensier, et Monsieur dit à la Reine mère, le dernier juillet, qu'il[1] lui offroit 400,000 écus à prêter pour sortir de la cour si on ne le contentoit[2].

Le Coigneux, le 19e juillet, dit qu'on avoit conseillé à Monsieur, de la part de Monsieur le Comte, de se retirer à la Rochelle ; et Chalais dit que, de la part de Monsieur le Comte, il fut donné conseil à Monsieur, à Saumur, de s'en aller, et que Senneterre le savoit[3].

Monsieur, étant déjà résolu de se marier, dit à la Reine sa mère que Monsieur le Comte en seroit bien fâché, mais qu'il[4] n'osoit se séparer de lui[5] pour cela[6],

1. Monsieur le Comte.
2. « En même temps, Monsieur dit que Monsieur le Comte lui offroit 400,000 écus à prêter pour sortir de la cour si on ne le contentoit » (« Diverses choses que Monsieur a avouées au Roi ». Aff. étr., France 782, fol. 226 v°; aveux de Monsieur du 30 juillet).
3. Lamont déposa (le 6 août) que Chalais, prisonnier, avait dit, en présence de Richelieu et du duc de Bellegarde, que « le conseil de faire en aller Monseigneur [Monsieur] de Saumur venoit de Monsieur le Comte et que Senneterre en étoit participant, que ce conseil avoit été apporté par un gentilhomme de Monsieur le Comte qui s'étoit adressé à lui, Chalais, à Tours ; qu'il avoit reçu le gentilhomme dans sa chambre, que c'est un petit homme vêtu de minime qu'il connoît de vue, mais n'en sait pas le nom » (*Pièces du procès...*, p. 95).
4. Monsieur le Comte.
5. Monsieur.
6. Parce que Monsieur se mariait.

de peur qu'on ne crût qu'il se fût uni seulement avec lui pour épouser Mlle de Montpensier[1].

Pour M. de Longueville, la considération de Monsieur le Comte l'y obligeoit. Monsieur dit au Roi, le 12e juillet, que tandis qu'il seroit bien avec S. M. il lui répondoit desdits sieurs le Comte et de Longueville, lequel il disoit (parlant du dernier) qu'il mouroit de peur qu'on le prît peu de jours auparavant à Blois, où il n'avoit osé parler à lui, mais lui avoit laissé Montigny[2], son lieutenant au gouvernement de Dieppe, pour lui parler quand il seroit parti; ce qu'il avoit fait[3]. Et quand Monsieur alla à Limours voir le Car-

---

1. Paragraphe tiré de cet aveu de Monsieur, du 30 juillet : « [Monsieur dit] que Monsieur le Comte étoit bien fâché de son mariage, mais qu'il n'oseroit se séparer de lui, de peur qu'on crût qu'il s'y fût mis seulement pour épouser Mlle de Montpensier » (« Diverses choses que Monsieur a avouées au Roi », fol. 227 r°).

2. Guillaume de Montigny, seigneur de Chollot en Nivernais, de Montigny en Champagne et de Montbaudry, fils d'Edme de Montigny, gentilhomme servant de la reine de Navarre, et de Gabrielle du Lys, fut nommé gouverneur de Dieppe en 1619 par le duc de Longueville (gouverneur de Normandie). En février 1624, il est pourvu de la charge de gentilhomme ordinaire de la chambre du Roi, puis est nommé chevalier de l'ordre du Roi et gouverneur d'Étrépagny et de Damville. Il mourut en 1640, et son fils Philippe, né de son mariage, en 1600, avec Constance de Racaut (fille d'Oudard de Racaut, sieur de Reuilly et du Verger, l'un des cent gentilshommes du Roi), remplit de 1640 à 1675 sa charge de gouverneur de Dieppe. En secondes noces, Guillaume de Montigny avait épousé, en 1606, Judith Séguier, veuve de Samuel de Forbois, seigneur de Villiers (Bibl. nat., Cabinet des titres, dossiers bleus 465).

3. Le 12 juillet, Monsieur avoua « que Monsieur le Comte et M. de Longuevile étoient tout à lui et que maintenant qu'il

dinal, ledit sieur de Longueville lui dit[1], en se moquant, qu'il voudroit bien savoir si les affaires du Colonel en alloient mieux[2]. Aussi, lorsque S. M., le 2ᵉ août, tira parole de Monsieur de ne plus jamais donner lieu à aucune pensée contre son service, il voulut qu'il promît, quant et quant, si jamais[3] ledit sieur de Longueville lui donnoit aucun mauvais conseil [qu']il l'en détourneroit, ou, s'il ne pouvoit, en avertiroit S. M.[4].

étoit bien avec le Roi il répondoit d'eux à S. M.; que M. de Longueville mouroit de peur qu'on le prît à Blois, où il n'avoit osé parler à lui, mais lui avoit laissé Montigny pour lui parler après qu'il seroit parti ; ce qu'il auroit fait » (« Diverses choses que Monsieur a avouées au Roi », fol. 224 r°).

1. Première rédaction du manuscrit A, folio 134, avant les corrections de Sancy : « Monsieur, ayant été à Limours, ledit sieur de Longueville lui dit... »

2. Le 11 juillet, en présence du Roi, de Marie de Médicis, du cardinal de Richelieu, assistés de Michel de Marillac, d'Effiat et de Beauclerc, Monsieur dit « que Monsieur le Comte lui avoit fait dire à Paris qu'il ne lui parloit point, parce qu'il disoit toutes choses et ne gardoit pas secret, et qu'après qu'il eût été à Limours voir le cardinal de Richelieu, M. de Longueville lui dit en se moquant qu'il vouloit bien savoir si les affaires du Colonel en alloient mieux » (« Diverses choses que Monsieur a avouées au Roi », fol. 223 r°).

3. Cette phrase, avant que Sancy l'ait corrigée, était primitivement ainsi rédigée : « Monsieur promettant au Roi le deuxième août de ne plus jamais donner lieu à aucune pensée contre son service, il promit à S. M. que si jamais... » (ms. A, fol. 134 r°).

4. Monsieur déclara le 2 août au Roi : « Je vous promets nettement que si Monsieur le Comte, M. de Longueville et autres qui sont de mes amis me donnent jamais de mauvais conseils, je les en détournerai si je puis, et si je ne le puis faire, je vous en avertirai. » Monsieur « promit et jura le contenu ci-dessus devant le Roi, la Reine sa mère, le Garde des

Schönberg même, au préjudice des obligations qu'il avoit au Cardinal[1], sembloit tremper en leurs entreprises. Le maréchal de Créquy fit avertir le Cardinal par Bullion[2] qu'il y avoit en la cour une grande cabale pour le ruiner en l'esprit du Roi, laquelle devoit produire son effet par le moyen des sieurs de Schönberg, Nevers, Longueville et autres. Ledit sieur de Schönberg dit en ce temps-là au sieur de Fossez[3], comme s'en réjouissant, que le Cardinal étoit fort empêché et

sceaux, le duc de Bellegarde, le maréchal de Schönberg et le président Le Coigneux » (« Diverses choses que Monsieur a avouées au Roi », fol. 227 v°).

1. C'est, en effet, sur la recommandation de Richelieu que Schönberg fut appelé au Conseil, peu de jours avant l'arrestation de la Vieuville, qui eut lieu le 13 août 1624. Le Cardinal l'avait auparavant proposé au Roi pour être surintendant des Finances, à la place de la Vieuville, que l'on se proposait de disgracier; mais le Roi le considérait comme impropre aux finances, quelque estime qu'il fît de sa personne, et il lui déplaisait de le voir « lié avec Monsieur le Prince ». Cependant, le Roi le fit entrer au Conseil, sur les instances du Cardinal (t. IV, p. 113, 116).

2. Alors ambassadeur extraordinaire en Savoie; ses instructions sont du 1er juin. Elles lui donnaient pour mission : 1° « de faire approuver à M. de Savoie la conclusion du traité de paix [traité de Monçon] et dissiper les mécontentements que ledit sr duc a montrés de la forme qui s'y est tenue »; 2° de le « disposer à une suspension d'armes avec les Génois et d'embrasser les voies qu'il jugera plus convenables pour terminer les différends »; 3° de « lui donner toutes assurances de l'appui, assistance et protection de S. M., de l'affection qu'elle porte à la prospérité et grandeur de sa maison et du commandement qu'il a d'en recevoir toutes les ouvertures et propositions qui lui seront faites de sa part... » (Aff. étr., corresp. politique, Italie 7, fol. 173).

3. Gabriel de la Vallée-Fossez (ou de la Vallée des Fossez), marquis d'Éverly, identifié dans notre t. III, p. 301.

étonné et qu'il y avoit quelque chose de la part du Roi.

D'Ocquerre, secrétaire d'État, participoit à leurs desseins. Voyant Le Coigneux réduit dans les sentiments de S. M., il lui dit qu'il avoit tort de prendre un chemin contraire à celui qu'il avoit fait par le passé, qu'il ne devoit pas abandonner ses vrais amis, qui étoient Monsieur le Prince et sa cabale, que dans trois mois la face de la cour changeroit assurément et que, s'il continuoit dans le chemin qu'il tenoit et ne reprenoit ses anciennes habitudes, il se perdroit. Pour témoignage qu'il se feroit une révolution en la cour, il lui dit qu'on avoit bien su que la disgrâce de Tronçon et de Sauveterre ne provenoit d'autre chose que parce qu'on trouva un jour le Roi refroidi du mariage, que l'on crut qu'ils en étoient la cause et qu'on avoit pris de là sujet de leur faire mauvais office; par où il montroit assez clairement qu'il espéroit que le changement arriveroit par le dégoût que le Roi prendroit du mariage après qu'il seroit achevé, et que ce dégoût tomberoit sur ceux qu'il croyoit qui l'avoient conseillé à S. M., au préjudice de Monsieur le Prince, dans l'habitude duquel il vouloit porter Le Coigneux.

Tresmes, capitaine des gardes, cousin germain dudit d'Ocquerre[1], étoit dans le même dessein avec eux et

1. René Potier, comte, puis duc de Tresmes (1579-1670), capitaine des gardes du Roi, lieutenant général au gouvernement de Champagne et gouverneur de Châlons, chambellan ordinaire du Roi (1608), conseiller d'État (décembre 1623), duc de Tresmes en 1648, était fils de Louis Potier, baron de Gesvres, secrétaire d'État, et de Charlotte Baillet. Il était cousin germain de Nicolas Potier, seigneur d'Ocquerre, secrétaire d'État (octobre 1622), président de la Chambre des comptes en

disoit à S. M. tout ce qui le pouvoit dégoûter de ce mariage, dont elle daigna faire l'honneur au Cardinal de l'avertir[1].

Buhy, guidon de la compagnie de gendarmes du Roi, qui avoit conçu espérance que Baradat avoit quelque bonne volonté pour sa fille[2] et pourroit l'épouser, se mêloit aussi avec eux, dit à Ropré, quand Tronçon eut commandement de se retirer[3], qu'il avoit envie de dire au Roi des merveilles du Cardinal s'il n'avoit peur de perdre sa charge et qu'il feroit bien voir à S. M. qu'il étoit trompé. Depuis il dit à Rancé[4] que Tronçon

1614, mort en 1628 au siège de la Rochelle, la mère de celui-ci, Isabeau Baillet (épouse de Nicolas Potier, sieur de Blancmesnil), étant la sœur de sa propre mère Charlotte Baillet; toutes deux étaient filles de René Baillet, seigneur de Tresmes, et d'Isabeau Guillart. En outre, Louis Potier, baron de Gesvres, et Nicolas Potier, seigneur de Blancmesnil, étaient frères. Le comte de Tresmes, capitaine des gardes, et d'Ocquerre étaient donc doublement cousins germains, par leurs mères et par leurs pères.

1. Malgré les intrigues dont les *Mémoires* accusent ici le comte de Tresmes, il fut chargé, le 17 septembre, de commander l'escorte qui ramena d'Amboise au Bois-de-Vincennes, le 4 octobre, le duc de Vendôme et le Grand Prieur; c'était une mission de confiance. Peu après il fut nommé gouverneur de Caen, à la mort du marquis de Mauny, capitaine des gardes et premier écuyer d'Anne d'Autriche.

2. Pierre de Mornay, sieur de Buhy, eut de Catherine de Saveuse, son épouse, trois filles : l'aînée, Catherine, fut religieuse à l'abbaye du Trésor et mourut le 30 juin 1637; la seconde, d'abord fiancée à un gentilhomme, se retira subitement au Val-de-Grâce, où elle fit profession et y mourut; la troisième, Marie, née en 1616, connue sous le nom de « Mlle de Buhy », mourut en odeur de sainteté le 11 avril 1664. C'est de la seconde fille qu'il est ici question très probablement.

3. Début d'août 1626.

4. Denis Bouthillier (ou Le Bouthillier), seigneur de Rancé,

étoit homme de bien, que le Roi l'avoit ôté d'auprès de lui contre son gré, pour plaire à Monsieur, mais qu'il espéroit de le voir bientôt rétabli.

La conspiration étoit si générale que le connétable de Lesdiguières, étant au lit de la mort[1], dit à Bullion[2] qu'il avertit le Cardinal qu'il avoit su une grande entreprise sur sa personne, qu'il avoit attendu jusque-là d'en mander les particularités parce que Bohier[3] lui avoit promis de retourner après qu'il auroit reçu un courrier de Monsieur et un autre de Monsieur le Comte, qu'il attendoit. L'affaire alloit, en effet, à tuer le Cardinal pour venir à bout de leurs mauvais desseins, estimant être le seul qui y apportoit obstacle.

Mais le Cardinal, ayant pour maxime que tous les hommes, en tant que créatures, sont sujets à faillir et que leur malignité bien souvent n'est pas si opiniâtre qu'elle ne puisse être corrigée, conseilla au Roi de n'étendre pas généralement la punition sur tous les coupables et d'essayer de les rectifier et ramener au droit chemin par bienfaits, puisque aussi bien, demeurant en leur malice, ne pourroient-ils pas (destitués de

de la Houssaye, de la Crennes, président en la Chambre des comptes de Dijon, conseiller de Marie de Médicis de 1619 à 1631 et secrétaire de ses commandements et finances, après son frère Claude, de 1629 à 1631, conseiller d'État en 1630, lieutenant général de la Navigation et du Commerce de France en Picardie, Calais, Boulonnais et pays reconquis, avait épousé en 1619 Charlotte Joly. Il était le troisième fils de Denis Bouthillier, mort en 1622, et de Claudine de Macheco.

1. Il mourut à Valence le 28 septembre 1626.
2. Qui revenait de son ambassade en Savoie.
3. Ce doit être Étienne Bohier, seigneur d'Orfeuille. Il était au service du comte de Soissons, d'après les « Pièces du procès de Chalais », p. 29.

secours des autres) produire aucun effet, joint qu'un bon prince ne doit jamais punir que quand la nécessité l'y oblige et qu'on ne peut autrement éviter un grand mal.

Donc, après avoir arrêté ou éloigné les personnes seulement que nous avons dites ci-dessus, et par ce moyen dissipé cette puissante cabale, le mariage étant tout résolu, on commença à travailler à l'apanage de Monsieur[1], où le Roi le voulut gratifier en sorte que jamais fils de France avant lui n'eût reçu un si favorable traitement que celui qu'il auroit reçu de S. M.[2].

Depuis que les rois donnent des apanages à leurs frères, il a toujours été pratiqué qu'ils les leur ont donnés tels qu'il leur a plu et leurs frères n'ont eu aucun droit de s'en plaindre; et la dernière loi qui a été établie pour les apanages l'a été par Charles IXe à

1. Première rédaction du manuscrit A, fol. 136, avant les corrections de Sancy : « Après avoir arrêté ces personnes-là, on travailla lors premièrement à l'apanage de Monsieur... »

2. Ici figure sur le manuscrit A, fol. 136, un renvoi de Sancy à la page 239, actuellement fol. 147 r°. La fin du folio 136 est, en effet, barrée; c'était le début d'un « discours des apanages » qui figure tout entier aux folios 139 à 146 v°. Une note de Sancy (fol. 146 v°), mentionnée plus bas en note, en annonçait l'insertion à la fin du volume; mais, comme la plupart des documents ainsi renvoyés, il ne s'y trouve point. Voyez aux vol. France 780, fol. 141-149, et 782, fol. 277-285, quatre documents qui ont servi à la rédaction de ce « discours ». — Le 13e cahier de 1626 commence avec ce « discours des apanages »; la feuille de couverture de ce cahier (fol. 138) porte ces mentions écrites par Sancy : « 1626-1626 (sic). 13e cahier. Discours des apanages et que le R[oi] traite mieux M[onsieu]r que jamais fils de France ne fut. » Le sommaire a été barré, et Charpentier a écrit celui-ci : « Discours des apanages. Celui que le Roi donne à Monsieur. Son mariage. »

cent mille livres de rentes en terres[1]; et si le duc d'Alençon, à diverses reprises, en a extorqué davantage, sa vie, sa réputation et sa mort sont telles qu'on ne le peut tirer en exemple.

Les choses sont clairement déduites et prouvées en un discours que le lecteur pourra voir à la fin de cette année[2].

Cela étant ainsi, il sera aisé à voir avec quelle grâce et faveur le Roi a traité Monsieur en son apanage[3] et comme il a su avec dextérité, sans violer les lois et coutumes de son royaume en ce fait-là, user magnifiquement de sa libéralité royale vers mondit sieur son frère.

S. M., par ses lettres expédiées en juillet[4], lui donna pour son apanage les duchés d'Orléans, de Chartres et comté de Blois, jusques à la concurrence de 100,000 livres de rente, selon l'ordonnance de Charles IXe, avec tous droits, sans en rien retenir, fors seulement les foi et hommage lige, droits de ressorts

1. Il est ici question de l'édit de Charles IX de février 1566 (dont l'article 1er avait trait aux apanages), confirmé par l'édit de Henri III de mai 1579, appelé l'Ordonnance de Blois.

2. Ce paragraphe et le précédent ont été écrits en marge du manuscrit A, fol. 147, par Charpentier. Sancy avait écrit, en bas du folio 146 v°, ces mots : « A la marge : Le discours en est déduit bien au long en un discours qui est à la fin de ce volume »; il n'y est pas, comme on l'a dit plus haut.

3. Première rédaction du manuscrit A (fol. 147 r°), avant les corrections de Charpentier : « Ces choses étant ainsi, il est aisé à voir la grâce et la faveur avec laquelle le Roi a traité Monsieur en son apanage. »

4. Le 31 juillet, à Nantes. Ces lettres ne portent que la date d'année, mais elles sont bien du même jour que celles dont il est question ensuite.

et de souveraineté, la garde des églises cathédrales et autres qui sont de fondation royale ou autrement privilégiées, la connoissance des cas royaux et de ceux dont, par prévention, les officiers du Roi doivent et ont accoutumé de connoître[1].

Par autres lettres du dernier juillet, le Roi lui accorde, sa vie durant, de nommer et présenter à S. M. à tous bénéfices consistoriaux, excepté aux évêchés; et semblablement aussi la nomination des offices et commissions des juges, des exempts, présidents, conseillers et autres officiers des présidiaux établis dans les terres de son apanage et même aux offices et commissions dépendant des aides, tailles, gabelles et autres extraordinaires, le Roi ne se réservant de nommer qu'aux états des prévôts des maréchaux, leurs lieutenants, greffiers et archers[2].

Et, par autres lettres du même jour, 100,000 livres de pension à prendre sur la recette générale d'Orléans[3].

Et, outre tout cela, lui fit encore, le 5ᵉ août, expédier un brevet de 560,000 livres de pension annuelle à prendre sur son Épargne[4].

1. Le texte des « lettres de l'apanage » est imprimé au t. XII du *Mercure françois*, p. 385 et suiv. — Les *Mémoires* les ont très succinctement résumées et se sont contentés de leur emprunter les quelques lignes qui composent la fin de ce paragraphe, depuis « fors seulement les foi et hommage lige... ».

2. Ce paragraphe est le résumé exact des lettres royales du 31 juillet; le *Mercure françois* les donne intégralement (t. XII, à la suite de la p. 385).

3. Voyez le texte de ces « lettres » au *Mercure françois*, loc. cit.

4. Le *Mercure françois*, t. XII (après la p. 385) donne le texte de ce brevet.

Le Roi[1], après avoir fait toutes ces choses, envoya quérir Monsieur en son Conseil pour lui dire la résolution qu'il avoit prise de l'apanage qu'il lui vouloit donner et approuver son mariage, et les divers avis qu'on lui avoit donnés pour ne le faire pas, dont même S. M. en montra un qu'on avoit adressé au cardinal de Richelieu pour lui faire voir[2], duquel Monsieur lut la plus grande part. Mondit sieur témoigna au Roi un extrême ressentiment de la bonté dont il usoit en son endroit, protesta avoir un extrême déplaisir de toutes les pensées qu'il avoit eues, jura qu'il ne se sépareroit jamais du service du Roi, auquel il reconnoissoit être extraordinairement obligé[3]. Et sur ce que S. M. lui dit : « Parlez-vous sans les équivoques dont vous avez plusieurs fois usé? » il jura solennellement que oui, qu'il donnoit sa parole nettement de tout ce qu'il disoit et qu'on se pouvoit fier à lui quand il déclaroit donner sa parole sans aucune intelligence. « Et pour témoignage que je dis vrai, dit-il, c'est que je vous promets nettement que si Monsieur le Comte, M. de Longueville et autres qui sont de mes amis me donnent jamais de mauvais conseils, je les en détournerai si je puis, et si je ne le puis faire je vous en avertirai. » Il promit et jura le contenu ci-dessus devant le Roi, la Reine sa mère, le Garde des sceaux, le duc de Belle-

1. Ce paragraphe reproduit un passage du document intitulé : « Diverses choses que Monsieur a avouées au Roi » (Aff. étr., France 782, fol. 227 r° et v°); ce passage est de la main de Le Masle. Voyez la p. 117, note 4.

2. Voyez p. 91, 92.

3. La version du *Mercure françois*, t. XII, p. 380, est un peu différente, mais concorde pour le fond avec le récit des *Mémoires*.

garde, le maréchal de Schönberg et le président Le Coigneux.

Ensuite de quoi le mariage se fit sans plus de difficulté de la part de Monsieur[1].

Le Cardinal les épousa le 5ᵉ août en la chapelle de la maison des Pères de l'Oratoire à Nantes[2], où étoit logée la Reine mère.

Le lendemain 6, il dit la messe au couvent des Minimes[3], où l'on fit les cérémonies accoutumées, auxquelles assistèrent le Roi, les Reines et toute la cour[4].

On commanda d'en dire la nouvelle à Chalais, qui, tout surpris, s'écria : « Voilà une action de haut biseau, d'avoir non seulement dissipé une grande faction,

---

1. Les Affaires étrangères (France 782, fol. 291-298) conservent deux copies, dont l'une sur parchemin, du contrat de mariage de Monsieur avec Mlle de Montpensier, passé le 5 août 1626 au château de Nantes.

2. Avant 1617, les Oratoriens s'étaient établis à Nantes, quai de la Fosse. Le 4 avril 1625, ils louèrent à la ville le collège de Saint-Clément (situé à l'ouest de l'église actuelle de Saint-Clément), qu'ils occupèrent jusqu'en 1672.

3. Ce couvent, situé rue des Minimes (actuellement rue Malherbe, près le cours Saint-Pierre), avait été construit en 1593 par le duc de Mercœur. La ville subventionna les Minimes en 1601 et 1606. En 1635, la chapelle fut agrandie. Cette chapelle, devenue l'église des Minimes, d'abord chapelle Saint-Antoine-de-Padoue, avait été construite pour les Minimes en 1468 par François II, duc de Bretagne, dans les jardins de la Conciergerie, près du Château-Gaillard. Mais ces religieux ne vinrent à Nantes qu'en 1589 et logèrent d'abord à l'Hermitage de la Fosse, puis, peu après, à Saint-Antoine.

4. Ce paragraphe est la reproduction textuelle de quelques lignes du *Mercure françois*, p. 380. Les fiançailles eurent lieu dans l'après-midi du 5 août. On en trouvera les détails au *Mercure françois*, ibid., p. 379. C'est dans la soirée que le mariage fut célébré.

mais, en ôtant le sujet, avoir anéanti l'espérance de la rallier. Il n'appartenoit qu'à la prudence du Roi et de son ministre d'avoir fait ce coup-là; il est bien employé qu'ils aient pris Monsieur entre bond et volée ! O Roi trois fois heureux de se servir d'un si grand ministre ! O grand ministre digne d'un si grand Roi ! Monsieur le Prince, quand il saura ceci, en sera bien marri, bien qu'il ne le die pas, et Monsieur le Comte en pleurera avec sa mère[1] ! » Lamont[2], exempt qui le

---

1. Le *Mercure françois*, ibid., p. 382, rapporte seulement que Chalais se serait écrié : « O Cardinal, que tu as eu un puissant pouvoir ! » Ce passage des *Mémoires* est emprunté à la déposition faite par Lamont, au procès de Chalais, le 8 août (*Pièces du procès...*, p. 102-104); la voici : « Le septième jour d'août de l'an 1626, Mgr le Cardinal me commanda d'annoncer à M. de Chalais le mariage de Monseigneur : ayant un peu pensé, il me dit tous les propos qui suivent : « Par le Dieu qui « m'a fait, voilà une action de haut biseau d'avoir non seule- « ment rompu et dissipé une grande faction et anéanti l'espé- « rance de la rallier ni de la raccommoder à jamais. Il n'ap- « partenoit qu'au Roi et à Mgr le Cardinal de faire ce coup « d'État, par la mort de [Dieu] ! Il est bien employé qu'ils aient « pris Monseigneur entre bond et volée. O grand Roi et trois « fois heureux de se servir d'un si grand ministre ! O grand « ministre, digne d'un très grand Roi ! Savez-vous, Monsieur, « le Roi et Mgr le Cardinal sont d'excellents esprits et raffinés « par tant d'expérience, hommes di foco, di foco. Je me donne « au d[iable] si jamais il y a eu dans l'administration des af- « faires d'État un courage pareil à celui de Mgr le Cardinal ! « Monseigneur le Prince dira à cette heure (il l'avoit souvent « dit ci-devant) : « Pardieu, pardieu, M. le Cardinal est habile « homme ! » Mais, mord[ieu], il n'en est pas aise, le b[ougre], il « en fera ses plaintes à ses bard[aches], qui le suivent conti- « nuellement. Et Mgr le Comte en pleurera avec sa mère; ce « n'est qu'un zéro. » — Cette déposition fut écrite de la main de Lamont le 7 août.

2. Robert de Lamont, sieur de Beauvais, était gentilhomme

gardoit, a déposé cette réponse devant le Garde des sceaux et Beauclerc, et l'ont signée tous trois[1].

Tandis qu'on travailloit à l'apanage et au mariage de Monsieur, on instruisoit le procès de Chalais que, de jour à autre, on trouvoit plus coupable[2].

Par information du 27ᵉ juillet, il appert qu'il envoya d'Obazine à M. d'Épernon pour avoir retraite dans Metz pour Monsieur[3].

écossais et exempt de la compagnie écossaise des gardes du corps du Roi. Il avait quarante-neuf ans en 1626. En mars 1633, il est fait enseigne des gardes du corps par Richelieu, qui l'employa en différentes occasions auprès de prisonniers de marque. Il vivait encore en 1642.

1. Avec le paragraphe suivant commence le 14ᵉ cahier de 1626 (ms. A, fol. 151), dont la feuille de couverture (fol. 150) porte ces indications : « 1626-14ᵐᵉ, 14ᵐᵉ cahier. Procès et mort de Chalais. Voyage de Rennes. L'édit de Morbihan rejeté » (main de Sancy). Ce sommaire a été barré, et Charpentier a écrit, au-dessous, celui-ci : « Procès et mort de Chalais. Voyage du Roi à Rennes. Édit du Morbihan refusé par le Parlement. » — En haut, à gauche du folio 151, on lit ces mots de Sancy : « Entre ceci [c'est-à-dire le 14ᵉ cahier] et le xɪ est ce qu'écrit le bonhomme et Tessier. » Or, les cahiers 12 et 13 sont de la main de deux scribes, l'un qui est le principal scribe des *Mémoires* (il a écrit partiellement le manuscrit A et en majeure partie le manuscrit B), l'autre qui a écrit le « discours des apanages » (fol. 139-146 du ms. A) (voyez mon article des *Rapports et notices*, t. III, p. 279, 350).

2. C'est l'opinion qu'exprimait Michel de Marillac dans une lettre du 24 août adressée aux maîtres des requêtes Laisné et Deschamps : « Le procès de Chalais a donné de nouvelles connoissances de la conjuration, de laquelle, par ce que l'on voit, il étoit le principal architecte, et il importe grandement que cela soit découvert en sa source. » Il est à noter que cette lettre a été écrite cinq jours après l'exécution de Chalais (Bibl. nat., Nouv. acq. fr. 5130, fol. 67).

3. On lit dans le document conservé aux Affaires étrangères

Par l'interrogatoire de Chalais, du 11ᵉ août, il confessa avoir envoyé La Louvière, qui étoit à lui, à M. de la Valette, pour recevoir Monsieur à Metz[1], qui lui dit que la place étoit à M. d'Épernon, puis enfin que, si tout le monde étoit de cette cabale, il en seroit aussi[2]; qu'après la prise du Grand Prieur, il écrivit à Monsieur le Comte par un gentilhomme des siens pour l'avertir qu'il ne vînt point à la cour, lequel arriva devant le courrier du Roi[3].

(France 783, fol. 34-37) et intitulé : « Informations contre Mʳˢ de Vendôme, Grand Prieur, Louvigny » (ce titre de la main de P. Cherré, fol. 37 v°), ce qui suit (fol. 34) : « La cinquième [information] par ledit sieur de Marillac, en laquelle ledit Lamont a dit avoir ouï dire à M. de Chalais en présence de M. le Cardinal et du sieur de Bellegarde que Monsieur avoit envoyé l'abbé d'Aubazine vers M. d'Épernon, afin de lui bailler retraite dans Metz, et que Monsieur le Comte étoit de la partie. » Cf. les *Pièces du procès...*, *passim*, notamment p. 57.

1. Ci-dessus, p. 73.
2. Ce début de paragraphe est emprunté à la déposition de Chalais : « Dit outre sur le fait de Metz qu'il envoya le sieur de la Louvière, un gentilhomme qui est à lui, à M. de la Valette, et lui écrivit, le priant de recevoir Monsieur à Metz. A quoi ledit sieur de la Valette ne voulut entendre, et, sur l'instance que ledit La Louvière lui faisoit, il déclara ne pouvoir rien faire sans la volonté de M. d'Épernon. Enfin, La Louvière le pria d'en écrire à M. d'Épernon, ce qu'il ne voulut faire, disant outre que sa place n'étoit assez bonne et que si tout le monde étoit de cette partie il en seroit, ainsi que ledit La Louvière lui a rapporté » (*Pièces du procès...*, p. 140).
3. Cette fin de paragraphe est tirée de la déposition de Louvigny (9 juillet) : « Dit outre qu'incontinent après la prise de M. le Grand Prieur, ledit Chalais écrivit en même instant une grande lettre à M. le comte de Soissons, qu'il envoya par un gentilhomme des siens, lequel arriva à Paris avant le courrier du Roi; que ledit gentilhomme lui a dit que ledit sieur de Chalais son maître étoit de très bon naturel jusques-là qu'en écri-

Monsieur déclara depuis au Roi que c'étoit de peur que, s'il venoit, on les prît tous deux ensemble, étant certain qu'on y penseroit bien auparavant que de les prendre l'un sans l'autre, de peur que celui qui demeureroit libre ne fît un soulèvement dans ce royaume[1].

Le 12ᵉ juillet, Monsieur dit au Roi et à la Reine sa mère qu'il avoit eu, depuis Blois, un dessein perpétuel de s'en aller, lequel étoit connu audit Chalais, et que ce dessein étoit pour aller à Paris tâcher de révolter le peuple, publiant qu'on l'avoit voulu prendre prisonnier et Monsieur le Comte, et essayer de surprendre le Bois-de-Vincennes, en faire, par artifice, sortir le bonhomme Hécourt[2], puis, le présentant à la porte avec le poignard à la gorge, essayer d'obliger ses enfants d'ouvrir pour lui sauver la vie[3].

vant ladite lettre à M. le comte de Soissons les grosses larmes lui tomboient des yeux ; et lui a dit encore que la substance de ladite lettre étoit que mondit seigneur le Comte se donnât bien garde de venir à la cour » (*Pièces du procès...*, p. 29). Chalais reconnut, dans son interrogatoire du 10 juillet, avoir envoyé La Louvière à M. le Comte pour lui donner avis de la prise du Grand Prieur (*Pièces du procès...*, p. 38, 39).

1. Cf., dans « Diverses choses que Monsieur a avouées au Roi » (Aff. étr., France 782, fol. 223 r°), la confession de Monsieur, faite le 11 juillet, en présence du Roi, de la Reine mère, du Cardinal, de Michel de Marillac, d'Effiat et de Beauclerc : « Qu'il [Monsieur] devoit empêcher Monsieur le Comte de venir à la cour, de peur qu'on les prît tous deux ensemble. »

2. On trouve, en 1606, Augustin Évrard, sieur d'Hécourt, cornette de la compagnie des chevau-légers de M. de Serval, puis, en novembre 1624, gentilhomme ordinaire de la Chambre du Roi, et, en 1643, comte de Crissé ou Crissay et gouverneur de Brest. Il semblerait qu'Hécourt puisse s'écrire aussi Haiecourt (Bibl. nat., Cabinet des titres, Carrés d'Hozier 242).

3. Ce paragraphe est tiré de « Diverses choses que Monsieur a avouées au Roi » (Aff. étr., France 782, fol. 223 v°). Monsieur

Le jour de devant, mondit seigneur déclara que Chalais lui avoit donné avis à Nantes qu'on avoit mis des chevau-légers de tous côtés pour l'empêcher de sortir[1]. M. de Vendôme dit à Châteauneuf-Préaux qu'il[2] lui avoit donné avis que la Reine mère l'ayant vu arriver avoit dit au Roi : « Le voilà venu, mais nous ne lairons pas de le dénicher de son gouvernement; » ce qui étoit absolument faux[3].

avoua, en présence du Roi, de sa mère et du cardinal de Richelieu, qu'il avait eu « dessein perpétuel de s'en aller de la cour depuis Blois, qui étoit tout connu à Chalais, Boistalmet (sic) et Puylaurens, et, depuis la prise de Chalais, au président Le Coigneux; qu'en ce dessein il avoit diverses fins : d'aller à Paris pour tâcher de faire révolter le peuple, lui donnant du blé gratuitement et publiant qu'on l'avoit voulu prendre prisonnier et faire arrêter Monsieur le Comte, ainsi qu'on avoit déjà arrêté des princes et autres personnes; d'essayer de surprendre le Bois-de-Vincennes et par quelque artifice faire sortir le bonhomme Hécourt pour s'en saisir et faire ouvrir par ses enfants, par crainte qu'on poignardât leur père devant eux; qu'il voyoit bien plusieurs difficultés en ce dessein, parce que Gades étoit en la basse-cour et qu'il falloit onze pétards pour venir jusqu'à la chambre du Colonel, aussi qu'il y avoit quatre des mousquetons du Roi dans le donjon et qu'il craignoit qu'ils ne le rendissent pas, quand même les autres le voudroient. Qu'il eût bien désiré que le Colonel eût été à la Bastille, où il ne falloit que cinq pétards, mais qu'il avoit bien jugé qu'on y avoit mis Mazergue et Ornane, parce que ceux-là n'avoient rien fait et qu'on avoit mis le Colonel et Chaudebonne au Bois-de-Vincennes. »

1. Voyez les aveux de Monsieur du 11 juillet 1626, dans « Diverses choses que Monsieur a avouées au Roi » (Aff. étr., France 782, fol. 223 r°) : « Qu'étant à Nantes, il [Chalais] lui avoit dit qu'on avoit mis des compagnies de chevau-légers de tous côtés pour l'empêcher de sortir. »

2. Chalais.

3. Ce paragraphe et le précédent ont été écrits en marge du manuscrit A (fol. 151) par Sancy.

Louvigny déposa contre lui qu'il se levoit souvent la nuit pour parler à Puylaurens et Boistalmet en lieu tiers et avoit des rendez-vous avec eux trois ou quatre fois la semaine[1]. Louvigny lui étant confronté, Chalais avoua sa déposition[2].

1. Déposition de Louvigny du 9 juillet (*Pièces du procès...*, p. 27).
2. Chalais reconnut, en effet, l'exactitude de la déposition de Louvigny, lors de son interrogatoire du 10 juillet et de sa confrontation avec le témoin, le 13 août (*Pièces du procès...*, p. 36, 37, 150). — On connaît le triste rôle de délateur que joua Louvigny. Une lettre d'un contemporain, du 19 août 1626, postérieure à la mort de Chalais, en est la preuve : « Le comte de Louvigny, son accusateur [de Chalais], est ici en fort mauvaise posture. Monsieur, frère du Roi, lui veut faire faire son procès comme complice, n'ayant formé son accusation que huit mois après en avoir su les causes, et le tout pour se venger d'une inimitié particulière et née depuis » (« Relation de ce qui s'est passé au procès de Chalais... », dans *Arch. curieuses*, publ. par Cimber et Danjou, 2ᵉ série, t. III, p. 351-361). D'après Mᵐᵉ de Motteville, il aurait été amoureux de Mᵐᵉ de Chevreuse et aurait voué une haine mortelle à Chalais, son rival heureux. Cependant, on peut croire que l'inimitié de Louvigny pour Chalais, succédant à une amitié qui paraissait sincère, ait eu une autre cause, plus futile : Louvigny et le duc de Candale s'étant pris de querelle au sujet d'une dame, Boutteville, le célèbre duelliste, offrit de se battre à la place de Candale contre Louvigny. Or, Boutteville et Louvigny étaient intimes amis de Chalais ; celui-ci, voulant éviter cette rencontre de ses deux amis, donna tort à Louvigny, le supplia et le fit supplier de ne pas se battre contre Candale ou Boutteville ; Louvigny s'y refusa énergiquement et se brouilla avec Chalais, au point qu'il se fit l'accusateur de ce dernier, révélant, grâce aux confidences que lui avait faites Chalais, les desseins de ceux qui portaient Monsieur à « l'aversion de son mariage » (*Mercure françois*, t. XII, p. 398). Cf. aussi les *Mémoires* de Bassompierre (p. 251-225) qui donnent sur la querelle de Louvigny et de Candale des renseignements plus circonstanciés, et Andilly, *Journal*, p. 29-32.

Monsieur[1], dès le 11ᵉ juillet, avoua au Roi et à la Reine mère, en présence du Cardinal, du Garde des sceaux de Marillac et de Beauclerc, secrétaire d'État, qu'il étoit vrai que Chalais lui avoit dit, dès Paris, qu'on le vouloit prendre prisonnier et qu'il avoit fait une grande faute de souffrir qu'on mît des exempts dans le Pont-de-l'Arche et Honfleur, pour ce qu'il se fût retiré dans l'une de ces deux places et que le Havre se fût joint à lui; que lui, Monseigneur, devoit empêcher M. le comte de Soissons de venir à la cour, de peur qu'on ne les prît tous ensemble[2]; que ledit Chalais l'avoit convié à demander le marquis de Cœuvres pour premier gentilhomme de sa chambre, parce qu'il est parent de MM. de Vendôme et Grand Prieur; que ledit Chalais vouloit vendre sa charge pour être plus attaché à lui, plus libre de le servir, et qu'étant en cette ville de Nantes il lui avoit dit qu'on avoit mis des compagnies de tous côtés pour l'empêcher de sortir[3]. Et LL. MM., pour s'en souvenir mieux, le firent mettre par écrit qu'ils signèrent et les susnommés qui étoient présents[4].

1. Ce paragraphe est tiré de la déposition de Gaston d'Orléans, dans « Diverses choses que Monsieur a avouées au Roi » (Aff. étr., France 782, fol. 223 r⁰).

2. Voyez ci-dessus, p. 130, n. 1.

3. Voyez n. 1, p. 131.

4. Le manuscrit A porte raturés ces mots (fol. 151 v⁰) : « Fait à Nantes, les jour et an présence (sic) que dessus. Signé : Louis, Marie, Armand, cardinal de Richelieu, de Marillac, d'Effiat e[t] Le Beauclerc. » Ces mots rayés sont les derniers du procès-verbal des aveux de Monsieur du 11 juillet. Comme les *Mémoires* ont utilisé fidèlement le texte de ce procès-verbal, le scribe, chargé de le transcrire sur le manuscrit A, a copié jusqu'aux dernières lignes du document, quoique, de toute

Et le dernier juillet, Monsieur déclara à la Reine qu'il falloit sauver Chalais, et qu'on lui mandoit de Paris que, s'il en laissoit faire justice, il n'auroit jamais plus de serviteurs[1]. Lamont[2], exempt des gardes écossoises, et plusieurs autres déposent qu'il parloit de se tuer, de s'empoisonner et de se fendre la tête contre la muraille[3]. Ceux qui étoient présents lui remettant Dieu devant les yeux, il dit force blasphèmes, et lui parlant de la clémence du Roi, il répondit qu'il étoit trop malheureux et trop coupable pour y espérer.

Il pria le Cardinal, le 3ᵉ août, de le venir voir en la chambre en laquelle il étoit arrêté, au château de Nantes, lui avouant qu'il étoit coupable, qu'il avoit su les menées qui se brassoient contre le Roi en son royaume et ne l'en avoit averti, comme le dépose Lamont en une information du 6ᵉ août[4]. Et, non con-

évidence, elles n'eussent pas été destinées à figurer dans le récit des *Mémoires*.

1. Cf. « Diverses choses que Monsieur a avouées au Roi » (Aff. étr., France 782, fol. 226 v°) : « Le dernier juillet 1626, Monsieur a dit à la Reine sa mère qu'à quelque prix que ce soit il falloit sauver Chalais et qu'il falloit en parler au Roi, et que de Paris on lui avoit mandé que, s'il laissoit perdre Chalais et qu'il en fût fait justice, il ne trouveroit plus personne qui le voulût plus servir, Chalais étant embarrassé pour son service. »

2. Première rédaction du manuscrit A, fol. 152 : « Et Chalais lui-même ne se pouvant tenir de l'accuser, Lamont, exempt des gardes écossoises... »

3. Le *Mercure françois*, t. XII, p. 413, qui contient quelques intéressants détails sur le procès de Chalais, rapporte que « pendant sa prison il étoit entré en tel désespoir qu'il s'étoit voulu tuer du couteau qu'on lui donnoit pour couper sa viande et son pain ».

4. La déposition de Lamont, du 6 août, sur les aveux faits

tent de se condamner par sa bouche, il se condamne encore par sa propre main, en deux lettres qu'il écrivit au Roi, l'une du 2ᵉ août, et l'autre du 8ᵉ, dont j'ai pensé devoir mettre les copies ici[1].

« Sire[2],

« L'extrême désir que j'ai de me rendre digne de servir V. M. m'a fait supplier très humblement Monseigneur le Cardinal d'obtenir d'elle la permission de venir ouïr les derniers sacrements de mon ingénuité, desquels je lui demande mille pardons si j'ai été si tardif, espérant que V. M. ne me condamnera pas tout à fait, puisque cela importe les dames[3]. Mais, ne pou-

par Chalais en présence de Richelieu, occupe les p. 95 à 102 des *Pièces du procès...;* les *Mémoires*, qui en résument le caractère en ces quelques lignes trop sommaires, l'ont utilisée plus sérieusement dans les pages qui précèdent et qui suivent.

1. Ce paragraphe porte dans le manuscrit A (fol. 152 rᵒ) quelques corrections de la main de Charpentier. Notez la forme personnelle et directe de la phrase : « dont *j'ai* pensé devoir mettre les copies ici ».

2. Copies de ces deux lettres de Chalais se trouvent aux Affaires étrangères (France 782, fol. 286). Elles sont suivies d'une lettre du même à la Reine mère et d'une autre au Garde des sceaux. Ces copies ont été paraphées par Michel de Marillac et par Le Beauclerc. Au dos (fol. 287 vᵒ), Charpentier a écrit « Lettres de Chalais au Roi », et le mot « Employé » a été écrit probablement par Le Masle. Nous avons adopté la leçon donnée par ces copies. A la suite des pièces mêmes du *Procès de Chalais*, l'éditeur a imprimé une série de lettres de Chalais au Roi, à Mᵐᵉ de Chevreuse, au duc de Bellegarde, au cardinal de Richelieu, dont l'ensemble se décompose ainsi : quatre à Louis XIII, trois à la duchesse de Chevreuse, une au duc de Bellegarde et douze au cardinal de Richelieu (p. 203-252). Celles que donnent les *Mémoires* se trouvent p. 203-207.

3. *Var.* (ms. A et B) : aux dames.

vant souhaiter pardon qu'en me vouant du tout à son service, je proteste à V. M. me tenir pour tout jamais indigne de ses bonnes grâces si je fais nulle réserve dont il me souvienne. Permettez-moi donc, Sire, cela étant, d'avoir recours à V. M., les larmes aux yeux et le plus repentant des hommes, pour obtenir de son extrême bonté ma grâce. Et, bien que j'en sois indigne, pour n'avoir pas su mettre la différence qu'il y a entre V. M. et tous les hommes de son royaume, et entre les bons et sages conseils de Monseigneur le Cardinal et M. de Bois Danemetz, qu'il vous plaise vous souvenir que je n'ai été de la faction que treize jours, laquelle étoit plutôt pour prendre le Grand Seigneur à la barbe que pour troubler l'État du plus grand roi du monde, et que ces raisons et ma franchise, avec les services que je puis rendre, me font espérer d'un maître tout clément et tout pieux la plus grande charité qu'il pourra jamais exercer sur de V. M. le très humble et très obéissant serviteur et sujet,

CHALAIS. »

« SIRE,

« Après avoir rendu mille grâces à V. M. de ce qu'elle m'a traité plus favorablement que ne fut jamais misérable en ma condition, je lui dirai qu'il y a dans sa maison un sauvage aussi bien que dans celle du bonhomme Lansac[1]. Il ne reste plus qu'à le montrer.

---

1. Artus de Saint-Gelais (1582-1657), seigneur de Lansac, fils de Guy de Saint-Gelais, mort en 1622, avait épousé en 1601 Françoise de Souvré, fille aînée de Gilles, marquis de Courtanvaux, maréchal de France. — Cette phrase curieuse de la lettre de Chalais mérite une explication; la voici d'après J. Lair, *Nicolas Foucquet*, t. I, p. 39. Chalais, qui n'avait pas

Si c'est selon ses démérites, MM. de la Roche-Guyon[1] et chevalier de Souvré[2] passeront fort bien le temps. Si c'est selon la bonté de V. M., j'espère qu'elle en tirera plus de service que d'aucun qui mérite la qualité de V. M. le très humble, très obéissant, très fidèle serviteur et sujet,

CHALAIS[3]. »

été rasé depuis plusieurs jours, se compare à une figure de sauvage représentée dans le château de Lansac, que le Roi avait visité peu auparavant.

1. François de Silly, damoiseau de Commercy, marquis de Guercheville, comte, puis duc (1621) de la Roche-Guyon, mort en janvier 1628 au siège de la Rochelle, était fils de Henri de Silly, comte de la Roche-Guyon, et d'Antoinette de Pons, marquise de Guercheville, dame d'honneur de Marie de Médicis. Il avait épousé Catherine-Gillonne Goyon de Matignon, née en 1601, fille du comte de Thorigny et de Éléonore d'Orléans-Longueville.

2. Jacques de Souvré (1600-1670), chevalier de Malte, Grand Prieur de France, commandeur de Saint-Jean de Latran, abbé de Saint-Michel du Tréport et de Tonnerre, servit au siège de Montauban, en Ré (novembre 1627), à la Rochelle (1628), en Piémont (1630). Il fut ambassadeur de son ordre en France (1648). Il était frère de Françoise de Souvré, la femme d'Artus de Saint-Gelais de Lansac.

3. Voici le texte de deux lettres que Chalais adressa à la Reine mère, le 5 août, et au Garde des sceaux, Michel de Marillac (Aff. étr., France 782, fol. 286). *Lettre à la Reine mère :* « Madame, Les grâces que j'ai reçues de l'intercession de V. M. ont tellement augmenté les espérances que j'avois de réparer mes fautes qu'à présent que les inquiétudes me tuent, je prends la hardiesse de la supplier pour la continuation ; et bien que le misérable état en quoi je suis et le service très humble que je lui ai voué de tout temps me fissent espérer tant de bonté, si osé-je lui dire que, n'ayant nul intérêt que dans celui du Roi et dans ses contentements, elle y est plus que obligée, puisque je me promets très infailliblement lui

Le Roi permit à ses parents, et particulièrement à sa mère, de solliciter pour lui[1]. S. M. ne voulut jamais rendre de très grands services. V. M. considérera donc que peut-être à toutes heures en a-t-on besoin, vu la légèreté et malice des esprits qui conseillent ou font conseiller Monseigneur. Et même lorsque Monseigneur le Cardinal me visita, je lui donnai avis combien étoit à soupçonner le voyage de celui qui a les oiseaux de Monseigneur et la grande confiance qu'il a en lui. Je demande donc à V. M. de hâter ma délivrance, puisqu'en un moment je saurai sa légation et tout ce qui pourra importer le service du Roi, et la supplie, si elle m'en juge digne, de m'y mander quelque chose par M. de Lamont, afin ou que je vive en espérance ou que je me réduise à prier Dieu pour le Roi et pour V. M., de qui je suis, Madame, le très humble et très obéissant et fidèle serviteur, CHALAIS. » *Lettre à Michel de Marillac :* « Monseigneur, J'ai appris de la bouche de Mgr le Cardinal les grâces que j'ai reçues par vos bons offices auprès de S. M., desquels je prie Dieu vous savoir gré comme d'une extrême charité, laquelle j'implore tout de nouveau, tant pour l'affliction en quoi je suis d'avoir failli que pour le contentement que vous recevrez des services que rendra à S. M., Monseigneur, votre très humble et très obéissant serviteur, CHALAIS. »

1. Le 9 août, elle écrivit au Roi la lettre suivante, que nous donnons d'après une copie provenant du cabinet de Richelieu, conservée à la Bibl. nat., fonds Baluze 323, fol. 52. Une autre copie, qui présente quelques différences avec celle-ci, mais qui paraît moins correcte, est, à la même bibliothèque, dans le fonds Français 3834, fol. 18. Enfin, le *Mercure françois*, t. XII, p. 402-403, donne de cette lettre un texte un peu différent; on la trouve également parmi les *Pièces du procès...*, p. 105-107 :
« Sire, j'avoue que qui vous offense mérite avec les peines temporelles celles de l'autre vie, puisque vous êtes l'image de Dieu. Mais quand il promet le pardon à ceux qui le demandent avec une digne repentance, il enseigne comme les rois en doivent user; or, puisque les larmes changent les arrêts du ciel, les miennes, Sire, n'auront-elles point le pouvoir d'émouvoir votre pitié? La justice est un moindre effet de la puissance

qu'aucun parlât aux juges de sa part; mais toutes ses bontés n'empêchèrent pas que, le 18ᵉ août, ils ne le déclarassent atteint et convaincu de crime de lèse-majesté, pour réparation duquel ils le condamnèrent à

des rois que la miséricorde, le punir moins louable que le pardonner. Combien de gens vivent dans le monde, qui seroient sous la terre avec infamie si Votre Majesté ne leur eût pardonné! Vous êtes roi, père et maître de ce misérable prisonnier. Peut-il être plus méchant que vous n'êtes bon, plus coupable que vous miséricordieux? Ne seroit-ce pas vous offenser que de n'espérer à votre bonté? Les meilleurs exemples pour les bons sont de la pitié; les méchants deviennent plus fins et non meilleurs par les supplices d'autrui. Sire, je vous demande, les genoux en terre, la vie de mon fils et de ne permettre point que celui que j'ai nourri pour votre service meure pour celui d'autrui, que cet enfant que j'ai élevé si chèrement soit la désolation de si peu de jours qui me restent, et enfin que celui que j'ai mis au monde me mette au tombeau. Hélas! Sire, que ne mourut-il en naissant, ou du coup qu'il reçut à Saint-Jean, ou en quelque autre des périls où il s'est trouvé, tant à Montauban, Montpellier que Allemagne et qu'autres lieux, pour votre service, ou de la main même de celui qui nous a causé tant de déplaisirs. Ayez pitié de lui, Sire. Son ingratitude passée rendra votre miséricorde plus recommandable. Je le vous donnai à huit ans; il est filleul du feu Roi votre père, petit-fils du maréchal de Monluc et du président Jeannin par alliance. Les siens vous servent tous les jours qui, n'osant se jeter à vos pieds de peur de vous déplaire, ne laissent pas de demander avec toute humilité et révérence, la larme à l'œil, avec moi, la vie de ce malheureux, soit qu'il la doive achever dans une prison ou dans les armées étrangères en vous faisant service. Et ce faisant, V. M. délivrera les siens de l'infamie de sa perte, satisfera à sa justice et relèvera sa clémence, nous obligeant de plus en plus à louer sa bénignité et prier Dieu continuellement pour la santé et prospérité de votre royale personne, et moi particulièrement qui suis, de V. M. la très humble, très obéissante, très fidèle sujette et servante, De Monluc. » — Jeanne-Françoise de Lasseran-Massencome, dame d'Excideuil,

avoir la tête tranchée en la place des Bouffeux[1] à Nantes, sa tête mise au bout d'une pique sur la porte de Sauvetour[2], son corps mis en quatre quartiers, chaque quartier attaché à des potences aux quatre principales avenues de la ville et, auparavant l'exécution, mis à la torture, tous ses biens confisqués, sa postérité déchue de noblesse. L'arrêt lui fut seulement prononcé le lendemain, parce que le Roi, sachant sa condamnation, lui voulut, hormis la mort, remettre toutes les autres peines, en considération de sa mère et de plusieurs personnes de qualité, serviteurs de S. M., auxquelles il appartenoit[3].

mère de Chalais, était fille de Blaise, dit de Monluc, maréchal de France. Elle avait épousé, le 31 octobre 1587, Daniel de Talleyrand, prince de Chalais, comte de Grignols, marquis d'Excideuil, baron de Beauville et Mareuil, conseiller du Roi en ses conseils d'État et privé, capitaine d'une compagnie de cent hommes d'armes.

1. Il faut lire Bouffay. Cette place où avaient lieu les exécutions tire son nom du château qui s'y élevait. Bâti au xe siècle, ce château devint en 1477 le Palais de Justice et la prison, et il le resta jusqu'en 1831; on le démolit en 1848.

2. La porte de Sauvetout (et non Sauvetour) faisait partie de l'enceinte élevée par le duc de Bretagne, Pierre de Dreux (1212-1237), autour du faubourg Saint-Nicolas; elle était flanquée de deux tours, dont l'une a été conservée et l'autre, démolie en 1790, servait de logis au bourreau; ces tours défendaient l'entrée du pont de pierre bâti sur l'Erdre en 1601.

3. L'arrêt de la chambre de justice de Nantes est au *Mercure françois*, t. XII, p. 404-406, ainsi que les lettres patentes du Roi « portant modération de l'arrêt » rendu contre Chalais (p. 406-409). Les *Mémoires* n'indiquent pas que ces lettres de diminution de peines contenaient aussi ces mots : « De toutes lesquelles peines nous avons déchargé et déchargeons ledit Chalais, auquel sera seulement présentée la question avant le supplice, qui est la plus grande et plus forte torture qui puisse

[1626] DE RICHELIEU. 141

Incontinent que Chalais fut exécuté[1], le Roi partit de Nantes le 24ᵉ août pour aller à Rennes, où il vou-

---

être donnée à une personne » (*Pièces du procès...*, p. 188). Les *Mémoires* omettent également de parler des conditions horribles dans lesquelles fut exécuté le condamné. On sait que le bourreau, ayant mystérieusement disparu, ce fut un condamné de droit commun qui fut chargé de l'exécution. Elle eut lieu à six heures du soir, le 19 août 1626. Le bourreau, inexpérimenté, se servit d'une épée de suisse sans la faire affiler; Chalais tomba, du premier coup, sur l'échafaud; quatre petits coups lui firent perdre connaissance; au troisième, il s'était écrié « Jesus-Maria ». Il fallut encore vingt-neuf coups d'une doloire de tonnelier pour séparer la tête du tronc (cf. le *Mercure françois*, t. XII, p. 409-412). Voyez aussi l'intéressant récit d'Andilly (*Journal*, p. 29-34), le « Récit véritable de l'exécution du comte de Chalais » et la « Relation de ce qui s'est passé au procès de Chalais, fait en la chambre de justice de Nantes » (*Arch. curieuses de l'Histoire de France*, 2ᵉ série, t. III et V, p. 351-361 et 131-135).

1. Une curieuse minute de lettre de Richelieu au Roi, datée du jour même de l'exécution de Chalais (19 août) et écrite par Charpentier, mérite d'être citée : « Sire, M. le président Le Coigneux m'étant venu trouver de la part de Monsieur pour me dire qu'une des plus fortes raisons pour laquelle Monsieur fait instance pour le retardement de l'exécution de Chalais est pour avoir lieu et temps d'éclaircir le bruit qui a couru sur le discours que M. de Retz et Louvigny eurent ensemble, en sorte qu'après la mort de Chalais on ne puisse dire ce qu'on voudra sans désaveu, j'ai estimé être obligé d'en donner avis à V. M., vu que M. le Garde des sceaux peut aujourd'hui entendre M. de Retz, Louvigny, M. de la Rochefoucauld et autres, et ensuite demander à Chalais ce qu'on pourra désirer pour le contentement de Monsieur, dont V. M. connoît trop l'innocence pour consentir à cet éclaircissement pour autre raison que pour sa satisfaction particulière. M. Le Coigneux m'a fait connoître que cela retarderoit le voyage de Monsieur, pendant lequel retardement V. M. et la Reine votre mère pourroient adoucir ses ressentiments. V. M. est si bonne et si sage qu'elle ne peut fail-

loit entrer en son parlement et se seoir en son lit de justice.

Le Garde des sceaux eut commandement du Roi de leur dire[1] que S. M. venoit en son parlement, parce qu'il ne penseroit point avoir fait un voyage complet s'il ne voyoit sa bonne ville de Rennes, capitale de la province qui l'avoit amené en ces quartiers[2], et s'il ne paroissoit au milieu de ceux qui en son absence administrent la justice, qu'il a prise de tout temps pour son partage; que, bien que la peste le pût divertir de ce contentement, il a mieux aimé se priver des hon-

lir en ses conseils. Pour moi, je prie Dieu qu'il me donne assez de vie et de santé pour vous rendre le service que vous a voué celui qui est... — De la Haye, ce 19 août 1626 » (Bibl. nat., nouv. acq. fr. 5131, fol. 77). Marillac et deux des juges chargés d'informer contre Chalais entendirent comme témoins, le 19 août, Henri de Gondi, duc de Retz, le duc de Bellegarde, le duc François de la Rochefoucauld et le comte de Louvigny. Il ressort de leurs dépositions (*Pièces du procès...*, p. 169-181) que le bruit courait que Chalais avait eu le dessein de tuer le Roi, un soir, dans son lit avec un couteau, et que le duc d'Orléans se serait trouvé à la porte à ce moment-là, avec quelques gentilshommes, prêt à entrer le coup fait et à se faire proclamer roi aussitôt. Les déposants ajoutaient unanimement que ces propos, dont Louvigny et le duc de Retz s'étaient entretenus le 12 août au soir, et dont Le Coigneux avait été informé, étaient indignes de toute créance. — Voyez aussi sur ces dépositions une lettre de Schönberg, du 19 août, adressée à Richelieu (Aff. étr., France 782, fol. 307, 308).

1. Cette harangue du Garde des sceaux a certainement été prononcée après le 1er septembre, date à laquelle le Roi arriva à Rennes.

2. Les verbes du début de ce paragraphe sont au présent sur le manuscrit A, fol. 153 v°; on avait, sur le manuscrit B, fol. 84, reproduit exactement le texte du ms. A, mais Charpentier a fait les corrections de style habituelles.

neurs dus à sa personne que de manquer à les voir ;
qu'il y vient, non pour faire passer, par son autorité, des édits préjudiciables à la province, mais pour
les remercier de ce que, de leur mouvement, ils en
ont vérifié deux pour subvenir à ses nécessités[1] ; qu'il

1. Avant l'arrivée du Roi à Rennes, le parlement de Bretagne avait enregistré, dès août, deux édits : le premier érigeait en titre d'office héréditaire, dans chaque juridiction royale, un greffier des insinuations des contrats ; le second, enregistré avec une réserve, était relatif à la vente des greffes. Mais il en restait dix autres à enregistrer, dont l'édit de création de la Compagnie des Cent-Associés au havre de Morbihan, celui ayant trait au commerce des toiles transportées par des étrangers hors de Bretagne, et celui qui réglait l'exploitation « du fer doux et aigre ». A l'arrivée du Roi aux environs immédiats de Rennes, le 27 août, le parlement députa plusieurs de ses conseillers pour le saluer et lui présenter leurs remontrances sur les édits. Louis XIII déclara qu'il enverrait au parlement des lettres de jussion pour l'enregistrement des édits sur la Compagnie des Cent-Associés, le commerce des toiles et l'exploitation du fer doux et pour que la réserve portée à celui sur l'aliénation des greffes fût levée. La cour décida alors d'examiner l'édit sur la Compagnie des Cent-Associés et de faire de nouvelles remontrances sur les autres. Mais cette nouvelle démarche n'eut pas le résultat attendu, le Roi ayant affirmé devant le Garde des sceaux qu'en raison des dépenses extraordinaires, différer l'enregistrement était contraire à ses volontés, et ayant ordonné la vérification. Le président du parlement, Isaac Loysel, ayant fait une visite personnelle au Roi, le souverain déclara que les dépenses envisagées étaient « pour la marine et pour le commerce, qui intéressent la Bretagne ». La cour, se soumettant en partie, retira alors la réserve qu'elle avait faite à l'édit sur l'aliénation des greffes et vérifia l'édit sur le commerce des toiles, décidant en outre que son président lui ferait un rapport sur l'édit de la Compagnie des Cent-Associés. Aussitôt, Louis XIII décida de révoquer les autres édits, ce que la cour enregistra le 4 septembre.

y vient pour éteindre l'amirauté, dont les droits leur ont été quelquefois onéreux, et pour rétablir tout à fait leur commerce, dont eux-mêmes lui ont représenté l'anéantissement être un de leurs plus grands maux; qu'il y vient pour leur faire connoître qu'il recherche leur soulagement et leur sûreté tout ensemble; que leur sûreté l'oblige à laisser cette province fournie de gens de guerre pour garder leurs côtes par bonnes garnisons; qu'il avoit résolu à cet effet de lever des troupes en cette province, pour ne se servir pour eux-mêmes que d'eux-mêmes, mais qu'ayant vu que le fonds du paiement étoit difficile à trouver et que, sans être bien payés et disciplinés, ils pourroient être à charge du peuple, il a changé de dessein pour leur bien, aimant mieux prendre de ses vieux régiments, payés de l'Épargne et bien disciplinés, que de manquer à pourvoir à leur sûreté sans oppression pour eux; que la difficulté en laquelle il se trouve est de pourvoir de vaisseaux gardes-côtes qui rendent leur commerce libre et assurer leurs mers; que, s'il en avoit d'entretenus comme de gens de guerre, il pratiqueroit le même remède qu'il fait pour les garnisons des ports de la province, mais que, cela n'étant point, il se trouve réduit à deux choses l'une, ou à n'établir point de vaisseaux gardes-côtes, ce que le bien général de son royaume et particulièrement de la province et l'état présent auquel il est avec ses voisins puissants en la mer ne lui permettent pas, ou à rechercher de nouveaux moyens pour fournir aux frais d'une dépense si nécessaire; que c'est à son grand regret qu'il y est contraint, vu le dessein général qu'il a pris de soulager son peuple de la plus grande partie des tailles, ce qu'il a commencé dès cette année et qu'il veut continuer à l'avenir; que si le retranchement de sa maison, de la Reine sa mère et d'autres personnes qui lui sont si proches et si unies étoit suffisant de fournir à cette dépense du tout nécessaire à l'État, il ne rechercheroit point d'autre expédient, ce qu'ils verront, par expérience, trois semaines après son arrivée à Paris, mais que, ce moyen ne suffisant pas, il est contraint de faire pour eux, par son autorité, ce que par leur bonne volonté ils ont fait depuis trois jours pour son service par celle qu'il leur a donnée, c'est-à-dire de vérifier trois édits pour l'entretien des vaisseaux qu'il veut établir pour les garantir non seulement de tout mal, mais de toute appréhension et alarme. Le Roi veut vérifier deux édits, mais à quelles conditions? A condition que les deniers n'en soient employés que par eux, ce qui montre bien qu'il ne passe pas les édits comme roi, mais comme leur père, que ce n'est pas lui, mais leur bien et leur nécessité qui les fait[1]. Il en passe deux et en[2] supprime plusieurs autres[3], au moins leur laisse-t-il pour les examiner à loisir, les passer s'ils les estiment utiles, ou les supprimer s'ils le trouvent meilleur[4].

1. Ce paragraphe était primitivement rédigé au style direct; les corrections ont été faites par Charpentier (ms. A, fol. 155).

2. Ce mot qui figure sur le manuscrit A a été oublié sur le manuscrit B.

3. Ci-dessus, p. 143, n. 1. Cette phrase indique suffisamment que la harangue de Marillac est postérieure au 1er septembre, puisque c'est à cette date, comme nous l'avons vu, que le Roi renonça à plusieurs édits.

4. Le manuscrit A (fol. 155 v°) porte ces mots, qui ont été rayés : « Voilà, Messieurs, ce que le Roi vient faire. Les deux édits qu'il veut faire sont ceux-ci. »

Il y a un troisième édit, qui est celui de Morbihan, que l'on[1] n'estime pas qui fasse nombre, parce que c'est un édit que toute la France recherche, que tous les étrangers craignent et dont l'exécution seule est capable de remettre le royaume en sa première splendeur. Cet édit étoit pour l'établissement d'une compagnie de cent associés[2] pour le commerce de toutes sortes de marchandises, tant par mer que par terre, en Ponant, Levant et voyages de long cours, par lequel ils faisoient fonds de seize cent mille livres, avec la moitié des profits de ladite somme pour l'augmenter continuellement. Ils devoient faire le siège de leur compagnie à Morbihan, qui est un des plus beaux ports du monde, où le Roi leur permettoit de bâtir une ville

1. Ce mot a été écrit par Sancy à la place de *je* (ms. A, fol. 155 v°); le texte des *Mémoires* a probablement été rédigé ici à l'aide d'un document où le Roi parlait à la première personne.
2. Une copie du contrat des Cent-Associés, passé le 31 mars 1626, se trouve aux Affaires étrangères (France 782, fol. 97-105). Le texte en est également donné au *Mercure françois*, t. XII, p. 44-55. La Compagnie fut fondée le 31 mars 1626 chez Richelieu (La Roncière, *Histoire de la marine...*, t. IV, p. 496); elle fut reconnue par l'édit de juillet 1626, « dont une nouvelle rédaction en août substitua au nom primitif la raison sociale « Compagnie des Cent-Associés ». Seulement, l'opposition fut considérable au parlement de Bretagne, qui se refusa à enregistrer l'édit, comme on le verra plus loin. Finalement, la « Compagnie des Cent-Associés » fut constituée le 7 mai 1627, sous le nom de « Compagnie de la Nouvelle-France », et l'on sait que ses premiers efforts de colonisation eurent pour théâtre le Canada (cf. La Roncière, *op. cit.*, p. 496-505). Le texte exact des deux édits relatifs à l'établissement de la Compagnie des Cent-Associés, donnés en juillet et août 1626, à Nantes, a été publié par Dugast-Matifeu dans le « Commerce honorable et son auteur », p. 53-70.

avec beaucoup de privilèges, le principal desquels (qu'absolument la compagnie demandoit) étoit qu'ils établiroient eux-mêmes leurs juges, l'appel desquels ne ressortiroit à la cour de parlement de la province, craignant les longueurs de la chicane, mais au Conseil privé du Roi, où la justice est plus promptement administrée.

Le bruit de cet établissement alarmoit déjà les Anglois et les Hollandois, qui craignirent que le Roi, par ce moyen, se rendît bientôt maître de la mer; l'Espagne n'avoit pas moins peur pour ses Indes.

Le parlement, qui, selon les privilèges de la province, ne doit vérifier aucun édit que les États ne l'aient approuvé, leur renvoya celui-ci, pensant qu'ils le refuseroient. Mais eux, qui sont composés de trois corps, les deux principaux desquels sont l'église et la noblesse, qui n'ont point d'intérêt que celui du public et la grandeur de l'État, trouvèrent cet édit si avantageux que non seulement ils le reçurent, mais députèrent vers le Roi pour lui en rendre grâces.

Le parlement en fut si offensé qu'il leur témoigna que dorénavant il ne leur enverroit plus demander leur avis puisque, ne s'étant pas voulu contenter de le leur mander, ils s'étoient avancés jusque-là que de l'avoir approuvé et envoyé en remercier le Roi; et, en effet, ne le voulurent jamais vérifier[1], empêchant

1. L'opposition du parlement ressort nettement de cet extrait de lettre de M. de Baugy, du 29 novembre 1626 (Aff. étr., France 1503, fol. 259) : « Ces gens ici ont une telle jalousie de l'établissement de cette Compagnie de Morbihan que pour le traverser ils en ont ici proposé un autre; mais il se rencontre tant et de si grandes difficultés qu'il leur sera bien malaisé d'en venir à bout. Ils se consolent toutefois en l'espé-

seuls un si grand bien pour le dommage qu'il leur sembloit recevoir de la distraction des causes de cette compagnie, qui leur eût apporté de grands profits.

Le Roi[1] étant en chemin pour revenir de Bretagne à Paris et sachant que Monsieur le Comte, se sentant coupable et présumant que les prisonniers l'auroient accusé, pourroit prendre conseil de n'attendre pas son retour, lui envoya le P. de Bérulle pour l'assurer de sa part qu'il pouvoit demeurer à la cour et à Paris en toute sûreté ; mais deux jours auparavant qu'il fût arrivé, il étoit parti dès le 27ᵉ août pour aller en son château de Louhans, frontière de la Bresse, avec dessein de passer à Neufchâtel[2]. Ce fut un effet du conseil

rance que celui-ci n'ira pas avant et que ce sera un feu de paille, tant ils ont conçu une mauvaise opinion de notre persévérance en nos entreprises, sur quoi je voudrois bien que nous leur eussions fait voir qu'ils se trompent. »

1. Avec ces mots commence le 15ᵉ cahier du manuscrit A (fol. 159). La couverture de ce cahier (fol. 158) porte les indications suivantes de Sancy : « 1626. Sur le fait de l'exécution de la paix d'Italie. Cahier 15ᵐᵉ. » Le sommaire qui vient ensuite, écrit par Sancy, a été barré : « Retour du Roi à Paris. On travaille à l'exécution de la paix d'Italie. Le Roi part de Bretagne. Colomnel (sic) meurt. Preuves contre lui et sa faction. » Charpentier a écrit, au-dessous, ce sommaire : « Le Roi part de Bretagne. M. le Comte se retire. Le Colomnel (sic) meurt. Preuves contre lui et ceux de sa faction. Le Roi arrive à Paris. Madame de Chevreuse en part pour aller en Lorraine. »

2. La souveraineté de Neufchâtel en Suisse appartenait au duc de Longueville, beau-frère du comte de Soissons. Louis XIII écrivit à ce dernier, le 20 septembre, une lettre où il lui reproche son départ de Paris pour Neufchâtel, tout en lui accordant l'autorisation de voyager en Italie, qu'il lui avait demandée, un peu tardivement, le 8 septembre (publ. dans Avenel, *Lettres*, t. II, p. 264).

que Monsieur avoua au Roi à Nantes qu'il lui avoit donné, que les princes ne se trouvassent pas ensemble à la cour afin qu'on ne se saisît d'eux tous, ce que, étant séparés, on n'osoit pas faire des uns, pour la crainte des autres[1]. Chalais l'avoit beaucoup chargé[2], outre ce que Monsieur en avoit dit; mais M. d'Alincourt avoit, dès le 23e juillet, envoyé au Roi, par courrier, avis des mauvais desseins qu'il avoit sur le Dauphiné. L'avis contenoit ce qui s'ensuit :

« Il a été ici cinq gentilshommes passés l'un après l'autre, qui tous vont dans les provinces de la part de Monsieur, frère du Roi, et envoyés par Monsieur le Comte pour arrher tous ceux qu'ils peuvent. L'un de ceux-là s'est découvert à moi et m'a dit que la résolution étoit prise que Monsieur se sauveroit d'auprès du Roi en même temps que S. M. partiroit de Nantes et qu'il s'en iroit à la Rochelle et se saisiroit des îles de Ré ; mais qu'il essaieroit, avant que de se résoudre à s'en aller, de poignarder Monsieur le Cardinal dans le Conseil et, s'il y failloit, qu'il partiroit et s'en iroit à la Rochelle, et qu'en même temps Monsieur le Comte partiroit de Paris pour aller trouver Monsieur, comme devoient faire beaucoup d'autres ; qu'il y avoit à Paris en une maison 800,000 écus prêts pour employer à leur dessein ; que ceux qui étoient les entremetteurs

1. Cette phrase n'est qu'une réplique de plusieurs passages analogues déjà rencontrés dans les pages précédentes.
2. Voyez ci-dessus, p. 129, et dans V. Cousin, Mme de Chevreuse, 1876 (p. 359-363), l'interrogatoire de La Louvière du 23 septembre 1626, au sujet de ses voyages auprès du comte de Soissons et du duc de la Valette, de la part de Chalais.

de ses affaires à Paris étoient Seneterre et Sardini[1], et que Chalais qui est pris savoit tout et étoit du dessein et que les huguenots s'y joindront, et que M. de Soubise en même temps se rendra à la Rochelle avec cinquante vaisseaux, et que les ambassadeurs de Venise et de Savoie assurent de leurs maîtres, et qu'ils sont aussi assurés d'Angleterre. L'un de ceux qui sont passés a charge de voir Brison, lui communiquer le dessein, afin qu'il retarde la reddition du Pouzin. Tout cela se traite avec Monsieur par deux jeunes hommes qui sont près de lui, auxquels l'on envoie tous les jours des mémoires de Paris, et y a sur le chemin quatre ou cinq hommes exprès pour cela, sur des coureurs qui portent ses avis. Il a été estimé à propos de faire savoir celui-ci par courrier exprès, comme important au service du Roi et à la personne de Monsieur le Cardinal. »

Le maréchal d'Ornano, qui étoit au Bois-de-Vincennes, mourut le 2ᵉ septembre. La tristesse qu'il eut de sa prison, augmentée par l'accomplissement du mariage de Monsieur, furent cause de sa mort. Le ver-

1. Alexandre Sardini, vicomte de Buzançais (1574-1645), fils du financier Scipion Sardini, qui avait été, au temps de la faveur de Luynes, serviteur dévoué de la Reine mère, et pour ce, contraint de sortir en hâte de Paris, reçut, le 14 septembre 1626, l'ordre de s'exiler dans l'une de ses maisons des champs. Sa disgrâce durait encore en 1629, et Richelieu écrivait en 1628 : « Quant à M. de Sardiny, je plains l'état auquel il s'est mis lui-même; je contribuerai toujours de bon cœur à l'en tirer... Il sait bien que je l'ai toujours aimé et partant il se repentira plus aisément de n'avoir pas toujours fait le semblable en mon endroit... » (Avenel, *Lettres*, t. VII, p. 612). Richelieu l'employait en 1639 et le Roi le pensionnait en 1641.

tigo dont il étoit travaillé tourna en haut mal et sa gravelle lui apporta une suppression d'urine. Il fut assisté avec un grand soin par les sieurs Carré[1], médecin de Paris, Le Tellier[2], médecin du Roi, et Brayer, médecin du comte de Soissons, et le père Gibieu[3], prêtre de l'Oratoire, docteur de Sorbonne, fut toujours auprès de lui pour le consoler jusqu'au dernier soupir[4].

Le Roi fut marri que la justice de Dieu eût prévenu la sienne et qu'il fût mort avant le jugement de son procès, qui eût justifié à toute la France sa détention, que les personnes conjurées contre le Roi et son État

1. Moïse Carré, médecin du Roi jusqu'en 1624, le devint à nouveau de 1626 à 1628.
2. Simon Le Tellier est mentionné comme médecin du Roi en 1610; il servait par quartiers en 1624; en 1638, son fils Louis lui succéda, mais il exerçait encore, à cette date, avec son fils.
3. Le Père Guillaume Gibieuf (dont le nom est souvent écrit « Gibieu » par ses contemporains), oratorien célèbre à l'époque, auteur de plusieurs ouvrages de théologie ou de piété, dont un traité intitulé : *De libertate Dei et creaturae* (1630), et un ouvrage qui a pour titre : *De la vie et des grandeurs de la sainte Vierge* (1637). Il était né à Bourges, où son père était lieutenant civil du présidial. En 1611, il était reçu docteur en Sorbonne et fut, dès l'année suivante, parmi les premiers prêtres fondateurs de l'Oratoire en France. Il devint vicaire général du cardinal de Bérulle et supérieur de la maison de la rue Saint-Honoré; il occupa cette charge pendant quinze ans. Les Carmélites françaises l'eurent pour supérieur. En 1641, il fut nommé supérieur du séminaire de Saint-Magloire, où il mourut le 6 juin 1650.
4. On trouvera, sur la mort et les funérailles du maréchal d'Ornano, d'intéressants détails dans le *Mercure françois*, t. XII, p. 427-432.

publioient avoir été injuste[1]. Mais, afin de montrer

[1]. Peu auparavant, à la fin d'août, il avait été décidé de faire son procès à d'Ornano. Le Roi le mande, le 30 août, à sa mère (minute de Charpentier) : « Je vous dépêche ce porteur pour vous avertir que mon frère m'a fait prier et m'a prié lui-même de faire faire le procès du maréchal d'Ornano devant qu'[a]rriver à Paris, appréhendant que sur ce sujet-là mille personnes l'importunent et le pressent de choses qu'il témoigne ne vouloir pas faire. En cette considération, je me suis résolu de demeurer quinze jours à Blois pour prendre le temps qu'il faut pour faire le procès; ce qui me fait vous prier d'en faire autant et partant ne vous avancer pas davantage. Il m'a proposé aussi de donner une abolition générale à tous ceux qui, à son occasion, pourroient s'être rendus coupables comme Chalais. Je ne l'ai pas refusé tout-à-fait, mais bien lui ai-je fait connoître ne vouloir penser à cette affaire qu'après le procès du maréchal et ne le vouloir faire qu'avec vous. Il est maintenant en bonne disposition et je ne doute point qu'il n'y continue, si on ne l'en détourne. J'écris à la Reine pour qu'elle aille à Forges; je ne doute point qu'elle ne le fasse incontinent qu'elle aura reçu mes lettres. Vous me ferez très grand plaisir de la faire hâter, afin qu'elle ne perde point le beau temps. Je désire ce voyage, autant pour votre contentement que pour le mien propre, connoissant la passion que vous avez à me voir des enfants. Je me porte bien, grâces à Dieu, avec grande impatience de vous voir, vous assurant que c'est le plus grand contentement que j'aie, et que je serai toujours... » (Bibl. nat., Nouv. acq. fr. 5131, fol. 86). C'est à peu près vers la même époque que le Roi et le Cardinal apprirent la maladie du maréchal d'Ornano. Le Cardinal en écrivit aussitôt à Marie de Médicis (la minute est de la main de Charpentier) : « Madame, le Roi m'a commandé de vous écrire qu'il attend des nouvelles de Paris avec impatience, principalement depuis qu'on lui a mandé l'extrême maladie du maréchal, dont on ne juge pas qu'il puisse réchapper. S. M. est très fâchée que cette maladie ait prévenu son procès, mais puisqu'il est en cet état-là, il juge qu'il est à propos d'attendre qu'il soit mort ou guéri devant que d'arriver à Paris. Vous en jugerez bien, Madame, les raisons, qui aboutissent à ce que Monsieur étant à Paris

combien ses crimes étoient énormes et les preuves évi-

avec le Roi, sachant le Maréchal en l'extrémité où l'on dit qu'il est, demanderoit sans doute avec instance permission de le voir ou de le faire voir, ce qui ne serviroit qu'à renouveler ses douleurs et à le remettre en ses mauvaises humeurs, dont on n'oseroit dire qu'il soit sorti. Si V. M. apprend que le malheur de sa mort soit arrivé, elle ne s'arrêtera point s'il lui plaît; si, au contraire, elle apprend sa guérison, elle pourra aussi passer outre; mais, si elle n'apprend ni l'un ni l'autre, elle aura agréable, s'il lui plaît, de séjourner deux ou trois jours à Blois, en attendant des nouvelles du Roi qui l'avertira soigneusement de ce qui sera plus à propos de faire. Le Roi a fait continuer le parlement pour, si la maladie du Colonel lui donne quelque relâche, comme S. M. le désire, lui faire dépêcher son procès. Ceux qui sauront l'extrémité de ce malade ne plaindront pas sa perte; mais je sais bien, Madame, que vous serez du même sentiment que le Roi et son Conseil, qui appréhendent infiniment que sa mort ôte le moyen à S. M. de découvrir beaucoup de choses et de faire paroître sa justice. Monsieur ne sait encore rien de cette maladie, et on a pensé qu'il n'est pas besoin de la lui dire, parce que peut-être par bonne fortune saura-t-il plutôt la guérison que le mal. S. M. se porte fort bien, grâces à Dieu, aussi plein d'affection pour vous, Madame, que jamais, osant vous répondre qu'en ce point il n'est point capable de changement. Il me fait plus d'honneur que je ne mérite, c'est-à-dire autant que de coutume, ce qui me fait tous les jours désirer autant de santé que j'en aurois besoin pour le servir selon ma passion... Ce qui fait juger qu'il est important que V. M. ne s'avance pas, tant qu'elle sache la mort ou la guérison du Colonel, est qu'il est à craindre que quelques-uns de ses parents ne vous fassent presser de leur permettre en l'absence du Roi de le faire secourir et traiter par des médecins à leur poste, voie par laquelle on lui pourroit donner instruction sur son procès, dont le sujet et les témoins peuvent être connus et le sont particulièrement de ceux qui sont coupables comme lui. Bien que vous leur pussiez refuser leur demande par ces considérations, il est toutefois meilleur d'en éviter la prière, n'allant pas en lieu où ils la puissent faire commodément. Depuis cette lettre écrite, Monsieur a fait grande instance pour avoir

dentes[1], nous ajouterons ici les lumières que le Roi en eut encore depuis sa prise, outre celles qu'il en avoit

permission de s'avancer vers Paris. Le Roi a trouvé ce changement fort étrange, mais il a été changé quand S. M. a parlé au Coigneux. D'aucuns croient qu'il avoit reçu des nouvelles de la Maréchale trois heures auparavant. La lettre de S. M. n'a pas été écrite exprès de sa main, afin que ceux qui l'écriroient en épandissent un peu le bruit. Le Roi ira demain au parlement pour les remercier de deux édits qu'ils ont vérifiés de leur bonne volonté et faire un établissement pour la garde de leurs côtes » (Bibl. nat., Nouv. acq. fr. 5131, fol. 84, 85). Le 6 septembre, Bouthillier écrivait au Cardinal que la Reine mère « eût désiré, comme le Roi, que la mort ne fût point survenue, afin de continuer le procès, ensuite de celui de Chalais » (*Pièces du procès...*, p. 253). Le 4 septembre, Richelieu écrivait au Roi, qui lui avait fait part, le même jour, de la mort d'Ornano, mais sans en exprimer de regret, qu'il était « infiniment fâché que la mort du maréchal d'Ornano ait prévenu le jugement de son procès; mais, puisqu'il a plu à Dieu en disposer, il faut croire que sa justice a voulu prévenir la vôtre... » (*Pièces du procès...*, p. 250, 251, et Avenel, *Lettres*, t. VII, p. 951).

1. La fin de ce paragraphe a été écrite à la marge du manuscrit A, fol. 160 v°, par Sancy, à la place d'un passage qui a été barré, mais que l'on retrouve corrigé par Sancy au folio 172 v°, et dont la teneur était la suivante : « De cette mort ils prirent sujet d'animer Monsieur encore davantage contre le Cardinal, de sorte que par leurs discours ils témoignoient avoir dessein de s'assembler et lui faire un mauvais parti en quelque logement sur le chemin où il étoit peu accompagné, ne pouvant pas aller si vite que le Roi, à cause de ses incommodités, ce qui fit que quelque noblesse l'accompagna deux ou trois journées depuis le Mans. Le Roi en fut si en peine qu'il lui écrivit le 9e septembre ces paroles : « Je vous prie de prendre à « garde à vous et vous mettre en état qu'ils ne vous puissent « faire un mauvais tour. Si vous avez affaire de mes compa- « gnies et de tout ce que j'ai, je vous les enverrai au moindre « avis [que] j'en aurai de vous ». Madame de Chevreuse se sentoit trop coupable pour attendre à Paris la venue du Roi; elle

eues auparavant, comme aussi du grand nombre de ceux qui trempoient en cette faction et de la fin pernicieuse à laquelle elle tendoit.

Chalais[1], par sa confession, l'avoit beaucoup chargé, comme il avoit fait encore MM. de Vendôme et le Grand Prieur qui, de leur part aussi, l'avoient accusé, et de tous côtés le Roi avoit confirmation de leurs pernicieux desseins et de ceux qui y étoient intéressés[2].

Bullion, revenant de Savoie[3], rapporta au Roi qu'il ne devoit point douter que Monsieur ne fût de toutes les brouilleries et desseins qui se sont passés depuis six mois en France. Que le Colonel en fût le principal agent, M. de Vendôme, aussitôt qu'il fut pris, le témoigna assez. Il dit au sieur de Tresmes que le Colonel méritoit la mort et qu'il n'en avoit point douté.

Monsieur le témoigna aussi[4] le vendredi 18e juil-

en partit peu de jours auparavant et s'en alla en Lorraine. » La dernière phrase est de la main de Sancy, sur le manuscrit A.

1. Ce paragraphe était précédé de ces mots qui ont été rayés (ms. A, fol. 161 r°) : « Le Roi arrive à Paris. Durant tout ce temps-là, le Roi avoit eu beaucoup d'éclaircissement de la faction du M^{al} d'Ornane, en laquelle tant de personnes étoient enveloppées. »

2. Le passage suivant a été barré sur le manuscrit A (fol. 161 r°) : « Monsieur, sur la fin de septembre, étant au Conseil à St Germain, un jour que la Reine avoit été saignée et étoit au lit, avoua franchement que Beaufort, qui est dans la Bastille, faisoit des levées, sous prétexte de l'Empereur, pour lui, en Picardie. » C'est le dernier paragraphe des « Diverses choses que Monsieur a avouées au Roi » (Aff. étr., France 782, fol. 228).

3. Il était en novembre à Paris.

4. Ces mots ont été écrits en marge du manuscrit A (fol. 161 v°) par Sancy, et toute la phrase a été écrite à la marge par l'un des scribes des *Mémoires*, à la place de ce passage : « Le di-

Ici 1626, quand, étant en bonne humeur, après avoir fait force protestations à la Reine sa mère qui étoit en son lit, il lui avoua, le cardinal de Richelieu présent, qu'il étoit vrai que le Colonel l'avoit porté à prendre habitude et liaison avec le plus de grands qu'il pouvoit dans le royaume et même avec les princes étrangers[1]. Étant alors demandé à Monsieur avec quelle foi il pouvoit jurer que le Colonel étoit innocent, comme il avoit fait plusieurs fois, il répondit qu'il entendoit, quand il juroit cela, qu'il étoit innocent envers lui, parce qu'il le servoit, et non pas envers[2] le Roi[3].

manche 12me jour du mois de juillet 1626 : que sa résolution étoit de ne point partir de Paris que quand le Roi reviendroit, auquel cas il en fût sorti pour aller à Metz, à Dieppe ou au Havre, desquelles places on lui avoit parlé pour se retirer dès avant que le Roi partit de Paris; que pour cet effet le Roi se souviendroit qu'il lui avoit demandé 100,000 écus plusieurs fois de Fontainebleau, et que c'étoit en intention de gagner Mme de Villars par ce moyen, ne se souciant pas du mari, pourvu qu'il eût gagné la femme... » Ce paragraphe était tiré du document déjà maintes fois cité, intitulé : « Diverses choses que Monsieur a avouées au Roi » (Aff. étr., France 782, fol. 223 v°). Le passage employé est de la main de Bouthillier le père, et, en marge, Sancy a écrit « Vallette, Longueville, Villars ».

1. Le début de ce paragraphe est la reproduction presque textuelle d'une phrase du document intitulé : « Diverses choses que Monsieur a avouées au Roi » (Aff. étr., France 782, fol. 224 v°); cette phrase a été écrite par Claude Bouthillier, le secrétaire d'État, et Sancy a mis à la marge « Maréchal ».

2. Nous suivons ici la leçon donnée par le document, source de ce passage, et non pas celle des manuscrits A (fol. 161 v°) et B (fol. 89), qui portent seulement : « et non pas le Roi ».

3. Cette dernière phrase est empruntée au document précité, fol. 225 r°; le texte est de la main de Claude Bouthillier; en marge, Charpentier a écrit « Colonel ».

Le 23ᵉ juillet 1626, venant de discours en discours à parler du maréchal d'Ornano, il dit que la plus grande faute qu'il eût commise étoit de traiter avec les étrangers sans le su du Roi; qu'il étoit vrai qu'il avoit écrit en Piémont, Angleterre et à Hersens[1] en Hollande, et que, si on avoit de ses lettres comme il témoignoit le croire, on trouveroit en la plupart d'icelles qu'il avoit écrit une ligne ou deux de recommandations particulières ou autres choses semblables, pour donner croyance. Sur cela, le Cardinal lui disant que cette faute du Colonel étoit capitale, il témoigna ingénument le savoir bien, mais qu'il le faisoit pour lui acquérir plus d'amis et le rendre plus considérable.

Monsieur dit encore qu'une des plus[2] mauvaises lettres qu'eût écrites le Colonel étoit à Madame la Princesse, à laquelle il mandoit : « Assurez-vous que je vous tiendrai ce que je vous ai promis[3]. » Ensuite de cela Monsieur dit : « Je fus un soir bien embarrassé à

1. François d'Aersens.
2. Les manuscrits A (fol. 162 r°) et B (fol. 89 v°) portent seulement : « une des mauvaises lettres ». La leçon donnée ici est celle du document ayant servi de source.
3. Ce début de paragraphe et le précédent sont tirés du mémoire souvent cité : « Diverses choses que Monsieur a avouées au Roi » (fol. 225 v°). Suivait, sur le document, cette phrase qui n'a pas été utilisée ici : « Mais, ajouta-t-il, [Monsieur], ce n'étoit que d'amourettes qu'il [Ornano] vouloit parler. » Et celui qui a rédigé ce procès-verbal des aveux de Monsieur, d'ajouter : « Ce qui est du tout sans apparence, étant certain que s'il y avoit quelque intelligence de ce genre entre une personne de la qualité de cette dame et un Adonis comme le Colonel, ce seroit plutôt à elle à assurer qu'elle tiendroit ses promesses qu'à lui. » Le passage du document est de la main de Le Masle, et, à la marge, Sancy a écrit trois fois le mot « Maréchal ».

Fontainebleau; le Roi avoit donné le bonsoir à tout le monde et étoit au lit; j'entrai dans sa chambre avec le maréchal d'Ornano et incontinent après je vis venir M. du Hallier, et le Roi demander son habillement; cela me mit bien en cervelle et eusse voulu être hors de là, car nous savions bien que nous faisions mal et ceux qui font mal sont toujours en crainte et ont peur. » Comme Monsieur faisoit ce conte, le Roi entra et Monsieur lui dit : « Monsieur, vous souvient-il quand vous donnâtes un soir à Fontainebleau une sérénade à la Reine? Je disois ici que cela me mit bien en peine; » et commença à dire quasi les mêmes choses qu'il avoit dites[1].

Le dernier juillet 1626, Monsieur demanda à la Reine si on feroit le procès au maréchal d'Ornano et lui dit que tout ce qu'il avoit fait avoit été par son commandement et que même il avoit des lettres écrites de sa main, par lesquelles il avouoit tout ce qu'il avoit fait[2].

Chalais confessa que toutes les intelligences de Monsieur avec les étrangers étoient par le Maréchal qui étoit coupable de tout[3]; que si, depuis la prise du Maréchal, on a traité avec eux, on n'a fait que suivre sa piste et qu'il empêchoit le mariage de Monsieur avec Mlle de Montpensier[4].

1. Même source que précédemment (fol. 226 v°); le passage du document employé est écrit par Le Masle et Sancy a mis à la marge « Maréchal ».

2. Tiré de « Diverses choses que Monsieur a avouées au Roi » (fol. 226 v°); le texte est de la main de Le Masle; Sancy a écrit à la marge « Maréchal ».

3. Une idée analogue se trouve exprimée ci-dessus, p. 155, qui est tirée des « aveux » de Monsieur du 18 juillet (Aff. étr., France 782, fol. 224 v°).

4. Lamont, dans sa déposition du 6 août, rapporta que Cha-

Le Coigneux dit qu'il étoit vrai que si le Maréchal fût demeuré près de Monsieur, le Roi et la France étoient perdus.

Quant à MM. de Vendôme et le Grand Prieur, Monsieur, dès le 11e juillet, avoua au Roi et à la Reine sa mère qu'il avoit été conseillé de demander le marquis de Cœuvres pour premier gentilhomme de sa chambre, parce qu'il est parent de M. de Vendôme et du Grand Prieur[1]. Monsieur dit aussi le même jour[2] au Cardinal que, lorsque MM. de Vendôme et le Grand Prieur arrivèrent à Blois, pendant que le Roi parloit à M. de Vendôme, il disoit au Grand Prieur que M. de Vendôme avoit grand tort d'être venu trouver le Roi et que, s'il eût tenu bon en Bretagne, lui s'en fût allé à Paris et de là tâché de se jeter en quelque place de Picardie, où il n'y [avoit] point de citadelle, comme Saint-Quentin ou Compiègne, qu'il eût aisément surprises s'il n'en eût eu d'autre assurée, et que, par ce

lais avait dit « que la négociation avec les étrangers avoit été faite par ledit maréchal » (*Pièces du procès...*, p. 96). Chalais déclara sur la sellette, le 18 août, « que si le sieur maréchal d'Ornano a traité avec les étrangers, que l'on n'a fait que suivre sa piste ». Et, le même jour, il confesse que « Monsieur lui a dit que le maréchal d'Ornano empêchoit son mariage avec Mlle de Montpensier » (*Ibid.*, p. 158).

1. Ce début de paragraphe est tiré du document intitulé : « Diverses choses que Monsieur a avouées au Roi » (fol. 223 r°) ; le même passage figure plus haut, p. 133. — Le marquis de Cœuvres était le frère aîné de Gabrielle d'Estrées, mère des Vendôme.

2. En reproduisant ici textuellement le document auquel ce passage est emprunté, les rédacteurs des *Mémoires* n'ont pas pris garde que ce qui suit fut dit par Monsieur le 23 et non pas le 11 juillet, comme le ferait croire l'expression « le même jour ».

moyen, le Roi ne pouvant aller à tous les deux à la fois, ils se fussent sauvés les uns les autres; « en tout cas, dit-il au Cardinal, je croyois bien que M. de Longueville ne me dénieroit pas retraite dans Dieppe[1] ».

M. de Vendôme ne put cacher sa douleur à la prise du Colonel; elle fut si visible que chacun la connut.

Dès qu'il fut pris, il demanda au marquis de Mauny si Monsieur étoit arrêté; ce qui montroit bien la secrète intelligence qui étoit entre eux. Mais M. de Vendôme fut accusé[2] et convaincu de tant de choses qu'il vaut mieux que nous réservions à parler de lui au commencement de l'année prochaine, lorsque la syndérèse[3] lui fait avouer ses crimes et en demander au Roi l'abolition.

Quant au Grand Prieur[4], il étoit convaincu d'avoir conseillé à Monsieur de sortir de la cour[5]. Le 13e juin, le Roi étant à Blois, Mme de Rohan dit au Cardinal que c'étoit le Grand Prieur en propre personne et La Va-

1. Même source que précédemment (fol. 225 v°) pour la fin de ce paragraphe, depuis « Monsieur dit aussi le même jour au Cardinal... ». Le passage est de la main de Le Masle; en marge, Sancy a écrit « Vendôme ».
2. Ces six mots sont de Sancy (ms. A, fol. 163).
3. Le remords.
4. Cette phrase a été écrite par Sancy (ms. A, fol. 163).
5. Ce début de paragraphe et le paragraphe précédent, à partir de : *Mais, M. de Vendôme...*, ont été écrits par Sancy et par Charpentier entre les lignes et en marge du manuscrit A (fol. 163), à la place de ces lignes, barrées : « Chalais a avoué le 16e juillet que M. de Montmorency lui avoit dit que M. de Vendôme l'avoit voulu détourner d'aller à la bataille navale, lui disant qu'il y avoit beaucoup de factions qui se faisoient, et que si on ruinoit les Huguenots on perdroit la plupart des gens de qualité de France. En second interrogatoire sur la sellette, il confirma sa déposition. »

lette qui lui avoient parlé, à Fontainebleau, de faire que la Rochelle donnât retraite à Monsieur ; que ledit La Valette avoit envoyé un nommé Veltour[1] pour en parler au duc d'Épernon, et promit d'en découvrir davantage.

Chalais l'en avoit chargé en ses interrogatoires[2] ; Lamont et Loustelnaud[3] disent le lui avoir ouï dire, qu'à la prise du Colonel il avoit conseillé à Monsieur de sortir de la cour et aller en quelque place forte, et là prendre les armes[4].

Le dimanche 12 de juillet 1626, Monsieur dit au

1. Ms. A : Deltour (fol. 163 v°).
2. Dans son interrogatoire du 25 juillet, Chalais reconnaît avoir su que M. le Grand Prieur conseilla à Monsieur « de se retirer à Metz, Sedan ou le Havre... Et depuis a dit qu'il avoit bien su qu'il vouloit donner ledit conseil, mais ne savoir s'il l'a donné ; a averti que le Grand Prieur proposoit cela » (« Extrait des charges contre M. le Grand Prieur ». Aff. étr., France 783, fol. 101).
3. Jean Loustelnaud, sieur de la Garde, sergent-major au régiment des Gardes françaises, fut chargé de la surveillance des Vendôme au château de Vincennes. Il avait pour second l'Écossais Lamont, dont il a été parlé plus haut, à qui on avait confié la garde de Chalais à Nantes.
4. Ce paragraphe a été ajouté par Sancy entre les lignes et à la marge (ms. A, fol. 163 v°). — On lit dans l' « Extrait des charges contre M. le Grand Prieur » (Aff. étr., France 783, fol. 102), que Lamont dit « avoir ouï dire audit s[r] Grand Prieur qu'il eut grand déplaisir de la prison de M. d'Ornano, qu'il conseilla Monsieur de faire violence aux ministres, et, si cela ne réussissoit, il conseilloit Monsieur de sortir de la cour et se retirer en quelque place forte pour après prendre les armes ». Loustelnaud déclara « avoir ouï dire audit s[r] Grand Prieur qu'il conseilla Monsieur, pour faire sortir le maréchal d'Ornano de prison, d'user de violences et, si cela ne réussissoit, sortir de la cour ».

Roi que le Grand Prieur savoit l'affaire de Metz et du Havre.

Monsieur, le 12ᵉ juillet[1], dit au Roi[2] qu'il[3] lui avoit donné conseil d'aller à Fleury menacer le Cardinal du poignard s'il ne moyennoit la liberté du Colonel ; à quoi il avoit été résolu[4].

Le 20ᵉ juin, Monsieur avoua à la Reine mère, le Cardinal présent, que le Grand Prieur l'avoit conseillé d'imputer au Cardinal tout ce qui arriveroit, commencer par les prières, puis en venir aux menaces et aux violences.

Aussi s'enquéroit-il souvent pourquoi on l'avoit pris et témoignoit bien, par ses appréhensions, qu'il y avoit quelque chose de particulier entre eux[5].

Chalais l'accusa, le 6ᵉ août[6], de lui avoir parlé de deux moyens pour délivrer le Colonel : l'un qui étoit en faisant sortir Monsieur; l'autre, en attentant sur la personne du Cardinal, leur créance étant que, si on s'étoit défait de lui, il n'en viendroit jamais un autre

---

1. Sancy avait écrit *juin* sur le ms. A (fol. 163 v°), erreur qu'a reproduite le ms. B (fol. 91 r°).
2. Le début de ce paragraphe est de la main de Sancy.
3. Le Grand Prieur.
4. Ce paragraphe et le précédent sont empruntés presque textuellement au document intitulé : « Diverses choses que Monsieur a avouées au Roi » (fol. 223 v°); « aveu » du 12 juillet, écrit par Claude Bouthillier; présents, le Roi, la Reine mère, Richelieu.
5. Les verbes de ce paragraphe ont été mis au passé par Sancy (ms. A, fol. 163 v°).
6. Ce n'est pas Chalais qui accusa le Grand Prieur des propos mentionnés ici; c'est Lamont qui, dans sa déposition du 6 août, rapporta les aveux que Chalais avait faits en présence du cardinal de Richelieu (cf. *Pièces du procès...*, p. 96, 97).

qui portât l'autorité du Roi à un si haut point comme il faisoit[1] ; que le jargon qu'il avoit avec Monsieur pour le solliciter à exécuter un si méchant dessein étoit : « Ne vous souviendrez-vous jamais du Colonel[2] ? »

1. La source de ce paragraphe est probablement le document au dos duquel P. Cherré a écrit « Informations contre MM. de Vendôme, Grand Prieur, Louvigny », et sur lequel on lit (fol. 34 v°) : « Que ledit Grand Prieur avoit proposé deux moyens à Monsieur pour la liberté du maréchal d'Ornano ; le premier, faire sortir Monsieur hors de la cour ; le deuxième, attenter à la personne de M. le Cardinal », et (fol. 35) : « La septième déclaration du sieur de Chalais, par laquelle il a déclaré que l'on vouloit faire violence d'attenter à la personne de M. le Cardinal et qu'il y avoit un jargon particulier pour cela entre les dames. » — Voyez aussi aux *Pièces du procès* de Chalais, p. 46, 96, 97, les dépositions de Lamont, des 27 juillet et 6 août (et non 26 août). On lit (p. 96, 97) : « ... Que la première fois que ledit Grand Prieur lui avoit parlé [à Chalais] des deux moyens de délivrer ledit Maréchal, savoir est en attentant à la personne dudit Cardinal ou faisant sortir Monseigneur de la cour, étoit à Fontainebleau et que c'est là qu'il [Chalais] croyoit que ledit Grand Prieur en a parlé la première fois à Monseigneur, comme ce voyage qu'il fit de Fontainebleau à Fleury le témoigne ; qu'il voit qu'on renouvellera ce dessein et toute violence imaginable, tant que l'affaire du Maréchal et Grand Prieur sera indécise, d'autant que leur créance est que, s'ils s'étoient défaits du Cardinal..., le Roi ne trouveroit personne qui portât son autorité à si haut point. » Voyez aussi p. 106.

2. Paragraphe probablement tiré d'une pièce conservée aux Affaires étrangères, France 783, fol. 104-105, et intitulée par Richelieu « Extrait général du procès de M. le Grand Prieur ». On lit, fol. 104 r° : « Autre interrogatoire de Chalais du 11 août. Le Grand Prieur lui a dit que lorsqu'on disoit entre les dames « Monsieur ne se souviendra-t-il plus du Colonel », c'étoit à dire, ne fera-t-il point de violence au Cardinal ; que c'étoit un jargon ordinaire. A ouï souvent le Grand Prieur tenir ce langage. Dit que Mme de Chevreuse l'a engagé en cette

Lamont et Loustelnaud déposèrent lui avoir ouï dire qu'il avoit eu grand déplaisir de la prise du maréchal d'Ornano et qu'il avoit conseillé à Monsieur d'user de menaces et violences envers le Cardinal[1], qu'il avoit un grand déplaisir de n'avoir pu avoir l'amirauté[2].

Dunault[3], secrétaire du Grand Prieur, s'adressa à Mme d'Elbeuf pour la prier d'intercéder envers le Roi pour ses frères et demander leur grâce et miséricorde, à la charge qu'ils confesseroient leur faute et demanderoient pardon au Roi et même à Monsieur le Cardinal des entreprises qu'ils ont faites contre sa personne[4].

affaire et que le Grand Prieur l'a engagé avec Mme de Chevreuse ». Chalais rétracta ces aveux, le 19 août, après la prononciation de son arrêt de mort. — Cf. plus haut, p. 106.

1. Ce début de paragraphe est de la main de Sancy, au bas du folio 163 v° du manuscrit A. Charpentier a écrit *déposèrent* au lieu de *déposa* qu'avait écrit Sancy. — A la suite de *envers le Cardinal* et avant *qu'il avoit un grand déplaisir*, figuraient les lignes suivantes, écrites par Sancy, et qui ont été ensuite barrées (ms. A, fol. 163 v°) : « Et si cela ne réussissoit, sortir de la cour et aller en quelque place forte pour prendre les armes. »

2. Comparer avec la note 4 de la page 161. — Il y a de nombreuses redites dans toute cette partie des *Mémoires*.

3. Le manuscrit A (fol. 163 v°) porte Dunau, et le manuscrit B (fol. 91 v°) Duno. Nous adoptons l'orthographe la plus usuelle ; quelques lignes plus bas on lit sur les manuscrits A et B : Du Nault. — Nous ne savons pas qui était ce personnage. L'un des gendarmes de la compagnie du duc de Vendôme, frère du Grand Prieur, s'appelait François Nau. Est-ce le véritable nom du secrétaire du Grand Prieur, dont il est ici question ?

4. Les rédacteurs des *Mémoires* se sont probablement inspirés, pour ce paragraphe, de la déposition du sieur de la Vallée des Fossez, marquis d'Éverly, du 18 novembre 1626 (Aff. étr., France 781, fol. 88) : « A dit qu'il y a environ trois semaines

Mme d'Elbeuf envoie querir M. de Fossez, comme serviteur affidé au Roi et leur ami particulier, lui a fait voir ledit Dunault, lequel, en la présence de Mme d'Elbeuf, dudit sieur de Fossez et du sieur de Chanlecy[1], a reconnu que ce que Mme d'Elbeuf a dit étoit véritable, que son maître n'étoit plus dans la prétention d'innocence, mais dans le désir d'obtenir pardon et grâce par la reconnoissance et confession de son crime. Sur quoi il usa de ces propres mots : qu'il ne falloit plus entrer pour son maître en prétention d'innocence, la chose ayant été jusques à ce point que d'entreprendre contre la personne du Roi et l'État séparément[2]. Sur quoi, lui étant demandé comme il pouvoit savoir que son maître fût en intention de ce que dessus, il dit qu'il abandonnoit sa vie si son maître ne disoit la même chose audit sieur de Fossez s'il pouvoit avoir permis-

ou un mois que Mme la duchesse d'Elbeuf lui dit qu'un secrétaire de M. le Grand Prieur, nommé Dunault, avoit convié ladite dame d'Elbeuf de s'entremettre pour obtenir le pardon pour Monsieur son frère; qu'il n'étoit plus temps que ledit sieur Grand Prieur parlât d'innocence et prétendît se sauver par là; qu'il auroit recours à la miséricorde et demanderoit pardon, reconnoissant être coupable de certains desseins non seulement contre l'État, mais même contre la personne du Roi séparément. » Déclaration, en termes analogues, faite le 21 novembre 1626 par Jean de Champlecy (Aff. étr., France 781, fol. 90). Au dos de ce dernier document Sancy a écrit « Employé ».

1. Jean Boyer de Champlecy (1551-1636), baron de Pluvault en Charolais, était chevalier des ordres du Roi, gentilhomme ordinaire de la Chambre en 1613; en juin 1625, il reçut du Roi une pension de 1,500 livres (Bibl. nat., Cabinet des titres, Pièces orig. 669 et Dossiers bleus 168).

2. Voyez pour tout ce paragraphe la déposition du marquis d'Éverly, donnée à la note 4 de la page 164.

sion de le voir avec lui, et s'il ne confessoit tout ce qu'il disoit; et le confirma plusieurs fois en diverses paroles, avec grande appréhension pour son maître et grand désir de son salut, témoignant ouvertement savoir ce qu'il disoit de la part de son maître. A quoi se rapporte ce que Laforêt[1] avoua au Cardinal, qu'on avoit vu un soldat, nommé La Planche[2], recevoir un papier dans sa pochette par un valet de chambre; ce qu'il n'avoit su que par le valet de chambre du Grand Prieur.

Mme d'Elbeuf en écrivit au Roi la lettre suivante[3] :

« SIRE,

« V. M. me pardonnera bien si l'affection que j'ai pour mon frère le Grand Prieur m'oblige de l'importu-

---

1. Plusieurs personnages portaient ce nom à l'époque : Simon de Saint-Bonnet, sieur de la Forest, frère du maréchal de Toiras, avait été chargé, avec son frère Restinclières, de garder à Amboise, dont Toiras avait le gouvernement, les Vendôme qui y avaient été incarcérés; ce La Forest était très bien en cour et fort estimé pour sa fidélité et ses services, qui lui avaient valu le gouvernement de Foix. — Un La Forest était lieutenant des gardes de Richelieu; il fut tué à la Rochelle en 1628. — Mathieu et Pierre La Forest étaient secrétaires d'Anne d'Autriche, le premier le fut de 1626 à 1631, le second de 1630 à 1631. — Enfin, et peut-être cette identification n'est-elle pas à rejeter, un Laforest était en 1626 cuisinier du Cardinal; on sait que Richelieu prenait ses informations de toutes parts.

2. Un Laplanche est porté, en octobre 1626, sur l'état des gardes du Cardinal.

3. Cette lettre est mentionnée dans un « Extrait des charges contre M. le Grand Prieur, réduites en quatre points » (Aff. étr., France 783, fol. 101), sous le titre suivant : « Lettre de Mme d'Elbeuf au Roi portant qu'ayant su de Dunault, secrétaire du Grand Prieur, qu'il y avoit attentat à la personne [du

ner par cette lettre, puisque je ne le fais que sur une occasion qui se présente, dans laquelle j'estime, en servant V. M., pouvoir soulager mondit frère. Il y a environ cinq ou six jours que Dunault[1], son secrétaire, en qui il a grande confiance, m'est venu prier de me mêler de ses affaires et tâcher d'obtenir son pardon. Quoique j'aime grandement mondit frère et que je désire passionnément sa délivrance, je n'aurois pas accepté cette condition s'il ne m'avoit dit ensuite que mon frère reconnoissoit en avoir grand besoin; qu'il feroit, pour l'obtenir, une vraie confession des fautes qu'il avoit commises, tant contre votre État que contre votre personne; qu'il ne parloit pas de lui-même, mais de la part de mondit frère, dont il avoit su des nouvelles par voie qu'il ne me vouloit pas dire. Quand j'ai ouï parler de la personne de V. M., la passion et obligation que je lui ai m'ont fait résoudre à faire l'office que désiroit ledit Dunault, pensant que peut-être vous vaudroit-il mieux découvrir tous les desseins qui avoient été contre vous et pardonner à une personne que vous reconnoissez avoir l'honneur de vous appartenir que d'en user autrement. Je vous supplie, Sire, d'user de votre bonté en cette occasion. Mon frère le Grand Prieur est jeune ; c'est la première faute qu'il a

---

Roi], demande miséricorde. » — Cet « Extrait des charges contre M. le Grand Prieur... », qui va du folio 101 au folio 103, est de la main de Charpentier. — Une copie, écrite par Le Masle, de la lettre de Mme d'Elbeuf au Roi, se trouve aux Affaires étrangères (France 783, fol. 100). Au dos de ce document Charpentier a écrit étourdiment « Copie de lettre de Madame d'Elbeuf à M. le Grand Prieur », au lieu de : « ... pour M. le Grand Prieur ». Au-dessous, il a ajouté « Employé ».

1. Le Masle écrit : Du No.

commise; il fera mieux à l'avenir. Dunault demande qu'il vous plaise envoyer quelqu'un avec lui pour [voir] mondit frère. Je pense que M. de Fossez seroit bien propre; je l'ai prié à cet effet, comme notre ami, de vous porter cette lettre, qui vous assurera que, quand tout le monde manqueroit à vous servir, je serai toute ma vie, comme j'y suis obligée, Sire, votre très humble et très obéissante sujette et servante,

C. H. L[égitimée] de France. »

Ensuite le Roi permit audit sieur de Fossez d'y aller[1]. Le Grand Prieur dit encore à M. de Tresmes[2], en présence de M. de Loustelnaud, qu'il ne demandoit point de justice au Roi, mais le supplioit de lui pardonner et lui faire grâce, le suppliant aussi que ses ennemis ne pussent prendre avantage de tels termes, qu'il choisiroit encore plus humbles pour le Roi, s'il en savoit.

Parlant à M. de Tresmes en particulier, il lui dit que, quand M. d'Angoulême faillit la première fois, le Roi lui pardonna; la deuxième même, qu'il fut condamné, le Roi lui donna la vie, le laissant en prison[3].

1. Voyez ci-dessus, p. 166.
2. Il avait été chargé de conduire le Grand Prieur et son frère prisonniers, d'Amboise au Bois de Vincennes. La copie de son instruction, datée du 18 septembre, est aux Affaires étrangères, France 781, fol. 11.
3. Compromis dans la conspiration de Biron, Charles de Valois, comte d'Auvergne (duc d'Angoulême en 1620), fut arrêté le 14 juin 1602, puis relâché. Ayant à nouveau conspiré avec sa sœur utérine, la duchesse de Verneuil, il fut arrêté le 9 novembre, embastillé le 20, et condamné à avoir la tête tranchée le 1er février 1605. Cette peine fut commuée en celle de la prison perpétuelle par lettres royales vérifiées au Parlement le 15 avril 1605, mais il fut libéré le 26 juin 1616.

Ensuite de quoi il témoigna être résolu à tous événements, espérant toutefois grâce de S. M.[1]. Le Grand Prieur reconnut, devant lui[2], qu'il s'étoit opposé avec plusieurs autres au mariage de Monsieur ; qu'il avoit conseillé Monsieur, depuis la prise du Colonel, de traiter rudement les ministres, pour le ravoir par ce moyen ; que si cela manquoit, il lui avoit conseillé de sortir de la cour et de prendre les armes pour la même fin[3].

Après avoir dit tout ce que dessus, il dit à M. de Fossez : « Je ne crois pas que vous voulussiez redire tout ce que je vous dis. » Sur quoi M. de Fossez lui repartant que, n'étant venu là que pour savoir ce qu'il vouloit dire pour le rapporter au Roi qui l'y avoit envoyé exprès, il étoit obligé de ne le celer pas, il répliqua : « Pour mon secrétaire, j'ai de quoi le récuser ; pour vous, je vous tiens si homme de bien que je n'ai rien à dire, sinon que je n'en ai point parlé. »

Sur cela, M. de Fossez appela le sieur de Loustelnaud, qui étoit dans un petit retranchement qui est dans la chambre, et lui dit : « M. de Loustelnaud, je suis bien aise que vous sachiez, en peu de mots, ce que M. le

1. Le scribe avait écrit : « Lamont en dira davantage » (ms. B, France 51, fol. 93 v°), mots qui ont été rayés, mais qui figurent sur le manuscrit A, France 58, fol. 165 v°, où ils n'ont pas été barrés.
2. Devant de Fossez, marquis d'Éverly, et devant Dunault, aveux que le marquis d'Éverly répéta en présence de Loustelnaud et du Grand Prieur. Cf. aux Affaires étrangères (France 781, fol. 88 et 94) les dépositions de Fossez du 18 novembre et de Loustelnaud du 23 novembre 1626 ; les termes des deux dépositions sont semblables ; voyez deux pages plus loin, note 3. Les *Mémoires* ont copié textuellement.
3. Voyez aux pages précédentes les mêmes faits exposés de manière analogue.

Grand Prieur nous vient de dire, à son secrétaire et à moi, parce qu'il dit qu'il me niera me l'avoir dit et donnera des causes de récusation contre son secrétaire. Je suis bien aise cependant que vous sachiez, en sa présence, qu'il m'a dit formellement qu'il avoit conseillé ce que dessus, » que ledit sieur de Fossez répéta tout au long. Pendant quoi, ledit sieur Grand Prieur dit d'abord : « Vous direz ce que vous voudrez. » Et, après que le rapport fut fini, ledit sieur de Fossez lui disant : « Monsieur, est-il pas vrai que vous m'avez dit tout ce que je vous viens de dire? » il dit oui. Sur quoi il dit audit sieur de Loustelnaud : « Vous vous en souviendrez s'il vous plaît, et je m'en vais le dire au Roi. »

Il dit encore, parlant de Chalais, qu'il étoit mort pour n'avoir point eu d'esprit et que, si on vouloit s'en servir contre lui, il falloit le garder pour le lui confronter[1]. D'avoir[2] voulu empêcher le mariage de Monsieur, il le vient de confesser lui-même. De mauvais dessein contre la personne du Roi, Lamont dit avoir ouï dire à Chalais que le Grand Prieur avoit grande aversion du Roi.

Dunault dit à Mme d'Elbeuf, comme nous avons vu ci-dessus[3], qu'il vouloit confesser ses crimes et demander pardon d'avoir attenté contre la personne du Roi et l'État séparément. M. de Fossez dit qu'il[4] ne lui

1. Le début de ce paragraphe est tiré de la déposition du marquis d'Éverly (18 novembre) (Aff. étr., France 781, fol. 89).
2. Cette fin de paragraphe et le paragraphe suivant ont été écrits en marge du manuscrit A, fol. 166, par Sancy.
3. Voyez p. 164.
4. Le Grand Prieur.

voulut pas avouer avoir parlé audit Dunault contre la personne du Roi et dit à Dunault : « Mon ami[1], vous avez là dit une chose qui vous donnera bien de la peine et à moi[2]. » Paroles qui témoignent qu'il le lui avoit dit, mais s'en repentoit[3].

Touchant Monsieur le Prince, on avoit appris de nouveau que[4] l'official de Sens, nommé La Marc, con-

1. C'est le Grand Prieur qui parle.
2. Déposition du marquis d'Éverly (France 781, fol. 89) : « Et quant à ce que ledit Dunault avoit parlé d'un dessein contre la personne du Roi, ledit sieur Grand Prieur ne voulut pas le reconnoître et dit audit Dunault : « Mon ami, vous « avez là dit une chose qui vous donnera bien de la peine et à « moi. »
3. Les aveux faits par le Grand Prieur en présence de Dunault et du marquis d'Éverly, tels que les rapporte celui-ci dans sa déposition du 18 novembre, sont les suivants (Aff. étr., France 781, fol. 88 v° et 89) ; on y retrouvera des passages déjà utilisés par les *Mémoires* et d'autres qui ont été négligés : « Ledit sieur Grand Prieur reconnut ce qui s'ensuit : qu'il s'étoit opposé avec plusieurs autres au mariage de Monsieur; qu'il avoit conseillé à Monsieur depuis la prise du Colonel de traiter rudement les ministres pour le ravoir par ce moyen; que si cela manquoit, il lui avoit conseillé de sortir de la cour ou de prendre les armes pour la même fin; que quand il diroit que Monsieur le Comte, M. de Nevers et M. de Longueville et autres en étoient, les uns ont fait leur paix et sont à la cour, et les autres en état qu'on ne leur peut mal, étant éloignés; qu'on proposoit de faire retirer Monsieur à Metz ou à Sedan, sur quoi il ajouta : « On dit que j'ai écrit une lettre à M. de « la Valette sur ce sujet, qu'on me la montre et je la reconnoî- « trai. » Plus, que parlant de Chalais, il dit qu'il étoit mort pour n'avoir point eu d'esprit et que, si on s'en vouloit servir contre lui, il falloit le garder pour le lui confronter; qu'il avoua encore avoir fait chasser d'Andilly et donné conseil de ne croire point ni Goulas, ni Marcheville. »
4. Ces mots, qui commencent le paragraphe, ont été écrits par Sancy sur le manuscrit A, fol. 166.

fident[1] de Mme la princesse de Condé la douairière[2], parloit comme d'une chose assurée du bannissement de la Reine mère et du Cardinal, conseillant à un sien ami nommé Terac, conseiller au présidial de Lyon, que s'il avoit quelques affaires il les fît promptement, pour ce que l'état présent étoit prêt à changer[3].

La même chose de l'éloignement de la Reine en Italie et du Cardinal à Rome fut découverte à Nantes par Valençay, comme projetée par Monsieur le Prince, Tronson, Marsillac et autres, et ce au même temps que Saintoul faisoit tous les voyages que nous avons dits ci-devant[4].

Quant à Monsieur le Comte, la douleur que Madame sa mère[5] eut à la prise du Colonel ne se peut cacher[6].

Chalais attribuoit audit sieur le Comte le conseil donné à Monsieur de s'enfuir de Saumur à la Rochelle[7].

1. Ailleurs (p. 97), les *Mémoires* l'appellent Marc. Il se nommait en réalité Pierre Demarcq.
2. Charlotte-Catherine de la Trémoïlle.
3. Ci-dessus, p. 97.
4. Pages 17, 97.
5. Anne de Montafié (1577-1644), fille de Louis, comte de Montafié en Piémont, épouse (27 décembre 1601) de Charles de Bourbon, comte de Soissons (1566-1612), était mère de Louis de Bourbon, comte de Soissons (1604-1641), dit « Monsieur le Comte ».
6. Notez p. 45 une phrase analogue.
7. Chalais aurait dit (déposition de Lamont du 27 juillet, p. 58 des *Pièces du procès*) « que Monsieur avoit voulu, de Saumur, s'en aller à la Rochelle et que lui, Chalais, l'avoit empêché; qu'il croyoit que ces conseils d'aller à la Rochelle venoient de Paris, mais ne savoit pas de qui particulièrement ». Mais, d'après la déposition de Lamont du 27 juillet, il aurait déclaré, les 23 et 24 juillet, que « les conseils qui viennent de Paris viennent de Monsieur le Comte » (*Pièces du procès*, p. 49). — Voyez le même fait rapporté plus haut, p. 115.

Le Grand Prieur, au commencement d'octobre, l'accusa d'être de la même intelligence que lui avec Monsieur.

Monsieur dit aussi au Roi que Monsieur le Comte lui avoit fait dire à Paris qu'il ne lui parloit point parce qu'il diroit toutes choses et ne gardoit pas secret, et qu'après qu'il eut été à Limours voir le cardinal de Richelieu, M. de Longueville lui dit en se moquant qu'il voudroit bien savoir si les affaires du Colonel en alloient mieux ; le dimanche 12° jour de juillet 1626, que Monsieur le Comte et M. de Longueville étoient tout à lui et que maintenant qu'il étoit bien avec le Roi, il répondoit d'eux à S. M.[1].

M. de Vendôme dit à Châteauneuf-Préaux que Chalais lui avoit donné avis que la Reine mère, l'ayant vu arriver, avoit dit au Roi : « Le voilà venu, mais nous ne lairons pas de le dénicher de son gouvernement ; » chose fausse encore[2].

Je ne rapporte point ici ceux qui sont nommés aux accusations que nous avons rapportées ci-dessus, pour n'user de redites[3].

Monsieur, dès le dimanche 12° jour de juillet 1626,

1. Ce paragraphe est analogue à un passage de la page 116 ; la source en est la même, à savoir le document intitulé « Diverses choses que Monsieur a avouées au Roi » (Aff. étr., France 782, fol. 223 r° et v°).

2. Cf. p. 131 un passage identique.

3. On remarquera cependant à quel point le récit de ces conspirations abonde en redites de tous genres. Assurément, ce n'est pas à cette partie des *Mémoires* que Richelieu pensait, lorsqu'il écrivait, dans la préface de son *Testament politique* (éd. 1740, p. 2), en parlant de l'Histoire, qu'il avait « mis le cours de quelques années quasi en l'état auquel je prétendois le mettre au jour ».

déclara que sa résolution étoit de ne point partir de Paris que quand le Roi reviendroit, auquel cas il en fût sorti pour aller à Metz, à Dieppe ou Havre, desquelles places on lui avoit parlé pour se retirer dès avant que le Roi partît de Paris; que, pour cet effet, le Roi se souviendroit qu'il lui avoit demandé cent mille écus plusieurs fois dès Fontainebleau et que c'étoit en intention de gagner Mme de Villars[1] par ce moyen, ne se souciant pas du mari pourvu qu'il eût gagné la femme[2].

Chalais a rapporté que M. de la Valette étoit à Monsieur; que lui, Chalais, lui écrivoit souvent sans mettre son nom[3]. Le même a confessé que plusieurs promettoient à Monsieur de la cavalerie en Normandie[4].

1. Julienne-Hippolyte d'Estrées, fille d'Antoine d'Estrées, marquis de Cœuvres, et de Françoise Babou de la Bourdaisière, était sœur de Gabrielle d'Estrées, la mère de Vendôme, et avait épousé en janvier 1597 Georges de Brancas, marquis de Villars et de Graville, puis duc de Villars en 1627, conseiller du Roi, gouverneur du Havre, de Harfleur et de Montivilliers.

2. La source de ce paragraphe est le document intitulé « Diverses choses que Monsieur a avouées au Roi » (Aff. étr., France 782, fol. 223 v°).

3. Il aurait été plus exact d'écrire : « Louvigny a rapporté..., etc. », car, dans sa déposition du 9 juillet 1626, Louvigny déclare qu'il entendit M. d'Oinville dire que Chalais « avoit écrit quantité de lettres à M. le marquis de la Valette, à aucunes desquelles il ne mettoit point de nom ». Louvigny ajouta que Chalais lui avoua à lui-même qu'il « écrivoit souvent audit de la Valette » (*Pièces du procès*, p. 30).

4. Chalais dit dans son interrogatoire du 28 juillet que Monsieur « se promettoit huit cents chevaux de ce côté-là [de Normandie] et que les principaux serviteurs de M. de Longueville, comme les sieurs de Mouy, La Mailleraye (*sic*), Bertichères et autres, remuoient en Normandie » (*Pièces du procès*, p. 78). — Lamont déposa, le 27 juillet, que Chalais avait

Le Roi étoit averti de tous côtés que le Havre étoit assuré à Monsieur.

M. l'évêque d'Orange[1], par lettre de M. d'Herbault, du 6ᵉ septembre 1626, avoit mandé que Bellujon avoit été en cette ville-là, y avoit vu le gouverneur plusieurs fois, lui avoit dit qu'il avoit charge des églises de le prier de les protéger et défendre de l'oppression dont elles étoient menacées et que le Connétable et M. de Rohan tendroient la main et lui donneroient, dans leur parti, un rang très honorable et tel qu'il demanderoit[2].

avoué le 14 juillet en présence du Cardinal « qu'il étoit vrai qu'il avoit su, touchant la Normandie, qu'il y avoit diverses personnes qui avoient promis cinq ou six cents chevaux à Monsieur, savoir La Mailleraye, Mouy, Guitry, Bertichères » (*Pièces du procès*, p. 63).

1. Jean de Tulles, abbé de Notre-Dame de Longues au diocèse de Bayeux et de Saint-Eusèbe d'Apt, fut coadjuteur de son oncle l'évêque d'Orange, Jean de Tulles, et lui avait succédé, à sa mort, en 1608. Il mourut le 3 octobre 1640.

2. Voici la première rédaction de ce paragraphe dans le manuscrit A, fol. 167 r° et v°, avant les corrections de Sancy : « M. l'évêque d'Orange, par lettre à M. d'Herbault du sixième septembre 1626, écrit ce qui s'ensuit : M. de Bellujon a été en cette ville et y a fait quelque séjour. Il a vu le gouverneur de cette ville plusieurs fois, et tous ses discours n'ont visé qu'à lui faire comprendre que Dieu l'avoit envoyé dans le gouvernement pour le bien et progrès de la religion dans la France ; qu'il avoit charge des Églises de le prier de les protéger et défendre de l'oppression dont elles sont menacées et que pour cet effet M. le Connétable et M. de Rohan lui tendroient les bras en ses besoins et lui donneroient dans leur parti un rang très honorable et tel qu'il demanderoit. Mais ledit gouverneur lui témoigna d'être zélé à sa religion et désireux de découvrir les desseins qu'on pouvoit avoir contre le service du Roi. Dit qu'il écriroit à son maître et que si tandis il arrivoit quel-

Quant aux Rochelois, Monsieur dit à la Reine sa mère qu'eux et Soubise lui avoient fait offrir retraite à la Rochelle et que Boistalmet et Puylaurens lui avoient dit qu'ils le suivroient partout, excepté en ce lieu-là[1].

Un gentilhomme de la religion prétendue réformée donna avis qu'un ministre de la Rochelle, nommé Salebert[2], étant revenu d'Angleterre au temps que le Roi étoit à Blois, le sieur de Loudrières[3] partit de la

qu'occasion importante pour le bien de la religion, qu'il sera très aise de la savoir pour y prendre ses mesures et ne rien omettre de son devoir. Cette réponse a contenté le vénérable huguenot qui ne se put tenir de dire : il ne se parle plus d'Orange à la cour, il faut qu'on sache ce qu'il peut et ne laisser point inutiles tant de belles munitions et fortifications. Ledit Bellujon a tenu des discours approchants à celui-ci dans la ville de Paris. »

1. Paragraphe tiré des « Diverses choses que Monsieur a avouées au Roi » (Aff. étr., France 782, fol. 223 v°); ce passage, de la main de Bouthillier père, fait partie des aveux faits par Monsieur le 12 juillet. A la marge Sancy a écrit : « Huguenots, Soubise. »

2. Jean-Pierre Salbert, pasteur rochelois, joua en 1626 un rôle important dans le parti protestant; en octobre 1627, il fut envoyé en députation vers le roi d'Angleterre, et, de nouveau, en janvier 1628; le 2 novembre de la même année, il fut expulsé de la Rochelle. Lorsqu'en juillet 1628 un fanatique protestant de la Rochelle se proposa pour assassiner le cardinal de Richelieu, Salbert consulté déclara qu'une entreprise de cette nature n'était pas permise (Arcère, *Histoire de la Rochelle*, t. II, p. 295).

3. René de Talensac, seigneur de Loudrières, grand sénéchal d'Aunis depuis 1607, député aux États généraux de 1614, député du Poitou à l'assemblée du parti protestant à Grenoble, avait secouru la Rochelle en 1616. Gouverneur de Fontenay-le-Comte, il rend cette ville en 1621 et, la même année, négocie la reddition de Saint-Jean-d'Angély. Lors du siège de la

Rochelle et vint jusques en Touraine, où, ayant conféré avec quelques-uns, ledit Loudrières s'en alla à la Rochelle et y porta des nouvelles qui réjouirent extrêmement la ville. Aussitôt après, ceux de la Rochelle ont dépêché le ministre Chapelière[1] en Angleterre[2].

M. de Soubise a écrit à la Rochelle que si la ville n'avoit besoin de son service, il s'alloit embarquer avec l'armée angloise; mais que, si on désiroit se servir de lui, il étoit tout prêt à les aller trouver.

Un ministre de la Rochelle a écrit à un ancien de l'église de la Rochefoucauld[3] qu'il croyoit que l'on verroit bientôt quelque chose; mais que c'étoient des affaires qu'il n'osoit pas écrire.

Rochelle il défendit la ville activement; Lous XIII le dépouilla de son office comme rebelle. Il mourut en mai 1628. Il avait épousé en 1602 Françoise de Coligny, morte en 1637 sans enfants.

1. Le pasteur Louis Cercler de la Chapelière fut un des chefs de la résistance protestante. Il passait pour un excellent orateur et était renommé pour ses vertus.

2. Le manuscrit A, fol. 168, porte les lignes suivantes, qui ont été barrées : « à rapporter avec ce qui lors se passoit en Angleterre en la maison de la Reine. »

3. Chef-lieu de canton de l'arrondissement d'Angoulême. François III, comte de la Rochefoucauld, prince de Marcillac, gouverneur et lieutenant général en Champagne, qui s'était converti au protestantisme à la suite de son mariage en 1557 avec Charlotte de Roye, comtesse de Roucy, sa seconde femme, avait introduit la Réforme dans ses terres. Lors du massacre de Vassy (1562) la presque totalité des habitants de la Rochefoucauld était protestante. François III fut assassiné à la Saint-Barthélemy; son fils François IV fut tué en 1591 par les Ligueurs; son petit-fils François V abjura le protestantisme et fut nommé gouverneur de Poitou. La Rochefoucauld fut érigé en sa faveur en duché-pairie en 1622, mais le culte calviniste s'y maintint jusqu'à la révocation de l'Édit de Nantes.

Foularton[1], Écossois réfugié à Paris et caché de peur d'être pris des Anglois, vu qu'il a tué le cousin du milord Maxiel[2] pour avoir couché avec sa sœur, a découvert à Dieppe qu'un secrétaire de Soubise, nommé Smith[3], a pris d'un banquier dudit Dieppe, Écossois, nommé Mel[4], huguenot, trois mille pistoles.

Monsieur dit devant le Roi, la Reine et le cardinal de Richelieu, que l'intelligence qu'il avoit en Angleterre étoit particulièrement avec le comte de Carlisle, qui étoit lié de grande affection avec lui, et que, quand il entendoit parler des poursuites qu'on faisoit contre Buckingham, il n'en étoit pas fâché, espérant que, s'il

1. Charles Fullarton, âgé de vingt-deux ans en 1626, appartenait sans doute à la famille écossaise des Fullarton of Kilmichaël, laquelle descendait de Fergus Fullarton of Macloy qui avait rendu des services à Robert Bruce, dont il avait reçu la terre de Kilmichaël, île du comté de Bute en Écosse. Au dire du *Mercure françois* (t. XIII, p. 373), il aurait été emprisonné à la Bastille en avril 1626; mais les raisons de son arrestation n'y sont pas indiquées.
2. Sir James Maxwell de Calderwood, créé en 1627 baron de Mauldslie (Nouvelle-Écosse), fut, à cause de ses prodigalités, déshérité en 1647 par son cousin John M. of Polloch. Il avait épousé Jeanne, fille de sir James Hamilton of Evandale, et, en secondes noces, Mary Couts, et mourut en 1667.
3. Est-il question ici du poète anglais James Smith (1605-1667), chapelain du comte de Holland, l'ambassadeur anglais, puis chapelain de Thomas Wentworth, et qui accompagna en France ces deux personnages? Peut-être a-t-il servi momentanément de secrétaire à Soubise.
4. Une famille protestante de ce nom existait alors à Dieppe. L'aîné, Jacques Mel, écuyer, est mentionné dans des documents de 1589, 1620, 1654. Jean Mel, qualifié d' « ancien » de l'Église protestante, écuyer, fut député en 1626 par ses coreligionnaires vers le duc de Longueville et, en 1635, vers le Roi.

venoit à être ruiné, Carlisle viendroit en faveur et qu'il pourroit beaucoup en son endroit[1].

Monsieur confessa à la Ferté à Monsieur de Mende[2], revenant d'Angleterre[3], que Montagu[4], au voyage de Nantes, lui avoit dit de la part du comte de Carlisle, qui est celui avec lequel Monsieur a reconnu plusieurs fois que le Colonel avoit formé étroite liaison, que ledit comte de Carlisle l'avoit chargé de lui témoigner le déplaisir qu'il avoit de le voir maltraité, savoir ses sentiments sur ce sujet et l'assurer que, pourvu qu'ils sussent ses intentions, il seroit servi du côté d'Angleterre comme il pourroit désirer[5].

1. Passage de la main de Charpentier, tiré des aveux de Monsieur, faits au début d'août (Aff. étr., France 782, fol. 227 v°).

2. Daniel de la Mothe-Houdancourt, évêque de Mende, grand aumônier de la reine d'Angleterre.

3. C'est-à-dire vers la fin d'août 1626.

4. Walter Montagu, celui que Tillières appelle dans ses *Mémoires*, p. 138, « le petit Montaigu », était fils de Henry Montagu, comte de Manchester en 1626, et de Catherine Spencer of Yarnton; il fut plus tard mêlé aux intrigues de la duchesse de Chevreuse, réfugiée en Lorraine, et, pour ce motif, arrêté et incarcéré en 1627. En 1635, il se convertit au catholicisme et embrassa le parti de la France, où il vint habiter en 1641. De retour en Angleterre, il fut arrêté en 1643 et emprisonné par ordre de la Chambre des Communes et ses biens furent confisqués (1644). En 1649, il était condamné à l'exil. Il se fixa alors en France. Il y devint abbé de l'abbaye bénédictine de Nanteuil (diocèse de Metz), puis de Saint-Martin, près Pontoise, qu'il résigna, tout en en conservant les bénéfices, au cardinal de Bouillon. Aumônier d'Henriette-Marie de France, reine d'Angleterre, réfugiée en France après la révolution anglaise, et de sa fille la duchesse d'Orléans, il mourut aux Incurables le 5 février 1677.

5. Ce paragraphe est emprunté textuellement à un passage

Toiras[1] donnoit plusieurs avis qu'assurément les Anglois étoient à eux et que ceux de la Rochelle attendoient toujours un mouvement à la cour.

Un jeune gentilhomme, nommé La Mothe-Fénelon[2], est parti d'auprès de Monsieur depuis la prison du maréchal d'Ornano et a visité beaucoup de noblesse du Limousin pour la convier à monter à cheval et prendre parti à la première occasion. Il disoit même devoir avoir un régiment et a offert une compagnie à un gentilhomme de la Marche.

Monsieur avoit dit plusieurs fois qu'il avoit branqueté[3] toutes les provinces du royaume pour voir si on lui voudroit donner quelque sûre retraite; que jusques ici il n'avoit osé écrire, mais qu'il se résolvoit de le faire dès qu'il seroit parti de Nantes pour aller à Paris[4].

On avoit avis de Savoie par Bachelier, qui y avoit été depuis un an de la part du Roi auprès du duc, à la

du document intitulé « Diverses choses que Monsieur a avouées au Roi » (fol. 228); le passage est de la main de Le Masle; à la marge, Charpentier a écrit « Angleterre ».

1. Le futur maréchal de Toiras. Par lettres du 6 août 1626 (Aff. étr., France 1475, fol. 40), il sera nommé gouverneur et lieutenant général du Roi à la Rochelle et pays d'Aunis.

2. Pons de Salignac, marquis de la Mothe-Fénelon, fils de François de Salignac, baron de la Mothe-Fénelon, et de Marie de Bonneval, dame de Salignac et de Magnac (mariés le 12 mars 1599), épousa en février 1629 Isabeau d'Esparbès de Lussan, et en 1647 Louise de la Cropte de Saint-Abre.

3. Mettre à contribution, piller. Ici le sens est différent et le mot signifie plutôt faire des tentatives, sonder.

4. Paragraphe tiré de « Diverses choses que Monsieur a avouées au Roi » (fol. 223 v°); Monsieur reconnut le 12 juillet « qu'il avoit branqueté toutes les provinces du royaume pour connoître si on lui vouloit donner retraite en quelqu'une ».

poursuite de l'affaire du comté de Sommerive[1] pour
M. de Nevers, qu'ayant eu le premier la nouvelle de la
détention du Colonel et en donnant aussitôt l'avis au
secrétaire d'État du duc[2], qui ne l'eut que cinq jours
après, cela mit cette cour en grande confusion; ce
qu'ayant remarqué, cela le fit mieux veiller pour en
connoître le sujet.

Le jeune Rothelin[3] a témoigné à M. de Schönberg
qu'au même temps de cette grande conspiration du
Colonel, M. de Savoie retira ses troupes du côté de
Genovesat[4] et les faisoit déjà marcher vers France, et
quelques-uns de ses capitaines et colonels ne se purent
tenir de dire le dessein que M. de Savoie avoit d'entrer en France; le marquis de Vignoles le sait[5].

Le nonce[6] avertit, sur la fin de septembre[7], que l'am-

1. Le duc de Savoie s'était emparé du comté de Sommerive, échu au fils du duc Charles de Nevers par le décès du duc de Mayenne. La ville de Sommerive (Sommariva Bosco) est une ville de la province de Coni (Piémont).

2. Il est probablement question ici du commandeur Pasero (voyez la note, plus loin) ou du premier secrétaire d'État du duc, Jean Carron.

3. Léonor d'Orléans, dernier fils de François d'Orléans, bâtard de Rothelin, baron de Varenguebec et de Neaufles, et de Catherine du Val, mourut sans alliance au siège de la Rochelle (1628), auquel il prit part comme lieutenant général de l'artillerie.

4. C'est le Génevois.

5. Le marquis de Vignoles étant mort en 1636, cette partie des *Mémoires* ou le document qui a été utilisé pour la rédiger a été écrit avant 1636, comme le prouvent ces mots : « Vignoles le *sait* ».

6. Bernard Spada, archevêque de Damiette, nonce à Paris de décembre 1624 à avril 1627, cardinal en janvier 1626.

7. 1625.

bassadeur de Savoie[1] traite en Espagne pour faire la paix des Anglois, et ce par le moyen de l'ambassadeur[2].

Bullion dit au Cardinal avoir découvert par Tabouret[3] et le secrétaire Pazé[4] que l'ambassadeur Scaglia écrivoit lettres sanglantes à son maître, qui ne promettoient rien moins qu'un changement absolu et, entre autres, qu'il y en avoit une qui demandoit s'il ne pouvoit pas assurer à ceux qui entreprenoient telles choses d'une retraite en Savoie, au cas qu'ils faillissent leurs entreprises. Par une autre il mandoit à son maître que le Grand Prieur étoit le seul esprit de courage et de jugement[5]. Le duc confessa à Bullion que les choses

1. Anastasio Germoni, premier marquis de Ceve, archidiacre de Turin, référendaire de la signature apostolique à la Curie, archevêque de Tarentaise en 1607, fut d'abord ambassadeur du duc d'Urbin à Rome, puis ambassadeur du duc de Savoie Charles-Emmanuel à la cour d'Espagne. Auteur de nombreux écrits, notamment sur le droit canon, composés de 1590 à 1627, il mourut à Madrid le 4 août 1627. — Il peut être aussi question de l'abbé Scaglia, ambassadeur de Savoie en France.
2. L'ambassadeur d'Espagne en France, ou de France en Espagne.
3. Il est possible qu'il s'agisse ici de Martin Tabouret, qui fut d'abord tailleur, puis partisan, devint ensuite secrétaire du Roi et, en 1648, fut condamné par le Parlement pour avoir prêté sur les retranchements de gages.
4. En réalité, *Paser*, en français. Jean-Thomas Pasero, né à Savigliano, comte de Cervere en 1634, chevalier des Saints Maurice et Lazare en 1615, grand-croix en 1640, s'intitulait aussi comte de Villanova, Solaro, Sommariva di Perno, etc. Il fut nommé premier secrétaire d'État avec Jean Carron le 14 juin 1625 et servit dans cette charge Charles-Emmanuel Ier et Victor-Amédée Ier. Arrêté en 1638 pour intrigues avec l'Espagne, il mourut à Ivrée le 10 novembre 1640.
5. Les Affaires étrangères conservent des copies de lettres

avoient réussi plus par forme de conduite que par moyen de force et d'autorité et que, se voyant privé des avantages qu'il espéroit dans la guerre, il avoit été réduit à cette extrémité de vouloir rechercher et pratiquer contre le Cardinal tous les moyens par lesquels on se peut venger d'une personne, insinuant toutes voies violentes et cachées. Cependant, il loue infiniment hors de sa passion le Cardinal et lui fait l'honneur de dire que c'est le plus grand des ministres que la France ait jamais eus et que nul que lui ne pouvoit démêler cette affaire. Le prince[1] lui a dit le même plusieurs fois. M. de Savoie a reconnu à M. de Bullion que le mariage de Monsieur étoit utile au Roi et à la France.

Le vendredi 18e juillet 1626, Monsieur dit au Roi qu'après que le prince de Piémont s'en fut allé mal content de la cour, ils avoient envoyé Valin[2] (sous prétexte d'aller au Saint-Esprit[3]) en Savoie, pour former une étroite ligue et union avec M. le prince de

du duc de Savoie à l'abbé Scaglia qui contiennent quelques détails sur l'attitude de la Savoie à cette époque (corresp. politique, Piémont (supplément 3), et Piémont 7).

1. Le prince de Piémont, Victor-Emmanuel.
2. Alexandre de Valin, seigneur de la maison forte de Valin et de Chasteau-Valin, gouverneur des ville et château de Honfleur (lettres du 8 juin 1620), premier gentilhomme de Gaston d'Orléans (lettres du 2 juillet 1622), vivait encore en novembre 1657. Il était fils de Jean de Valin, gentilhomme de Monsieur (lettres du 15 décembre 1576), qui testa le 21 août 1615, et de Claudine du Soulliers, dame du Rosset. Il avait épousé : 1° Françoise de Poisieu du Passage (novembre 1634); 2° Marguerite de Seul (janvier 1647) (cf. Bibl. nat., Cabinet des titres, Dossiers bleus 655). Il était cousin de la maréchale d'Ornano.
3. Pont-Saint-Esprit, arrondissement d'Uzès (Gard).

Piémont, et que ses paquets furent portés par un homme qui partit, trois jours après, de peur qu'on dévalisât Valin[1].

Monsieur, sur la fin de septembre, dit que le Roi faisoit très bien de désirer que l'ambassadeur de Savoie[2] s'en allât, que c'étoit un très mauvais homme, qu'il en parloit comme savant[3], qu'il étoit passé en Angleterre au mois de décembre de l'année précédente et s'étoit fort mal comporté envers Blainville, se rangeant avec les Anglois contre lui. Il[4] envoya à son arrivée[5] visiter Blainville et incontinent s'en repentit ; il ne voulut pas l'aller visiter qu'il n'eût été visité de lui, ce que Blainville ne voulut pas faire, disant qu'il y avoit de la différence entre eux deux et qu'il ne vouloit ni l'aller visiter le premier, ni lui donner la main droite chez lui, pour ce qu'ils ne devoient pas aller de pair ensemble[6]. Blainville fut maintenu du Roi, ayant

1. Paragraphe tiré du document intitulé « Diverses choses que Monsieur a avouées au Roi » (fol. 224 v°) ; le passage est de la main de Claude Bouthillier et Sancy a écrit en marge « id. » (c'est-à-dire « Maréchal ») et « Savoie ».

2. L'abbé Scaglia.

3. Ce début de paragraphe est emprunté aux « Diverses choses que Monsieur a avouées au Roi » (fol. 228 v°). Le passage est de la main de Charpentier, qui a écrit en marge « Savoie » ; il a été marqué pour être employé dans les *Mémoires*.

4. L'abbé Scaglia.

5. Il arriva à la cour d'Angleterre dans la première quinzaine de janvier 1626.

6. Ces incidents sont relatés, tout au long, dans une lettre de Blainville au Roi du 18 janvier 1626 (Aff. étr., corresp. politique, Angleterre 36, fol. 310-312). L'original est à la Bibliothèque nationale, dans le volume 403 du fonds Dupuy, folio 327 ; ce volume contient les originaux (lettres et minutes) de la cor-

agréable qu'il se fût comporté de la sorte[1]. Scaglia vivoit en Angleterre, non comme ecclésiastique, mais vêtu de cour, ni comme catholique, mais refusant absolument de s'employer à faire plaisir à aucun d'eux, et en ses discours les scandalisa beaucoup.

Chalais, étant sur la sellette, confirma l'intelligence de Monsieur avec le prince de Piémont, lequel promettoit dix mille hommes, et les Anglois donnoient de belles espérances et de faire mouvoir la Rochelle. Il dit aussi avoir ouï dire à Monsieur qu'il devoit venir d'Angleterre des vaisseaux à la Rochelle et en Normandie[2].

Monsieur, au même temps[3], étant au Conseil à Saint-

respondance diplomatique de Tillières, de l'évêque de Mende et de Blainville, en 1625 et 1626.

1. Par lettre du 26 janvier 1626, Louis XIII approuva la conduite de Blainville (Aff. étr., corresp. politique, Angleterre 36, fol. 314 v° et suiv.). — Dès le 15 janvier, il lui avait écrit ce qu'il pensait de l'attitude de Scaglia : « ... Je ne sais où l'ambassadeur de mon oncle le duc de Savoie a pris que mes ambassadeurs avoient à vivre avec ceux de son maître sur la règle des autres qui résident en ma cour et que lui peut changer celle qui s'observe à Rome, mais bien sais-je que ne me lairai faire ce tort mêmement en Angleterre, où je serai bien aise que l'on y voie ce qui m'est déféré ailleurs... » (Bibl. nat., Dupuy 403, fol. 336, copie).

2. Interrogatoire de Chalais, du 18 août : « Dit n'avoit su la négociation qui se faisoit avec le prince de Piémont, fors que dans le temps de treize jours qu'il a manqué de donner avis au Roi des brouilleries qui se faisoient, il ouït dire à Monsieur que ledit prince de Piémont promettoit dix mille hommes. Dit avoir ouï dire à Monsieur que du côté d'Angleterre il devoit descendre des vaisseaux en Normandie et à la Rochelle, et ne savoir qui tramoit cette négociation » (*Pièces du procès*, p. 158).

3. En réalité sur la fin du mois de septembre, comme le relatent les « aveux » de Monsieur.

Germain, un jour que la Reine avoit été saignée et
étoit au lit, avoua franchement que Beaufort[1], qui est
dans la Bastille, faisoit des levées, sous prétexte de
l'Empereur, pour lui, en Picardie[2].

1. Don Antonio Beaufort, qui s'intitule aussi « le colonel de
Beaufort », était originaire de Picardie. Emprisonné en 1625,
il s'en échappa quatre mois après. Les motifs de cet emprisonnement restent incertains. Quoi qu'il en soit, il quitta son pays
natal en mai 1626 pour se rendre à l'armée de l'Empereur,
d'où on l'envoya lever un régiment de 1,000 chevau-légers et
400 dragons. En juin, ayant réuni dans le pays de Liège cinq
compagnies de chevau-légers, il gagna Cambrai, où le lieutenant de la citadelle le fit emprisonner pour « obliger le comte-
duc d'Olivarès »; c'est du moins le récit de Beaufort. Sept
jours après il se serait évadé et, passant par Amiens, y aurait
été arrêté et emprisonné par ordre de M. de Chaulnes; en
juillet, on le transférait à la Bastille. Interrogé, il nia avoir
levé des troupes pour un prince français. Cependant, voici ce
que d'Herbault écrivait à son sujet dans un mémoire de « ceux
qui font levée en France pour l'Empereur » : Beaufort, « gentilhomme de Picardie, qui a été quelque temps prisonnier à la
Bastille, dont il s'est sauvé [allusion à son évasion de 1625],
doit commander 1,000 chevaux et doit être à cette heure à
Paris, où il a laissé, pendant un voyage qu'il a fait à Nancy,
les sieurs de Maricourt et de Chassengrimont, capitaines sous
son régiment. Ledit Chassengrimont fait sa levée en la Basse-
Marche sous prétexte d'aller en l'armée du comte de Mansfeld. » Cette note doit être des premiers mois de 1626. De la
Bastille, Beaufort envoyait en 1627 des lettres à Richelieu sur
les propos des prisonniers qui y étaient détenus; nous perdons
ensuite sa trace (Aff. étr., France 784, fol. 89, et corresp.
politique, Autriche 13, fol. 80).

2. Paragraphe emprunté au document intitulé « Diverses
choses que Monsieur a avouées au Roi » (fol. 228 v°); le passage est de la main de Charpentier qui a écrit en marge :
« levées pour Monsieur ». Sancy a écrit « Caballe ». Le passage, du reste, a été marqué pour entrer dans les *Mémoires*; il
figurait d'abord sur le manuscrit A au folio 161 r° (voyez
p. 155, n. 2).

Le comte d'Egmont[1] a dit à son retour d'Espagne que le Roi avoit obligation à son beau-frère[2] qui avoit refusé retraite à plusieurs grands qui la lui avoient demandée en ces occasions dernières ; ce qui ne devoit pas faire croire qu'il fût vrai, mais bien étoit un témoignage que les conjurés avoient intelligence avec Espagne.

Par information du 26ᵉ août, faite par le président de Montrave[3] à Béziers, il est avéré que le sieur de Rohan avoit dit à plusieurs que La Rousselière[4] étoit arrivé d'Espagne et que tout étoit en bon état ; que si les désordres qui étoient à la cour continuoient, il fau-

---

1. Louis, comte d'Egmont et prince de Gavre, fils de Charles, comte d'Egmont, prince de Gavre (mort en 1620), et de Marie de Lens, dame d'Aubignies, prit aussi les titres de duc de Gueldre et de Juliers. Chevalier de la Toison d'or et gentilhomme du roi d'Espagne, il avait été envoyé comme ambassadeur auprès de Philippe IV par l'infante Isabelle, gouvernante des Pays-Bas. Allié de la France en 1632, il souleva la Flandre contre les Espagnols. Il mourut à Saint-Cloud le 27 juillet 1654. Il avait épousé Marguerite, comtesse de Berlaymont, morte à Bruxelles en mars 1654.

2. Le roi d'Espagne.

3. Jean de Bertier de Montrave, fils de Philippe, président à mortier au parlement de Toulouse, et de Marie de Paule, fut nommé en 1632 premier président au même parlement. Son grand-père Jean de Bertier, seigneur de Saint-Geniez, avait été président de la chambre des enquêtes à ce même parlement de Toulouse.

4. Le protestant La Rousselière ou La Roussillère (d'après une information du 28 août 1626), que le duc de Rohan avait nommé avant août 1626 gouverneur de Saverdun (Ariège), avait été, en 1626, chargé par Rohan d'une mission en Espagne auprès du premier ministre le duc d'Olivarès. En décembre 1628, les habitants de Saverdun le chassèrent de la ville et il se réfugia à Castres. Il était tout dévoué à la cause protestante.

droit prendre son temps et faire sa condition; qu'il leur commandoit de reconnoître et faire reconnoître des places pendant que le temps le permettoit et qu'il sauroit bien prendre l'occasion et ne la manqueroit pas; que les affaires [étoient telles qu'ils] seroient bientôt en état de prendre les armes; que le mariage de Monsieur ne faisoit que retarder un peu les choses; que la ligue se renforceroit toujours en crédit, en amis et en argent; qu'ils ne pouvoient rien faire sans lui; qu'ils lui donneroient quelque bonne place et qu'ainsi il essaieroit à se remettre.

Plusieurs autres déposoient que La Rousselière, leur parlant de son voyage d'Espagne, leur dit qu'il avoit mis les affaires en tel état qu'il n'y faudroit plus retourner; que tout étoit fait, qu'on auroit de l'argent en abondance et que la ligue qui paroissoit en France avoit pris son commencement en Espagne, à ce qu'il avoit appris[1].

1. Ce paragraphe et le précédent sont tirés des extraits de l' « Information faite secrètement », le 28 août 1626, par Jean de Bertier [de Montrave], conseiller du Roi en ses conseils et président en la cour du parlement de Toulouse, « et servant cette présente séance en la chambre de l'édit de Béziers ». Ce document, conservé aux Affaires étrangères (France 782, fol. 309-312), contient les cinq dépositions de Jean de Piis de Causé de Caucalières, de Jean de Terrieux, sieur de Monberlan, de Bernard de Maurin, sieur de Lespinas, de François de Laur, sieur de Marmolières, et de Pierre de Jougla, sieur de Saint-Loup, tous huguenots; ces cinq personnages avaient été envoyés au duc de Rohan par ordre du Roi, afin de sonder les desseins du duc; leurs dépositions ont été utilisées par les rédacteurs des *Mémoires*, ainsi que le prouvent les mentions suivantes portées au dos du document (fol. 312 v°) : « Information contre M. de Rohan du 20ᵉ août 1626 »; mots écrits partie par Le Masle et partie par Charpentier; au-dessous, Sancy a

Leur dessein contre le Cardinal est mêlé en toutes les choses que nous avons déduites, joint que Le Coigneux disoit souvent qu'il ne voyoit point que l'esprit de Monsieur se guérit, mais qu'il témoignoit, quand il

écrit « Employé ». Voici la déposition de Jean de Piis (fol. 309) : « A dit qu'étant allé à Nîmes au mois d'avril dernier passé, ensemble avec le sieur de Terrieux, voir M. de Rohan, après plusieurs discours, il lui fit de grandes promesses de lui donner de l'emploi, et, à son départ, le pria de vouloir conserver et entretenir son crédit dans Castres, Montauban et autres villes, que cette paix ne seroit pas de durée et qu'il auroit de quoi pour bien reconnoître les services qui lui seroient rendus, le voyant porté à la guerre comme il avoit dit lors à M. de Saint-Géry et de Jalenques son frère, lesquels l'avoient prié de continuer à découvrir ses desseins et pour cet effet retourner à Nîmes; ce qu'il auroit fait au mois de juin dernier, où étant arrivé avec le sieur de Terrieux, ledit sieur de Rohan leur dit qu'il étoit maintenant bien avec le peuple de Nîmes et que La Roussillère étoit arrivé d'Espagne et que tout étoit en bon état. Il lui demanda aussi l'état des villes du Haut-Languedoc et si le peuple n'étoit pas toujours disposé à le servir; et, peu de jours après, il lui dit que si les désordres qui étoient à la cour continuoient, il faudroit prendre son temps et faire sa condition, et pour cet effet le pria de vouloir reconnoître des villes et d'en faire reconnoître à de ses amis pendant que le temps le permettoit et qu'il prendroit si bien son temps qu'il ne manqueroit plus. Lui dit aussi qu'il devoit voir Mesdames sa mère et sa femme à Montauban, que là il sauroit toutes choses d'elles. Aussi lui dit-il qu'il se tînt prêt avec ses amis pour l'accompagner et le faire entrer dans Castres. Et entretenant un jour La Roussillère de son voyage d'Espagne, il lui dit qu'il avoit mis les affaires en tel état qu'il n'y faudroit plus retourner, que tout étoit fini, qu'on auroit de l'argent en abondance et que la ligue qui paroissoit en France avoit pris son commencement en Espagne, ce qu'il avoit appris étant en ce pays de delà. Et lui qui dépose étant retourné ce mois d'août à Nîmes avec lesdits sieurs Terrieux, Mauri[n], Marmolières et Jougla par l'avis du sieur Saint-Géry et de Jalenques, ledit

étoit en son particulier, qu'il vouloit un grand mal au Cardinal et qu'il ne lui pardonneroit jamais.

Par divers avis de toutes parts, on étoit assuré qu'ils avoient dessein de donner ombrage à S. M. du crédit qu'avoit le Cardinal auprès d'elle, disant que c'étoit par une semblable jalousie qu'on avoit autrefois perdu la Reine mère auprès d'elle et que ce qui avoit réussi envers elle pouvoit bien réussir une seconde fois en une autre personne, bien qu'ils reconnussent en leurs consciences que les choses n'allassent jamais si bien comme elles alloient et qu'elles fussent comme elles devoient être.

L'exécrable attentat contre la personne du Roi fut encore confirmé : premièrement par Chalais, qui avoua formellement que M*me* de Chevreuse avoit une haine particulière contre S. M.[1]. Dunault, secrétaire du

sieur de Saint-Géry venant de Nantes leur en ayant fait le commandement de la part de S. M., étant arrivés audit Nîmes, ledit sieur de Rohan leur témoigna être très content de leur arrivée et ayant fait sortir ceux qui étoient en sa chambre, demanda audit déposant l'état des villes et surtout de Montauban, lui dit que Madame sa femme seroit au premier jour à Nîmes, que par elle on sauroit toutes choses et que les affaires seroient bientôt en état de prendre les armes, que le mariage de Monsieur ne faisoit que retarder un peu les affaires et que la ligue se renforceroit toujours en crédit, en amis, en argent et qu'ils ne pouvoient rien faire sans lui, qu'on lui bailleroit quelque bonne place et qu'il falloit prendre ce temps pour se remettre. Dit de plus qu'il fait des pratiques dans les villes et y baille quantité d'argent, ce qu'il fait certainement, et ledit sieur lui a même donné charge d'en offrir à quelques-uns; et plus n'a dit savoir... » En marge de cette déposition, Sancy a écrit (fol. 309 v°) « Jean de Piis », et plusieurs passages en sont marqués pour des extraits en vue des *Mémoires*.

1. Mais on sait qu'après sa condamnation Chalais s'était rétracté.

Grand Prieur, dit au sieur de Fossez, en présence de Mme d'Elbeuf, que son maître demandoit grâce, reconnoissant avoir entrepris contre la personne du Roi et l'État séparément[1].

Un homme qui donnoit des avis d'Espagne avertit plusieurs fois qu'il y avoit une cabale contre la personne du Roi[2].

La Lande[3], prévôt de Saumur, ouït dire au cocher de M. de Vendôme, en passant, lorsqu'il venoit[4] : « N'a-t-on pas bien rasé Louis le Fainéant? » Ce qui montre qu'il falloit qu'il y eût quelque dessein bien épandu dans la maison, ou au moins que l'on y faisoit librement des discours criminels, puisque cela venoit jusques aux cochers. Et Bullion rapporta au Roi, le 17e octobre, qu'on n'attendoit en Savoie autre chose, sinon un changement absolu de l'État au préjudice de la personne du Roi, qu'on parloit de reclure[5]. A quoi on peut ajouter ce que nous avons dit ci-dessus sur un autre sujet[6], qu'on n'avoit point de honte de parler ouvertement de marier Monsieur avec la Reine, en cas de mort du Roi; ce que Monsieur, trois ou quatre jours avant la mort de Chalais, avoua quand, oyant dire devant la Reine mère que[7] Chalais avoit dit que le fon-

1. Voir ci-dessus, p. 170.
2. Voyez plus haut, p. 7.
3. Mathieu de la Lande, né en 1582, était prévôt des maréchaux de Saumur et « capitaine de gabelle d'Anjou » en 1627.
4. Lorsque M. de Vendôme vint de Bretagne rejoindre le Roi à Blois, où l'on a vu qu'il fut arrêté le 13 juin, ainsi que son frère le Grand Prieur.
5. Cf. ci-dessus, p. 33.
6. Page 105.
7. A noter que les neuf mots qui précèdent font défaut dans le manuscrit Français 17542 de la Bibliothèque nationale.

dement de l'opposition que les dames faisoient à son mariage étoit ce sujet, il confessa qu'il y avoit longtemps que Mme de Chevreuse lui en avoit parlé[1].

Voilà les preuves de l'effroyable faction de laquelle le maréchal d'Ornano étoit le chef.

De sa mort, que nous avons dit être arrivée au 2e de septembre[2], les conjurés prirent occasion d'animer Monsieur contre le Cardinal encore davantage qu'il n'étoit auparavant, de sorte que, par leurs discours, ils témoignoient avoir dessein de s'assembler et lui faire un mauvais parti en quelque logement sur le chemin, où il étoit peu accompagné, ne pouvant pas aller si vite que le Roi, à cause de ses incommodités; ce qui fit que quelque noblesse l'accompagna deux ou trois journées depuis le Mans[3].

---

1. Voyez ci-dessus, p. 105.
2. Voyez plus haut, p. 150.
3. Richelieu écrit à Bouthillier, de Connéré, le 8 septembre, que l'évêque du Mans lui a donné vingt gentilshommes qui l'accompagneront jusqu'à Paris; cette escorte venait renforcer celle de trente gentilshommes qu'il avait eue pendant tout le voyage (Avenel, *Lettres*, t. II, p. 260). D'autre part, le P. Griffet, dans son *Histoire*, t. I, p. 495, rapporte qu'après la tentative de Fleury le Roi avait donné à Richelieu pour veiller à sa sûreté trente gendarmes et trente chevau-légers de sa garde; mais il semble que cette escorte ait été provisoire. Plus tard, en 1634, il aura cent mousquetaires à cheval, plus une compagnie de chevau-légers et une compagnie de cent hommes d'armes pour le protéger contre les entreprises de ses ennemis. Un état de ses gardes, daté d'octobre 1626, mentionne dix-huit noms. En réalité, dès le 26 mai 1626, le Roi, reconnaissant les services du Cardinal, avait ordonné « que les douze capitaines appointés des troupes servant près la Reine mère résideront près de S. É. pour la sûreté de sa personne »; et le 27 septembre 1626 un brevet de Louis XIII autorisait Ri-

[1626] DE RICHELIEU. 193

Le Roi en fut si en peine qu'il lui écrivit de sa main[1], le 9ᵉ septembre, qu'il le prioit de prendre garde à lui et se mettre en état qu'ils ne lui pussent faire un mauvais tour; que, s'il avoit affaire de ses compagnies et de tout ce qu'il avoit, il le lui enverroit au moindre avis qu'il auroit de lui[2].

Mᵐᵉ de Chevreuse, qui se sentoit trop coupable pour attendre à Paris la venue du Roi, en partit peu de jours auparavant, et s'en alla en Lorraine[3].

S. M. arrivant à Paris le 14ᵉ septembre trouva que son absence n'avoit pas avancé l'exécution de la paix en Italie[4].

---

chelieu à « tenir toujours près de sa personne cinquante hommes à cheval avec les chefs pour les commander, par lui choisis » (Aff. étr., France 823, fol. 146).

1. Les mots *de sa main* ont été ajoutés par Sancy.

2. Ce paragraphe était ainsi rédigé, avant les corrections faites par Sancy, dans le manuscrit A (France 58, fol. 172 v°) : « Le Roi en fut si en peine qu'il lui écrivit le neuvième septembre ces paroles : « Je vous prie de prendre garde à vous « et vous mettre en état qu'ils ne vous puissent faire un mau- « vais tour. Si vous avez affaire de mes compagnies et de tout « ce que j'ai, je vous l'enverrai au moindre avis que j'aurai de « vous. »

3. Ci-dessus, p. 111. — Ce paragraphe et le précédent, qui ont été corrigés par Sancy (ms. A, fol. 172 v°), figurent plus haut (fol. 160 v°) sur le même manuscrit, mais ces paragraphes avaient été barrés; ils ont trouvé leur place ici.

4. La paix d'Italie, à laquelle il est fait allusion, est celle qui avait été conclue par le traité de Monçon, le 5 mars 1626. — Avec le paragraphe suivant commence le seizième cahier de 1626 (ms. A, fol. 175). Sur la feuille de couverture de ce cahier, on lit : « 1626. 16ᵐᵉ cahier. On travaille à l'exécution de la paix d'Italie. Rambouillet va en Espagne » (main de Sancy). Le sommaire a été barré et remplacé par le suivant, que Charpentier a écrit : « On travaille à l'exécution de la paix d'Italie.

S'il y eut beaucoup de peine et de longueur à convenir des articles d'icelle, il y en eut bien encore davantage à l'exécution de ce qui avoit été promis.

La paix fut secrètement traitée entre les deux couronnes[1]. Il ne pouvoit y avoir empêchement de dehors, parce qu'on ne le savoit pas[2]. Mais, à l'exécution, outre les deux couronnes, Sa Sainteté, Venise, le duc de Savoie, Gênes, les Grisons, les Valtelins et les Suisses devoient intervenir; joint que, naturellement, il y a moins de difficulté à promettre qu'à tenir et que les Espagnols cherchent toujours l'avantage en l'exécution des choses au concert desquelles ils n'ont pas reçu tous les avantages qu'ils eussent bien désiré.

La première peine fut à faire recevoir le traité au duc de Savoie et lui faire accorder une suspension d'armes avec Gênes et embrasser la voie d'arbitrage pour terminer leur différend. Il met en avant[3] qu'il[4] n'est pas formellement compris en ce traité; que les Espagnols sont hostilement entrés en son État, violant ouvertement la paix qu'ils lui avoient jurée avec appro-

---

Le Roi envoie le sieur de Rambouillet ambassadeur extraordinaire en Espagne » (fol. 174).

1. La France et l'Espagne.

2. C'est-à-dire que les puissances étrangères ne pouvaient faire obstacle aux négociations secrètes en cours entre la France et l'Espagne, puisqu'elles en ignoraient l'existence.

3. Ce paragraphe et les trois suivants sont tirés d'un document conservé aux Affaires étrangères (corresp. politique, Turin 7, fol. 385-387), portant la mention suivante écrite par Charpentier (fol. 388 v°) : « Employé, 1626 », et qui avait été envoyé par Bullion à Richelieu, lors de son ambassade en Piémont; Bullion a, en effet, écrit au dos du document (fol. 388 v°) : « Ce qu'il a été traité avec S. A. de Savoie. Pour être envoyé à Monseigneur le Cardinal. »

4. Lui, le duc de Savoie.

bation de S. M.; qu'il ne sait quelle sûreté il peut avoir avec eux et que, les choses étant en ces termes, la suspension d'armes avec Gênes lui seroit dommageable ; joint qu'il lui semble qu'il faudroit commencer à rendre, de part et d'autre, les places prises et remettre toutes choses au même état qu'elles étoient auparavant la guerre.

Bullion lui remontra qu'il[1] étoit compris au traité comme l'un des collègues, les États duquel S. M. veut conserver comme les siens propres et les assurer contre qui que ce soit, et partant, qu'il peut faire la suspension d'armes avec toute assurance; néanmoins que s'il veut une déclaration particulière par laquelle le roi Catholique déclare qu'il est compris en la paix, il n'y aura point de peine à l'obtenir. Quant à son différend avec Gênes, il ne se peut traiter d'accord et particulièrement de la restitution des places et des prisonniers (que la raison veut qui soit préalable) que la suspension d'armes ne soit accordée par article secret ou autrement et que S. A. ne nomme des arbitres pour terminer cette affaire par un juste et honorable accommodement.

Enfin la résolution fut que le Roi écrivît au roi d'Espagne pour avoir assurance de la continuation de la paix, l'ayant rompue par actes d'hostilité du côté d'Ast et siège de Verrue[2], et que Bullion écriroit à Milan pour être éclairci s'ils ont ordre de ne rien innover contre les États dudit duc; comme aussi de savoir de la part

---

1. Le duc de Savoie.
2. Allusion aux sièges des villes piémontaises d'Asti et de Verrue, entrepris par les troupes espagnoles, mais que les troupes françaises les avaient obligées à lever, les 4 août et 17 novembre 1625 (cf. notre t. V, p. 63-66).

de Gênes, par le moyen de l'ambassadeur d'Espagne qui y réside[1], leur volonté sur le fait de la suspension d'armes et des moyens pour parvenir à un bon accommodement.

Du côté de l'Espagne et de Milan on eut les réponses qu'on désira.

Pour le fait de Gênes, il y eut de la difficulté sur le point de la restitution préalable de toutes choses comme elles étoient auparavant les premiers mouvements.

Venise accepta avec contentement le traité. Elle se contenta de laisser ses troupes dans la Valteline sous la charge du marquis de Cœuvres (savoir : les auxiliaires jusqu'à la démolition des nouveaux forts, et celles de la ligue jusqu'à l'entière exécution du traité[2]) et ordonna à ses ambassadeurs de joindre leurs offices avec ceux du sieur de Châteauneuf envers les cantons des Suisses, pour les disposer à la clôture des passages dans l'État de Milan ou du moins à faire qu'ils apportent telle restriction que lesdits passages ne soient

1. Sanche de Monroy y Zuñiga, premier marquis de Castañeda, gentilhomme de la chambre du roi, membre de ses conseils d'État et de guerre, qui fut ambassadeur ordinaire à Gênes de 1623 à 1632, puis à Vienne jusqu'en 1638. Il mourut en août 1646. Les documents français l'appellent Castagnet ou Castagned (Avenel, *Lettres*, t. VIII, p. 270).

2. C'est ce que dit une dépêche d'Aligre à Phélypeaux d'Herbault (Venise, 24 août 1626) : « Ces seigneurs [les Vénitiens] sont demeurés d'accord de contribuer tout leur pouvoir pour tirer les cantons à une ligue offensive, et quant à l'exécution ils laissent leurs troupes auxiliaires pour la garde des nouveaux forts et de leur artillerie jusques à la réelle démolition d'iceux, et quant aux troupes de l'armée de la ligue elles demeureront sous la conduite de M. le marquis de Cœuvres qui en disposera à sa volonté... » (Aff. étr., corresp. politique, Venise 44, fol. 244 v°).

ouverts qu'au cas que ledit État fût assailli. A quoi ils furent facilement persuadés, moyennant la promesse portée par un écrit particulier et secret entre S. M. et eux, que Châteauneuf leur accorda, que S. M. leur moyenneroit la liberté des passages des Grisons en vertu de son alliance[1].

1. Voici la teneur de cet écrit, du 21 août 1626, signé Châteauneuf et d'Aligre (on remarquera que les *Mémoires* ne parlent que de Châteauneuf) : « Le Roi ayant par le 15ᵉ article du traité de paix et alliance, fait et renouvelé par le feu roi Henri-le-Grand son père, de glorieuse mémoire, en l'an 1602, avec les sieurs des cantons des ligues de Suisse, ligues grises et leurs alliés, la faculté de faire passer par leurs pays des gens de guerre, tant pour le secours de ses états, terres et sujets, que pour en assister et aider à ses amis, Nous, Charles de l'Aubespine, seigneur de Préaux et de Châteauneuf, conseiller au Conseil de S. M., chevalier et chancelier de ses ordres, et son ambassadeur extraordinaire à Venise, Suisses et Grisons, et Étienne d'Aligre, seigneur de la Rivière, aussi conseiller au Conseil d'État de S. M. et son ambassadeur ordinaire à Venise, en vertu du pouvoir qu'il a plu au Roi nous donner, déclarons par le présent écrit que nous communiquons, au nom du Roi, durant dix ans, à la Sérénissime République la faculté et pouvoir qu'a S. M. par la susdite alliance de faire passer des gens de guerre par lesdits pays des Grisons pour soi et pour ses amis, au nombre desquels (et des plus chers) la Sérénissime République a toujours été. En outre, afin d'assurer davantage ce point et y apporter plus grande précaution, nous, ambassadeurs susdits, en vertu de notredit pouvoir et au nom du Roi, promettons à la Sérénissime République que S. M. emploiera son nom, crédit et autorité au temps et aux occasions où la République en aura besoin vers les Suisses grisons ses alliés et autres que besoin sera, afin qu'ils consentent que les passages par leur pays de la Rhétie et Valteline soient ouverts à ladite République pour faire passer des gens de guerre de là les monts dans ses États. A quoi S. M. est d'autant plus portée qu'elle témoigne la sincérité de son affection envers la République et qu'elle ne fait rien en cela

Mais ledit Châteauneuf fit la promesse pour tout le temps de la vie de S. M., quoiqu'il n'eût ordre de la faire que pour dix ans, S. M. se voulant réserver cet avantage que, de dix en dix ans, la République fût obligée de la lui redemander et fût, sous cette espérance, retenue en plus de respect envers S. M. De plus encore, il avoit ordre d'exprimer, en la promesse, ces paroles, « sans que cela préjudicie au traité de paix avec Espagne du 6ᵉ de mars dernier », tant pour montrer que S. M. le pouvoit sans déroger audit traité (attendu que par icelui les choses étoient remises en l'état qu'elles étoient auparavant les derniers mouvements de la Valteline et que lors elle avoit cette faculté-là) qu'afin de décharger par cette clause S. M. envers les Espagnols du prétexte qu'ils pourroient prendre, quoique sans fondement, de se plaindre que par cette nouvelle concession S. M. eût altéré ledit traité de paix; et néanmoins il consentit que cette clause fût ôtée. En troisième lieu, la promesse étoit absolue, sans aucune détermination et restriction au temps et aux occasions où la République en auroit besoin; ce qui fit que S. M. lui donna ordre de la faire réformer.

qui puisse altérer les articles du traité du 6ᵉ mars dernier. Nous promettons aussi de faire ratifier la présente promesse et concession par S. M. dans deux mois. Fait à Venise le 21ᵉ août 1626 » (Aff. étr., corresp. politique, Venise 44, fol. 225). Notez que, contrairement à ce qu'affirment plus loin les *Mémoires*, il est spécifié dans ce document que l'autorisation était valable pour dix ans, et il y est fait allusion au traité du 6 mars, sinon dans les termes, du moins dans le sens désiré par le Roi; une partie des reproches que font les *Mémoires* à Châteauneuf n'est donc pas justifiée. Voyez Éd. Rott, *Histoire de la représentation diplomatique de la France*..... (t. IV, p. 61-65), et notre t. V, p. 255 et suivantes.

Néanmoins, pour ne donner en cela aucun dégoût à la République, elle ratifia ladite promesse en forme qui suppléoit en partie seulement aux choses susdites[1]. Elle se pourra voir à la fin de ce livre[2].

De là le sieur de Châteauneuf passa aux Grisons, où lui et le maréchal d'Estrées convoquèrent une assemblée à Poschiave le 12e de septembre[3] et leur représentèrent les articles du traité, lesquels, après avoir rendu très humbles grâces au Roi de la protection qu'il avoit daigné prendre d'eux, ils dirent qu'ils les présenteroient à leurs seigneurs[4], auxquels ils rapportèrent ce qui leur avoit été dit. Il se forma entre eux plusieurs

---

1. Dans une minute de dépêche portant des corrections de sa main, Châteauneuf explique au Roi les motifs pour lesquels il a cru pouvoir modifier la teneur de l'article particulier accordé par le Roi à Venise (Aff. étr., corresp. politique, Venise 44, fol. 253-259). Louis XIII expose, d'autre part, quels sont les points sur lesquels ses ambassadeurs ont outrepassé ses volontés; néanmoins il se déclare satisfait de leurs services et ratifie ce qui a été accordé (27 septembre 1626) (Aff. étr., corresp. politique, Venise 44, fol. 382-388).

2. Première leçon du manuscrit A, fol. 177, avant les corrections de Sancy : « Elle ratifia ladite promesse en la forme qui s'ensuit, en laquelle elle supplée en partie aux choses susdites. » — Le texte de cette promesse se trouve dans le manuscrit A, fol. 177 v° et 178 r°, où il est barré.

3. La date du 11 septembre paraît être la bonne. Voyez Rott, *op. cit.*, p. 74, 75.

4. La fin de ce paragraphe était ainsi rédigée avant les corrections de Sancy (ms. A, fol. 179) : « Étant promptement retournés à Coire, ils rapportèrent à toutes les communes des Trois Ligues la proposition qui leur avoit été faite dudit traité, sur la réception duquel il se forma entre eux plusieurs difficultés. Enfin, ils résolurent qu'ils enverroient des ambassadeurs vers le Roi pour l'informer du préjudice qu'ils croyoient leur être fait par icelui. »

difficultés qui enfin se terminèrent à envoyer des ambassadeurs vers le Roi pour l'informer du préjudice qu'ils croyoient leur être fait par ledit traité[1].

La première chose qui les arrêtoit étoit que l'archiduc Léopold n'avoit encore donné aucun consentement sur les articles de paix et partant qu'il ne se trouvoit aucune sûreté pour eux de ce côté-là. Les autres difficultés étoient qu'ils ne pouvoient goûter que les Valtelins leurs sujets élussent des juges et, s'ils manquoient auxdits Valtelins en ce qui étoit convenu par la paix sur le fait de la religion, S. S. en prendroit connoissance pour s'en plaindre aux deux rois qui y mettroient le remède nécessaire. Sur quoi ils disoient qu'ils étoient libres et ne vouloient point qu'aucun prince eût l'autorité de se mêler de leurs affaires. Quant à la profession de la seule religion catholique, apostolique et romaine, ils s'y accordoient, pourvu qu'il n'y eût point d'inquisition.

Le sieur de Châteauneuf étant retourné à Coire, y fit, au mois de novembre, une grande conférence avec les députés du conseil secret des Trois Ligues, sans qu'il en pût remporter autre chose[2]. En quoi il étoit aisé à voir qu'ils ne se portoient pas par leur propre

1. En réalité, il fut seulement alors question d'envoyer des ambassadeurs en France; ce projet ne fut réalisé que l'année suivante avec l'arrivée à Paris, le 15 avril 1627, des ambassadeurs grisons; ils eurent audience du Roi le 24 avril (*Mercure françois*, t. XIII, p. 282).

2. Les *Mémoires* sont extrêmement brefs sur les négociations de Châteauneuf et du marquis de Cœuvres auprès des Grisons; on en trouvera les détails dans l'ouvrage si complet de M. Éd. Rott, déjà cité, t. IV, p. 83 et suiv. Voyez aussi *Mercure françois*, t. XIII, p. 258-270.

jugement, mais par le conseil d'autrui qui étoit ennemi du bien de la paix, vu qu'ils avoient, les années auparavant, fait un traité à Milan[1] et un à Lindau[2], auxquels ils condescendoient à bien davantage ; car, au premier, ils abandonnoient la souveraineté de la Valteline et, en l'autre, celle d'une partie de leur propre pays[3]. Mais le duc de Savoie, d'un côté, leur faisoit entendre que, s'ils vouloient tenir bon, ils obligeroient le Roi à leur faire accorder tout ce qu'ils demanderoient. D'autre part, les Anglois avoient expressément, par l'avis du duc de Savoie, fait passer le milord Wake[4], leur ambassadeur, de Turin à Venise par les Suisses et les Grisons, pour, sous prétexte d'un simple passage, faire des cabales avec eux et les détourner de la sincérité avec laquelle ils devoient embrasser ce qui leur étoit proposé de la part du Roi. Ensuite de cet ordre, par les villes où il passoit il faisoit appeler chez soi jusques à sept ou huit des principaux bourgeois de la ville et

1. Le 15 janvier 1622, avec l'Espagne. Cf. notre t. III, p. 266.
2. Le 30 septembre 1622, avec l'archiduc d'Innsbrück (t. III, p. 266, 267).
3. En effet, par le traité de Milan, les Valtelins se trouvaient passer sous la domination brutale de l'Espagne (Rott, *op. cit.*, t. III, p. 501), et par le traité de Lindau, huit Droitures devenaient vassales de l'archiduc Léopold (*Ibid.*, p. 564, 565).
4. Isaac Wake, second fils de lord Arthur of Hartwelle, descendant des Blisworth, né vers 1580, était ambassadeur d'Angleterre à la cour de Savoie depuis 1615 et le fut jusqu'en 1631. Étant retourné en Angleterre en décembre 1623, il était nommé en janvier 1624 membre du parlement pour l'Université d'Oxford. Il repartait en mai 1624 pour l'Italie et la Suisse où il remplit diverses missions jusqu'en 1631, date à laquelle il fut nommé ambassadeur à Paris, où il mourut en 1632.

leur remontroit que le duc de Savoie avoit contribué ce qu'il avoit pu, avec la ruine de ses États, pour empêcher le progrès de l'Espagnol, mais que, contre son espérance, les affaires avoient été réduites en autres termes et partant qu'ils étoient à louer de la disposition en laquelle on les estimoit être de contredire à ce traité, étant assuré que tous les cantons protestants, bien unis avec les Grisons, Venise et Savoie, étoient suffisants d'empêcher ce traité et tailler de la besogne[1] à l'Espagnol et à ses adhérents[2]. Il fit ces offices avec si grande passion, passant à Berne et de là aux autres cantons protestants et aux Grisons, qu'il empêcha le sieur de Châteauneuf de rien obtenir d'eux, ce qui l'obligea[3] d'aller à Soleure pour y convoquer une assemblée générale de tous les cantons[4].

1. La leçon du manuscrit B est : « étoient suffisants d'empêcher ce traité, *de* tailler de la besogne à l'Espagnol... ». Nous donnons la leçon du manuscrit A, fol. 181.
2. Première leçon du manuscrit A (fol. 180 v°) avant les corrections de Sancy : « On eut avis de Genève que, passant par là, il avoit eu commandement de son maître et avoit été prié par M. de Savoie de se promener parmi la Suisse protestante, aux Grisons et à Venise, et ayant appelé chez soi jusques à sept ou huit des principaux bourgeois de la ville, il leur remontra que le duc de Savoie avoit contribué ce qu'il avoit pu avec la ruine de ses États pour empêcher le progrès de l'Espagnol, mais que, contre son espérance, les affaires avoient été réduites en autres termes. Cela étant, qu'il les louait de la disposition en laquelle on les estimoit être de contredire à ce traité et qu'il passeroit aux Grisons et à la Valteline pour leur faire prendre la même résolution, ou les y fortifier, les assurant qu'eux et tous les cantons protestants... », la suite comme dans le texte.
3. Ce qui obligea Châteauneuf.
4. Cette phrase était primitivement ainsi rédigée, avant que

Cependant, auparavant la fin de l'année, le Roi, pour les obliger à consentir à leur propre bien, donna charge aux principaux ministres de son Conseil de traiter avec le marquis de Mirabel, ambassadeur d'Es-

Sancy ne l'eût revue : « Il fit les mêmes offices passant à Berne et de là aux autres cantons protestants et aux Grisons, ce qui empêcha que le sieur de Châteauneuf ne put rien obtenir d'eux et s'en alla à Soleure pour y convoquer une assemblée générale de tous les cantons » (ms. A, fol. 181). — Les trois dernières phrases du paragraphe ont été évidemment empruntées à un document dont une copie se trouve aux Affaires étrangères, correspondance politique, Venise 44, fol. 148, et dont voici le texte : « Le chevalier Vach (sic), qui se dit ambassadeur extraordinaire d'Angleterre en Italie et aux Ligues de Suisse et Grisons, qui étoit y a peu de jours près de M. de Savoie, a passé à Genève où il a dit qu'il avoit eu commandement de son maître et avoit été prié par M. de Savoie de se promener par la Suisse protestante et aux Grisons jusqu'à Venise et dit à ceux de Genève, qu'il appela chez lui jusqu'au nombre de sept ou huit du Conseil, que ledit sieur de Savoie avoit contribué ce qu'il avoit pu avec la ruine de ses États pour empêcher le progrès de l'Espagnol et de favoriser les desseins de ceux qui lui étoient contraires et qu'on s'étoit réduit à un autre point, en étant arrivé tout autrement qu'il ne se promettoit, qu'il louoit les Grisons et les protestants de rejeter le traité de Valteline, qu'il alloit selon la charge qu'il avoit de son maître et dudit duc, qu'il témoigne fort affectionner, pour les fortifier dans le courage qu'ils prennent de contredire ce traité, et qu'il passeroit aux Grisons et Valteline et à Venise. A été suivi à Berne par aucuns de ceux qui étoient présents à ce discours; a été au Conseil desdits Bernois qui étoient en fort petit nombre à cause de leurs vendanges, leur a répété les mêmes choses de la charge qu'il avoit de son maître et dudit duc pour les porter à reprendre courage dans la guerre, leur disant qu'eux et tous les cantons protestants, bien unis avec les Grisons, Venise et Savoie, pourroient se joindre à empêcher ce traité et ensuite renouveler de la besogne à l'Espagnol et aux adhérents. »

pagne, pour la détermination de la somme que les Valtelins seroient obligés de payer par chacun [an] aux Grisons, pour le dédommagement du profit que le général et le particulier desdits Grisons recevoient de l'administration et magistrature en la Valteline et ès comtés de Chiavenne et Bormio, et convinrent à la somme de 25,000 écus par an, qui étoit plus que ce qu'ils recevoient par le traité de Milan[1] pour l'absolue renonciation à la souveraineté de la Valteline[2].

Quant à la démolition des forts de la Valteline et l'accord entre Savoie et Gênes, il se rencontroit de grandes difficultés de la part d'Espagne et du duc[3].

Le Pape, entre les mains de qui on étoit convenu de rendre tous les forts de part et d'autre et que, les ayant reçus, il les feroit démolir incontinent, refusa de

1. Les *Mémoires* se trompent, car le cens dû par les Valtelins, en vertu du traité de Milan, et payable aux Trois Ligues en échange de leur renonciation au choix des magistrats en Rhétie, avait été fixé à cette même somme de 25,000 écus (voyez Rott, *op. cit.*, t. III, p. 500, et t. IV, p. 125-127).

2. Voyez une copie de la « Déclaration du roi de France et d'Espagne, touchant le cens annuel que les Valtelins doivent payer aux sieurs Grisons, du 22 décembre 1626 » (Aff. étr., corresp. politique, Espagne 14, fol. 568-569). Cf. aussi *Mercure françois*, t. XIII, p. 271-273, et Rott, *op. cit.*, t. IV, p. 125-127.

3. Première rédaction du manuscrit A, fol. 181 v° : « Le plus fort restoit encore à faire, qui étoit la démolition des forts de la Valteline et l'accord entre Savoie et Gênes, en quoi il se rencontra de grandes difficultés de la part d'Espagne et du duc. » Les corrections ont été faites par Sancy. Ce paragraphe, tel qu'il est donné dans cette note, se retrouve au folio 178 v° du manuscrit A, où il est barré ainsi que toute la page dont il fait partie.

le faire, et, quelque instance que le Roi en pût faire, ne voulut jamais se charger de la démolition[1].

Le Fargis, qui s'étoit accoutumé de traiter sans ordre et, n'en ayant reçu aucune punition, croyoit que la licence lui en étoit donnée, s'avança de convenir avec le comte d'Olivarès que la charge de les démolir seroit commise au roi d'Espagne et aux Valtelins[2].

Le Roi, fort offensé de cette présomption[3], le désa-

1. Les forts devaient être remis au Pape en vertu de l'article XIII du traité de Monçon et rasés par ses troupes en vertu de l'article XVIII (cf. Rott, *op. cit.*, t. IV, p. 23). La France aurait voulu obtenir du Pape que les places qui lui seraient remises fussent auparavant démantelées, mais le Pape se refusait à faire opérer par ses troupes le « rasement » prévu (Rott, *Ibid.*, p. 121).

2. Ce fut là l'un des expédients proposés par du Fargis et dont Béthune, l'ambassadeur français à Rome, ne voulait pas entendre parler (Rott, *Ibid.*, p. 121).

3. Ce paragraphe est tiré d'un « Extrait » d'une réponse du Roi à une lettre de du Fargis du 25 août 1626, dont le début, que nous donnons, n'a pas été utilisé par les *Mémoires* (Aff. étr., corresp. politique, Espagne 14, fol. 491, 492) : « Le Roi n'a point donné ordre audit s[r] du Fargis de traiter avec le Conseil d'Espagne des moyens de l'exécution de la paix, mais de faire instance, procurer et moyenner seulement près du roi Catholique à ce qu'il envoyât ordre et pouvoir valables à ses ministres à Rome ou à Milan pour en traiter avec ceux de S. M. C'est pourquoi Elle [S. M.] ne peut approuver ce qui a été négocié par ledit s[r] du Fargis au fait de la démolition des forts de la Valteline, soit qu'il l'ait promis de bouche ou par écrit ou que seulement il ait reçu et montré agréer les propositions faites sur ce sujet, puisqu'il a traité sans son ordre comme il a fait. Quant à la subsistance des alternatives proposées au fait de ladite démolition, S. M. dit que le Pape s'étant plusieurs fois déclaré de ne vouloir point faire la démolition des forts de Valteline, elle ne peut avoir agréé qu'elle soit commise aux Valtelins, mais encore aux Espagnols, puisqu'il n'est pas rai-

voue, ne jugeant pas raisonnable que les uns et les autres, qui sont parties en ce sujet opposées à l'intérêt de S. M. et des Grisons ses alliés, deviennent dépositaires des forts et que la démolition en soit remise à leur discrétion, joint que la réputation de S. M. ne pourroit pas permettre qu'elle se démît des forts pour les voir, par après, entre les mains des Valtelins ou des Espagnols, chose toute contraire à l'intention du traité. Mais S. M., ne voulant aussi en ce fait-là s'avantager aucunement, proposa, pour le plus juste et meilleur expédient, qu'après que les forts auroient été mis ès mains du Pape pour sa satisfaction, qu'ils fussent par S. S. rendus aux ministres des deux couronnes pour faire la démolition, chacun de ceux qui sont à présent en leurs mains, selon l'ordre, le temps et les circonstances qui seroient arrêtés de concert entre leurs ambassadeurs à Rome ou en la Valteline, lesquelles S. M. auroit toutes agréables, pourvu que la sûreté de la démolition des forts et la décharge du Pape s'y trouvât comprise et que la dignité des deux couronnes y fût également conservée, suivant l'intention du traité et celle que doivent avoir les deux rois.

Le marquis de Mirabel, ambassadeur d'Espagne, en témoigna du mécontentement et représenta que, puisque le Roi son maître avoit fait le dépôt desdits forts entre les mains de S. S., à laquelle il en devoit donner la décharge, il étoit convenable que S. S. les lui rendît, puisqu'elle ne le vouloit pas faire elle-même.

sonnable que les uns et les autres... » (la suite du document est identique au paragraphe commençant par « Le Roi, fort offensé... »). La fin du paragraphe, à partir de : « Mais S. M. ne voulant aussi en ce fait-là... », a été rédigée à l'aide du même document, qu'il suit de très près.

Au moins le Roi ne devoit-il, ce semble, refuser que les forts fussent remis un à un par S. S. entre les mains des Valtelins pour les démolir; que cela étoit à l'avantage de la France, puisque (les Valtelins étant un corps avec les Grisons et, pour ce respect, alliés de S. M. sous sa protection) il sembloit que cette démolition se fît plutôt par le commandement de S. M. que par un accord entre les deux et que cela donneroit plus de facilité en l'exécution, à cause que ce seroit un moyen proposé par les ministres de S. S., en quoi il n'y pourroit avoir aucune opposition[1].

S. M. demeura ferme en son premier avis, ne jugeant pas raisonnable que ladite démolition fût commise à l'une des parties à l'exclusion de l'autre.

Ledit ambassadeur[2] présenta en même temps au Roi, le 26ᵉ septembre, une lettre de la République de Gênes, pleine de soumissions et de respects, que ledit ambassadeur rendoit, par laquelle il supplia le Roi, en son nom, de recevoir en bonne part et avoir agréable de croire qu'en toutes les procédures[3] qui avoient été faites contre Claudio Marini[4], la République y avoit été

1. Sancy a remanié ce paragraphe sur le manuscrit A, fol. 182 v°.
2. Le marquis de Mirabel, ambassadeur d'Espagne à Paris.
3. Avant les corrections de Sancy, le manuscrit A portait ces lignes (fol. 182 v°) : « Ledit ambassadeur [Mirabel] présenta au Roi le 26ᵉ septembre une lettre de la République de Gênes, et, outre les soumissions et respects que ladite République rendoit par cette lettre à S. M., le marquis [Mirabel], en créance de la même République, supplia le Roi de recevoir en bonne part les soumissions qu'elle lui rendoit, l'assurant qu'en toutes les procédures... »
4. Claudio Marini, d'origine génoise, marquis de Borgofranco (1623), conseiller d'État et chambellan du Roi, fut résident

forcée pour obéir aux lois, mais que le respect de S. M. et l'emploi dudit Marini l'avoient retenue de plusieurs autres poursuites, n'ayant jamais pensé, comme le bruit en avoit couru, de mettre prix à sa tête, et que, pour marque plus assurée du respect très humble de la République vers S. M., elle avoit cassé et révoqué toutes sentences et déclarations faites contre la personne dudit Marini, le remettant en ses anciens honneurs. Comme ils croyoient avoir fait de leur part tout leur possible, ils espéroient aussi que S. M. y correspondroit[1] de son côté par son accoutumée grandeur et bonté, favorisant ladite République et lui faisant la grâce de casser et révoquer les édits qu'on avoit envoyé publier contre la liberté des personnes et facultés

pour la France à Gênes de juillet 1610 à juin 1616 et chargé en 1615 d'une mission à Milan et à Mantoue. Il fut ambassadeur de France à Turin de 1617 à 1629, fut naturalisé français en octobre 1629 et mourut le 20 novembre suivant. — Les *Mémoires* font allusion à des incidents remontant à 1625. Le 30 août de cette année, la République de Gênes, alliée de l'Espagne, avait déclaré Marini « rebelle au premier chef », parce que, d'origine génoise, il représentait la France à la cour de Savoie, pays ennemi; par cette même sentence, Marini était condamné à mort, ses biens confisqués, ses maisons démolies et sa tête mise à prix pour 18,000 écus. En représailles, Louis XIII avait rendu une ordonnance le 4 octobre 1625, par laquelle ordre était donné de confisquer les biens des Génois résidant en France et de jeter en prison les détenteurs de ces biens, exception faite pour ceux naturalisés Français ; en outre, 60,000 livres étaient promises à toute personne qui aurait puni de mort « l'un de ceux qui auront assisté au jugement et téméraire sentence donnée » contre Marini et mis sa tête à prix. Suivant cette ordonnance, plusieurs marchands et banquiers génois avaient été emprisonnés en Provence, à Lyon et à Paris (*Mercure françois*, t. XI, p. 939).

1. *Var.* : S. M. correspondroit... (ms. A).

de ses sujets, lesquels, sous la parole de roi et la foi publique, résidoient en son royaume. S. M. ne voulut pas que la cassation de la susdite sentence contre Claudio Marini fût en forme de grâce et d'abolition, mais une révocation par forme de désaveu, qui confirmât, en termes honorables, ledit sieur Marini en ses biens, honneurs et dignités en la République, ensemble ses descendants, tout ainsi que si ladite sentence ne fût point avenue. Ensuite de laquelle déclaration S. M. forma la révocation de l'ordonnance et bans publics contre ladite République de Gênes, et donna mainlevée de tous les biens, à 50,000 écus près, qui furent arrêtés pour le dédommagement des pertes dudit sieur Marini[1].

Pour le regard du différend d'entre ladite République et M. de Savoie, ledit marquis ambassadeur d'Espagne proposoit que l'arbitre de part et d'autre fût de robe longue et que, jusques à ce qu'ils eussent jugé, les choses demeurassent en l'état qu'elles étoient. Le Roi, au contraire, jugea raisonnable qu'avant toutes choses les parties acceptassent la paix, qu'ensuite ils nommeroient et compromettroient de la qualité des arbitres, mais qu'avant que d'entrer en négociation sur le fond du différend, les choses soient rétablies en leur premier

1. Ce paragraphe semble emprunté à l'un des articles de l'instruction donnée en octobre 1626 au marquis de Rambouillet, envoyé comme ambassadeur de Louis XIII en Espagne. Une minute de cette instruction est conservée aux Affaires étrangères, correspondance politique, Espagne 14, fol. 520 à 528. Le passage qui a peut-être servi de source à ce paragraphe est au folio 526. Les *Mémoires* donnent comme accepté par l'Espagne ce qui dans l'instruction de Rambouillet est seulement indiqué comme devant faire l'objet de négociations ultérieures.

état, ainsi qu'il est ordinaire et accoutumé en tous traités; savoir, que la restitution des places seroit effectuée de part et d'autre, ce que S. M. auroit à plaisir de proposer à M. de Savoie si le roi Catholique demeuroit d'accord de faire le semblable à la République de Gênes.

Et sur le sujet[1] des saisies qui avoient été faites réciproquement des biens et marchandises appartenantes aux sujets des deux couronnes on proposa de s'accorder d'un jour préfix, dans lequel on restitueroit[2] de bonne foi la galizabre[3] de Calais avec tous les deniers qui étoient dedans, et qu'à même jour seroit donnée pleine et entière mainlevée en Espagne de tous les biens, vaisseaux et marchandises des François, sans aucune réserve.

Quant aux landes de Marseille[4], quoique les Espa-

1. Voyez l'instruction donnée au marquis de Rambouillet (Aff. étr., corresp. politique, Espagne 14, fol. 525 v°) qui a servi de source à cette fin de paragraphe.
2. L'instruction porte, en outre, comme date de restitution, celle du 15 au 20 novembre.
3. Petite galère propre à la course. Plusieurs de ces galères, que les Espagnols réclamaient comme leur propriété, avaient été saisies par des Français avec leurs marchandises et emmenées à Calais.
4. Le mot *lande* vient sans doute de *landchia* en barbaresque, *lancia* en italien, qui signifie canot, chaloupe, et qui a donné aussi *lanche*, en français, avec le sens de felouque. Voici résumée cette affaire des « landes de Marseille ». Trois landes (le *Mercure* écrit *lahudes*) ou barques à huit rames parties de Barcelone pour se rendre à Gênes, ayant fréquenté des criques désertes des environs de Marseille, contrairement aux ordonnances, avaient été saisies en avril 1625 par ordre du duc de Guise, gouverneur de Provence, et leur cargaison, évaluée à

gnols ne fussent point en droit d'en demander la restitution puisqu'elles ne leur appartenoient pas, ni à leurs sujets, néanmoins S. M. trouva bon de donner assurance de faire payer, dans un an, les sommes qui se trouveroient avoir été prises dans lesdites landes, suivant la liquidation qui en seroit faite, compensation et déduction préalablement faite sur icelles des sommes qui se trouveroient avoir été prises par ceux de Gênes aux habitants de Marseille, comme aussi de celles qui auroient été retenues par les ministres d'Espagne en tous les États dudit Roi sur les biens par eux saisis aux sujets de S. M.[1].

Le Roi n'avoit point encore envoyé en Espagne pour se conjouir de la naissance de l'Infante, dont la reine[2]

160,000 ducats, confisquée. Plainte de Gênes au Conseil royal d'Espagne, pour ce motif que partie de ces marchandises appartenait à des Génois. L'Espagne, sous prétexte que la plus grande partie de l'argent qu'on avait confisqué appartenait à des sujets espagnols, ordonna la saisie des navires et marchandises appartenant à des Français qui se trouveraient alors en Espagne; ce qui fut rigoureusement exécuté à Madrid au début d'avril. Louis XIII répliqua par deux ordonnances, l'une du 24 avril, l'autre du 6 mai, dans lesquelles il contestait d'ailleurs l'affirmation du gouvernement espagnol d'après laquelle une partie des sommes saisies appartenait à des sujets de l'Espagne; par la première, il portait interdiction générale de tout trafic en Espagne; par la seconde, il ordonnait la saisie des vaisseaux, marchandises et biens des Espagnols, Portugais, Milanais, Napolitains et Génois, ce qui fut exécuté (*Mercure françois*, t. XI, p. 483-491, et Aff. étr., corresp. politique, Espagne 14, fol. 99 et *passim*).

1. Ce paragraphe et le précédent étaient primitivement aux temps présent et futur; Sancy a fait les corrections nécessaires (ms. A, fol. 184).

2. Sœur de Louis XIII.

étoit accouchée au mois de novembre, en l'année précédente[1].

Le marquis de Rambouillet[2] avoit été dès lors destiné pour y aller ambassadeur extraordinaire à cet effet; mais la guerre et les mésintelligences survenues entre les deux couronnes ayant différé son voyage, le Roi se résolut de l'y envoyer maintenant[3] et, quant et quant, lui donna ordre de travailler à ajuster tous les différends qui se rencontroient en l'exécution du traité de la paix[4].

1. Marie-Eugénie naquit le 21 novembre 1625; cette nièce de Louis XIII fut baptisée par le cardinal Zapata le 24 mai 1626; le Pape, représenté par son neveu le cardinal François Barberini, fut parrain; la marraine fut l'infante Marie-Anne (voyez le *Mercure françois*, t. XII, p. 198-222). L'Infante Marie-Eugénie mourut moins d'un an après sa naissance.

2. Charles d'Angennes, marquis de Rambouillet (1577-1652), marquis de Pisani, baron de Talmont, sénéchal et vidame du Mans, seigneur d'Arquenay, grand maître de la garde-robe du Roi de 1611 à 1634, colonel général de l'infanterie italienne en 1608, maréchal de camp, puis lieutenant général, avait été ambassadeur extraordinaire en Italie en 1614 et 1615, puis en Suisse en 1621 et demeura ambassadeur extraordinaire en Espagne de novembre 1626 à novembre 1627. Il était fils de Nicolas, seigneur de Rambouillet, gouverneur de Metz et du pays messin, capitaine des gardes du corps de Charles IX, vidame du Mans, et de Julienne d'Arquenay. Il avait épousé Catherine de Vivonne, fille et héritière du marquis de Pisani, qui tint le fameux salon littéraire que tous les beaux esprits du temps fréquentaient.

3. Il partit pour l'Espagne vers la fin de novembre.

4. Les Affaires étrangères conservent dans le volume 14 du fonds Espagne de la correspondance politique (fol. 299-301) une première instruction du 31 décembre 1625, donnée au marquis de Rambouillet (publiée par Avenel, *Lettres et instructions*, t. VII, p. 947), puis une seconde, résumé de la première, datée du 2 octobre 1626 (Espagne 14, fol. 502-506) (pu-

Il eut charge, si les Espagnols ne vouloient accepter la proposition que le Roi leur faisoit sur la démolition des forts (qui étoit qu'ils fussent rasés par les ministres des deux couronnes) et insistoient qu'ils le fussent par eux seuls ou les Valtelins, de proposer à l'extrémité un troisième parti, qui étoit que lesdits forts seroient l'un après l'autre remis, pour les démolir, entre les mains des Suisses catholiques, non suspects, des cantons, dont il pourroit être convenu par le marquis de Cœuvres avec les ministres d'Espagne[1]. Et qu'enfin, s'il ne pouvoit convenir avec eux de la forme de la démolition, il procurât au moins qu'il fût envoyé tout pouvoir aux ministres d'Espagne, résidents à Rome ou à Milan, pour convenir de quelques bons, justes et raisonnables moyens avec le sieur de Béthune ou ledit sieur marquis de Cœuvres pour exécuter promptement la paix, sans en attendre autre ordre d'Espagne, S. M. étant résolue de donner le même pouvoir auxdits ambassadeurs. Et principalement, que les ministres d'Espagne eussent pouvoir exprès de donner telle décharge au Pape, qui seroit requise par S. S. pour raison du dépôt des forts ci-devant fait ès mains de son prédécesseur, ensemble des canons, munitions de guerre et autres choses qui étoient dans les forts, en sorte que S. S. s'en contentât et que, moyennant icelle décharge, elle pût remettre les forts ès mains des ministres des deux couronnes ou autres qu'il seroit

bliée par Avenel, *ibid.*, p. 952), et enfin un complément d'instruction, du 16 octobre (Espagne 14, fol. 520-528), qui modifie, en les complétant, les précédentes instructions.

1. Paragraphe emprunté à l'instruction donnée le 16 octobre au marquis de Rambouillet (Aff. étr., corresp. politique, Espagne 14, fol. 521-522).

avisé, pour en faire l'actuelle démolition sans aucun délai[1].

Surtout il eut ordre de faire instance que le roi d'Espagne fît en sorte que l'archiduc Léopold déclarât qu'il se conformoit audit traité de paix, en expliquant la clause du premier article d'icelui qui portoit cassation et annulation de tous traités faits depuis l'année 1617 avec les Grisons par qui que ce pût être ; ce qui s'entendoit, non seulement des traités faits à Milan, mais aussi des autres faits par l'archiduc Léopold avec les Grisons et particulièrement de celui de Lindau, dont il étoit nécessaire que ledit archiduc, en conformité du traité, déclarât la cassation ou du moins que le roi d'Espagne fît ladite déclaration, avec promesse de la faire ratifier audit archiduc[2]. Enfin, il eut commandement de traiter avec le comte d'Olivarès avec les mêmes titres que l'ambassadeur de l'Empereur et que, s'il pouvoit encore ménager quelque chose de plus pour la dignité du nom de S. M., elle lui en sauroit gré et tiendroit ce service digne de recommandation[3].

Il partit avec cette instruction sur la fin d'octobre[4].

Devant qu'il eût commencé à traiter en Espagne, les

1. Cette fin de paragraphe, depuis « Et qu'enfin, s'il ne pouvoit convenir avec eux... » est tirée de l'instruction donnée à Rambouillet le 16 octobre (Espagne 14, fol. 522 r° et v°).

2. Voyez pour la rédaction de ce paragraphe l'instruction précitée de Rambouillet (*Ibid.*, fol. 523 v°).

3. La source de cette phrase est l'instruction donnée à Rambouillet le 16 novembre (*Ibid.*, fol. 527 v°). Sur le manuscrit A les corrections sont de Sancy (fol. 185 v°).

4. Le marquis de Rambouillet ne partit probablement qu'à la fin de novembre ; il était à Saint-Jean-de-Luz le 6 décembre et, le 14, à Lerma, en Espagne, ville située à trente-huit kilomètres au sud de Burgos.

ministres des deux couronnes convinrent à Rome de la forme de la démolition des forts par un traité qu'ils passèrent le 11e novembre[1], bien que l'exécution ne s'en soit ensuivie que l'année d'après, comme nous dirons en son lieu[2].

Mais nos affaires n'alloient pas d'un même pied en Angleterre[3]. Cette grande faction[4] que l'unique prudence du Roi, assistée d'une manifeste bénédiction de Dieu, étoit capable de dissiper et que tous les étrangers croyoient devoir produire la ruine et la dissipation de l'État, donnoit courage aux Anglois de continuer leur mauvais procédé envers la reine et le pousser jusques au dernier point d'infidélité[5].

1. Le texte en italien de ce traité se trouve en copie dans le volume 14 de la correspondance politique d'Espagne aux Affaires étrangères, fol. 542-544.

2. Ce paragraphe a été écrit par Sancy sur le manuscrit A, en bas du verso du folio 185.

3. Cette phrase a été écrite par Sancy en tête du folio 188 r° du manuscrit A; avec elle commence le dix-septième cahier de 1626. Sur la feuille de couverture de ce cahier (fol. 187), Sancy a griffonné : « 1626. Cahier 17me. Premier cahier du disparate des Anglois », puis il a écrit ce sommaire, qui a été barré : « Mauvais procédure (?) [le mot *gouvernement* avait d'abord été écrit, puis il a été barré] des Anglois avec les François. » Charpentier a écrit en dessous le sommaire suivant : « Mauvais procédé de Buckingham vers la reine d'Angleterre », et ces mots effacés : « Il chasse les François d'Angleterre ».

4. La conspiration, dite de Chalais, dont il a été question dans les pages précédentes.

5. Pour tout ce qui regarde les événements de la cour d'Angleterre, les intrigues de Buckingham et les mauvais traitements infligés aux Français, les *Mémoires* ont utilisé ceux *du comte Le Veneur de Tillières*, beau-frère de Bassompierre et témoin oculaire, auxquels ils ont souvent emprunté textuel-

Ce roi[1], ayant rigoureusement traité tous ceux qui avoient été contraires à Buckingham au parlement passé[2], en avoit convoqué un autre dès le commencement de cette année, ayant pris soin d'y faire élire des députés à sa dévotion, espérant qu'il conserveroit par ce moyen Buckingham et qu'il se feroit accorder tous les subsides dont il avoit nécessité pour la guerre d'Espagne.

Peu de jours auparavant l'ouverture on fit la cérémonie de son couronnement avec fort peu de magnificence à cause de la pauvreté de l'État[3].

La reine ne fut pas conseillée de se faire couronner avec lui, n'y trouvant pas la sûreté de sa conscience[4]. Au couronnement[5] des rois, ils ont accoutumé de faire en Angleterre des chevaliers, qu'ils appellent du Bain; Buckingham pria la reine d'y assister. Elle, qui ne sait pas s'il s'y fait des cérémonies protestantes, s'en excuse et va prier Dieu en son église de Saint-James[6]; Buckingham fit trouver cela si mauvais au roi qu'il ne se put tenir de lui en parler comme si elle lui eût fait une grande offense.

lement des passages entiers. Les « Mémoires » de Tillières ont été publiés en 1862 par M. Hippeau; c'est à cette édition que nous renvoyons. Un autre récit de ces mêmes événements se trouve manuscrit aux Affaires étrangères (corresp. politique, Angleterre 41, fol. 283-328); il n'a pas été utilisé pour les *Mémoires*, mais Sancy l'a vu et a griffonné en marge quelques rares remarques.

1. Le roi d'Angleterre.
2. Voyez notre t. V, p. 147.
3. Cf. *Mercure françois*, t. XII, p. 249-250.
4. Voyez notre t. V, p. 179.
5. Ms. A, fol. 188 v°, et ms. B (France 51, fol. 110 v°) : *Au commencement*.
6. Tillières, p. 118.

A deux jours de là[1] on fit une cérémonie digne d'être vue, qui est l'entrée du parlement, qui se fait à cheval. La reine la désira voir de chez elle; le roi lui témoigna qu'il eût été bien aise qu'elle l'eût été voir chez la comtesse de Buckingham. Elle se met en chemin tout à l'heure[2]; mais, la pluie survenant, elle pria le roi de la dispenser de ce voyage de peur que sa coiffure ne se gâtât. Il dit, du commencement, qu'il ne pleuvoit pas; mais enfin, voyant le contraire, il lui permit de demeurer, sans lui témoigner en aucune façon d'être marri. Buckingham, qui avoit dressé cette partie pour faire que le parlement pensât qu'il étoit bien avec la reine et toute sa maison, vint de colère trouver le roi, lui faisant croire que ce lui étoit une grande honte que tout son parlement vît qu'il n'avoit pas assez de vigueur pour se faire obéir de sa femme; ce qui seroit cause aussi de les faire porter insolemment contre leur devoir. Ce bon prince le crut et donna à Buckingham la commission[3] de lui aller témoigner son mécontentement; ce qu'il fit avec des paroles très aigres, auxquelles elle répondit fort civilement[4]. Après avoir parlé seul quelque temps à elle, ils appelèrent Blainville, qui dit à la reine qu'il étoit encore assez temps d'y aller et qu'il étoit bienséant qu'elle y allât, puisque

1. Les quelque dix pages qui suivent ont été rédigées sans aucun doute à l'aide des *Mémoires de Tillières*, p. 118-147.
2. C'est-à-dire immédiatement.
3. Les mots *la commission* ont été ajoutés entre les lignes par Charpentier.
4. Le manuscrit A portait primitivement, fol. 189 r°, avant les corrections de Sancy : « Ce bon prince le crut. Buckingham, outré de dépit, prit la commission d'aller témoigner à la reine le mécontentement de S. M., ce qu'il fit avec des paroles très aigres, auxquelles elle répondit fort civilement. »

le roi lui témoignoit le désirer, ce qu'elle fit incontinent. Il n'y a barbare qui non seulement n'eût été satisfait de cette action-là, mais qui ne se fût senti obligé de la promptitude de son obéissance. Mais la rage de Buckingham alla plus avant : il persuada au roi qu'il feroit un acte généreux si, à la face de son parlement, il faisoit un affront à sa femme. Carlisle met de l'huile dans le feu pour l'y animer.

Il n'y avoit rien à reprendre ni en son action, ayant obéi, ni en ses paroles, ayant répondu modestement ; ils prirent un autre biais et dirent qu'elle avoit en cela plus fait pour l'ambassadeur que pour le Roi qui, se piquant de cette pensée, renvoya Buckingham lui dire qu'elle sortît du lieu où elle étoit. Elle répondit qu'elle s'y trouvoit bien, qu'elle supplioit le roi de lui permettre d'y demeurer, néanmoins[1] que, s'il lui plaisoit, elle en partiroit tout à l'heure[2].

Buckingham et Carlisle font passer au roi cette réponse pour une seconde désobéissance et font si bien qu'ils lui envoient derechef commander, de la part du roi, qu'elle se retire[3] et que, si elle ne le fait, il remettra à un autre jour l'entrée de son parlement. Elle s'étonne de cette rudesse, obéit néanmoins et s'en retourna en sa maison.

Buckingham ne fut pas satisfait ; il s'imagina que

1. Ce qui suit était primitivement ainsi rédigé (ms. A, fol. 189 v°) : « Néanmoins que s'il lui plaît qu'elle en parte, elle lui obéira. »
2. Ce paragraphe était tout d'abord rédigé au présent dans le manuscrit A (fol. 189 v°). Sancy a fait les corrections nécessaires.
3. Première rédaction du manuscrit A (ibid.) corrigée par Sancy, « qu'elle sorte de là ».

c'étoit Blainville et non la pluie qui avoit empêché la reine d'aller chez sa mère et s'en veut venger, et par la reine même.

Tant la passion l'aveugle qu'à l'entrée d'un parlement où il a beaucoup à craindre, il veut désobliger et la France et la reine sa maîtresse, qu'il fait servir d'instrument pour l'offenser. Il la va trouver de la part du roi et lui dit que S. M. désire qu'elle fasse fermer sa porte à Blainville s'il la veut venir voir. Elle répond fort sagement qu'elle auroit mauvaise grâce à faire affront à une personne qui lui représentoit le Roi son frère et qu'elle ne le pouvoit faire. Puis, s'adressant à lui, lui dit qu'elle s'étonnoit comme il se chargeoit de telles commissions, que les princes se raccommodoient toujours, mais que souvent on payoit de ceux qui avoient contribué à leur mésintelligence. Nonobstant tout cela, il la menace si souvent du roi son mari qu'enfin elle fut contrainte de dire qu'elle feroit prier Blainville de ne venir plus; que, si après cela, il entreprenoit de venir, elle lui feroit fermer la porte, mais qu'il étoit trop discret pour cela.

Leur folie ne s'arrêta pas encore en ce point[1]. Le roi d'Angleterre envoya Conway[2], secrétaire d'État, dire

1. Ces quatre derniers mots ont été écrits par Sancy sur le manuscrit A, fol. 190 v°, à la place du mot *là*.
2. Le vicomte Edward Conway, fils de sir John Conway et d'Ellen ou Eleanor Greville of Beauchamp's Court, fut nommé secrétaire d'État le 30 janvier 1623, puis lord-président du Conseil; il fut ambassadeur à Prague de 1623 à 1625; le 22 mars 1625, il fut nommé baron Conway of Ragley et le 8 décembre 1625 capitaine de l'île de Wight. Charles Ier le créa vicomte Killultagh of Killultagh (Antrim, Irlande) et en juin 1627 vicomte Conway of Conway Castle dans le Carnar-

à Blainville qu'il ne vouloit plus qu'il vînt en sa cour. Il lui répondit que c'étoit une parole qu'il ne pouvoit pas recevoir que de la bouche du roi même, qu'il lui enverroit demander audience et que, sur ce qu'il diroit, il se gouverneroit comme il le jugeroit à propos[1].

Ils tinrent conseil pour résoudre s'ils la donneroient ; mais, craignant la dextérité de son esprit, ils eurent peur de demeurer confus de ce qu'il leur diroit et aimèrent mieux la lui refuser. Sur quoi, il[2] donna congé aux officiers du roi d'Angleterre qui le traitoient, quitta son logement, se retira aux champs et dépêcha un courrier en France[3].

Buckingham, non content de toutes ces extravagances, vint voir le comte de Tillières, lui demandant de la part du roi son maître si, en cas que Blainville vînt voir la reine, il ne lui feroit pas fermer la porte. Il lui répondit plusieurs fois que Blainville, après ce qui s'étoit passé, n'entreprendroit pas semblable chose. Mais enfin il le pressa si fort de parler franchement, qu'il fut contraint de lui répondre qu'il ne seroit jamais dit qu'il eût fait fermer la porte à l'ambassadeur du Roi son maître[4].

vonshire. Il avait épousé Dorothée, fille de John Tracy of Tedington et mourut à Londres le 3 janvier 1631. Les *Mémoires* écrivent *Conoé*.

1. C'est le 18 février qu'eut lieu cette démarche de Conway (que Blainville appelle Canoué) ; le jour même, Blainville en rendit compte à Louis XIII et les *Mémoires* se sont inspirés des expressions mêmes de la dépêche de l'ambassadeur (Aff. étr., corresp. politique, Angleterre 41, fol. 28).

2. Blainville.

3. Cf. la dépêche de Blainville du 18 février (*Ibid.*).

4. Cette phrase était ainsi rédigée, avant les corrections de Sancy (ms. A, fol. 191 r°) : « Lui ayant répondu plusieurs fois

Cependant le roi ne voit plus la reine, veut qu'elle lui demande pardon : elle se défend, disant ne l'avoir jamais offensé ; enfin elle le va trouver en sa chambre, où il la reçut fort froidement[1]. Elle lui dit n'avoir jamais eu intention de lui déplaire, que s'il l'avoit cru autrement, elle le conjureroit de l'oublier. Il persista qu'il vouloit qu'elle lui demandât pardon. « Ce seroit m'accuser, répondit-elle ; dites-moi donc en quoi je vous ai offensé. » Il lui répliqua que c'étoit quand elle l'avoit assuré qu'il pleuvoit, lorsqu'il disoit qu'il ne pleuvoit pas. A quoi elle lui répartit qu'elle n'auroit jamais pensé qu'il eût pris cela pour une offense et qu'elle le supplioit de ne vouloir plus s'en souvenir.

Cependant ils continuoient, de jour à autre, à amener dans leurs ports les vaisseaux françois qu'ils rencontroient, sous ombre qu'ils étoient chargés, disoient-ils, des marchandises des Espagnols.

Blainville n'en pouvoit avoir justice[2] ; il n'étoit pas en état de la demander ; il le mande en France à l'extrémité ; on s'en offense et on fait arrêter les marchandises des Anglois dans plusieurs ports[3] et même dans

que Blainville, après ce qui s'étoit passé, n'entreprendroit pas semblable chose, enfin après l'avoir beaucoup pressé il lui répond qu'il ne seroit jamais dit qu'il eût fait fermer la porte à l'ambassadeur du Roi son maître. »

1. Première rédaction du manuscrit A (fol. 191) : « Il fait que le roi ne voit plus la reine et veut qu'elle lui demande pardon. Après s'être longtemps défendue, disant ne l'avoir offensé aucunement, enfin elle le va trouver en sa chambre où il la reçut fort froidement. »

2. Ce début de paragraphe et le paragraphe précédent étaient rédigés au présent ; les corrections ont été faites par Sancy (ms. A, fol. 191 v°).

3. Première rédaction du manuscrit A (fol. 191 v°) : « Et

la foire Saint-Germain à la vue des ambassadeurs, qui n'osent quasi s'en formaliser, sachant qu'ils ont tort, et promettent faire cesser tous les sujets de plainte. Le Roi y envoie La Folaine[1] pour voir l'effet de leurs promesses; il s'en revient comme il y étoit allé[2]. Mais le parlement, partie de haine contre Buckingham, partie aussi craignant la perte de leurs marchandises en France, fait ajourner le juge de l'amirauté qui avoit arrêté les vaisseaux français, en fait relâcher la plus grande partie et, entre les charges qu'ils mettent sus à Buckingham, ajoutent celle-là : qu'après les avoir mis en rupture avec l'Espagne, il veut encore les mettre en rupture avec la France.

fit arrêter les marchandises des Anglois dans les ports de France. »

1. Austremoine de Jussac, seigneur de la Folaine, du Breuil et de Saint-Martin de Lamps (fils aîné de Jean de Jussac, seigneur de la Folaine, et de Marie du Bois de Fontaine-Maran, mariés en 1576), fut gentilhomme ordinaire de la chambre du Roi (brevets et lettres de 1614, 1620, 1633), mestre de camp en 1622. Louis XIII l'aurait mis auprès de Richelieu, comme gentilhomme servant, dès le début du ministère du Cardinal, pour lui éviter la gêne des sollicitations importunes et des audiences. Il est en 1633 maître d'hôtel du Roi, il l'était encore en 1641 ; Richelieu le recommande à Nicolaï, le 28 avril 1636 ; il est porté en 1638 et en 1647 sur l'état des gages de la cour pour 3,000 livres. En 1623, 1629, il est chargé de missions en France et, en 1630, en Savoie. Il avait épousé : 1° Claude Taforel, fille de Jean T., seigneur de la Varenne, lieutenant particulier à Loches, et de Marguerite d'Alonneau; 2° en 1618, Claire Nau, fille de Claude N., seigneur de la Boissière, et de Jeanne de Lardy, dont l'aïeul avait été secrétaire des commandements de la reine Marie Stuart. Elle-même fut sous-gouvernante du duc d'Anjou, frère de Louis XIV, et mourut en 1645 (Bibl. nat., Carrés d'Hozier 360, Cabinet d'Hozier 199, Dossiers bleus 372).

2. La mission de La Folaine eut lieu en mars 1626.

Dès qu'on eut commencé à l'attaquer, quantité de personnes de toutes qualités s'élevèrent contre lui, qui l'accusoient, tant de la perte du Palatinat que de la mort du roi son maître[1].

Du commencement, il faisoit honteusement parler le roi à tous ceux du parlement, les envoyant querir un à un et les priant de ne le poursuivre point. Quand il vit que [ce] moyen étoit inutile, il usa de menaces et enfin porta le roi jusqu'à cette extrémité d'aller en plein parlement avouer toutes les actions de Buckingham et se charger de toute la haine publique pour lui.

Cela ne servant de rien, il fait, contre la foi publique, emprisonner quelques-uns du parlement, qui en font un si grand bruit qu'il est contraint de les rendre[2]. Après quoi ils le poussent avec encore plus d'animosité. Le roi, le voyant sur le bord du précipice, aime mieux n'avoir aucun secours de son peuple et rompre le parlement que d'abandonner Buckingham[3].

Sur la fin du parlement, Buckingham vécut un peu mieux avec la reine qu'à l'ordinaire et, feignant y vouloir bien vivre à l'avenir, pria la dame de Saint-

1. Jacques Ier d'Angleterre. — On trouvera au *Mercure françois*, t. XII, p. 252-257, les accusations portées contre Buckingham par le comte de Bristol, ancien ambassadeur en Espagne.

2. Le comte d'Arondel, grand maréchal d'Angleterre et membre du parlement, fut arrêté et emprisonné dans la Tour de Londres, le 15 mars ; on donna comme prétexte de son arrestation qu'il se proposait d'unir son fils à la fille de la duchesse de Richmond, sans la permission du roi. Le parlement obtint peu après son élargissement, son exil momentané en province, puis son retour à Londres et au parlement.

3. Le parlement fut dissous fin juin 1626 ; il avait commencé à siéger le 6 février.

Georges qu'elle voulût s'entendre avec lui et qu'ils feroient, chacun de son côté, que LL. MM. seroient dorénavant en bonne intelligence. Ladite dame, qui étoit avisée, lui répondit que la reine n'avoit point besoin de son conseil pour bien vivre avec le roi, parce qu'elle en avoit l'intention tout entière, mais que si quelquefois sa jeunesse faisoit qu'elle ne prît pas garde si exactement à ce qui lui étoit agréable, elle auroit soin de l'en avertir; qu'elle le supplioit que de son côté il lui rendît service auprès du roi.

S'il s'en acquitta fidèlement, il est difficile de le savoir; mais durant quelques jours le roi fit meilleure chère à la reine qui, pensant en avoir obligation à Buckingham, lui faisoit meilleur visage que par le passé; ce qui le rendit si présomptueux que, violant le respect qu'il lui devoit, il osa lui parler d'amour. Reconnoissant à sa façon[1] qu'elle s'en tenoit offensée et qu'elle n'avoit osé lui répondre ce qu'elle eût bien voulu, de peur du roi son mari, il changea de langage et lui tint quelques propos au mépris de la religion catholique. Ce discours lui réussissant aussi mal que le premier, enfin il s'attaqua aux François et lui voulut prouver par raisons qu'elle les devoit chasser et prendre des Anglois en leur place; ce qu'elle écouta aussi peu favorablement que le reste.

Par ces impertinents discours leur bonne intelligence fut rompue et Buckingham recommença à faire pis que jamais contre elle et toute sa maison.

Il fit croire au roi qu'il n'avoit point d'obligation à la reine de l'amitié qu'elle lui témoignoit, pour ce que c'étoit à la persuasion de Mme de Saint-Georges, et qu'il

---

1. C'est-à-dire : à son attitude.

devoit trouver mauvais qu'autre que lui eût tant de pouvoir sur l'esprit de sa femme. D'autre côté, il venoit dire à ladite dame[1] qu'elle étoit mal en l'esprit du roi, qu'il ne la pouvoit souffrir[2], pour ce que si la reine lui faisoit bonne chère, il croyoit que cela venoit de ladite dame, ce qui les fâchoit, et si elle lui faisoit froid, il lui en attribuoit la cause. Il disoit tout cela afin qu'elle se dégoûtât de conseiller la reine et qu'il la pût gouverner à sa mode; mais ses finesses étant aperçues ne lui servirent de rien.

Enfin, ne pouvant rien trouver à redire en tout ce qui se faisoit à la face du monde, il tâcha à trouver à redire à ce qui se fait sous le voile des ténèbres[3]. Il vient voir Mme de Saint-Georges et lui dit que le roi se plaignoit de ce que la reine sa femme vivoit avec lui, quand ils étoient couchés ensemble, avec trop de retenue; qu'il désireroit des caresses plus grandes d'elle. Elle lui répondit qu'elle ne se mêloit point des choses qui se faisoient dans le silence de la nuit[4]. Il alla dire au roi qu'elle[5] lui avoit promis d'y remédier. A

---

1. Mme de Saint-Georges.
2. Le manuscrit B porte par erreur : *qu'il ne pouvoit souffrir.*
3. Première rédaction du manuscrit A, fol. 193 v° : *Sous le voile des ténèbres de la nuit.* — Tillières écrit (p. 127) : « Vous considérerez en cela les grandes malices du duc de Buckingham et les grandes foiblesses du roi son maître, en ce que le premier, ne trouvant plus à redire à la conduite de jour de la reine et à ce qui paroissoit devant le monde, alloit rechercher et pénétrer les secrets de la nuit et persuader au second que ce qu'elle faisoit par honnêteté et retenue, c'étoit manque d'affection. »
4. Ce paragraphe et le précédent, écrits sur le manuscrit A (fol. 193 v°), sont rédigés au présent; Sancy a fait les corrections.
5. Mme de Saint-Georges.

quelques jours de là, le roi s'imaginant que la reine lui avoit fait des caresses outre l'ordinaire, envoya querir le duc à son lever et le lui dit. Ce méchant prit occasion de là de faire mauvais office à Mme de Saint-Georges, lui[1] représentant qu'il n'étoit pas à propos de garder auprès de la reine sa femme une personne en qui elle eût une si absolue créance[2].

En ce temps-là, l'évêque de Mende revint de France[3] avec ordre et dessein de justifier, par la douceur de sa conduite, les actions des François, qui ne manqueroient d'être blâmés, bien qu'injustement, quand on en viendroit à une rupture, laquelle on jugeoit bien que Buckingham vouloit faire et qu'il l'avoit projetée dès le commencement. Il avoit ordre aussi d'accepter ses parentes[4] pour dames du lit et de lui offrir toute assistance de la part de la France et auprès de la reine sa maîtresse.

Ledit sieur évêque croyoit qu'il tiendroit ses offres à obligation, vu l'état où il se trouvoit ; mais il se trompa en sa pensée, parce qu'il jugeoit de lui par la raison, et les Anglois bien souvent en ont peu[5]. Il[6] croyoit que le consentement pour les dames du lit lui

---

1. Au roi.
2. Ce paragraphe et le précédent sont au présent dans le premier état du manuscrit A (fol. 194), avant les corrections de Sancy, et au passé dans Tillières. Du reste, ce qui suit est moins absolument conforme au texte des « Mémoires de Tillières ».
3. Son retour en Angleterre eut lieu au début d'avril.
4. Les parentes de Buckingham.
5. Sancy a corrigé la première leçon du manuscrit A, fol. 194, qui était la suivante : « Et les Anglois n'en ont point » ; c'est aussi ce que porte Tillières, p. 128.
6. Buckingham.

étoit dû[1], et ne le tenoit pas à faveur; que la ligue qu'il avoit faite avec la Hollande lui suffisoit contre la France et l'Espagne; quant au parlement, qu'il s'en démêleroit en le faisant rompre. Néanmoins, il remercia ledit évêque, l'employa auprès du roi son maître en certaines rencontres où il ne pouvoit pour son intérêt agir si librement, demanda l'intercession de la reine, ce qu'elle fit avec grande dextérité. Il l'en remercia et s'en témoigna obligé, pour ce que le parlement duroit encore; mais dès qu'il fut rompu il fit paroître la même fureur qu'auparavant.

La nouvelle de la paix d'Italie arrivant[2], leurs ambassadeurs en France en furent surpris[3], la mandèrent à leur maître qui se tenoit offensé de ce qu'on les avoit employés en celle des huguenots, les remande en diligence; ils partent[4]. La Reine mère leur fait de grandes plaintes et leur dit qu'elle voudroit avoir perdu un doigt de la main et n'avoir jamais marié sa fille en Angleterre. Ils s'excusent le moins mal qu'ils peuvent et assurent que la reine sa fille auroit plus de contentement à l'avenir qu'elle n'avoit eu par le passé[5] et particulièrement qu'on remédieroit aux plaintes que

---

1. La leçon du manuscrit B est : « Il croyoit que le consentement pour les dames du lit étoit dû. »

2. C'est-à-dire la nouvelle de la paix signée, à Monçon, le 5 mars 1626.

3. Cf. t. V, p. 260, des expressions analogues. — Les ambassadeurs extraordinaires d'Angleterre étaient le comte de Holland et lord Carleton, qui avaient quitté l'Angleterre pour leur ambassade de France à la fin de décembre 1625.

4. Ils étaient de retour en Angleterre le 28 mars 1626.

5. Ce début de paragraphe et les deux précédents étaient, avant les corrections de Sancy, rédigés au présent dans le manuscrit A, fol. 194 v°.

faisoit Blainville du mauvais traitement que lui et les sujets du Roi avoient reçu. Après leur arrivée, Blainville demande et[1] obtient audience du roi d'Angleterre, où il est reçu avec des honneurs extraordinaires pour réparer le passé[2]. A huit jours de là il demande une autre audience pour prendre congé. Il part, caressé et honoré de présents de la part du roi et de son favori[3]. Il est regretté des Catholiques autant que Buckingham se réjouit d'en être délivré. Les moins intéressés jugèrent sa conduite pleine de vigueur et de personne d'esprit et de jugement.

Après son départ, Buckingham se résout d'exécuter son dessein de renvoyer en France tous les officiers de la reine. Il en avoit été retenu jusqu'alors, partie par la crainte du parlement, partie par l'appréhension de la paix d'Italie; maintenant tout cela est vidé, il ne craint plus rien. Il s'étoit déjà vengé de ceux du parlement; il avoit emprisonné les uns, banni les autres et donné à la plupart des charges ruineuses, lesquelles il n'est pas licite en Angleterre de refuser; il ne lui reste plus qu'à assouvir sa vengeance sur les François.

Pour parvenir à son dessein, il ne lui manque plus que deux choses : l'une de trouver quelque prétexte apparent pour les chasser; l'autre, attendre qu'il y ait

1. Les premiers mots de cette phrase et la fin de la précédente, depuis *et particulièrement qu'on remédieroit*, ont été ajoutés par Sancy à la fin du folio 194 v°.

2. Il en rend compte au Roi dans sa lettre du 8 avril (Aff. étr., corresp. politique, Angleterre 41, fol. 60).

3. Blainville eut son audience de congé à la fin de mars. La ligne de conduite que suivit alors Blainville lui avait été tracée par Louis XIII en une lettre du 20 mars (t. V, p. 329).

quelque conjoncture d'affaires en France qui l'empêche de s'en ressentir.

Cependant il commence à épandre un bruit en la cour qu'on ne peut plus souffrir les François; ce ne sont que plaintes contre eux, mais sans rien particulariser. On demanda au duc qu'il dit ce que c'est; il répondit seulement qu'il ne peut plus ramener l'esprit du roi. Il dresse force petites parties dont la reine se démêle sagement. On lui veut donner des dames du lit; elle s'y résout, mais elle désire qu'entre les autres soit la duchesse de Buckingham, qui étoit une fort honnête dame et catholique en l'âme[1]. Le roi lui veut donner la comtesse de Carlisle[2]; elle le supplie l'en excuser, parce qu'elle a aversion à cette femme-là. Sur quoi le roi lui répond que ce n'étoit à elle à avoir des aversions, qu'elle l'auroit puisqu'elle ne la vouloit point et n'auroit pas la duchesse de Buckingham qu'elle demandoit. Elle témoigna son déplaisir par ses larmes, et son obéissance par son silence. Cette invention ne leur ayant pas réussi, ils en cherchent une autre. On doit donner des domaines à la reine; elle doit pour-

1. Avec la phrase suivante commence le dix-huitième cahier du manuscrit A, fol. 198. La feuille de couverture de ce cahier, folio 197, porte ces indications de la main de Sancy : « 1626. 18me cahier » puis ces mots, également de Sancy, qui ont été barrés : « 2[^{me}] cahier du disparate des Anglois. Suite du mauvais procédé des Anglois avec la reine. Les François chassés. » Charpentier a écrit le sommaire suivant : « Suite du mauvais procédé de Buckingham vers la reine d'Angleterre. Il en fait chasser les François. »

2. Lucy Percy (1599-1660), seconde fille de Henry Percy, duc de Northumberland, et de Dorothée Devereux, fille du comte d'Essex, avait épousé, le 6 novembre 1617, James Hay, comte de Carlisle.

voir à tous ses officiers, fondée en son contrat de mariage, en une loi expresse d'Angleterre et en l'exemple de la feue reine sa belle-mère[1]. Buckingham fait prétendre au roi y devoir pourvoir. La reine, un soir, étant couchée, lui en parle et lui apporte l'exemple de sa mère et qu'elle croyoit qu'une fille de France valoit bien une fille de Danemark[2]. Sur quoi il lui dit qu'elle n'étoit point à comparer à sa mère et qu'une fille de France étoit peu de chose[3]. Sur l'effet de cette comparaison, elle repartit adroitement qu'elle seroit bien marrie de lui être comparée ; ce qu'elle disoit pour ce que sa mère avoit eu très mauvaise réputation[4]. Depuis il demeura fort long temps sans la voir ; elle fut malade d'une défluxion sur le visage. Quand il la visitoit, quoique rarement, il se moquoit de son mal et tou-

1. L'épouse de Jacques Ier, roi d'Angleterre (voyez la note ci-dessous).
2. Anne, fille de Frédéric II, roi de Danemark et d'une princesse de Mecklembourg, était née le 12 décembre 1574 à Skanderborg (Jutland) ; elle avait épousé Jacques Ier, roi d'Angleterre, le 23 novembre 1589, et était morte, le 2 mars 1619.
3. D'après les *Mémoires* de Tillières (p. 137), le roi aurait dit : « La reine mère étoit une bonne femme et une fille de France n'est pas grand'chose. »
4. D'après Tillières (*Mémoires*, p. 137), la reine aurait fait une autre réponse : « Elle répliqua qu'elle étoit très malheureuse de ce qu'il prenoit toutes choses venant d'elle en mal, que des actions indifférentes il faisoit des crimes, qu'elle savoit bien que cela ne venoit point de son mouvement, mais bien d'autres qui vouloient continuellement les faire vivre en mauvais ménage et l'empêcher de tenir en ses bonnes grâces la place que son affection et sa qualité méritoient. A tout cela il ne répondit autre chose, sinon : « Oh ! dites, dites toujours ; ce « sont là les discours de vos bons conseillers ! J'y donnerai « bon ordre ! » Et là-dessus, il s'endort. »

jours lui reprochoit qu'elle avoit des conseillers, mais qu'il y mettroit bientôt ordre.

En ces entrefaites, Montaigu, que Buckingham avoit envoyé en France[1] en apparence pour s'excuser envers la Reine mère de ne lui avoir pu donner satisfaction sur une prière qu'elle lui avoit faite pour un nommé Beinsfield[2], qui étoit un bien maigre sujet pour l'envoi d'un ambassadeur, mais en effet pour apprendre[3] particulièrement des nouvelles de la cabale et rébellion qui se couvoit[4] et de laquelle ils étoient[5], revint en Angleterre et les assura que les cartes étoient brouillées, qu'il ne falloit point qu'ils eussent peur de ce côté-là.

Il ne lui reste qu'un prétexte en Angleterre : il[6] ne

1. Montaigu était parti pour la France à la fin de juin; il était revenu avant la fin de juillet. Voyez p. 179.

2. Sébastien Bensfield, que Tillières appelle, à peu près comme les *Mémoires*, « Beinsfeld », était né à Prestbury ou Prestonbury, dans le Gloucestershire, le 12 août 1559. Lecteur à l'Université d'Oxford en 1599, docteur en 1608, professeur de théologie en 1613, il montrait, quoique catholique, un fort penchant pour le calvinisme et fut traité par certains Anglais de schismatique. Il mourut le 24 août 1630.

3. Première rédaction du manuscrit A (fol. 198 v°), avant les corrections de Sancy : « En ces entrefaites, Montaigu, que Buckingham avoit envoyé en France, en apparence pour donner contentement à la Reine mère sur une prière qu'elle lui avoit faite pour un nommé Beincsfeild, mais, en effet, pour apprendre... ». Cette première rédaction était empruntée aux *Mémoires* de Tillières, p. 138.

4. La conspiration dite de Chalais.

5. Tillières, p. 138 : « ... mais, en effet, pour reconnaître si les affaires étaient en France telles que l'on pût faire un dernier coup en Angleterre contre les Français et essayer de les y porter s'ils ne les y trouvaient pas. »

6. Buckingham.

le peut trouver, car la reine s'accorde à toutes les volontés du roi. Elle reçoit les dames du lit, elle consent qu'il nomme à tous les officiers du domaine ; néanmoins il aime mieux, contre toute apparence de raison, accomplir son dessein que d'en prendre le temps favorable qu'il en a du côté de la France.

Ils[1] renvoient Carleton, ambassadeur extraordinaire[2], sous prétexte de traiter des affaires d'Allemagne[3], mais en effet pour fomenter nos divisions, auxquelles l'histoire des siècles passés ne leur donne point d'exemple qu'il y eût en France des esprits capables de pouvoir remédier. Quant et quant on lui donne charge de demander qu'on rappelle les François et insinuer doucement que, si on ne le fait, on les renverra tous. Ses mémoires[4] sont remplis de sujets de plaintes imaginaires contre eux[5], et on remet à son invention d'en fournir encore davantage.

Les François ne sont pas si aveugles qu'ils ne s'aperçoivent de leur dessein.

Le comte de Tillières, sous prétexte de s'aller conjouir de la part de la reine[6] avec Monsieur sur le sujet de son mariage, partit pour dissiper les nuages de ces frivoles accusations et représenter au vrai le procédé des uns et des autres[7].

Il étoit parti le samedi, et le lundi ensuivant, 9ᵉ août,

1. Les Anglais.
2. Il partit au début d'août.
3. Voyez le tome V, p. 220.
4. C'est-à-dire les mémoires que Carleton remit au gouvernement français.
5. Les Français faisant partie de la suite de la reine d'Angleterre.
6. La reine d'Angleterre.
7. Son départ eut lieu le 7 août.

ils exécutèrent ce qu'ils avoient résolu il y avoit longtemps, et ce avec tant de dureté et de barbarie, et envers la reine et envers ses serviteurs, que bien que l'action de soi fût pleine d'infidélité et d'inhumanité, la façon dont ils s'y portèrent l'étoit encore davantage.

Le matin, Buckingham fit tenir le Conseil, auquel le roi proposa ce dessein en peu de paroles; le duc les exagéra, disant qu'on devoit cela au contentement du roi, au bien de l'État et à la satisfaction du peuple. Carlisle enchérit au-dessus et dit qu'il ne falloit craindre la France, qu'elle étoit en état de ne point faire de mal à ses voisins; et quand cela ne seroit point, que l'Angleterre n'en pouvoit jamais recevoir, pour ce qu'il falloit un dessein de grande haleine pour cela, dont les François, qui n'agissent que par boutades, ne sont pas capables[1]; qu'il savoit qu'en France tout se passeroit en risée et qu'on se moqueroit de ceux qui auroient été chassés.

Quelques autres du Conseil dirent franchement leur avis, qui étoit tout contraire; mais ils furent emportés par la violence de Buckingham.

Cela étant résolu, le roi, incontinent après son dîner, vint trouver la reine sa femme, ferme les portes sur lui et lui prononça l'arrêt du bannissement de ses serviteurs. Elle fut si surprise qu'elle tomba par terre et fut long temps sans parler. Revenant à soi, elle éclata en cris qui étoient capables de faire fendre les rochers. Elle se jette en terre, lui embrasse les genoux, lui baise les pieds, lui demande pardon pour les siens s'ils l'ont offensé, le fait souvenir des promesses portées par son

---

1. Ce paragraphe était au présent dans le manuscrit A, fol. 199 v°, avant que Sancy n'ait fait les corrections nécessaires.

contrat de mariage et de ses serments dont Dieu est le vengeur ; mais tout cela en vain.

On commande en même temps à tous ceux de sa maison de se retirer en l'hôtel de Sommerset[1] à l'heure même[2].

On n'oyoit que cris, que plaintes, et principalement des filles de la reine, qui, malgré ceux qui les en empêchoient, entrèrent en une petite cour qui répondoit à la chambre de la reine leur maîtresse, et lui crièrent adieu. A leur voix, cette pauvre princesse s'élance à la fenêtre et, rompant les vitres de la tête, se prend des mains aux grilles pour se montrer à elles et les voir pour la dernière fois. Le roi, indigné, la retire avec un si grand effort qu'il écorcha toutes ses mains[3].

1. L'actuel palais de Sommerset date de la fin du xviiie siècle; il a été bâti sur l'emplacement d'un palais commencé en 1549 par le Lord Protecteur Édouard Sommerset, décapité en 1552, avant l'achèvement du palais qu'il faisait édifier, et qui échut à la couronne. Il servit de résidence à Anne de Danemark, femme de Jacques Ier, à Henriette-Marie, femme de Charles Ier, et à Catherine de Bragance, femme de Charles II. On l'abattit en 1766.

2. Les dépêches de l'évêque de Mende permettent de préciser quelques dates. C'est le 29 juillet que les Français reçurent l'ordre de quitter l'Angleterre. Dès le 3 août, ils étaient à Sommerset (Aff. étr., corresp. politique, Angleterre 41, fol. 176).

3. Les appartements de la reine avaient été entourés de gardes; l'évêque de Mende s'efforça en vain d'approcher de la princesse; il ne put qu'entendre ses « cris et ses plaintes » (Lettres de l'évêque de Mende et de Sancy, du 10 août 1626. Aff. étr., corresp. politique, Angleterre 41, fol. 187). La reine écrivit alors à l'évêque de Mende cette lettre touchante (conservée en copie aux Aff. étr., Angleterre 41, fol. 172) : « Monsieur de Mende, je dérobe le tant que je puis pour vous écrire. L'on me tient comme prisonnière que je ne puis pas parler à personne,

Quand le commandement fut donné à l'évêque de Mende de ramener toute la famille de la reine[1], il répondit qu'il étoit venu là par le commandement du Roi son maître et qu'il ne pouvoit en partir avec les autres que par le même ordre ; néanmoins il fallut céder à la force et se retirer à Sommerset[2].

La reine, environnée d'Angloises qu'elle ne connoissoit point, et privée de toutes ses dames françoises, proteste qu'elle ne mangera ni ne se couchera qu'on ne les lui ait rendues. Cette nécessité força l'opiniâtreté de ces gens-là, qui en renvoyèrent querir quelques-unes, et entre autres sa nourrice[3] et une de ses femmes de chambre, nommée Vantelet[4].

ni le temps d'écrire de mes malheurs, ni de me plaindre seulement. Au nom de Dieu, ayez pitié d'une pauvre princesse au désespoir et faites quelque chose à mon mal. Je suis la plus affligée du monde ; parlez à la Reine ma mère de moi et lui montrez mes malheurs. Je vous dis adieu et à tous mes pauvres officiers et à mon amie Saint-Georges, à la comtesse de [Tillières] et tous femmes et filles ; qu'ils ne m'oublient pas, je ne les oublierai pas aussi, et portez quelque remède à mon mal ou je me meurs. Je ne puis. Adieu, cruel adieu qui me fera mourir si Dieu n'a pitié de moi » [signé M. H. R.]. En post-scriptum : « Au Père Sancy qu'il prie Dieu pour moi et à Mamie [Mme de Saint-Georges] que je l'aimerai toujours. »

1. C'est-à-dire tous ceux qui faisaient partie de sa « maison ».

2. Cf. sur tous ces événements les lettres de l'évêque de Mende (Aff. étr., corresp. politique, Angleterre 41, *passim*).

3. Probablement Françoise de Montbodiac, portée sur l'état de la maison d'Henriette de France, de 1622 à 1625, comme première femme de chambre (Bibl. nat., Français 7856, fol. 1517), mais portée comme nourrice sur l'état des frais d'équipement de la suite de la reine d'Angleterre, avant son départ de France (Bibl. nat., Français 23600, fol. 182), et sur l'état de la maison d'Henriette de France, en 1615.

4. Françoise de Lux, dite Mlle de Ventelet, était fille de Ro-

Elle avoit, dès le commencement, demandé son confesseur[1] avec beaucoup d'instances pour la consoler; il lui fut opiniâtrement refusé. Le lendemain on lui offre deux prêtres, l'un Écossois, nommé Potel[2], l'autre religieux anglois, nommé Godefroy, tous deux mal sentant de la foi[3], qu'on lui avoit dit souvent que le roi d'Angleterre gardoit expressément auprès de lui pour les lui donner quand on chasseroit ceux qui la servoient, mais qu'elle se donnât de garde de les recevoir. Elle s'en ressouvint et refusa d'en accepter aucun qu'il ne lui fût donné de la part de son confesseur; ce qui fit que le roi envoya le lendemain un nommé Dromont[4] pour lui commander de lui nom-

bert de Lux, seigneur de Ventelet et Tresnel (contrôleur et clerc d'office du dauphin Louis XIII jusqu'en 1609, maître d'hôtel d'Henriette de France de 1622 à 1625, maître d'hôtel du Roi de 1630 à 1648), et de Marie de Plaisance. Elle épousa Charles de Bernetz, sieur de Troisestocqs, conseiller du Roi et maître d'hôtel de Gaston d'Orléans en 1627, fils d'Antoine de Bernetz, sieur de Méry et Montgobert, et de Gabrielle Thierry.

1. C'était Achille de Harlay de Sancy, oratorien, le futur évêque de Saint-Malo, le « secrétaire des Mémoires ». Voyez *Rapports et notices*, t. I, p. 35-65 et t. II, p. 309-350.

2. Il est question ici de Christophe Potter (1591-1646), nommé, le 17 janvier 1626, prévôt du Queen's College à Oxford, dont son oncle, Barnabé Potter (1577-1642) était prévôt depuis 1616 et auquel il succéda. Le 17 juin 1626, il fut nommé chapelain ordinaire de Charles Ier et chef de la chapelle de la reine, charges que son oncle, Barnabé, avait résignées à cette date en sa faveur.

3. « Godefroy et cet autre mauvais prêtre Potier (*sic*) sont ses deux aumôniers. » (Lettre de Mme de Tillières à son mari, 9 août 1626, dans *Mémoires* de Tillières, appendice, p. 252).

4. Peut-être est-il question ici d'un des membres des nombreuses familles nobles des Drummond. Il existait à cette

mer trois prêtres, dont il en choisiroit un pour confesseur de la reine. Il les nomma en sorte qu'il fit tomber le choix sur son compagnon, qui étoit un prêtre de l'Oratoire, Écossois fort savant[1], et qui avoit autrefois été prisonnier, mis à la question, condamné et banni hors des États du roi d'Angleterre pour le nom de Jésus-Christ[2].

époque un poète du nom de William Drummond (1585-1649), fils aîné de John Drummond (« gentilhomme huissier » du roi Jacques Ier en 1590 et 1606, mort en 1610). Ce William eut trois frères; il est possible qu'il s'agisse ici de l'un de ces trois gentilshommes ou de W. Drummond.

1. Ces deux mots ont été ajoutés par Sancy, d'une écriture très appliquée, entre les lignes, sur le manuscrit A, fol. 201. L'oratorien, auquel il est fait allusion ici, est le P. Robert Philippe, attaché à la reine en 1626 et qui devint son confesseur au départ du P. de Sancy. Écossais, né en 1581, il entra à l'Oratoire en 1617. En 1619, il était nommé supérieur de la maison de l'Oratoire de Notre-Dame des Ardilliers, à Saumur. Nous savons qu'il fut du nombre des Oratoriens attachés à la personne de la reine d'Angleterre. Il fut chassé de la cour d'Angleterre, en 1641, sous l'accusation de complot avec Rome et, menacé d'être arrêté, il put s'échapper. Le 25 juin 1641, il retournait en Angleterre; mais il fut emprisonné à la Tour de Londres en novembre de la même année; un mois plus tard, il était envoyé à Sommerset-House. En juillet 1644, il revenait en France, accompagnant la reine Henriette-Marie. Il mourut le 5 janvier 1647, particulièrement regretté de la reine d'Angleterre, dont il avait été longtemps le confesseur, et qui assista à ses derniers moments. Il était l'auteur d'un commentaire des lettres de saint Paul. Il laissa un tiers de ses biens à l'Oratoire, l'autre au P. Viette, aumônier de la reine d'Angleterre, et le dernier tiers au frère Jean Balfour, clerc de la chapelle de la souveraine.

2. L'évêque de Mende écrit au Roi, le 12 août, que deux ecclésiastiques, Potier (sic) et Godefrois, dont il donne les noms dans une lettre du 13 août à d'Herbault, ont été mis comme

L'évêque de Mende dépêcha par deux diverses voies deux courriers en France pour donner avis de cette violence; mais les Anglois avoient si bien fait fermer les passages qu'ils les arrêtèrent et les retinrent cinq ou six jours[1], afin de donner temps à Carleton, leur ambassadeur, d'arriver à la cour et avoir sa première audience auparavant qu'on eût reçu cet avis[2].

Carleton fut bien reçu à son arrivée[3]; mais, quand on eut appris que le mal dont il menaçoit étoit déjà arrivé, on ne le voulut recevoir à traiter aucune chose de sa légation que l'offense reçue de S. M. au bannissement des François ne fût auparavant réparée. Et d'autant que sa commission sur ce fait-là étoit de justifier par foibles raisons la violence qui avoit été faite, on ne voulut pas traiter avec lui de la réparation qu'on en désiroit, mais on remit toute l'affaire sur un ambas-

confesseurs auprès de la reine : ils sont, écrit-il, « tous deux ennemis ouverts du Saint-Siège; l'un a fait une œuvre des trois imposteurs : Mahomet, Jésus-Christ et Moïse ». Il ajoutait : « Nous avons fait ce que nous avons pu pour arrêter l'exécution de ce mal, mais il y a trop long temps que le dessein en étoit formé, comme il appert par la retenue qui avoit été faite depuis un an de ces personnes en sa cour et du bruit continuel qui a couru de leur établissement dans nos charges » (Aff. étr., corresp. politique, Angleterre 41, fol. 192).

1. Les mots : *et les retinrent cinq ou six jours*, ont été ajoutés entre les lignes par Sancy, qui, témoin oculaire, était bien renseigné.

2. Ici (fol. 201 v°) le manuscrit A porte ces mots raturés : « Au bout de quatre ou cinq jours toutefois ils les laissèrent passer. » Puis venait tout un passage qui se retrouve plus loin (ms. A, fol. 285 v°) commençant par « Toute la maison de la reine étant à Sommerset » et finissant par : « mais en déduction de ce qu'ils avoient avancé à la reine d'Angleterre. »

3. Elle eut lieu dans les premiers jours d'août.

sadeur extraordinaire qu'on vouloit envoyer exprès en Angleterre sur ce sujet[1].

Incontinent après qu'ils eurent laissé passer lesdits courriers de l'évêque de Mende, ils envoyèrent en France Montaigu[2], qui avoit intelligence particulière avec les dames qui étoient de la partie, et lui donnèrent charge de seconder Carleton et le fortifier des avis qu'il recevroit d'elles. Mais le voyage précédent qu'il avoit fait, où l'on avoit reconnu qu'il étoit un espion plutôt qu'un ambassadeur[3], et au retour duquel il avoit fait apprendre[4] à Buckingham la résolution à laquelle il n'avoit osé de lui-même se déterminer, fit que le Roi lui envoya chez Carleton faire un commandement exprès de sortir incontinent de Paris et retourner en Angleterre; à quoi il obéit[5].

1. Le Roi reçut en audience l'ambassadeur anglais, le 22 août, à Nantes et lui dit : « Je n'ai aucune occasion de croire que les François se soient mal gouvernés en Angleterre; et quand ainsi seroit, le roi mon frère m'en devoit faire plainte. L'on a fait une violence inouïe, l'on a rompu la foi publique et manqué à ce à quoi le contrat de mariage de ma sœur obligeoit. J'envoie le maréchal de Bassompierre pour m'en plaindre et témoigner au roi de la Grande-Bretagne, mon frère, mon sentiment. Je m'assure qu'il réparera promptement la violence qui a été faite. Je le désire. Quand j'aurai des nouvelles de Bassompierre, je vous dirai mon sentiment, qui sera tel que vous savez bien que je le dois avoir. En un mot, j'aimerois mieux mourir que de souffrir une indignité » (Aff. étr., corresp. politique, Angleterre 41, fol. 211).

2. Voyez ci-dessus, p. 179.

3. Cf. p. 179 et 231.

4. Employé anciennement avec le sens de prendre.

5. Montaigu reçut du Roi, le 8 septembre 1626, l'ordre de quitter sans délai la France (Aff. étr., France 781, fol. 5). Ce paragraphe et le précédent ont été écrits sur une feuille volante

Toute la maison de la reine étant à Sommerset[1], le roi, mal conseillé par Buckingham, alla lui-même leur déclarer qu'il vouloit qu'ils se retirassent en France et qu'il leur pardonnoit les offenses qu'ils avoient commises contre lui. A quoi ils répondirent qu'ils n'avoient point besoin de ce pardon, puisqu'ils n'avoient point failli[2]. Le lendemain, il envoya par Conway[3], secrétaire d'État, des présents aux principaux de la maison, qu'ils prirent à crédit sur la caution du comte de Pembroke[4]. Ces Messieurs, du commencement, en firent

par l'un des scribes des *Mémoires*, qui n'est ni I. Cherré ni le principal scribe. Elle est foliotée 202 (foliotage moderne du ms. A), mais n'était pas comprise dans la première pagination donnée à ce manuscrit; sa rédaction est donc postérieure à cette première pagination, mais elle a été, sans aucun doute, revue par Sancy. Elle porte, d'ailleurs, en tête, ces mots de l'évêque de Saint-Malo, barrés depuis : « Au bout de quatre ou cinq jours toutefois ils les laissèrent passer. » A la suite du paragraphe terminé par les mots « à quoi il obéit » il y avait encore sur cette feuille volante quatre paragraphes qui ont été barrés, mais que l'on retrouve plus loin, en marge du manuscrit A, fol. 206 v°. En outre, plusieurs pages du manuscrit A (fol. 203-205) ont été supprimées; elles étaient la copie d'un mémoire donné par l'évêque de Mende « sur son retour d'Angleterre », rapport dont la transcription, préparée pour son entrée dans les présents *Mémoires*, se trouve aux Affaires étrangères (corresp. politique, Angleterre 41, fol. 209, 210).

1. Les *Mémoires*, qui avaient abandonné les *Mémoires de Tillières* comme source des pages 235 à 239, les ont utilisés ici à nouveau, en résumant considérablement les pages 146 et 147 de cet ouvrage.

2. C'est, en réalité, l'évêque de Mende qui fit cette réponse.

3. Manuscrit A (France 58, fol. 205 v°) et manuscrit B (France 51, fol. 122) : *Conoe*.

4. William Herbert, comte de Pembroke (1580-1630), fils de Henry Herbert, deuxième comte de Pembroke, était en 1603, chevalier de la Jarretière et lord lieutenant en Cornouailles, en

refus; mais enfin ils les acceptèrent, avec protestation que ce n'étoit point en qualité de gratification, mais en déduction de ce qu'ils avoient avancé à la reine d'Angleterre[1] pour subvenir à ses nécessités, qui avoient été telles que bien souvent elle n'avoit pas de quoi faire acheter ce dont elle avoit nécessairement besoin. Cette réponse les[2] offensa infiniment; mais, parce qu'elle étoit vraie, ils ne surent quelle réplique y faire.

Sur ce qu'ils[3] pressoient de jour en jour et d'heure en heure que l'on partît, on leur dit qu'on ne le pouvoit sans avoir reçu le commandement de S. M. à qui l'on avoit écrit[4], et davantage qu'il étoit raisonnable que les menus officiers de la reine, que l'on chassoit, fussent au moins auparavant payés de leurs gages. Ils avoient honte de refuser cette seconde demande. Et, après avoir en vain cherché de l'argent à emprunter, ils envoyèrent faire une quête en l'église et trouvèrent ce qu'il leur falloit, le leur distribuèrent et les pressèrent davantage de partir. Ils leur dirent[5] qu'ils n'a-

---

1615 lord chambellan, en avril 1625 membre du Comité du Conseil pour les Affaires étrangères. En mai 1626, il entre au Conseil permanent de la Guerre. Il avait épousé en novembre 1604 lady Mary, fille de Gilbert Talbot, comte de Shrewsbury.

1. Le début de ce paragraphe est la répétition à peu près textuelle d'un passage du manuscrit A, fol. 201 v° (voyez p. 238, note 2).

2. Les Anglais.

3. Les Anglais.

4. C'est ce que l'évêque de Mende écrivit avoir toujours répondu aux Anglais, depuis le jour où il avait reçu ordre, avec les serviteurs de la reine, de quitter l'Angleterre (Aff. étr., corresp. politique, Angleterre 41, fol. 208; lettre du 18 août). Cf., ci-dessus, p. 235.

5. Les Anglais dirent aux Français.

voient point besoin d'attendre l'ordre du Roi; et quand ils virent qu'ils s'y affermissoient, ils envoyèrent des gardes pour les contraindre par la force de s'en aller. Monsieur de Mende et les autres ne jugèrent pas à propos d'attendre à recevoir cet affront et crurent que c'étoit assez d'en avoir eu la menace pour obéir. Un officier du roi d'Angleterre les conduisit jusques à Douvres, où il les fit embarquer sans aucun délai, et ne partit point qu'il ne les vît dans les vaisseaux et à la voile[1].

Le Roi, au premier avis qu'il reçut par le courrier que lui envoya Monsieur de Mende du commandement qu'ils avoient eu de se retirer, prit incontinent résolution d'envoyer le maréchal de Bassompierre ambassadeur extraordinaire au roi d'Angleterre, vers lequel il devoit s'acheminer en poste, pour arrêter le cours de cette violence.

Et, afin de donner plus promptement consolation à la reine, la Reine mère lui dépêcha La Barre[2], avec charge de l'assurer qu'elle ne l'abandonneroit point en son déplaisir, qu'elle avoit une grande passion de la voir et iroit, pour cet effet, jusque sur le bord de la mer, et la passeroit même s'il en étoit besoin[3]. Elle la

1. Ces incidents sont racontés de façon quelque peu différente dans le *Mercure françois*, t. XII, p. 261-265.

2. Il est peut-être ici question de Jean de la Barre, aumônier de Marie de Médicis en 1620, puis son secrétaire ordinaire de 1622 à 1631. Un La Barre, de Chinon (c'est peut-être le même personnage), vint en octobre 1631 apporter au Roi une lettre de la Reine mère, datée du 8 août et de Mons. On l'embastilla; mais on le relâcha peu après. Il était alors l'un des gentilshommes servants de Marie de Médicis, qu'il avait suivie en exil.

3. Le *Mercure françois*, t. XIII, p. 147, prétend que le sieur

[1626]   DE RICHELIEU.   243

louoit d'avoir, en ce fâcheux accident, recours à Dieu pour prendre force en lui, la prioit de ne recevoir aucuns prêtres de la main des Anglois, de témoigner son juste ressentiment à ceux qui avoient trahi les siens, et sa bienveillance vers ceux qui s'étoient, dès le commencement, comportés avec elle avec le respect qu'ils devoient[1].

La reine d'Angleterre avoit écrit à LL. MM.[2] avec tant de douleur, qu'ils en avoient été sensiblement touchés[3].

de la Barre fut envoyé par la Reine mère auprès de la reine d'Angleterre « pour savoir l'état de sa santé sur le déplaisir, douleur et affliction qu'elle auroit reçu du chassement de ses officiers françois catholiques et du changement contraire à sa religion et aux clauses et conditions de son mariage ».

1. Ce paragraphe a été écrit en marge du manuscrit A (fol. 206 v°) sur les indications de Sancy, qui a mis dans le corps même du texte ce renvoi : « V. », suivi d'un signe de rappel, et qui a écrit à la marge : *et afin*, avant de passer la plume à I. Cherré. Ce passage à la marge est identique à celui que l'on trouve à la fin de la feuille volante foliotée 202 dans le manuscrit A (voyez ci-dessus, p. 239, note 5). Ce paragraphe est un résumé très incomplet de la lettre qu'écrivit, à cette occasion, la Reine mère à la reine d'Angleterre (Aff. étr., corresp. politique, Angleterre 41, fol. 247, 248).

2. Ici figurait dans le manuscrit A, fol. 206 v° et 207, un paragraphe ainsi conçu qui a été rayé : « J'ai cru devoir mettre ici la copie de ses lettres, par lesquelles la barbarie anglaise paroît mieux que par tous les discours qu'on en pourroit faire. » Ce paragraphe était suivi (fol. 207) du texte des lettres annoncées, qui a été également effacé. Ces lettres se trouvent en copie aux Affaires étrangères (corresp. politique, Angleterre, Supplément 1, fol. 241 et suiv.).

3. Voici en quels termes Richelieu parlait au Roi d'une lettre de la reine d'Angleterre adressée à Marie de Médicis : « Sire, la Reine votre mère, pensant que j'aie eu l'honneur de faire les mêmes journées qu'a fait V. M., m'a adressé une lettre pour lui

Mais, quelque presse que le Roi fît au maréchal[1] de partir et quelque volonté qu'il eût d'obéir promptement, les François arrivèrent en France avant qu'il fût en chemin[2].

Ces extravagances d'Angleterre coûtèrent cher à toute la chrétienté ; car tandis que Buckingham s'occupoit à faire mal, y suscitant des menées et trahisons contre le Roi et faisant violer toutes les choses promises par le roi son maître au contrat de mariage avec Ma-

présenter de la part de la reine d'Angleterre, digne de très grande compassion. Je l'envoie à V. M. Elle me commande très expressément de l'assurer de son affection et de son service et de la grande impatience qu'elle a d'être auprès de vous. Monsieur de Mende s'est aussi adressé à moi pour savoir de V. M. où elle auroit agréable qu'il la vînt trouver. Je crois que le plus tôt qu'il pourra venir sera le meilleur pour être instruit de certaines particularités de cette affaire, lesquelles il mande ne pouvoir commettre au papier. Mme de Saint-Georges et tout le reste de l'équipage désiroit venir trouver V. M. à Blois, ce dont je crois qu'il est à propos de les dispenser. V. M. leur fera savoir, s'il lui plaît, sa volonté par le présent porteur, qui m'a dit deux nouvelles que j'ai de la peine à croire parce que je ne les désirerois pas ; l'une est que, partant de Paris, le 29e du mois passé, on lui dit à la poste que le maréchal d'Ornano étoit mort, l'autre que Monsieur le Comte s'étoit retiré de Paris. J'aurai l'honneur d'être demain auprès de V. M., ce qui m'empêchera d'allonger cette lettre que de la véritable protestation que je lui fais d'être jusques au tombeau, de V. M. le très humble, très obéissant, très fidèle et très obligé sujet et serviteur. De Saint-Denis, ce 4e septembre 1626 » (minute de la main de Charpentier. Bibl. nat., Nouv. acq. fr. 5131, fol. 88). Il a été parlé pages 150 et 151 de la maladie et de la mort du maréchal d'Ornano.

1. Au maréchal de Bassompierre.

2. Première rédaction du manuscrit A, fol. 207 v°, avant les corrections de Sancy : « Avant que S. M. fût arrivée de Bretagne à Paris. »

dame, il ne pensoit point au recouvrement du Palatinat, ni à faire payer au roi de Danemark[1] ce qu'ils s'étoient, en leur ligue, obligés de lui payer tous les mois pour l'entretènement de son armée[2].

En quoi il vérifioit bien cet ancien dire d'un sage, que du même principe duquel les plus grands biens nous viennent, s'il est infecté nous en recevons les plus grands maux[3].

Le bon conseil est une chose divine, mais le mauvais conseil est la mort de celui qui le reçoit, et si le sage conseiller est un trésor que le prince doit chérir comme sa propre vie, il doit fuir un mauvais conseiller comme la perte inévitable de son honneur et la ruine de son État.

Néanmoins, par un malheur fatal aux grands, il arrive d'ordinaire que le prince, en une chose importante[4], se gouverne avec si peu de prudence qu'il prend pour son conseil celui qui a moins de capacité de le donner.

1. Christian IV (1577-1648), fils de Frédéric II, auquel il succéda en 1588. Sa sœur avait épousé Jacques Ier d'Angleterre.
2. Par le traité de la Haye du 9 décembre 1625, signé par l'Angleterre, la Hollande et le Danemark, une alliance avait été formée entre ces trois pays par laquelle ils s'engageaient à rétablir l'Électeur Palatin dans ses États, moyennant un subside mensuel de 50,000 florins que les Hollandais devaient payer au roi de Danemark et de 100,000 florins payables chaque mois au même roi, par l'Angleterre.
3. Comparez les pages qui suivent, relatives aux favoris, avec les chapitres du *Testament politique* sur les conseillers des rois (1re partie, chap. VIII) et sur le « mal que les flatteurs médisants et faiseurs d'intrigues causent d'ordinaire aux États... » (2e partie, chap. VIII).
4. *Manuscrit A* : en une chose si importante.

La cause de cette erreur est que tout homme, et principalement un grand, est désireux d'amour et d'honneur et n'aime que celui qui le lui porte[1]. Ce désir lui fait prêter facilement l'oreille à la flatterie et donner entrée en sa bonne grâce au flatteur, qui, avec beaucoup d'artifices, feint l'honorer et l'aimer.

Or, dès qu'il y est entré, il devient son conseiller, pour ce que l'homme ayant un naturel instinct que ne s'estimer pas inférieur à un autre et demander conseil étant se soumettre à autrui, d'autant qu'on ne se conseille qu'à celui qu'on estime plus sage que soi, s'il pouvoit il ne demanderoit conseil à aucun et feroit toutes choses par son sens; et, lorsque le poids des affaires lui fait ressentir et reconnoître malgré lui, qu'il lui faut nécessairement recourir au conseil de quelqu'un, il incline toujours à choisir celui qu'il aime le mieux, pour ce qu'il le répute comme un autre lui-même.

Semblablement, non seulement nous sommes nés libres, maîtres de nous et ennemis de reconnoître qu'un autre nous est supérieur en quelque chose, mais nous voudrions encore être, suffisants à nous-mêmes et n'avoir besoin de nous associer aucun en ce que nous faisons, si nous le pouvions faire seuls avec facilité.

Quand donc la grandeur des choses que nous avons à faire surmonte nos forces seules, nous convainc de notre foiblesse et nous oblige à nous associer quelqu'un pour entrer en part du travail et nous soulager, nous jetons incontinent les yeux, par la même raison, sur celui qui a plus de part en notre cœur.

1. Le texte du manuscrit A, fol. 208, était primitivement celui-ci : « Tout homme et principalement un grand est désireux qu'on lui porte amour et honneur » (corrigé par Sancy).

D'où il arrive que le flatteur, qui, par ses feintes et ses artifices, a dérobé la bonne grâce de son maître, devient ensuite son conseiller. Et c'est la plus ordinaire cause des ruines des États, pour ce que d'un côté il ne se rencontre jamais qu'un flatteur ait la prud'homie et la fidélité requises pour un bon conseiller, et, d'autre part, comment pourroit réussir le choix que le prince fait d'un homme, lequel il estime capable de le bien conseiller, pour ce qu'il a de l'inclination vers lui, au lieu que son amour et son estime doit être fondé sur l'espérance et assurance qu'il a de sa cap cité?

Buckingham étoit de cet ordre-là de conseillers et favoris. C'étoit un homme de peu de noblesse de race, mais de moindre noblesse encore d'esprit, sans vertu et sans étude, mal né et plus mal nourri. Son père[1] avoit eu l'esprit égaré; son frère ainé[2] étoit si fol qu'il le falloit lier. Quant à lui, il étoit entre le bon sens et

1. Georges Villiers of Brooksby (Leicestershire), shérif du Leicestershire en 1591, mourut le 4 janvier 1606. Il avait épousé : 1° Andrée, fille de William Saunders of Harrington (Northamptonshire); 2° Marie, fille de Anthony Beaumont of Glenfield, créée comtesse de Buckingham en 1618, mère du célèbre duc; elle se remaria en secondes noces à William Rayner et en troisièmes à Thomas Compton; elle mourut en 1632.

2. Jean, né vers 1591, créé chevalier le 30 juin 1616, puis gentilhomme de la chambre et maître de la garde-robe de Charles, prince de Galles, avait épousé en septembre 1616 Françoise, fille de Edward Coke et de lady Hatton. Le 19 juin 1619, il était créé baron Villiers of Stoke (Buckinghamshire) et vicomte Purbeck of Dorset. Faible d'esprit, il était depuis 1620 complètement fou. Sa femme l'abandonna en 1621 pour vivre avec sir Robert Houard et mourut en 1645. Il se remaria à Élisabeth, fille de William Shingsby of Kippax (Yorkshire) et mourut le 18 février 1657 à Charlton, près Greenwich.

la folie, plein d'extravagances, furieux et sans bornes en ses passions.

Sa jeunesse, sa taille et la beauté de son visage le rendirent agréable au roi Jacques et le mirent en sa faveur plus avant qu'aucun autre qui fût en la cour. Il s'y entretint depuis par toutes sortes de mauvais moyens, flattant, mentant, feignant des crimes aux uns et aux autres, les soutenant impudemment; et, quand il ne pouvoit trouver invention de leur rien imputer avec apparence, il avoit recours au poison, avec lequel il se défit du duc de Lennox[1] et du marquis d'Hamilton[2], de la naissance et autorité desquels il avoit jalousie[3].

1. Ludovic Stuart, duc de Lennox (1574-1624), fils aîné de Esmé, premier duc de Lennox, et de Catherine de Balsac d'Entragues, ambassadeur en France en 1601 et en 1605, créé en 1623 duc de Richmond, mourut subitement le 16 février 1624, jour fixé pour l'ouverture du parlement. Il avait rempli de très importantes fonctions à la cour. Il s'était marié trois fois : 1° à la fille du comte de Gowrie; 2° à Jeanne Campbell of London, veuve de Robert Montgomerie; 3° à France Howard, fille du vicomte Howard of Bindon.

2. James, marquis d'Hamilton, né en 1589, fils de John Hamilton, marquis d'Hamilton, et de Marguerite Lyon. Il succéda à son père le 12 avril 1604 et à son oncle comme comte d'Arran, en mars 1609. En juin 1619, il était élevé à la pairie comme comte de Cambridge et baron d'Ennerdale. En mars 1621, il était nommé gentilhomme de la chambre, et en février 1624, grand maître d'hôtel du Roi. Il était créé chevalier de la Jarretière, le 15 avril 1623. Il mourut de fièvre maligne à Whitehall, le 2 mars 1625. Un écrit du temps de Georges Eglisham, *Prodromus Vindictæ*, prétendait, sans preuves suffisantes, qu'il avait été empoisonné par Buckingham, dont il était l'adversaire. En janvier 1603, il avait épousé Anne Cunningham, fille de James, comte de Glencairn.

3. Dans un mémoire de septembre 1626, dû probablement à

Étant tel, et le roi d'Angleterre abandonnant son État à sa conduite, ce n'est pas de merveille s'il le portoit à sa ruine contre toute raison.

Le Cardinal, par l'autorité du Roi et la sagesse de ses conseils, essayoit de soutenir les affaires et avoit pitié de cet homme comme d'un furieux qui se déchire soi-même; mais il ne put pas tellement remédier à tout que la chrétienté en reçût un notable dommage[1].

Quand le Cardinal[2] vit la paix d'Italie concluc[3], n'y ayant que peu de choses à raccommoder, à quoi il jugeoit bien que les Espagnols ne s'arrêteroient pas, mais

Richelieu et publié par Avenel (*Lettres*, II, 266), on lit : « Cette cabale [de Chalais] est en étroite intelligence avec l'Angleterre et la Savoie, qui sont accoutumées à se faire raison par telles voies [l'assasinat], témoin le duc de Leno [Lennox], le comte de Rairre et Amilton empoisonnés, et le médecin dudit Amilton assassiné, outre vingt autres histoires semblables. »

1. Le passage suivant, que l'on retrouve au folio 222 v° du manuscrit A, a été rayé sur ce manuscrit au fol. 209 : « Ainsi tous les bons conseillers (*sic*) qu'on avoit pris pour mettre la paix en Allemagne et y empêcher les progrès de la maison d'Autriche au préjudice de la liberté de l'Empire furent détournés par les orages que causèrent les passions particulières d'un infidèle favori. » Voy. plus loin, p. 209.

2. Avec ce paragraphe commence le dix-neuvième cahier de 1626 (ms. A, fol. 212). On lit sur la couverture de ce cahier (fol. 211) : « 1626. 19ᵐᵉ cahier » (main de Sancy), puis ces indications écrites par Sancy et rayées ensuite : « Après l'Angleterre pʳ cahier du (*sic*) Bavière. Durant ce mauvais procédé des Anglois on ne laisse pas en France d'avoir soin des affaires d'Allemagne. » Charpentier a écrit le sommaire suivant : « Avis du Cardinal sur les affaires d'Allemagne. Envoi du sʳ de Marcheville à Bavière pour le rétablissement du Palatin. Projet de traité sur ce sujet empêché par les Anglois. Déroute et mort de Mansfeld. Défaite du roi de Danemark. »

3. Traité de Monçon du 5 mars 1626.

donneroient à S. M. le contentement qu'elle désiroit, il jugea à propos de ne pas discontinuer les autres desseins de S. M. et se servir de cette paix pour le bien de ses affaires et de toute la chrétienté, sans souffrir qu'elle produisît de mauvais effets, ni en Angleterre, ni en Hollande, ni en Allemagne, ni envers les protestants, ni les princes catholiques ses alliés. Pour cet effet, il dit au Roi dans son Conseil[1] :

Qu'il étoit à craindre que la paix d'Italie n'ébranlât grandement les esprits et les cœurs de ceux qui faisoient tête en Allemagne aux forces d'Espagne et de la maison d'Autriche et partant qu'ils ne vinssent à suivre l'exemple de la France en ce qu'elle avoit fait la paix, mais non en ce qu'elle ne l'avoit jamais voulu faire qu'elle n'eût eu à l'avantage de ses alliés tout contentement sur le sujet de la guerre qu'elle avoit entreprise ;

Que le but qu'on devoit avoir étoit de remettre l'Allemagne en la juste balance en laquelle elle devoit être

---

1. Première rédaction du manuscrit A, fol. 212 : « Pour cet effet, il donna au Roi dans son Conseil l'avis suivant... » A la suite venait le texte entier de cet Avis primitivement au style direct (fol. 212-215 v°); les corrections nécessaires pour sa mise au style indirect ont été faites par Sancy. Le document original (de la main d'un secrétaire, sauf les quatre dernières lignes qui sont de Le Masle) se trouve aux Affaires étrangères (corresp. politique, Allemagne 6, fol. 158-160 v°). Les lettres (A et B) écrites en tête et à la fin du document indiquent qu'il devait entrer dans les *Mémoires*, et on le retrouve, en effet, intégralement dans le manuscrit A, comme il vient d'être dit. Il commence ici (ms. B) par les mots : « qu'il étoit à craindre que la paix d'Italie... », et prend fin à la page 256 avec les mots : « et par conséquent il sembloit qu'on s'en pourroit servir à l'une et à l'autre fin ».

et partant que les princes dépouillés fussent rétablis en leurs États ;

Qu'il étoit à souhaiter que la guerre se finît par une négociation qui produisit cet effet; mais que, si la guerre cessoit en laissant le mal auquel on avoit voulu remédier, il empireroit de beaucoup, non seulement au préjudice de ceux qui seroient dépossédés, mais de toute la chrétienté et particulièrement de la France, qui devoit craindre que l'Espagne ne demeurât maîtresse absolue d'un si grand pays, capable de lui faire augmenter ses conquêtes à nos dépens, en ce qu'elle joignoit la plupart de ses États, et que c'étoit une pépinière de soldats ;

Que jusques ici le Roi avoit eu la prudence et le bonheur de démêler les affaires de ses alliés, sans venir à une rupture ouverte avec ceux qui les opprimoient, qu'il falloit tâcher de faire le même ;

Qu'il y avoit deux choses à faire : l'une faire voir à tout le monde qu'il ne tenoit point au Roi qu'on ne secourût bien plus puissamment qu'on ne faisoit l'Allemagne (et cela étoit justifié à tous les ambassadeurs, pour les offres qu'on avoit faites à l'Angleterre d'entrer avec une armée de vingt-cinq mille hommes du côté de l'Alsace, pourvu qu'ils en fissent autant du côté de la Flandre avec les Hollandois[1]); l'autre étoit de faire réellement et de fait quelque chose qui produisît l'effet qu'on désiroit, pour remettre les affaires d'Allemagne en balance ;

---

1. Voyez le « mémoire » du Cardinal au Roi, daté par Avenel (t. II, p. 77-84) de la fin d'avril ou du début de mai 1625, et reproduit dans notre t. V, p. 19-30. Comparer particulièrement avec la page 21 de ce volume.

Que le plus sûr moyen étoit de donner un tel secours d'argent à Danemark et à Mansfeld qu'avec ce qu'ils recevoient d'Angleterre ils se portassent à continuer la guerre[1]. Mais il étoit à craindre que ce moyen seul ne fût pas suffisant, ni pour l'embarquer à la continuation de son dessein, ni de produire l'effet qu'on désiroit quand il le continueroit;

Qu'il falloit traiter avec Bavière, le porter par son propre intérêt à un accommodement raisonnable. Son principal dessein étoit de se conserver l'Électorat à sa personne, assurer la religion catholique dans tout le Palatinat et retirer une somme de deniers pour la restitution du Palatinat supérieur qu'il tenoit[2]; qu'il y avoit trois mois qu'il demandoit beaucoup davantage. Maintenant qu'il avoit peur que la France lui tombât sur les bras, il se relâchoit à de plus raisonnables conditions. La somme qu'il demandoit étoit indécise; il l'avoit prétendue de dix millions, maintenant il se réduisoit à quatre.

Qu'il falloit, d'une autre part, faire voir aux Anglois, qui le devoient connoître s'ils se connoissoient eux-mêmes, que les rodomontades qu'ils faisoient sans grand effet contre l'Espagne ne recouvroient pas le Palatinat; qu'on ne voyoit pas qu'ils fussent en état de le faire par force, leur volonté n'étant pas suivie de moyens suffisants pour produire cet effet; qu'il valoit mieux tâcher de ménager un accommodement raisonnable, qui rétablît le Palatin avec quelque perte, que non pas vouloir toujours le rétablir absolument, sans le

1. Allusion aux subsides promis par l'Angleterre (cf. plus haut, p. 245).

2. Cf. le « mémoire » de Richelieu d'avril ou mai 1625 (t. V, p. 24).

pouvoir faire; que la France leur montroit bien le dessein qu'elle avoit d'entreprendre cette affaire par force, s'ils[1] étoient en état de la seconder, comme il est dit ci-dessus; que sans elle ils ne pouvoient venir à bout de cette affaire; que, puisqu'ils ne pouvoient entretenir une armée pour entrer en Allemagne par la Flandre, comme on leur avoit proposé, il ne leur restoit aucun moyen de porter le Roi à entreprendre cette affaire qu'en se relâchant à des conditions d'accord modérées, et si raisonnables que le Roi se résolût de les envoyer proposer à Bavière, demander la paix à l'Empereur, se tenant cependant avec une armée puissante sur la frontière pour rendre, par la considération de ses forces, les offres qu'il feroit plus considérables et disposer à les accepter plus volontiers; qu'on avoit déjà fait ces propositions au comte d'Holland et Carleton, qui les avoient trouvées raisonnables et avoient promis d'en rendre réponse huit jours après leur arrivée, témoignant ne douter point qu'ils ne la rendissent conforme à ce qu'on pouvoit désirer.

En ce cas, on estimoit que le Roi devoit penser à ce dessein pour plusieurs raisons : que la nécessité des affaires présentes l'y convioit, étant certain que l'exécution de la paix de la Valteline ne se feroit point si les Espagnols n'étoient occupés d'ailleurs; que la considération du temps à venir l'y devoit porter, puisqu'il étoit indubitable que, si on laissoit perdre l'Allemagne et qu'on n'y rétablît les alliés de cette couronne, la puissance d'Espagne surpasseroit tellement celle des autres princes que, n'y ayant plus de contrepoids, ils entreprendroient, sans péril pour eux, tout ce que bon leur sembleroit au préjudice de ceux qui ne se-

---

1. Les Anglais.

roient pas liés avec eux, ce qui nous feroit perdre tous nos alliés, de gré ou de force, et enfin peut-être nous perdroit nous-mêmes[1]; que la gloire que le Roi pouvoit acquérir par cette action sembloit l'obliger à l'entreprendre, principalement si on pouvoit la mettre en un point qu'il le pût faire sans péril et sans s'embarquer en grande dépense, ce qui se pouvoit en ajustant les choses, comme est dit ci-dessus, avec Bavière et les Anglois; que, pour les[2] réduire à ce point, il falloit envoyer promptement à Bavière pour empêcher qu'il ne se liât avec Espagne en l'assemblée qu'on faisoit à Bruxelles à cet effet[3]. Pour ce faire, il falloit assurer qu'on n'entreroit jamais avec les Anglois en aucun dessein pour faire restituer le Palatinat, qu'on n'eût parole d'eux qu'ils consentiroient à un accord aux conditions spécifiées ci-dessus, qui sont celles que raisonnablement Bavière pouvoit désirer; qu'il faudroit faire voir aussi Cologne, Trèves et Mayence, pour les rendre capables de ce dessein et tirer parole d'eux qu'aux conditions susdites ils obligeroient l'Empereur de venir à la paix.

1. A la marge du document qui sert de source (fol. 159 v°) (voyez ci-dessus, p. 250, note 1) sont écrits ces mots : « Galères pour assurer l'Italie et remédier à tous les inconvénients qui pourroient arriver pour empêcher l'exécution de la paix de la Valteline ».

2. Les Espagnols.

3. A Bruxelles s'étaient ouvertes, au début de mai 1626, des conférences entre l'Espagne et l'Autriche; ces deux puissances cherchaient à opérer la « concentration des forces catholiques », en réponse aux accords franco-hollandais des 20 juillet et 24 décembre 1624. Le duc de Bavière, âme de la Ligue catholique allemande (fondée en 1609), y avait envoyé ses représentants.

Cela fait, on estimoit qu'il falloit envoyer deux ambassadeurs de France et d'Angleterre pour demander la paix à l'Empereur et faire connoître à toute l'Allemagne qu'on n'avoit autre intérêt, en cette affaire, que le rétablissement des princes dépouillés, à conditions justes et raisonnables.

Pour animer Danemark, il falloit dès cette heure l'avertir qu'on enverroit pour demander la paix et que le Roi se tiendroit sur sa frontière avec une armée suffisante pour, au cas qu'on la déniât à conditions justes et raisonnables, faire ce qu'il estimeroit plus à propos pour l'y contraindre.

Au même temps, la paix d'Espagne étant acceptée, on feroit connoître au roi Catholique que c'étoit son avantage d'avoir la paix partout, et, qu'étant faite en Italie, le Roi étoit tout prêt, pour témoigner la bonne intelligence qu'il vouloit avoir avec lui, de contribuer avec lui tout ce qu'il pourroit pour la mettre en Allemagne et, de plus, la faire entre l'Angleterre et lui;

Que, si on goûtoit ce dessein, il falloit ajuster les affaires en sorte qu'au même instant que la flotte angloise sortiroit de ses ports on stipulât avec les Hollandois, moyennant le traité qu'on faisoit avec eux, qu'ils tiendroient cet été[1] leur armée plus puissante et plus forte, feroient quelque entreprise si considérable qu'elle arrêteroit et occuperoit entièrement les armes

1. Par le traité conclu à Compiègne, le 10 juin 1624, entre Louis XIII et les Provinces-Unies, une assistance mutuelle était prévue, sous forme de subsides avancés par la France et d'équipements de vaisseaux effectués par la Hollande. Ces stipulations étaient également valables pour les années 1625 et 1626.

de Spinola; en considération de quoi les Anglois font état de leur donner six mille hommes d'augmentation;

Qu'il sembloit qu'il y eût des considérations internes qui devroient[1] empêcher ce dessein; et les mêmes obligeoient aussi le Roi d'avoir une armée puissante en Champagne, et, par conséquent, il sembloit qu'on s'en pourroit servir à l'une et à l'autre fin[2].

Le Roi, ensuite de cet avis qu'il trouva très judicieux et très utile, fit lever de nouvelles troupes qu'il mit avec celles qu'il avoit déjà en ses frontières de Champagne et Picardie et dépêcha secrètement le sieur de Marcheville au duc de Bavière[3], auquel, faisant entendre ses bonnes intentions, il proposa les articles suivants pour l'accommodement du Palatinat[4] :

Que la France voudroit que le duc de Bavière eût

1. *Var. :* qui devoient empêcher... (ms. A).
2. Avec ce paragraphe prend fin le résumé de l' « avis » donné au Roi. Un paragraphe, qui a été barré, figure avant celui-ci sur le document servant de source (Aff. étr., corresp. politique, Allemagne 6, fol. 160 v°) : « Au même temps, il faut avertir le roi de Danemark et les autres qui sont armés du côté du nord du dessein qu'on a pour leur donner courage et prendre occasion dans cet été d'envoyer les ambassadeurs. »
3. Les instructions de Marcheville sont du 18 septembre 1626.
4. Ces articles, qui occupent les folios 216 à 217 r° du manuscrit A, étaient primitivement au présent; Sancy les a mis au passé. Le texte de ces articles est aux Affaires étrangères (corresp. politique, Allemagne 6, fol. 161 r° et v°); il est de la main de Le Masle, qui a donné à ce document le titre suivant : « Mémoire des conditions auxquelles on pourroit terminer les affaires d'Allemagne. » Les lettres C et D, écrites respectivement en tête et à la fin du document, indiquent qu'il était destiné à entrer dans les *Mémoires;* il est, à part quelques variantes, textuellement transcrit ici jusqu'à la page 258, au paragraphe finissant par : « et la France se rendroit caution du traité ».

des conditions beaucoup meilleures que l'on ne peut obtenir d'Angleterre, et elle juge les suivantes raisonnables : que le Palatin s'humilieroit et supplieroit l'Empereur, par homme exprès, d'être rétabli en ses États, ce qui se feroit selon les conditions suivantes : que la religion catholique seroit établie dans tous les États du Palatin; les maisons religieuses et tous les ecclésiastiques qui y étoient lors y demeureroient; le luthéranisme y auroit cours selon les lois de l'Empire; le calvinisme y seroit toléré au lieu de la résidence du Palatin; que les biens des ecclésiastiques non contentieux seroient restitués, et les contentieux seroient jugés à la Chambre impériale de Spire[1], qui est composée de catholiques et de protestants; l'Électorat demeureroit au duc de Bavière durant sa vie et à sa maison, si le Palatin ou ses successeurs ne se faisoient catholiques, auquel cas l'Électorat leur retourneroit après la mort du duc de Bavière; que le Palatin paieroit trois millions de livres pour le dégagement du Palatinat supérieur[2]; que le Roi entreroit caution du traité,

1. Cette Chambre, créée en 1495 par Maximilien Ier (et qui cessa d'exister en 1806), comprenait cinquante membres, d'après le traité de Westphalie (1648). Elle résida à Spire de 1513 à 1689. Elle formait avec le Conseil aulique la juridiction suprême de l'Empire et, depuis la Réforme, se composait pour moitié de protestants. Primitivement, elle devait seulement connaître des infractions à la paix, puis elle étendit sa compétence, mais la lenteur de sa procédure et le manque de moyens de contrainte paralysaient son action.

2. En 1626, le Palatinat supérieur ou Haut-Palatinat avait pour frontières la Bohême, le margraviat de Bayreuth et l'évêché de Nuremberg. Séparé du Bas-Palatinat ou Palatinat rhénan par la Franconie, il avait pour capitale Amberg et s'étendait dans la partie nord de la Bavière.

s'unissant pour cet effet avec la Ligue catholique[1], à laquelle il promettroit, en cas d'inexécution, secours par armes tel qu'il seroit avisé; que la France ne savoit pas assurément si l'Angleterre voudroit consentir à toutes ces conditions, mais bien avoit-elle connoissance qu'elle ne s'éloigneroit des principales; mais, au cas que le duc de Bavière entendît à la raison et ne se liât point avec Espagne, mais voulût conspirer au dessein que le Roi avoit de procurer une paix assurée en Allemagne, le Roi lui promettoit de ne s'unir pas à l'Angleterre qu'elle ne consentît à un traité de paix qui assurât : l'Électorat en la personne du duc de Bavière, la religion catholique par tous les États du Palatin, la restitution des biens ecclésiastiques non contentieux, le paiement d'une somme raisonnable pour le dégagement du Palatinat supérieur; et la France se rendroit caution du traité.

Le duc de Bavière, sur la réputation de la justice du Roi et de la droiture de ses conseils, ne s'éloigna pas de la proposition qui lui fut faite de sa part et jugea à peu près tous les articles recevables de sa part.

Il ajoutoit seulement au premier que le Palatin s'obligeroit de ne s'allier jamais aux ennemis de l'Em-

---

1. Formée le 10 juillet 1609 entre le duc de Bavière, les trois électeurs ecclésiastiques, des évêques et abbés. Maximilien de Bavière en était l'âme. Son but était de s'opposer aux usurpations des protestants et de reprendre les biens confisqués depuis 1555; elle avait été fondée pour combattre les agissements de l'Union évangélique, ligue protestante, conclue, au nom de l'Électeur palatin, le 14 mai 1608, par le margrave de Bade, le comte palatin de Neubourg, les ducs de Würtemberg et d'Anhalt.

pereur, ni à ceux de la Ligue catholique[1]. Au second, il désiroit qu'il ne fût point fait mention de la permission du luthéranisme dans le Palatinat, attendu qu'il n'y avoit point de luthériens, et que la profession du calvinisme fût changée à une simple permission de prêcher aux lieux de la résidence du Palatin et durant icelle. Au quatrième, il représenta qu'il avoit beaucoup de raisons très considérables de retenir l'Électorat en la maison de Bavière; néanmoins, qu'il ne vouloit pas qu'il tînt à cela que la paix ne se conclût, pourvu toutefois que le Palatin catholique ne seroit admis à l'Électorat qu'alternativement avec la maison de Bavière, comme autrefois il avoit été arrêté à Passau[2] par les Électeurs et confirmé par actes authentiques, mais empêché par la puissance des Palatins[3].

1. Ce paragraphe résume incomplètement un document des Affaires étrangères (corresp. politique, Bavière 1, fol. 25-26). Cf. pour ce qui suit un document qui a été « vu » par les rédacteurs des *Mémoires* (Aff. étr., corresp. politique, Allemagne 6, fol. 99-100).

2. Quoique les manuscrits A et B et le manuscrit français 17542, aussi bien que le document qui a servi de source à ce passage (Aff. étr., corresp. politique, Bavière 1, fol. 25 v°), portent *Pavie*, il faut lire *Passau*. Dans cette ville, en effet, fut conclue, le 2 août 1552, et sous l'autorité de Charles-Quint, une transaction entre Ferdinand, roi des Romains, et un certain nombre d'États allemands, que l'on appela la Paix publique. Les principaux signataires étaient Maximilien, roi de Bohême; Maurice, duc de Saxe; Albert, duc de Bavière; les archevêques de Cologne, de Trèves; les représentants de l'Électeur palatin et de plusieurs autres Électeurs, du duc de Brünswick, du marquis de Brandebourg, du duc de Juliers, du duc de Würtenberg, etc... Le but de cette convention était d'assurer la paix civile et religieuse en Allemagne et le libre développement, à l'intérieur comme à l'extérieur, des aspirations allemandes.

3. Ce paragraphe, qui était primitivement au style direct sur

Il désiroit aussi, afin que si le Palatin se convertissoit sa conversion fût plus assurée, qu'il fût déterminé un certain nombre d'années, durant lequel l'Électorat demeureroit à Bavière, l'alternative ne devant commencer qu'après ce terme-là, et enfin que tout cela fût à la charge que, si à l'avenir un d'eux tomboit en hérésie, l'Électorat retourneroit entièrement à celui qui auroit gardé la foi. Et, pour donner un bon acheminement à cette fin, il proposa que le Roi moyennât un désarmement de part et d'autre, et qu'au lieu de donner secours au roi de Danemark, il le conviât de désarmer, avec cette condition que désormais aucun différend ne fût plus vidé par la voie des armes, mais remis à la décision des États de l'Empire, ou par la justice, ou par amiable composition; qu'il fît semblablement désarmer les catholiques sous la même condition, S. M. promettant se joindre à celui des deux partis qui satisferoit au traité, contre celui qui y manqueroit après s'être engagé[1]; qu'en cela ledit duc pouvoit plus servir, et de soi-même, qu'en quelque autre proposition que l'on fasse, étant quasi maintenant la seule Ligue catholique armée, les troupes de l'Empereur étant occupées en Hongrie; joint qu'il seroit maintenant plus facile à la Ligue de faire condescendre l'Empereur à poser les armes et se remettre à un accord par un traité amiable que si on attendoit que l'Empereur eût envoyé partie de son armée dans le

le manuscrit A, fol. 217 v°, a été mis par Sancy au style indirect. Il en est de même pour les onze paragraphes suivants. Le scribe du manuscrit A s'était contenté de copier le document qui a servi de source à ce passage.

1. Le manuscrit B porte seulement : « contre celui qui manqueroit ». Nous suivons la leçon du manuscrit A (fol. 218).

Brunswick, comme il avoit projeté de faire à cette heure qu'il ne se pouvoit plus rien faire en Hongrie; car, cela étant, il se pourroit faire de tels progrès contre le roi de Danemark, et les Espagnols pourroient offrir tel parti aux catholiques, n'étant pas encore séparés, qu'il y auroit, puis après, fort à faire à les persuader de ne pas poursuivre leur pointe[1]; et enfin que le Roi ne trouveroit pas même peut-être beaucoup de difficulté de la part des protestants, pour ce que Saxe, qui avoit toujours été neutre, appuieroit cette proposition, comme étant selon son dessein, et y apporteroit beaucoup de poids. Que si S. M. désiroit que cet expédient réussit, il y falloit observer le secret et la diligence, pour ce que la plupart des religieux vouloient la guerre, en laquelle ils voyoient que les catholiques avoient remporté tant d'avantages sur les protestants qu'ils croyoient que c'étoit le seul moyen de les exterminer entièrement et que Dieu le leur présentoit et le favorisoit.

S. M. trouva bon cet avis, tant pour ce que les protestants, qui avoient été ceux qui toujours avoient voulu éprouver la voie de la guerre contre les catholiques, avoient néanmoins toujours empiré leur condition, et ce à l'avantage de la maison d'Autriche, que pour ce que d'autant plus la France les soutiendroit et fomenteroit cette guerre, d'autant plus éloignoit-elle les catholiques de soi, lesquels, se tenant plus unis avec les Espagnols, font leurs intérêts communs avec

---

1. Cette longue phrase a été un peu remaniée par Sancy; elle se terminait primitivement ainsi : « qu'il y auroit puis après fort à faire et qu'ils voudroient poursuivre » (ms. A, fol. 218 v°).

eux, de sorte qu'il pouvoit arriver qu'enfin ils entreroient en une union indissoluble.

Davantage ce moyen obligeoit au Roi les princes de l'Empire, qui ne souhaitoient rien plus passionnément que la paix, les tenoit toujours plus prêts et plus prompts à entrer en la voie d'accord, qui seule restoit après la déposition des armes; et que si les catholiques, en la seule contemplation de la paix, déféroient la déposition de leurs armes à l'entremise de S. M., il étoit bien certain qu'en la manière, forme et moyens des traités, ils auroient grand égard à S. M., qu'ils entreroient en confiance avec elle par ce désarmement et, invités par ce commencement d'un effet si souhaitable et agréable, seroient plus prompts et plus résolus dans les conditions d'un accord, cesseroient aussi les soupçons qu'ils avoient toujours eus que la France ne mettoit en avant un traité que pour gagner temps et les endormir, pour les entretenir et ne les aider pas; et l'Angleterre en entrant en jalousie s'en rendroit plus conforme et docile aux intentions, volontés et desseins du Roi. Joint que, tandis que les armées demeureroient de part et d'autre sur pied, quelques propositions de paix qu'on pût mettre en avant, elles seroient toujours plus difficiles à traiter et plus longues à résoudre et à exécuter, chacun ayant toujours l'œil sur les progrès et succès de ses armes et sur ce qu'elles font ou peuvent avancer, et les uns et les autres s'embarrassant toujours mutuellement dans des différents soupçons qui empêchent qu'ils ne viennent si aisément à une conclusion; ou, au contraire, les catholiques se trouvant tout d'un coup, par ce désarmement, séparés des Espagnols, les seuls arbitres de leurs affaires, s'accorderoient bien plus facilement et plus promptement à ce qui seroit proposé d'équitable et de juste.

Mais les folies ou plutôt les furies des Anglois empêchèrent ce bon dessein; car, d'une part, faisant tout ce qu'ils pouvoient pour nuire au Roi et fomentant en son État les divisions qui y étoient tramées par l'infidélité des grands, et, d'autre part, s'imaginant des chimères de leur puissance et que, comme ils sont seigneurs d'un bien petit monde de leur île, ils le sont en puissance de tout l'univers, et, de plus, croyant que leur ligue avec Hollande et Danemark[1] étoit invincible et que le Roi, quelque mal qu'ils se comportassent envers lui, ne les voudroit jamais abandonner, ne voulurent point ouïr parler de ce désarmement, quoique le Roi leur fît voir combien en icelui la Ligue catholique recevoit de désavantage au prix d'eux et se relâchoit de ce qu'elle pouvoit prétendre justement; que les catholiques pouvoient, comme victorieux jusque-là et comme possesseurs, demeurer sur leurs avantages et se remettre aux traités par les voies de droit, et néanmoins, pour l'amour du Roi, ils se contentoient d'une amiable composition dans laquelle S. M. auroit telle part qu'il lui plairoit[2]; qu'ils pourroient prétendre l'exécution de la sentence pour la restitution de plusieurs biens ecclésiastiques qui leur avoient été ôtés depuis la paix générale, et néanmoins

1. Alliance de la Haye (9 décembre 1625). Cf. plus haut, p. 245, note 2.
2. Premier état du manuscrit A, fol. 220 : « Ils se contenteront d'une amiable composition, dans laquelle S. M. y aura telle part qui lui plaira. »

ils se contentoient des derniers, qui n'étoient rien ou fort peu en comparaison des susdits.

Les catholiques pouvoient, en la restitution d'autres biens qu'ils promettoient, prétendre plusieurs avantages par précaution; mais pour le respect de S. M. ils n'en parloient point.

Ils pouvoient prétendre des protestants, comme de ceux qui avoient toujours commencé les premiers à remuer, de grandes sûretés; mais ils se contentoient d'avoir S. M. pour caution.

Ils pouvoient dire : « Si vous voulez traiter, proposez; mais cependant nous demeurerons armés, et continuerons nos progrès. » Au contraire, pour l'amour du Roi, au point de leurs victoires et de leurs prospérités, ils s'arrêtoient et désarmoient pour sortir de leurs différends par voies amiables.

Mais toutes ces raisons ne servirent de rien; ils s'aheurtèrent au contraire, interprétoient ces bons offices du Roi à une volonté qu'il avoit de les abandonner et ne les voulurent recevoir en bonne part.

Le duc de Bavière manda que, si le Roi vouloit poursuivre sa bonne intention, on empêcheroit le dessein qu'avoient les Espagnols de se rendre maîtres de Heidelberg[1] et Manheim et, par conséquent, de tout le Bas-Palatinat, et que, s'il étoit promptement averti de la résolution de S. M., il donneroit ordre que ses députés à Bruxelles tinssent en suspens la conclusion du traité qui s'y faisoit d'une ligue des princes catholiques

1. Ville à dix-neuf kilomètres sud-est de Manheim (grand-duché de Bade), sur la rive gauche du Neckar. Prise d'assaut par Tilly, elle fut démolie. Elle fut prise trois fois en 1633, 1635 et 1638.

d'Allemagne avec Espagne, pour s'opposer à celle d'Angleterre, de Hollande et de Danemark ; mais que l'affaire requéroit promptitude, pour ce qu'elle pouvoit recevoir en un instant un grand changement, à cause des armées proches les unes des autres, et par les résolutions des assemblées de Bruxelles[1].

Mais tout cela ne put persuader les Anglois, ni faire entendre raison, dont mal leur en prit[2] et à toute la ligue protestante, car Danemark fut défait et toute leur espérance de la restitution du Palatinat perdue.

Le roi de Danemark, sur la fin de février, partit de l'évêché de Warden[3] et entra dans l'évêché de Hildesheim[4] et s'y empara de plusieurs places.

Le duc Bernard de Weimar passa le Weser, entra dans l'évêché d'Osnabrück[5], prit la ville le 14° mars,

1. Ce paragraphe a pour source un document de la main du P. Ange, le secrétaire habituel du Père Joseph ; au dos de cette pièce, Richelieu a écrit : « Mémoire du duc de Bavière », et plus bas Sancy a griffonné « Employé » (Aff. étr., corresp. politique, Bavière 1, fol. 20, 21).

2. Le manuscrit A (fol. 221) portait « dont malheur en prit » au lieu de « dont mal leur en prit ». Charpentier, relisant le manuscrit B, écrivit (fol. 133), sans se rendre compte de la faute commise par le scribe du manuscrit A : « dont malheur leur en prit », *leur* ayant été ajouté par lui entre les lignes. Quelques erreurs, analogues à celle relevée ici sur le manuscrit A, feraient supposer que des passages des *Mémoires* ont pu être dictés aux scribes, ce qui est bien dans les habitudes de travail du Cardinal.

3. Les manuscrits A et B portent *Farden*. En réalité, Werden, dans la Ruhr, à neuf kilomètres sud d'Essen.

4. Hildesheim, province de Hanovre, située à trente kilomètres de Hanovre, fut longtemps, avant la Réforme, l'un des plus puissants évêchés princiers d'Allemagne.

5. Évêché princier fondé, dit-on, par Charlemagne. Osna-

et s'empara de tout l'évêché[1]. Il pouvoit passer outre jusqu'à Münster et la prendre en cet effroi que donnoit l'exploit qu'il venoit de faire, ce qui eût ouvert le chemin au roi de Danemark d'aller dans le Palatinat. Mais 80,000 risdales[2], dont ils se rachetèrent, l'arrêtèrent et le firent retourner auprès du roi de Danemark.

En même temps, Mansfeld, ayant passé l'Elbe, alla jusqu'à Zerbst[3], qu'il emporta par escalade le 5⁰ mars, et mit au fil de l'épée toute la garnison impériale. Le roi de Danemark, en même temps, surprit Tangermund[4] sur l'Elbe, où il fit dresser un pont de bateaux pour avoir communication avec Brandebourg.

Jusque-là leurs affaires alloient bien, mais elles ne durèrent guère en ce bon état.

Mansfeld, pour avoir l'une et l'autre rive de l'Elbe libres, assiégea le pont[5] Dessau[6]. Friedland assembla toutes ses troupes qu'il avoit logées là à l'entour, et le 24⁰ d'avril lui donna la bataille, mit toute son infanterie au fil de l'épée, poursuivit les fuyards jusques à Zerbst qu'il reprit et tua tout ce qui étoit là-dedans. Mansfeld avec sa cavalerie s'enfuit et se sauva en la

brück, sur la rive gauche de la Haase, est à 115 kilomètres sud-ouest de Hanovre.

1. Voyez le *Mercure françois*, t. XII, p. 116.
2. Le manuscrit A porte *richedales*. Le « rigsdaler » danois valait environ 4 marks; le mot s'écrivait en suédois « riksdaler » et en allemand « reichsthaler ».
3. Ville du duché d'Anhalt-Dessau, à dix-huit kilomètres nord-ouest de Dessau.
4. Tangermünde, située dans la province de Saxe, sera prise en 1631 par Gustave-Adolphe.
5. Le manuscrit B porte *port*.
6. Capitale du duché d'Anhalt, sur la Mulde et à 126 kilomètres sud-ouest de Berlin.

Marche de Brandebourg[1]. Là il rassemble en diligence quelques forces et ayant, avec le secours que le roi de Danemark lui envoya et trois mille Écossois qui se joignirent à lui, ramassé neuf à dix mille hommes, il s'achemine vers la Silésie. Friedland[2] le suit; il passe en Hongrie, où Bethlen Gabor le reçoit. A peu de temps de là, ses troupes étant quasi toutes[3] dissipées, il laisse ce qu'il lui en restoit et son canon audit Bethlen Gabor, et pensant se retirer à Venise, meurt de maladie à Seraïevo[4], qui est la ville capitale de la Bosnie[5]. D'autre côté, Tilly, ayant grossi son armée de six mille hommes des Pays-Bas, donne bataille au roi de Danemark le 27e août, en la plaine de Lutter[6], taille son infanterie en pièces, prend son canon, soixante drapeaux, force prisonniers et, entre autres, le prince Maurice, fils du landgrave Maurice. Philippe de Hesse fut tué de sang-froid[7].

1. Cf., pour le récit des événements militaires d'Allemagne, le *Mercure françois*, t. XII, p. 116-121, 130-134.
2. Albert de Wallenstein (ou mieux Waldstein), duc de Friedland.
3. *Var.* (ms. B) : ses troupes étant quasi dissipées.
4. Les manuscrits A (fol. 222) et B (fol. 133 v°) portent *Sarage;* il faut lire Seraïevo (en turc Bosna-Seraï), capitale de la Bosnie-Herzégovine ; une forteresse y avait été bâtie en 1511.
5. Le *Mercure françois* raconte ces événements (t. XII, p. 713-715) et consacre une dizaine de pages à un résumé de la vie de Mansfeld (p. 717-726), qui mourut le 26 novembre 1626.
6. Manuscrits A et B : *Louter.* — En réalité, Lutter-an-Barenberg, ville située à l'extrémité occidentale du Hartz, dans le duché de Brünswick.
7. Manuscrit A (fol. 222) : *le prince Maurice, fils du landgrave Maurice de Hesse, fut tué de sang-froid.* — Le *Mercure françois,* qui donne un récit détaillé de cette bataille (t. XII, p. 676-682), écrit que Philippe de Hesse fut trouvé parmi les

Le roi de Danemark s'enfuit avec sa cavalerie au delà de l'Elbe, où il ramassa quelques gens de guerre et eut bientôt refait une nouvelle armée. La cause de sa défaite fut que ses gens de guerre n'étoient point payés et se débandoient tous les jours, à cause que les Anglois manquoient à leurs promesses et ne tenoient rien de ce qu'ils lui avoient promis.

Les Hollandois firent aussi peu de chose durant cet été. Le 26° juillet, ils assiégèrent Holdenzell[1], et le prirent, le premier jour d'août, par composition. Un des quartiers de leur armée fut enlevé par le comte Henri de Bergues[2] et ils firent une entreprise sur le fort de Calderec, près de Hulst[3], qui ne réussit pas[4].

morts. Le fait est exact. Voici quelques précisions sur ces divers personnages. Le landgrave Maurice de Hesse (1572-1632) avait quitté ses États, en 1624, devant Tilly, confiant l'administration du landgraviat à son fils Guillaume, né de son union avec Agnès de Solms-Laubach. Il abdiquait en sa faveur en 1627. De sa seconde femme, Julienne de Nassau-Dillenbourg, il eut plusieurs enfants, dont l'un, Philippe, fut tué à la bataille de Lutter (27 août 1626) et l'autre, Maurice, fait prisonnier.

1. Oldenzaal, ville de la province d'Overyssel, à dix-neuf kilomètres sud-est d'Almelo.

2. Henri, comte de Bergues (1573-1638), fils puîné de Guillaume, comte de Bergues, et de Marie de Nassau-Dillenbourg, passa, en 1632, au service de la France, abandonnant le parti des Espagnols qui le condamnèrent à mort pour crime de lèse-majesté (1634).

3. La ville de Hulst, en Zélande, à neuf kilomètres d'Anvers, était défendue par la forteresse de Liefkenshoek, construite, en 1583, à égale distance des villes de Callov et de Kieldrecht. C'est cette forteresse que les *Mémoires* désignent probablement par les mots « le fort de Calderec ». La ville de Kieldrecht est à environ douze kilomètres de Hulst.

4. Les combats livrés par les armées hollandaises sont rapportés dans le *Mercure françois, ibid.*, p. 695-698.

Ainsi tous les bons conseils qu'on avoit pris pour mettre la paix en Allemagne et y empêcher les progrès de la maison d'Autriche, au préjudice de la liberté de l'Empire, furent détournés par les orages que causèrent les passions particulières d'un infidèle favori[1].

Au temps[2] que le mauvais procédé des Anglois vint à l'extrémité et qu'ils prirent la résolution de renvoyer en France tous les domestiques françois de la reine d'Angleterre[3], le comte d'Olivarès, pour amuser le Roi et lui témoigner une sincère et cordiale affection de la part de son maître, espérant de faire par ce moyen relâcher S. M. de quelqu'une des conditions desquelles pour sa dignité elle faisoit instance, et, d'autre côté, la porter à refuser toute voie d'accord avec l'Angleterre, fit connoître à du Fargis que le Roi son maître avoit une grande indignation contre les Anglois et particulièrement contre l'insolence du duc de Buckingham. Le Cardinal fit écrire au Fargis qu'il pouvoit répondre de bonnes paroles, sans s'engager déterminément à aucune chose[4].

1. Cf. p. 249, note 1.
2. Avec ce paragraphe commence le vingtième cahier de 1626 (ms. A, fol. 225). Sur la feuille de couverture de ce cahier, on remarque les mentions suivantes de Sancy : « 1626. Le traité qu'Espagne offre de faire contre Angleterre en août 1626 et le départ de Bassompierre. 20ᵐᵉ cahier. » Charpentier a écrit le sommaire suivant : « Espagne recherche la France d'entrer en ligue avec elle contre l'Angleterre. Départ du maréchal de Bassompierre pour aller en Angleterre. »
3. Juillet-août 1626.
4. Les derniers mots de ce paragraphe depuis « fit connoître à du Fargis... » sont empruntés à un document des Affaires étrangères (corresp. politique, Espagne 14, fol. 500), qui est une copie de note de la main du Père de Bérulle sur les négo-

Depuis, ledit comte[1] avoit encore continué à lui en parler et d'une descente que le roi son maître désignoit faire en Irlande.

Le Roi dépêcha de Nantes un courrier, le 15ᵉ août[2], à du Fargis et lui manda que les propositions qu'il avoit écrites de la part dudit comte sont bien reçues de la sienne ; que ce qui a fait différer la réponse a été le nuage domestique qu'on a voulu éclaircir auparavant ; que maintenant que Monsieur est content et marié, on est très désireux d'y entendre ; qu'il faut entrer dans l'éclaircissement des conditions de cette entreprise pour laquelle la France a, de son côté, des expédients et des pays favorables comme l'Espagne en peut avoir ; qu'on est prêt de se joindre de nouveau[3]

ciations de Richelieu et de Mirabel (cf. la note 2 de la page 271). Le passage qui nous intéresse est ainsi libellé : « M. du Fargy (sic) écrivit à Mᵐᵉ du Fargy sa femme : que le comte d'Olivarès lui avoit parlé de la juste indignation que le roi d'Espagne avoit contre les Anglois, particulièrement contre l'insolence du duc de Boukinkan (sic), pour en parler à Monseigneur le cardinal de Richelieu et savoir si la France voudroit entrer en correspondance sur ce sujet. Mgr le Cardinal fit dire par le P. de Bérulle à Mᵐᵉ du Fargy qu'elle pouvoit écrire à son mari bonnes paroles sans engager déterminément à aucune chose... »

1. Olivarès.
2. Ce paragraphe est emprunté textuellement à une « copie de la dépêche faite de Nantes à M. du Fargis, par l'exprès commandement du Roi, le 15 d'août 1626 », copie de la main du Père de Bérulle (Aff. étr., corresp. politique, Espagne 14, fol. 486). Le document porte les traces de son entrée dans les *Mémoires* (lettres *a* et *b* en marge ; les premiers mots de l'extrait soulignés ; une parenthèse après les derniers).
3. Nous donnons ici la leçon du manuscrit A et du document qui a servi de source à ce passage ; le manuscrit B, p. 135, porte seulement : « Qu'on est prêt de se joindre avec l'Espagne... »

avec l'Espagne, comme elle le désire, pour le bien et avantage de la religion, qui reçoit de nouvelles persécutions en ce pays-là; que le fruit qui en est désiré ne se peut espérer, si cette liaison qui se propose maintenant, et ce qui s'en doit ensuivre jusques à l'exécution, n'est prompt et fort secret. C'est pourquoi cette dépêche ne passe point par les voies ordinaires du secrétaire d'État, et il est bon que, du côté d'Espagne, ils observent la conduite qui leur est usitée aux plus grands secrets de leurs affaires; que, sitôt que l'on aura réponse claire et assurée par le retour de ce courrier et de leurs volontés et des conditions nécessaires à cette entreprise, on se résoudra deçà sans aucun délai; qu'il témoignât fort à l'Espagne qu'on a autant de volonté qu'ils en peuvent avoir à l'avancement de cette affaire, pour l'heureux succès de la religion, et que, pour faciliter et avancer cette exécution, tant du côté de France que d'Espagne, il est très à propos que les deux rois renouvellent leurs ordres aux ministres qui les servent en la Valteline et Italie, pour diligenter l'exécution du traité de Monçon[1].

Depuis, le marquis de Mirabel[2], parlant au P. de Bérulle d'autre chose, tomba sur le sujet d'Angleterre

1. Le document servant de source porte en outre : « De plus on manda en la même lettre à M. du Fargis de tenir les mêmes langages en Espagne, dont on a chargé le P. de Bérulle envers l'ambassadeur qui est par deçà », c'est-à-dire envers Mirabel (Aff. étr., corresp. politique, Espagne 14, fol. 486).

2. Ce paragraphe est tiré d'un document de la main du P. de Bérulle, intitulé par lui : « Copie du pourparler entre Monseigneur le cardinal de Richelieu et Monsieur le marquis de Mirabelle (sic), le 15 septembre 1626. » Au-dessous de ce titre, Sancy a écrit : « Feuille 58. Employé » (Aff. étr., corresp. politique, Espagne 14, fol. 500-501).

et lui dit[1] qu'il n'y avoit aucune intelligence entre Espagne et elle, qu'au contraire il y avoit guerre ouverte et même que l'Espagne étoit en dessein d'intenter quelque chose contre l'Angleterre et qu'il vouloit parler de cette affaire au Roi et au Cardinal. Ils s'abouchèrent au Louvre, où, après que Mirabel eut fait sa proposition, le Cardinal lui répondit qu'il approuvoit le dessein[2] que le roi d'Espagne avoit de se ressentir du mauvais procédé des Anglois, qu'on disoit qu'il vouloit faire une descente en Irlande pour l'intérêt de la religion, qu'il[3] ne pouvoit assez louer son zèle et croyoit que Dieu demandoit quelque chose des deux couronnes en tel sujet, et pouvoit assurer que le Roi son maître y entendroit volontiers et qu'il sembloit que les Anglois y vouloient forcer la France et l'Espagne; que si le Roi avoit des vaisseaux, on pourroit faire conjointement un beau dessein pour la religion, qui étoit qu'au même temps que l'Espagne entreprendroit l'Irlande, la France entreprendroit l'île de Wight[4], et, par ce moyen, on contraindroit l'Angleterre à rétablir la religion. Il ajouta[5] qu'il ne voyoit

1. Le document utilisé ici comme source porte seulement ceci : « Du depuis M. le marquis de Mirabel ayant dit au P. de Bérulle qu'il n'y avoit aucune intelligence... », etc.

2. La source (Aff. étr., corresp. politique, Espagne 14, fol. 500 v°) porte « et qu'il vouloit parler de cette affaire au Roi et à Monseigneur le cardinal de Richelieu avant le retour du Roi à Paris. Le P. de Bérulle les fit s'aboucher au Louvre, où ils demeurèrent d'accord de ce qui s'ensuit : que la France approuvoit le dessein... ».

3. « Sur quoi, Monseigneur, le Cardinal dit qu'il... » (*Ibid.*, fol. 500 v°).

4. Bérulle écrit : « l'île d'Oüyc » (*Ibid.*, fol. 500 v°).

5. « Monseigneur le Cardinal ajouta... » (*Ibid.*).

pas que cela se pût faire promptement, faute desdits vaisseaux que le Roi n'avoit pas, mais qu'il vouloit s'en pourvoir[1]; que le Roi ne vouloit pas aussi prier le roi d'Espagne, son frère, de retarder le cours de son dessein, ni aussi de précipiter son entreprise[2] contre le bien de ses affaires, mais que, s'il étoit prêt à faire un effet, il se pouvoit assurer de n'avoir nulle opposition de la part de France, ains assistance de victuailles et autres choses dont un tel armement peut avoir besoin, aux conditions requises et accoutumées; que, si on faisoit un traité entre les deux couronnes à cette fin, la première chose qu'il faudroit faire étoit[3] de se lier à ne faire aucun accord sans le consentement l'une de l'autre. Et que, dès à présent, on donnoit parole que, quand l'Angleterre satisferoit maintenant la France, on ne s'opposeroit pas pour cela à la descente projetée par l'Espagne[4].

Le Fargis dépêcha, le 7ᵉ septembre[5], un courrier

1. « ... mais qu'il vouloit amasser » (Aff. étr., corresp. politique, Espagne 14, fol. 500 v°).
2. Nous suivons la leçon de la source (Aff. étr., corresp. politique, Espagne 14, fol. 501), qui est aussi celle du manuscrit A, fol. 226 r°. La leçon du manuscrit B, fol. 135 v°, est erronée.
3. La source porte « est » (*Ibid.*).
4. Le document servant de source portait en outre : « Monsieur le marquis Mirabel demande si, de plus, les ports de France ne seront pas libres pour l'armée d'Espagne, ainsi que du temps de Henri troisième » (*Ibid.*, fol. 501).
5. Pour ce long paragraphe jusqu'à ces mots : « ou qu'on entrât en traité du Palatinat pour Monsieur frère du Roi », les rédacteurs des *Mémoires* ont utilisé un document écrit par le P. de Bérulle et que l'oratorien a intitulé : « Extrait de la dépêche secrète envoyée par M. du Fargis, datée du 7 septembre

au Roi et lui manda l'extrême contentement que le
roi d'Espagne et le comte d'Olivarès avoient eu que
S. M. voulût entendre aux propositions qui lui avoient

1626. » Au-dessous de ce titre, Sancy a écrit : « Feuille 98 »
(Aff. étr., corresp. politique, Espagne 14, fol. 498 v°). — Voici
ce document (*Ibid.*, fol. 496-498) : « Par la dépêche venue
d'Espagne et datée du 7 septembre 1626, en réponse de celle
qui fut envoyée de Nantes en date du 15 d'août, le comte d'Olivarès requiert le secret très exact et s'oblige de sa part de le
garder envers tous, sans exception aucune hors la seule personne du Roi catholique. A désiré que le courrier envoyé en
Espagne y demeurât pour être le porteur de la totale résolution
de l'affaire et cependant a envoyé un courrier exprès en
Flandres, afin que par icelui cette dépêche pût être apportée,
afin que le Roi eût le moyen de prendre résolution sur icelle.
Bien qu'il se fie entièrement au sieur marquis de Mirabel, il ne
lui a donné aucune part de cette affaire ni de cette dépêche
secrètement envoyée sous le paquet de Mme du Fargis et désire
que cette affaire ne se traite par lui, pour être plus secrète et
aussi parce que, en vertu de l'instruction qu'il recevroit du
Conseil, il ne pourroit pas se relâcher en beaucoup de choses,
comme lui pourra faire, étant proche de la personne du Roi
son maître. Demande qu'on envoie un pouvoir ample de traiter, étant chose certaine qu'il y aura plusieurs choses qu'on
pourra octroyer, afin qu'on en octroie d'autres, ce qui ne peut
être prévu distinctement, et a besoin d'un ample pouvoir et
d'une instruction fort particulière. Promet toute facilité de
s'accommoder à tout ce qui sera de raison comme n'ayant autre
intention que le bien de la religion catholique. Il désire grande
diligence et brièveté en l'affaire, aussi bien qu'en France. Et
déclare qu'on est prêt en Espagne de promettre d'envoyer en
Angleterre une puissante armée et même dès cette année, s'il
est jugé à propos, pourvu qu'au même temps la France s'engage de faire le semblable par un autre endroit, et de spécifier
de part et d'autre les forces qu'on y fera descendre. Et est à
croire que l'Espagne y mettra plutôt plus que moins qu'il ne
sera convenu, tant pour sa propre réputation que pour le désir qu'elle a d'y faire progrès. Et si le roi de France n'a à pré-

été faites sur le sujet d'Angleterre ; que, pour y garder un plus grand secret, qui est tout à fait nécessaire, il n'en seroit fait part qu'au seul comte d'Olivarès, non

sent assez de vaisseaux pour son passage, on en fait offre de la part d'Espagne. Mais on juge inconvénient de s'en servir et faire que le Roi se rende fort sur la mer pour faire passer et repasser les gens qu'il lui plaira. Le comte d'Olivarès estimeroit à propos, pendant cet amas de troupes, pour couvrir le dessein, de faire naître un prétexte de division entre France et Espagne, sur lequel on ait occasion d'armer les deux États en apparence l'un contre l'autre, pour tourner leurs dites forces à l'impourvu contre l'Angleterre. Il y a choix de plusieurs prétextes, mais faut, à mon avis, se donner garde de choisir ni en tout ni en partie aucune des suites des altérations d'Italie, pour lesquelles (fol. 497) finir de tout point le comte d'Olivarès fera envoyer tels ordres d'ici que le roi de France voudra. Quant aux rumeurs intestines qui pourroient survenir en France, on offre tout et peut-être davantage que le roi de France, ni Messieurs de son Conseil ne sauroient désirer. Il juge à propos de suspendre un peu la négociation de M. de Bassompierre en Angleterre, et lui comte d'Olivarès s'est ouvert à moi qu'il y avoit commencé quelque pratique, me disant que, lorsque nous serons d'accord et qu'on commencera à publier (selon le dessein) que la France et l'Espagne se rebrouilleront, ce sera le temps que le roi de France devra faire faire avec l'Anglois les plus généreuses instances et demandes, contre lesquelles l'Anglois se fera fort, appuyé et amusé par la négociation secrète qu'Olivarès entretiendra avec lui, laquelle il conduira avec tant d'art qu'elle ne lui donnera, ni à son maître, aucune sorte d'engagement, afin que, lorsque mondit sieur Bassompierre se retirera auprès de S. M. Très Chrétienne et déclarera sa négociation rompue, on mettra sans intermission les forces de l'une et de l'autre couronne dans le pays d'Angleterre. Il lui reste toujours quelque doute que nous ne voulions nous servir de ce qui se traite que pour en faire peur aux Anglois et qu'après en avoir tiré par là satisfaction nous soyons prêts à retourner et nous conduire avec eux et les autres ennemis de la maison d'Autriche comme au passé. Il est besoin de pourvoir à cette

pas même au marquis de Mirabel en France, et, pour ce sujet, qu'il étoit à propos que le Roi envoyât au Fargis instruction, avec autorité et pouvoir de conclure les affaires, afin qu'elles ne tirassent pas en longueur et qu'on pût attaquer l'ennemi au dépourvu, ce qui ne se pouvoit pas faire si on ne gagnoit le temps, joint que le marquis de Mirabel, avec les instructions qu'on lui pouvoit envoyer du Conseil, ne pourroit pas se relâcher en beaucoup de choses, comme ledit comte pourroit faire étant proche du Roi son maître; que, dès cette année, le roi d'Espagne, si on le jugeoit[1] à propos, enverroit une puissante armée de mer, pourvu que la France s'engageât à faire le semblable d'un autre côté, et, si elle n'avoit des vaisseaux, qu'ils en fourniroient; qu'il seroit bon, au temps qu'on amasseroit les troupes, de faire naître, pour couvrir ce dessein, un prétexte de division entre la France et l'Espagne; que, s'il survenoit en France quelques mouvements, ils y assisteroient S. M. de tout leur pouvoir.

défiance. Pour s'assurer mieux les uns des autres..., etc... »; la suite a été copiée textuellement dans les manuscrits des *Mémoires* jusqu'au paragraphe se terminant, quelques pages plus loin, par : « ou qu'on entre en traité du Palatinat pour Monsieur, frère du Roi ». Puis venait le paragraphe suivant, qui n'a pas été utilisé dans les *Mémoires* : « Ces conditions particulières sont malaisées à enfermer en une simple instruction, outre qu'elles en comprennent beaucoup d'autres. Si on juge à propos m'envoyer quelqu'un informé de vive voix des intentions du Roi, etc. De Madrid, le 7 septembre. »

1. Ce qui suit jusqu'à « qu'une seule chose mettoit en peine le comte d'Olivarès » est rédigé au présent sur le manuscrit A. Le scribe du manuscrit B avait textuellement copié ce manuscrit. Les corrections nécessaires ont été faites par Charpentier sur le manuscrit B (fol. 136 v°-137).

Il dit aussi[1] qu'il avoit commencé quelque pratique en Angleterre pour l'amuser, mais qu'il la conduiroit avec tant d'art qu'elle ne donneroit au roi son maître ni à lui aucune sorte d'engagement, afin que, lorsque les Anglois auroient refusé de faire raison au Roi du violement de leur foi aux articles du mariage de la reine d'Angleterre, ce qui, sans doute, arriveroit parce que les mêmes raisons qui leur ont fait faire la folie les obligeroient à la[2] continuer, on mît lors sans délai les forces de l'une et l'autre couronne dans le pays d'Angleterre. Pour s'assurer mieux les uns des autres durant cette entreprise dont l'exécution a suite, il[3] proposa[4] que la France et l'Espagne fissent ligue offensive et défensive pour dix ans ou tel autre temps qu'il seroit avisé, tenant les amis et ennemis pour communs entre elles, à la réserve des plus anciennes alliances, comme celle des Suisses, des Vénitiens, de Savoie, et enfin ce qui regarde l'Italie, sauf à déclarer ses amis et ennemis aux occurrences qu'il conviendroit, tenant jusque-là très secrète ladite ligue. Pour lequel secret il jugeoit à propos de n'y convier ni le Pape ni l'Empereur, jusques à ce que, par le progrès, ladite union et ligue se publiât d'elle-même; et, d'autant que cette proposition et union doit être ainsi secrète, il jugeoit à propos de la traiter ainsi, sans en faire aucune apparence et sans en faire passer aucun office extraordi-

1. Olivarès dit aussi...
2. *Var.* : les continuer (ms. A).
3. Olivarès.
4. Ce mot a été écrit par Sancy entre les lignes sur le document servant de source à la place de « désireroit » (Aff. étr., corresp. politique, Espagne 14, fol. 497 v°).

naire vers le Roi. Il voudroit bien que cette ligue s'étendît en Allemagne contre les rois d'Angleterre, Suède, Bethlen Gabor et contre les Hollandois par cessation d'assistance, offrant d'égaler, en autres choses, les avantages qui se tireroient de cette ligue par toutes voies possibles, soit qu'on prit nouvelles terres en Allemagne, soit qu'on demeurât en possession des usurpées, soit même qu'on fît conquête considérable en Angleterre ou qu'on entrât en traité du Palatinat pour Monsieur frère du Roi; qu'une seule chose mettoit en peine le comte d'Olivarès, que l'on ne voulût en France se servir de ce qui se traitoit que pour en faire peur aux Anglois, et, après avoir tiré d'eux la satisfaction qu'on en désiroit, se réunir avec eux contre l'Espagne même.

Il y en eut qui, sur ces propositions d'Espagne, vouloient que le Roi quittât toute autre pensée pour s'y attacher et étoient d'avis qu'on ne leur refusât rien de ce qu'ils voudroient, mettant en avant que l'Espagne étoit moins offensée que nous par l'Angleterre, qui, d'autre part, la recherchoit de paix; qu'ils[1] faisoient attendre un courrier en Espagne, et en avoient ici un exprès, pour porter et rapporter toute résolution, laquelle ils demandoient formelle; que ne la leur donner pas, c'étoit tacitement la refuser et les obliger à prendre autre parti; que l'offre qu'ils faisoient de leurs vaisseaux sembloit ne pouvoir être refusée sans leur donner sujet de croire qu'on se méfioit d'eux et qu'on

1. Ce qui suit jusqu'au paragraphe, qui est à la p. 287, commençant par « Quant aux propositions... », était au style direct dans le manuscrit A (fol. 227 v°-230 v°), avant que Sancy eût fait les corrections de style.

avoit peu de dessein de conclure avec eux en cette entreprise, en laquelle seule consistoit le remède des désordres d'Angleterre et l'assistance principale qu'on pouvoit rendre à la reine, pour la délivrer des maux et des périls qui la menaçoient.

Mais le Cardinal, qui connoissoit l'Espagne et qui craignoit leurs ruses, et savoit qu'il s'en falloit lors principalement défier qu'ils faisoient des offres plus spécieuses, fut d'avis d'aller avec eux la sonde en main, et, par son conseil, il fut mandé au Fargis le 19ᵉ octobre, pour réponse à sa lettre du 7ᵉ septembre :

Que le Roi ne vouloit plus tomber dans les inconvénients passés, se mettant en nouvelles peines de le désavouer et partant[1] qu'il ne lui vouloit point donner sujet de traiter, sans y spécifier et déterminer les choses qu'on vouloit faire, avec défenses de passer outre à celui qui auroit ce pouvoir; que si l'Espagne trouvoit bon de commettre un pouvoir ainsi absolu et non limité à son ambassadeur, elle le pouvoit faire, et on traiteroit pleinement avec lui;

Que[2] ni le temps ni l'état des affaires n'avoient rien changé ni diminué de la résolution et diligence qui lui

1. Ce paragraphe et le suivant sont tirés d'une copie faite par Bérulle d'une dépêche adressée à du Fargis, le 10 octobre 1626 (Aff. étr., corresp. politique, Espagne 14, fol. 514-517). Les paragraphes de cette dépêche ont été numérotés; la fin du paragraphe 2 et le paragraphe 3 ont été utilisés ici, après corrections que nous noterons au fur et à mesure. Au dos du document, Charpentier a écrit : « Union contre Angleterre, 10 octobre »; Sancy a écrit « pour la feuille 59 » et « Employé ».

2. La source porte ces mots qui ont été barrés : « Pour en-

avoit été mandée le 15ᵉ d'août; mais que la France, à son grand déplaisir, ne pouvoit faire aucune entreprise cette année, pour n'avoir point de vaisseaux; qu'elle en faisoit faire en France qui ne pouvoient être achevés que vers la fin de février, quelque diligence qu'on y apportât;

Qu'elle en avoit en Hollande, qui étoient presque parachevés, mais qu'elle étoit obligée à se conduire fort délicatement avec les Anglois et Hollandois pour les pouvoir retirer, ce qu'on ne pouvoit faire qu'en mars;

Que[1] l'offre que les Espagnols faisoient de leurs vaisseaux n'étoit pas suffisante pour une telle entreprise, en laquelle il étoit absolument nécessaire que le Roi en eût à lui, et grande quantité, étant la provision la plus nécessaire de toutes celles qu'il falloit faire pour un tel dessein;

Que[2] la bonne volonté que le roi d'Espagne avoit témoignée audit Fargis[3] à assister le Roi son frère

---

trer au fond je vous dirai que... » (Aff. étr., corresp. politique, Espagne 14, fol. 514 v°).

1. Ce paragraphe n'est pas dans le document servant de source à la place où il se trouve ici; il semble être tiré du paragraphe 13 (fol. 517); il vient ainsi s'intercaler entre les paragraphes 3 et 4; du reste, Sancy avait écrit en marge du document ce mot, qui a été rayé : « vaisseaux ».

2. Ce paragraphe et les dix suivants, y compris le paragraphe qui se termine, p. 287, par « on entendroit volontiers à ce que l'Espagne peut désirer pour autre chose », sont tirés du document mentionné plus haut comme source et dont les paragraphes 4 à 12 ont été presque textuellement utilisés. Les modifications apportées par Sancy à ce texte sur le document même seront notées au fur et à mesure.

3. Le document qui sert de source portait (fol. 514 v°) : « La

contre ses mouvements domestiques avoit été reçue avec beaucoup de sentiment et de contentement; que cette intention étoit digne de son zèle, de sa franchise, de sa magnanimité et que ces qualités, jointes à la conduite et au pouvoir du comte d'Olivarès dans les affaires, y faisoient prendre une entière assurance; qu'il en fît[1] les remercîments et les offres de pareille faveur, avec le soin, le choix et l'étendue de paroles dignes de la grandeur, de la bonté et de l'amitié réciproque de ces deux rois;

Qu'on eût désiré pouvoir retarder le voyage de M. le maréchal de Bassompierre[2] pour s'accommoder à la conduite du comte d'Olivarès; mais qu'il avoit été impossible : ce voyage étoit déjà publié, et lui prêt à partir; mais qu'il fît connoître[3] que cela ne portoit aucun préjudice au dessein proposé d'unir ces deux couronnes à l'encontre d'Angleterre; car il n'étoit envoyé que pour mettre, à la vue de toute la chrétienté, les Anglois plus en leur tort, leur demandant, sans aigreur et sans menaces, le rétablissement des François et l'accomplissement des choses auxquelles ils étoient obligés par les contrats; qu'on savoit bien qu'ils ne le feroient pas; mais cela donnoit plus de

bonne volonté que vous témoigne de la part du roi d'Espagne à assister le Roi... »; Sancy a ainsi corrigé : « La bonne volonté qu'il a témoignée de la part du roi d'Espagne... »

1. La source portait (fol. 514 v°) : « Vous en ferez les remercîments. » Sancy a mis « qu'il en fasse ».

2. Bassompierre se mit en route le 28 septembre, après avoir reçu du Cardinal ses instructions, la veille, à Pontoise. Il s'embarqua à Boulogne le 2 octobre et débarqua, le même jour, à Douvres.

3. La source portait : « Mais vous ferez connoître », que Sancy a ainsi corrigé : « Mais qu'il fasse connoître » (fol. 515 r°).

droit à entreprendre contre eux, et cette sorte d'instance et de cérémonie publique étoit nécessaire pour gagner temps, afin de tirer nos vaisseaux et pouvoir faire notre armement;

Que la crainte du comte [d']Olivarès qu'on voulût ne faire que peur aux Anglois pour tirer raison d'eux et puis s'unir avec eux contre l'Espagne et la maison d'Autriche n'avoit ni n'auroit jamais aucun fondement, et partant, qu'il lui fît perdre cette appréhension par toutes sortes de voies et industries, étant certain, quelque traité qu'on fit, qu'on le garderoit fidèlement[1];

Qu'il étoit[2] d'autant plus nécessaire, que l'on ne peut entrer présentement dans les voies proposées, en la manière qu'il les représentoit de leur part; que la ligue offensive et défensive dont ils parloient n'étoit pas utile aux deux couronnes. Il falloit, sans la faire et sans en parler, en tirer les effets en certain temps et en certaines rencontres, autrement elle ruinoit au lieu d'aider[3].

1. Source (fol. 515 r°) : « La crainte qu'a le comte Olivarès qu'on veuille ne faire que peur aux Anglois pour tirer raison d'eux et puis s'unir avec eux contre l'Espagne [ou la maison d'Autriche] n'a ni n'aura jamais aucun fondement. Et on vous prie de lever cette appréhension par toutes sortes de voies et industries [et on est prêt d'entrer en traité et il est certain...] » Les mots entre crochets ont été ajoutés à la marge par le P. de Bérulle; Charpentier a ajouté dans le corps du texte : « étant certain que quelque traité qu'on fasse on le gardera fidèlement ». Sancy, revoyant ce passage sur le document, l'a conservé tel qu'il était, se contentant de mettre à la place de « Et on vous prie de lever cette appréhension », ces mots : « Et partant qu'il lui fasse perdre cette appréhension. »

2. C'est-à-dire : que cela étoit.

3. Première rédaction de la source (fol. 515 r°) : « Il est

[1626] DE RICHELIEU. 283

Elle donnoit lieu à plusieurs princes de faire une ligue contre celle des deux couronnes; elle arrêtoit le cours des affaires qu'il sembloit que Dieu alloit préparant et disposant en la chrétienté; elle retardoit plusieurs bons desseins, les uns encommencés et les autres projetés; elle apportoit un trop grand et trop soudain changement en la face des affaires présentes dont la chrétienté étoit occupée; elle recevoit en elle-même beaucoup plus de difficultés que l'affaire présente d'Angleterre, à laquelle il sembloit toutefois que Dieu liât et obligeât les deux couronnes, et cette proposition, si elle n'étoit bien conduite et tempérée, étoit pour anéantir cette affaire par ses propres difficultés et faire perdre de belles occasions présentes[1];

Qu'il[2] ne falloit donc pas attacher cette affaire d'An-

d'autant plus nécessaire que l'on ne peut entrer présentement dans les voies proposées en la manière que vous les représentez de leur part, car la ligue offensive et défensive dont vous parlez en un certain sens n'est pas utile aux deux couronnes. Sans la faire et sans en parler, il en faut tirer les effets en certain temps et en certaines rencontres; autrement elle ruine au lieu d'aider. » Les corrections de Sancy ont consisté à mettre ce passage au style indirect, sans modifier les temps des verbes, ce qui ne fut fait que sur le manuscrit A par Sancy, qui a écrit le mot « que » en tête des phrases de ce passage, depuis les mots : « Qu'ils faisoient attendre un courrier en Espagne » (p. 204). Voyez la note 1, p. 278.

1. Ce passage est emprunté textuellement à la source (fol. 515 v°); seules les corrections de style habituelles ont été faites par Sancy sur le manuscrit A (fol. 229). La source a ses verbes au présent; ainsi on y lit : « Elle donne lieu à plusieurs princes... », etc.

2. Première rédaction de la source pour ce paragraphe (fol. 515 v°) : « Il ne faut donc pas attacher cette affaire d'Angleterre à cette ligue, et il ne faut pas aussi du tout rejeter

gleterre à cette ligue, ni la rejeter aussi, mais en traiter séparément, sans rendre l'une dépendante de l'autre, [et]¹ prendre des expédients par lesquels on la prépareroit et on la tempéreroit en sorte qu'elle seroit utile, et ainsi on conviendroit de la faire²;

Qu'il ne falloit pas rompre maintenant avec les Hollandois; que, tandis qu'on agiroit contre les Anglois, il se falloit donner garde qu'ils ne se portassent pour eux, comme aussi qu'ils ne réveillassent et n'assistassent nos huguenots. Si on n'avoit ce mal domestique, on entreroit en d'autres pensées; mais que c'étoit un ulcère dans l'État qui l'affoiblissoit en ses mouvements et obligeoit à une autre conduite que celle qu'on voudroit prendre et nous rendoit plus retenus et considérés spécialement au respect de tels gens forts et puissants en la mer;

De sorte qu'il faudroit trouver un tempérament qui ne nous obligeât point à rompre maintenant avec eux et soulageât les dépenses des Espagnols, pour ne point affaiblir ni troubler notre dessein, à quoi peut-être serviroit, si nous nous employions puissamment à procurer la trêve de Hollande avec Espagne³;

cette ligue; mais il en faut traiter séparément sans rendre l'une dépendante de l'autre et il faut prendre des expédients par lesquels on la prépare, on l'accommode, on la tempère en sorte qu'elle soit utile, et ainsi on conviendroit de la faire. » A ce document, Sancy n'a apporté qu'une correction; il a mis : « on la prépare et on la tempère », rayant les mots « on l'accommode ».

1. Ce mot figure avec raison sur le manuscrit A, fol. 229 v°.
2. Nous adoptons ici la leçon de la source; les manuscrits A et B portent : « et ainsi on conviendroit de l'affaire ».
3. La même source a été utilisée pour la rédaction de ce paragraphe (*Ibid.*, fol. 515 v° et 516). Le début en est cepen-

Que, si on pouvoit trouver un tempérament pour les affaires d'Allemagne et que la ligue se traitât en sorte que les alliances de France comme aussi d'Espagne réciproquement fussent mises à couvert, il n'y auroit pas grande difficulté à la faire et ce seroit un dispositif à plus grande chose. Car Dieu est un grand ouvrier et sait bien acheminer les États, les esprits, les affaires à ses fins sans qu'on s'en aperçoive, et qu'il sembloit que la bénédiction de ce siècle fût en la ruine de l'hérésie[1], et que Dieu vouloit ruiner l'hérésie par ses propres desseins, conseils et prudence, comme il avoit fait en Béarn et en Allemagne, et peut-être commençoit-il en Angleterre, et feroit le même ailleurs en son temps, qu'il falloit attendre, et par ses voies, qu'il falloit suivre; que l'Espagne devoit considérer cette vérité et avoir cette prudence et ne pas refuser ce qui se pouvoit maintenant parce qu'on ne lui donnoit pas ce qu'elle vouloit (bien qu'on le désirât), et ce qui n'étoit pas encore en la disposition présente des choses[2];

dant un peu différent : « Considérez qu'il ne faut pas rompre maintenant contre les Hollandois; que tandis qu'on agira contre l'Angleterre, il se faut donner garde qu'ils ne se portent et pour les Anglois et contre nous en même temps et encore qu'ils ne réveillent et n'assistent nos huguenots. » Les corrections de fond ont été effectuées par Sancy sur le document même et celles de style (qui portent surtout sur les temps des verbes) ont été faites par Sancy sur le manuscrit A (fol. 229 v°).

1. Il est intéressant de comparer ce passage à l'« Avis » donné par Michel de Marillac au début de 1626 et publié dans notre t. V (appendice VI, p. 320-325, spécialement p. 324).

2. Le même document (fol. 516 r°) a servi de source à ce paragraphe, qui en est la reproduction presque textuelle, sauf corrections de style effectuées par Sancy sur le manuscrit A (fol. 229 v° et 230).

Qu'enfin, pour conclure ce point de la ligue, si elle se faisoit, qu'elle se fît, non seulement à la réserve des anciennes alliances des Suisses, Venise, Savoie et ce qui regarde l'Italie, mais encore n'en excepter pas Hollande, ni l'Allemagne maintenant, et que Dieu en feroit l'exception peut-être en un autre temps et par les voies de sa providence[1]; et que, tandis que la France et l'Espagne se prépareroient au dessein commun, sans l'altérer ni réparer en rien, on penseroit à la trêve de Hollande et à la tranquillité d'Allemagne, ou par une paix si elle se pouvoit, ou par une surséance de part et d'autre, sans toutefois que la longueur et la difficulté qui se pouvoit rencontrer à moyenner ou cette trêve, ou cette paix ou surséance, intéressât ni retardât en rien la liaison et les effets qu'on projetoit au regard d'Angleterre; que si l'Espagne s'accommodoit à ces conditions-là, qu'il le mandât par homme exprès, afin qu'on envoyât un pouvoir avec les limitations nécessaires[2];

1. Le manuscrit B (fol. 140 v°) porte « par les voies de sa prudence ». Nous avons adopté la leçon donnée par la source (fol. 516 r°) et par le manuscrit A (fol. 230 r°).
2. La source de ce paragraphe est la même que celle des paragraphes précédents (Aff. étr., corresp. politique, Espagne 14, fol. 516 r° et v°). Elle a été utilisée presque textuellement, sauf les corrections apportées par Sancy sur le document et sur le manuscrit A (fol. 230 r°). On lisait primitivement sur le document servant de source : « Pour conclure donc ce point de la ligue, il faudroit que pour cette heure elle se fît à la réserve non seulement des anciennes alliances Suisses, Venise, Savoie et ce qui regarde l'Italie... »; la fin était la suivante : « Que si l'Espagne s'accommode aux conditions qu'on vous mande sur la ligue, vous le manderez par homme exprès, afin qu'on envoie un pouvoir avec les limitations nécessaires. »

Quant aux propositions qu'il a envoyées des offres que l'Espagne fait de donner part aux conquêtes d'Allemagne et particulièrement au Palatinat, qu'elles ne sont pas assez éclaircies et qu'on ne lui peut mander là-dessus rien de particulier.

En général, on lui dira[1] que la première pensée qu'on a eue sur icelle est de chercher voie d'accommodement, en conservant les avantages qui doivent être ménagés pour la religion catholique, qu'il faut établir publiquement partout; et si, par la faute d'Angleterre et du Palatin, cela ne peut être promptement exécuté, la France se lairroit aller à recevoir une partie du Palatinat, la maison d'Autriche et la Ligue catholique s'accommodant du reste; et, de là, on pourroit venir à tel point que, si Dieu nous fait la grâce de prévoir la fin du parti de ceux qui sont rebelles à l'État et à l'Église, comme nous espérons, on entendroit volontiers à ce que l'Espagne peut désirer pour autre chose[2].

Cela n'empêcha pas qu'en même temps le maréchal de Bassompierre ne reçût commandement du Roi de partir promptement[3] pour aller trouver le roi de la

1. Première leçon du manuscrit A (fol. 230 v°), qui est celle de la source (fol. 516 v°) : « je vous dirai ». Charpentier a fait la correction sur le manuscrit A; elle avait échappé à Sancy, qui a cependant revu toute cette partie du manuscrit.

2. Ce paragraphe, avec lequel se termine l'extrait destiné aux *Mémoires*, est tiré, ainsi que le précédent, du même document qui a servi à l'établissement des paragraphes précédents (fol. 516 v°). Ils en sont la copie quasi textuelle.

3. Ce qui suit jusqu'à « le plus puissant et cordial ami qu'il eût » était ainsi dans le manuscrit A (fol. 230 v°, 231) avant les corrections de Sancy : « ... pour son voyage d'Angleterre. Il eut charge de représenter au roi d'Angleterre le vif ressenti-

Grande-Bretagne et se plaindre de l'inobservation de ses promesses, et en ce qui regardoit les catholiques, et en ce qui concernoit la reine et sa maison; lui dire que le Roi étoit certain qu'un tel procédé ne venoit pas de son mouvement, pour ce qu'ayant déclaré la guerre aux Espagnols et étant obligé par honneur, réputation et intérêt de procurer en quelque manière que ce fût le rétablissement de son beau-frère, le comte Palatin, en ses États et ayant fait ligue avec le roi de Danemark et les États d'Hollande pour ce sujet, il étoit peu croyable qu'il eût de gaîté de cœur voulu aliéner ou refroidir l'affection du Roi, qui étoit le plus

ment que S. M. avoit de l'inobservation de ses promesses et en ce qui regarde les catholiques et en ce qui concerne la reine et sa maison. Que S. M. ne peut croire qu'un tel procédé vienne du mouvement du roi, qui doit connoître l'état de ses affaires domestiques et savoir qu'il a déclaré la guerre aux Espagnols sans le su et participation de S. M.; qu'il est obligé par honneur et par réputation, et encore par intérêt, de procurer en quelque manière que ce soit le rétablissement de son beau-frère le comte Palatin en ses États; qu'il a fait ligue avec le roi de Danemark et les États d'Hollande pour ce sujet; qu'il ne peut soutenir le faix de toutes ces affaires par la constitution présente de celles de son royaume, sans être aidé de ses amis; qu'il est vrai qu'il n'en peut avoir de plus puissant et cordial ami que le Roi. Il semble donc qu'il prendroit... »
La Bibliothèque nationale conserve dans le manuscrit français 15990, p. 187-207, une copie de l'instruction donnée à Bassompière et à Tillières (Nantes, 23 août 1626), copie qui a été utilisée par les *Mémoires* et qui porte des corrections de Sancy et l'indication des extraits à faire pour leur entrée dans les *Mémoires*. C'est ce document qui a servi ici de source. — Les instructions données à Bassompierre ont été imprimées dans les *Négociations du maréchal de Bassompierre en Angleterre de la part du Roy très chrestien en 1626*, Cologne, Pierre Marteau, 1668, p. 7 à 28.

puissant et cordial ami qu'il eût[1], et cela au préjudice
de la foi d'un traité, de ses paroles, écrits et serments.

1. Première rédaction du manuscrit A, fol. 231-232 v°, avant
le remaniement et les corrections effectués par Sancy : « Il
semble donc qu'il prendroit un bon conseil de le conserver et
ne pas aliéner et refroidir son affection par des actions si violentes que celles de vouloir chasser avec honte tous les officiers de la reine, sa sœur, contre son gré, sans le su ni participation de S. M., ni sans aucune cause légitime, au préjudice
de la foi d'un traité, de ses paroles, de ses écrits et de ses serments. S. M. croit que, en quelque cause que ce puisse être, ce
procédé tenu à l'endroit de ses officiers ne pourroit être toléré. Si aucuns d'entre eux avoient manqué à leur devoir, les
fautes étant personnelles, les châtiments le devroient être
aussi et ne pourroient en justice être étendus sur le général.
Et même, en cas de manquement, encore seroit-il de la bienséance et devoir d'amitié dudit roi d'en avertir S. M. et de lui
laisser par respect la punition de ses sujets, s'ils se trouvoient
coupables. Mais l'on ne s'est point jusques ici, Dieu merci!
aperçu qu'aucuns desdits officiers aient failli en chose quelconque
en la fidélité et dévotion que ledit roi pourroit attendre d'eux.
De manière qu'elle veut que ledit s[r] maréchal fasse vive instance au nom de S. M. pour réparer les contraventions susdites
et pour le rétablissement desdits officiers et des choses en leur
premier état, et aux termes des articles du mariage, tant à
l'égard des intérêts de la reine que de la liberté des catholiques, à quoi S. M. s'attache fermement et ne s'en peut départir, parce que sa demande est juste, étant fondée sur les conventions d'un mariage solennel qui doivent être de bonne foi,
respectivement gardées et observées par les deux rois en tous
leurs points, puisqu'il n'y est intervenu nulle cause de changement ni altération; sur la sûreté de la conscience de la reine,
sa sœur, qu'elle croit en éminent péril, étant servie de tous
officiers protestants; sur la réputation qui oblige S. M. à se
faire garder la foi qui lui a été promise qui ne pourroit être
violée sans mépris; sur l'honneur de la nation françoise qui
semble être tachée d'infidélité en l'éloignement honteux des
officiers de ladite reine, établis près d'elle, avec condition d'y

De dire qu'ils feroient la paix avec Espagne quand ils voudroient, c'étoit chose qui ne pouvoit réussir[1] avec honneur aux Anglois, n'y ayant point d'apparence que les Espagnols voulussent entendre à la restitution du Palatinat, tant qu'ils auront l'avantage qu'ils avoient

demeurer stipulée par le contrat de mariage, et en dernier lieu parce que, telle contravention subsistant, il seroit à craindre que la bonne intelligence désirée entre ces couronnes ne vînt à s'altérer au préjudice des deux rois et au grand avantage de leurs ennemis communs. Et pour ce que les Anglois, pour s'excuser du rétablissement desdits officiers, pourroient mettre en avant l'exemple des reines de France et d'Espagne, il eut charge de montrer la différence qu'il y a entre elles et la reine d'Angleterre, à cause de la diversité de la religion qui est entre elle et le roi son mari, lequel, ayant juré sur les Évangiles qu'il n'entreprendroit ni ne souffriroit être entrepris chose aucune qui tendît à faire changer de religion à la reine sa femme, est obligé, en vertu de ce serment, de laisser en sa maison ses officiers françois et catholiques et n'en pas établir en leur place des protestants. Joint qu'en la double alliance de France et d'Espagne il n'a été fait mention en aucun article que les deux reines auroient aucun officier de leur nation. Et pour ce que le duc de Buckingham parle tout ouvertement de la paix avec Espagne et recherche tout moyen pour y parvenir, ce qui ne peut réussir avec honneur aux Anglois, etc... » Ce passage du manuscrit A, qui n'a pas été conservé dans le manuscrit B, est emprunté aux mêmes instructions données à Bassompierre et à Tillières (Bibl. nat., ms. fr. 15990, p. 196-198); on remarque sur le manuscrit servant de source (p. 197) quelques corrections de Sancy. Plusieurs phrases ayant servi à la rédaction des *Mémoires* ne portent pas cependant les indications habituelles à ces emprunts (p. 198).

1. Le début de cette phrase a été écrit par Sancy sur le manuscrit A, en marge du folio 231 r°, et la suite jusqu'à « par les divisions que les violences susdites mettoient entre elles » est au folio 232 v°, auquel il était renvoyé par Sancy. Les instructions données à Bassompierre ont été la source de ce paragraphe jusqu'à la fin (*Ibid.*, p. 200).

maintenant sur les protestants d'Allemagne, et particulièrement les voyant destitués de l'assistance conjointe des ces deux couronnes, par les divisions que les violences susdites mettoient entre elles, et partant, qu'il ne faisoit point de doute qu'il ne commandât que toutes les contraventions susdites fussent rétablies, tant pour le contentement de S. M. que pour sa propre réputation[1].

S. M. lui commanda aussi que, s'il voyoit[2] ledit roi d'Angleterre résolu à ladite paix, il n'en montrât aucun souci ni jalousie, mais au contraire y offrît l'entremise de S. M., laquelle, en cas que ladite paix ne se fît, pourroit conjointement avec ledit roi donner assistance aux princes d'Allemagne et aux Hollandois pour réduire les Espagnols aux termes d'un honorable accord et procurer le rétablissement du Palatin en ses États.

Et sur ce qu'ils se pourroient plaindre que le Roi avoit refusé d'entrer dans le traité de la Haye avec eux, Danemark et les États[3], il leur dit que le Roi

1. La fin de ce paragraphe depuis « et partant... » a été écrite par Sancy en marge du manuscrit A (fol. 231 r°).
2. Le début de ce paragraphe a été écrit à la marge du manuscrit A (fol. 231 r°) par l'évêque de Saint-Malo, et la suite est au folio 232 v° (anciennement p. 380) et suivants, ainsi que l'indique un renvoi de Sancy : « Etc... V[oyez] p[age] 380 C. »
3. Le passage suivant a été barré sur le manuscrit A, fol. 232 v° : « ... il eut ordre de répartir que le Roi a fait la paix de la Valteline après avoir obtenu pour les Grisons, ses alliés, le rétablissement en leur pays et souveraineté et conserve son droit sur les passages, à l'exclusion des Espagnols, afin qu'étant déchargé d'une pénible et lointaine guerre, Elle (pour S. M.) pût, avec plus de commodité et d'effet, embrasser sérieusement les affaires d'Allemagne. Quant au traité de la

n'avoit pas jugé à propos d'y entrer, sachant que cette démonstration, peu convenable au rang et titre qu'il tenoit en l'Église catholique, pouvoit produire plus de préjudice que d'avantage à ce parti, en ce que S. M. eût indubitablement induit les princes catholiques d'Allemagne à faire une contre-ligue avec les Espagnols, sous prétexte de leur défense commune, dont les derniers avoient toujours recherché les autres, comme ils faisoient encore ceux-ci, n'en étant détournés que par les offices de S. M.; et d'ailleurs qu'elle s'étoit mise en état de faire les mêmes effets du traité, ayant proposé de faire une offre d'un million de livres de secours annuel auxdits États durant le temps de la durée de la guerre, renouvelé le traité de la ligue défensive entre la France et l'Angleterre et fait proposer aux comte de Holland et chevalier Carleton, ambassadeurs extraordinaires, toutes sortes de partis pour secourir les princes de la Germanie, conjointement ou séparément, soit en hommes ou en argent.

De quoi lesdits ambassadeurs[1] ayant promis de faire rapport à leur maître à leur retour, au mois d'avril dernier, S. M. n'en avoit reçu depuis aucune réponse, n'ayant pas laissé toutefois d'envoyer de notables sommes d'argent au roi de Danemark et au comte de Mansfeld, quoiqu'elle fût bien avertie, par les plaintes mêmes desdits intéressés, que le roi d'Angleterre avoit discontinué depuis un long temps à les assister comme

Haye, que le Roi n'a pas jugé à propos d'y entrer, etc... » Ce morceau fait partie des instructions de Bassompierre (Bibl. nat., *ibid.*, p. 201, 202).

1. Il s'agit des ambassadeurs d'Angleterre Holland et Carleton.

il étoit obligé. De manière qu'il étoit aisé à juger qui[1] des deux rois avoit en effet pris meilleure part au secours des princes d'Allemagne, quoique[2] ledit roi de la Grande-Bretagne eût en cette cause, outre l'intérêt d'État, celui de la réputation et de parenté étroite, et que, pour toutes ces raisons, il étoit obligé de donner contentement à S. M. et réparer les contraventions par lui faites au traité de mariage avec la reine sa femme[3].

Ledit maréchal partit le 27e septembre, et arriva à Douvres le 2 octobre[4].

1. Nous donnons la leçon du manuscrit A et de la source; le manuscrit B portait *quel*.

2. Le manuscrit A et la source portent : *encore que*.

3. Les mots : *au traité de mariage avec la reine sa femme*, ont été ajoutés par Sancy, qui a mis au style indirect ce paragraphe et le précédent depuis *il leur dit* (ms. A, fol. 233 r° et v°). La source de ce paragraphe est l'instruction donnée à Bassompierre (*Ibid.*, p. 201-203). Le passage du document a été marqué pour son entrée dans les *Mémoires*.

4. Cette phrase a été ajoutée par Sancy sur le manuscrit A au fol. 233 v°; on la retrouve presque textuellement écrite déjà par lui-même à la fin d'un passage d'une page et demie (ms. A, fol. 233 v° et 234 r°), qui a été barré et dont voici le texte : « Que comme ledit maréchal a vu que S. M. a déclaré à Carleton, ambassadeur d'Angleterre, qu'elle ne pouvoit l'écouter sur aucune affaire que premièrement on ne lui eût donné satisfaction sur les violences susdites, ainsi S. M. lui ordonna de poursuivre ladite satisfaction sans faire ouverture d'aucune autre affaire avant que l'avoir reçue, et en cas que l'on parle aux susdits seigneurs ambassadeurs du paiement de douze cent mille livres restant du mariage de ladite reine, dont le terme est échu, ils diront aussi avoir ordre de ne traiter d'affaire du monde que l'on n'ait pourvu sur leurs plaintes. Que si le roi d'Angleterre, à la première audience, lui refusoit absolument la satisfaction désirée, il eut ordre de lui répondre

294   MÉMOIRES   [1626]

Par la mort[1] du connétable de Lesdiguières, qui décéda en septembre[2], vaqua cette grande charge autre-

qu'il ne vouloit point mander ces mauvaises nouvelles-là au Roi, qu'il savoit bien qu'il en auroit un extrême déplaisir, qu'il espéroit que le roi d'Angleterre, après y avoir mûrement pensé, prendroit une résolution plus utile à son État et plus convenable à son honneur, à sa foi et à sa parole, et cependant qu'il dépêchât secrètement en France un courrier pour avertir de tout S. M. qui lui manderoit sur ce sujet ce qu'il auroit à faire. Que s'il juge à propos d'employer quelque gratification d'argent à l'endroit de quelques particuliers, S. M. lui en donne la liberté et l'assure qu'elle le fera rembourser de ce qu'il aura fourni et fera accomplir ce qu'il aura promis sur ce sujet. Quant au duc de Buckingham, S. M. ne défend pas audit sieur maréchal de le voir et de traiter avec lui, quoiqu'il soit auteur de la violence dont S. M. se plaint. Mais elle entend que ce soit avec telle froideur qu'il connoisse que S. M. se sent offensée de sa conduite, afin qu'il soit tant plus obligé de réparer sa faute et d'apporter remède au mal qu'il a fait. » Ce morceau est emprunté à l'instruction donnée à Bassompierre (*Ibid.*, fol. 228). — A noter que les mots « quant au duc de Buckingham, S. M. ne défend pas audit sieur maréchal de le voir et de traiter avec lui... » ont été écrits par Sancy sur le manuscrit A (fol. 234 r°), dans le corps même du texte, ce qui, joint à d'autres constatations analogues, montre que l'évêque de Saint-Malo a pris part *personnellement à la première rédaction* du manuscrit A, autrement dit à la première rédaction continue des *Mémoires*.

1. Avec ces mots commence le vingt et unième cahier du manuscrit A (fol. 237 r°); la feuille de couverture de ce cahier porte ces mots de Sancy (fol. 236) : « 1626. 21me cahier. Amiral. Connétable », puis ce résumé qui a été barré : « Suppression de connétable et amiral. Baradat chassé est extravagant comme (?) Bassompierre. » Charpentier a écrit le sommaire suivant : « Suppression des charges de connétable et d'amiral. Appel des enfants de M. le maréchal de Schomberg. Extravagances de Baradat. »

2. Le *Mercure françois* (t. XII, p. 476-495) donne de nom-

fois si utile à la France, lorsqu'elle étoit dans la nouveauté de son établissement, mais qui depuis a été très dommageable par l'abus de l'absolue autorité qu'elle donnoit des armes du Roi.

Le roi Henri le Grand, reconnoissant bien le préjudice que cette charge portoit à son État, ne l'eût jamais fait revivre si la nécessité de ses affaires ne l'y eût obligé, n'ayant autre moyen de retirer M. de Montmorency du Languedoc, où il vivoit avec une licence qui étoit hors des bornes d'un sujet[1].

Depuis sa mort, la vanité de Luynes fit renouveler cette charge en lui[2], bien que toute la France sache qu'il n'eut jamais vu ennemi l'épée à la main.

Lesdiguières lui succéda, dont l'expérience au fait de la guerre, le grand nombre des combats et les heureux services que, durant tout le cours de sa vie, il avoit rendus à l'État faisoient approuver le choix. A sa mort, le Cardinal fit agréer au Roi qu'il fût le dernier des connétables de France, et que cette charge fût supprimée à l'avenir[3].

breux détails sur la mort et les obsèques de Lesdiguières, qui mourut à Valence le 28 septembre.

1. On lit à la page 278 du tome I des *Mémoires* : « La persécution que sa maison [du connétable de Montmorency] reçut de celle de Guise le porta, pour sa conservation, de s'unir avec les huguenots de Languedoc, auxquels le service du Roi l'obligeoit de s'opposer, sans que néanmoins il leur laissât tant prendre de pied qu'ils fussent maîtres des catholiques, tenant les choses en un équilibre qui, continuant la guerre, lui donnoit prétexte de demeurer toujours armé. Le roi Henri le Grand, pour le retirer avec honneur de cette province où il avoit vécu presque en souverain, lui donna la charge de connétable, que trois de ses prédécesseurs avoient possédée. »

2. Il fut nommé connétable le 2 avril 1621.

3. Les motifs que fit valoir le Cardinal pour obtenir cette

Il donna le même conseil pour la charge d'amiral, dont le pouvoir sur la mer étoit égal à celle de connétable sur la terre, et toutes deux partageoient l'autorité royale, qui sembloit tellement résider en ces deux seules personnes-là que le Roi en étoit comme dépouillé, et ce d'autant plus qu'étant charges de la couronne il ne les leur pouvoit ôter que par crime et avec la vie.

Elles portoient un second désavantage, non si grand que le premier, mais très considérable pourtant : c'est qu'elles mettoient une confusion sans remède dans les finances du Roi.

La dépense de l'ordinaire de la guerre n'étoit connue que par le connétable et par le secrétaire d'État qui en a le département, et celle de la marine étoit si grande que l'année 1622 et les suivantes encore montoient à un million d'or chacune, et cela dépendoit de l'amiral seul qui en usoit comme bon lui sembloit. D'où venoit que, ces charges demeurant en leur entier, le surintendant ne pouvoit faire aucun règlement parmi les gens de guerre, de terre ou de mer, d'autant que ledit surintendant voulant, dans les comptes des trésoriers et receveurs, entrer en la connoissance du détail de ce qu'ils avoient fourni, ils renvoyoient à ces chefs de charge, desquels la naissance et l'autorité

suppression se trouvent résumés dans une note des *Maximes d'État et fragments politiques du cardinal de Richelieu*, publiés par M. Hanotaux, p. 38-39. D'après cette note, Lesdiguières disait d'ordinaire : « Un connétable sans guerre n'est qu'un nombre. Je le savois par théorie, maintenant je l'ai appris par expérience. » D'autre part, on le soupçonnait de favoriser l'opposition des huguenots et l'on n'osait se servir de lui qu'avec « des précautions ».

étoient si grandes qu'ils lui fermoient la bouche, lui disant qu'ils ne rendoient compte à personne qu'au Roi.

De l'abus de ces puissances sont arrivés les désordres qui ont mis en arrière les finances du Roi. Mais la charge d'amiral n'étant pas vacante comme celle de connétable, on convint avec M. de Montmorency à la somme de douze cent mille livres pour son remboursement[1], somme qui, bien qu'elle parût grande, non seulement a été bien petite, mais d'un[2] grand gain au Roi pour les glorieux succès des années suivantes, qui ne fussent pas arrivés sans cela.

L'une et l'autre donc de ces charges étant vacantes, le Roi les supprima toutes deux et par un édit solennel, qui fut enregistré en sa cour[3] de Parlement[4], comme nous dirons ci-après, en l'année suivante[5].

1. Cette somme représentait 96,000 livres de rente, dont un huitième seulement alla, à titre de dédommagement, au marquis de Portes, démissionnaire, le 20 novembre 1626, de la charge qu'il prétendait posséder de vice-amiral général.
2. Nous adoptons ici la leçon du manuscrit A; le manuscrit B portait : *mais un grand gain.*
3. Nous donnons la leçon du manuscrit A; celle du manuscrit B est : *en la cour de Parlement.*
4. Cet édit se trouve dans Isambert, *Recueil des anciennes lois de France*, t. XVI, p. 196. Il ne fut vérifié au Parlement que le 13 mars 1627 et on dut le renouveler en juin 1629.
5. Le manuscrit A (fol. 238) et le manuscrit B (France 51, fol. 143 v°) portent en marge : « L'édit de suppression est au *Mercure françois*, t. XIII, fol. 354. » La mention a été écrite sur le manuscrit A de la main de Charpentier. Les mots « comme nous dirons ci-après en l'année suivante » ont été écrits par Sancy (ms. A, fol. 238 r°). A la suite de ces mots vient sur ce même manuscrit une page et demie, qui a été barrée. La voici : « Mais parce que, n'y ayant point d'amiral, il

298   MÉMOIRES   [1626]

Parcourons maintenant ce qui se fit en ce petit reste d'année, premièrement à la cour, puis en Angleterre où Bassompierre est arrivé.

étoit nécessaire que quelqu'un eût le soin de la marine, tant pour le trafic que pour les vaisseaux de guerre, le Roi fit choix de la personne du Cardinal pour s'en refier (sic) lui, lui donnant le même pouvoir que celui d'amiral, hormis en ce qui étoit préjudiciable à son service, qui est qu'il n'étoit plus chefné des armées navales comme étoit l'amiral, le Roi en pouvant désormais donner le commandement à qui il lui plairoit, et que tous les grands appointements qui étoient attachés à cette charge retournèrent au profit de S. M. En conséquence de quoi, le titre d'amiral fut changé en celui de grand maître, chef et surintendant général de la navigation et commerce de France. Le Cardinal ne reçut cet emploi que pour s'adonner tout à y servir le Roi. Plusieurs autres se cherchent dans les charges : il y perd la considération de soi-même et n'a autre but que l'avantage de son maître, lequel, quand il a procuré, il est content. Comme un capitaine mis dans une place pour la garder, la visite incontinent et reconnoît soigneusement sa force et sa foiblesse et à ce en quoi elle est bonne, ce en quoi elle manque et ce qu'il faut faire pour la rendre parfaitement bonne, ainsi le Cardinal regarde les fautes que les autres ont faites qui l'ont précédé, ce qu'ils ont fait de bien, ce qu'ils eussent pu faire davantage, leur soin, leur négligence et ce qu'il faut apporter pour mettre en France la marine à son dernier point. Le Roi convoque en décembre une assemblée de notables, comme il s'en étoit convoqué en l'an 1617, pour y déclarer les nécessités de l'État et y demander conseil pour y rapporter un souverain remède. Le Cardinal remontra la nécessité que le royaume avoit de remettre le commerce qui s'en alloit perdre et d'avoir des vaisseaux de guerre pour notre défense et attaquer nos ennemis, aucuns desquels, que la mer séparoit de nous, nous avoient à mépris pour ce qu'ils nous pouvoient faire du mal et n'en pouvoient recevoir de nous. Mais pour ce que ces États ne furent achevés que l'année prochaine, nous remettrons alors à déduire en détail ce qu'il leur remontra. » Les lettres par lesquelles Richelieu est nommé

Le Roi étant à Versailles où il traitoit les Reines, le jour Saint-Hubert[1] le duc d'Halluin[2] et Cressias[3] eurent quelques paroles dans la chambre de S. M., sur lesquelles Liancourt l'appela[4].

Le Cardinal[5] n'eut jamais en aucune affaire l'esprit si combattu qu'en celle-ci, pour l'affection qu'il portoit à M. de Schönberg et pour plusieurs conséquences capables de le ruiner, quoiqu'il fît mieux que jamais et qu'il espérât rendre des services dans peu de temps, qui n'ont pas seulement été pensés par ceux qui, cidevant, ont été au ministère. Mais, considérant l'intérêt et la réputation du Roi, il n'eut point de peine à fermer les yeux à quoi qui lui pût arriver, puisqu'il y

« grand maître, chef et surintendant général de la navigation et commerce de France », sont en copie aux Affaires étrangères (France 781, fol. 67-69). Elles sont datées d'octobre 1626 et furent enregistrées au parlement de Rouen le 16 avril 1627.

1. Le 3 novembre.
2. Il était fils du maréchal de Schönberg.
3. Il est ici question de François de Coligny, marquis de Cressia ou Cressias, fils de Marc de Coligny, seigneur de Dammartin, et de Catherine de Genevois, mariés en 1598. Ce Cressias était le frère de Gabrielle, alors recherchée par Baradat, le premier écuyer du Roi, et que celui-ci épousa à Bruxelles le 21 août 1632.
4. C'est-à-dire appela Cressias. — Le *Mercure françois* (t. XIII, p. 380-383) fait un récit succinct de l'affaire et donne la déclaration du 14 mai 1627, par laquelle le Roi pardonnait aux ducs d'Halluin et de Liancourt. — Roger du Plessis-Liancourt avait épousé Jeanne de Schönberg, fille du maréchal, le 24 février 1620.
5. Ce qui suit jusqu'au paragraphe commençant par « Peu après, Baradat, qui avoit... » (page 304) est tiré d'un document préparé pour les *Mémoires* et conservé aux Affaires étrangères (France 787, fol. 44, 45) et intitulé « Mémoire que le Roi a fait faire sur l'appel des enfants de Mr de Schomberg ».

avoit appel, que toute la cour le croyoit et le savoit; qu'elle savoit, de plus, que le Roi en avoit connoissance; qu'elle savoit qu'il avoit été fait dans la propre chambre de S. M. par l'un de ses principaux officiers[1], et en sa présence. Il étoit certain que si cette action demeuroit impunie, non seulement la licence des duels reviendroit-elle, mais on se moqueroit à l'avenir de tous les établissements qu'on sauroit faire; il ne faudroit plus parler d'obéissance et y avoit crainte que la personne du Roi vînt à mépris[2].

Comme il importoit à S. M. de témoigner fermeté en l'exécution de ses volontés, il lui importoit aussi de justifier toutes ses actions, afin qu'on vît que nulle passion ne l'avoit portée à faire ce qu'elle faisoit, seulement par[3] la légitime jalousie que tous les grands rois doivent avoir de leur autorité.

Pour cet effet, il[4] conseilla S. M. de dire[5] à diverses personnes qu'il avoit fait un édit nouveau, par icelui il s'obligeoit par serment de le faire exécuter, qu'il

---

1. Le duc de Liancourt avait la charge de premier gentilhomme de la chambre du Roi.

2. Ce paragraphe depuis « puisqu'il y avoit appel » était au présent dans le manuscrit A, comme dans le document qui a servi de source (fol. 44). Les modifications ont été effectuées par Sancy (fol. 239). Il en est de même pour ce qui suit, jusqu'à « Il dit aussi à S. M. » (ms. A, fol. 239, 240).

3. La leçon du manuscrit B est : *pour la légitime jalousie;* nous avons adopté celle du manuscrit A.

4. Le Cardinal.

5. Première leçon de la source (fol. 44) : « Pour cet effet, S. M. doit dire à diverses personnes ce qui s'ensuit : j'ai fait un édit nouveau... » Le reste du paragraphe et les deux paragraphes suivants étaient primitivement au style direct; les corrections ont été faites par Sancy.

l'avoit promis à Dieu entre les mains de son confesseur, qu'il ne le pouvoit violer;

Que beaucoup croyoient que Dieu avoit permis la malheureuse mort du feu Roi son père, parce qu'il n'avoit pas fait ce qu'il avoit pu pour empêcher les duels[1];

Que, prévoyant la peine qu'il y avoit à prouver une chose véritable, et comme, faute de témoins qui voulussent déposer, tous les édits passés avoient été sans effet, il avoit mis exprès, dans l'édit, des punitions qui dépendoient de lui, savoir est la privation des charges, afin que, quand un duel ou un appel lui seroient connus, bien qu'il n'y eût point de témoins qui voulussent déposer, il pût punir les contrevenants;

Que quand le petit Praslin se battit à Blois[2], on ne pouvoit trouver de preuves, bien qu'il y eût eu combat; on lui avoit couvert le visage tandis qu'un chirurgien l'avoit pansé. Que sur cela tout son Conseil, le Cardinal, le Garde des sceaux, M. de Schönberg, lui dirent [que], quand une chose étoit connue et notoire, encore qu'on ne pût avoir de preuves, lesquelles on divertissoit toujours en tels cas, il étoit obligé en conscience de faire exécuter l'édit, quant à ce qui dépendoit de lui; et que de fait, sans qu'il y eût information, on lui conseilla de donner la charge de Praslin, et le fit; qu'aussi, maintenant qu'il savoit l'appel fait en sa chambre, comment ne feroit-il pas ce qu'on lui avoit conseillé de faire une autre fois?

1. La même idée a été exprimée dans des termes analogues au t. V, p. 266.
2. Voyez pour cette affaire, dans notre t. V, les pages 274 et les précédentes contenant des réflexions intéressantes sur les duels et les édits les punissant.

Qu'il n'y avoit personne au monde qui pût répondre à ces raisons. Il[1] dit aussi à S. M. qu'il étoit nécessaire qu'il en parlât[2] au cardinal de la Rochefoucauld et au P. Suffren[3] qu'il falloit par nécessité faire venir, cette affaire le méritant. Qu'il seroit aussi bon qu'il vît le procureur général ou qu'en tout cas il envoyât Aumont vers lui, et le premier président, pour savoir si, sachant un appel fait par l'un de ses domestiques, en sa propre chambre, lui présent, et fait avec tant d'éclat qu'il ne le pût ignorer, il n'étoit pas obligé de faire exécuter l'édit[4], en privant celui qui avoit fait l'appel des charges qu'il avoit en sa maison, et si, au cas qu'il n'en usât pas ainsi, tout le monde ne penseroit pas avoir la licence de violer l'édit impunément;

Que cela fait, S. M. exécuteroit[5] ce qu'elle avoit résolu, faisant donner congé à Liancourt et rayant la charge dont il étoit question;

1. Le Cardinal.
2. Le début du paragraphe était primitivement ainsi rédigé dans la source (fol. 44 v°) et dans le manuscrit A, fol. 240 v° : « Il n'y a personne au monde qui puisse répondre à ces raisons. Il est nécessaire que le Roi parle au cardinal de la Rochefoucauld... » Les corrections sont de Sancy sur le ms. A.
3. Le Père Suffren, jésuite, était, on le sait, confesseur de la Reine mère. Il l'était du Roi depuis le 22 décembre 1625.
4. Cet édit avait été signé par le Roi en février 1626 et vérifié au Parlement le 24 mars suivant. — En face de ce passage, le document servant de source porte (fol. 44 et 45) cette mention (qui s'applique aux mots soulignés à partir de « si, sachant un appel » et jusqu'à la fin du paragraphe) : « Il sera bon que S. M. retienne le sens de ce qui est souligné pour le dicter à Chaumont sans papier. » Lire d'Aumont au lieu de Chaumont.
5. Ce paragraphe et les trois suivants étaient primitivement au style direct dans le manuscrit A (fol. 240 v°), comme sur le document servant de source (fol. 44 et 45); les corrections ont été faites par Sancy.

Que si on disoit à S. M. qu'elle pratiquoit ce qu'elle n'avoit point encore fait, elle pourroit répondre que l'exemple du petit Praslin justifioit le contraire[1]; qu'il n'y avoit point d'information, bien qu'il y eût eu combat; que cet appel fait en sa chambre et en sa présence l'offensoit plus;

Si l'on disoit qu'il avoit ignoré quelques appels par le passé, S. M. pourroit répondre que s'il en avoit ignoré ç'avoit été quand il ne les avoit pas connus ouvertement et quand la chose avoit été douteuse; mais maintenant elle ne pouvoit ignorer ce qui s'étoit fait en sa présence et que plusieurs avoient ouï et vu; et de plus, que son plus grand déplaisir étoit[2] que, pour avoir dissimulé l'appel que Liancourt avoit fait au Pont-de-Cé, il en avoit abusé en sorte que d'en venir faire un dans sa chambre;

Quant au fait de Louvigny et du sieur de Candale à Nantes[3], qu'il ne se trouva jamais personne qui dît avoir connoissance de l'appel, mais qu'en ce fait ici plusieurs l'avoient ouï et vu, et qu'il le savoit[4].

S. M. suivit cet avis, dont il fut loué de tout le monde, et par ce moyen retint la fureur ordinaire des

1. T. V, p. 274.
2. Leçon de la source (fol. 45) et du manuscrit A (fol. 240 v°) avant correction de Sancy : « Secondement, mon déplaisir est... »
3. Voyez sur cet incident la note 2 de la p. 132.
4. Ici se trouve dans la source (fol. 45) un passage supprimé dans le manuscrit A (fol. 241 v°), dont le texte est le suivant : « Que si l'on disoit qu'il avoit privé Praslin de sa charge, mais que la justice ne l'avoit pas poursuivi depuis, le Roi peut répondre : « Si mes officiers font mal leur devoir, je n'y veux pas « manquer, moi. Et c'est pour cela qu'à Blois vous m'avez con- « seillé de donner sa charge sans information, parce qu'autre- « ment tout demeureroit impuni. »

duels et empêcha, par la crainte de cet exemple, que la noblesse ne s'y abandonnât comme elle avoit fait auparavant.

Peu après[1], Baradat[2], qui avoit commencé à desservir le Roi dès Nantes, prenant intelligence avec ses mauvais serviteurs pour empêcher le mariage de Monsieur et perdre le Cardinal, ayant toujours continué de mal en pis, reçut enfin le 2ᵉ décembre commandement du Roi de se retirer[3].

C'est une chose étrange que ce jeune homme de nul mérite, venu en une nuit[4] comme un potiron, non élu, mais, par une bonne fortune, reçu du Roi en l'honneur de sa bonne grâce, étoit si méconnoissant de soi-même qu'il pensoit mériter être mieux aimé du Roi que le Cardinal[5]. Et, ce qui est le dernier terme de la folie, il l'osoit[6] dire même à S. M. et portoit envie au Cardinal comme s'il tenoit le lieu qui lui étoit dû,

1. Première leçon du manuscrit A (fol. 241 r°) : « Peu après, au commencement de décembre, Baradat... »

2. Il faut écrire Baradat, et non point « Baradas », comme les manuscrits A et B. L'orthographe du nom nous est donnée par sa signature même, apposée à la fin d'une lettre autographe qu'il adressait, le 5 novembre 1626, au cardinal de Richelieu (Aff. étr., France 781, fol. 76).

3. Claude de Rouvroy, seigneur, puis duc de Saint-Simon en 1635, le père de l'auteur des célèbres « Mémoires », succéda à Baradat dans la charge de premier écuyer.

4. Nous donnons ici la leçon du manuscrit A (fol. 241 r°); le manuscrit B porte, par erreur : *en nuit*.

5. Les pages relatives à Baradat sont en grande partie tirées d'un ensemble de documents qui, presque tous, ont été dictés par Richelieu et qui sont groupés dans le volume 783 du fonds France, fol. 19-26.

6. Le manuscrit A, fol. 241 v°, portait d'abord « il la fut dire »; la correction a été faite par Charpentier.

et dit impudemment à S. M. que s'il eût été en sa place il l'eût aussi bien servi que lui.

S. M., dès Nantes, dit au Cardinal que Baradat étoit insatiable et croyoit que c'étoit lui qui l'empêchoit de s'agrandir selon sa fantaisie, et pour ce sujet lui vouloit mal; qu'il lui avoit dit souvent que le Cardinal étoit son favori et son ministre tout ensemble, et que, s'il savoit que le Roi l'aimât mieux que lui, il enrageroit contre lui. A quoi S. M. lui répondant qu'il étoit bien juste qu'il l'aimât mieux puisqu'il le servoit si bien, il lui répartit qu'il commettoit en cela un grand défaut pour ce qu'en son amitié il considéroit son propre intérêt et ne se soucioit pas de la personne; qu'il avoit essayé[1] de faire plusieurs mauvais offices audit Cardinal, s'allioit et faisoit amitié avec tous ceux qu'il savoit qui ne l'aimoient point, et qu'ayant porté autrefois grande envie à Bautru et Toiras, il l'avoit maintenant toute déposée et n'avoit plus d'autre but d'envie et de haine que contre le Cardinal[2].

1. Première leçon du manuscrit A (fol. 241 v°), corrigée par Sancy : « qu'il voyoit bien qu'il vouloit porter Bautru à être favori; sur quoi il essaya... ».
2. Les deux paragraphes précédents sont tirés d'un document dicté par le Cardinal et intitulé par Richelieu (Aff. étr., France 783, fol. 23 v°) : « Confession de l'écuyer »; à quoi Charpentier a ajouté : « contre Calori » (Calori est le surnom du Cardinal en langage conventionnel). Le document, qui va du folio 22 au folio 23 du volume 783 du fonds France, est paginé 1 à 4; il est en clair, sauf les noms propres qui sont remplacés par des noms de convention. Voici la page utilisée par les *Mémoires* et en marge de laquelle Sancy a écrit « Employé ». Nous avons remplacé les noms propres conventionnels par les véritables : « Le Roi m'a dit plusieurs fois que Baradat n'aimoit point le Cardinal, et particulièrement à Nantes il m'a fait

Il dit à Sourdis que le Cardinal lui étoit beaucoup plus obligé qu'il ne lui étoit pas, parce que, quand il avoit eu brouillerie avec Monsieur, il lui avoit offert deux cents chevaux pour l'assister ; comme si une offre imaginaire étoit une grande obligation[1] !

Le Plessis dit au Cardinal que le cardinal de la Valette avoit su de M. de Bellegarde que ledit Baradat avoit dit à la Reine, lorsqu'elle pensoit être grosse : « Maintenant que vous êtes grosse, souffrirez-vous que le Cardinal vous fasse maltraiter comme vous êtes[2] ? »

l'honneur de me dire devant la Reine mère plusieurs témoignages indubitables : entre autres qu'il étoit insatiable et croyoit que c'étoit le Cardinal qui empêchoit qu'il ne s'agrandît et qu'il l'avoit dit à plusieurs personnes ; qu'il lui avoit demandé lequel il aimoit mieux dudit Cardinal ou de lui, disant que s'il aimoit mieux le Cardinal il enrageroit contre icelui ; que ledit Cardinal étoit celui qui faisoit dire au Roi par diverses personnes tout ce qu'on lui disoit contre Baradat ; qu'on disoit que ledit Baradat n'étoit pas favori, mais bien le Cardinal qui étoit et ministre et favori tout ensemble. Sur quoi ledit Baradat étoit si effronté qu'il disoit audit Roi que s'il étoit dans son Conseil il y serviroit aussi bien que d'autres, voulant dire aussi bien que le Cardinal ; que ledit Cardinal vouloit porter Bautru à être favori ; sur quoi il a voulu faire plusieurs mauvais offices audit Cardinal ; que ledit Baradat a autrefois porté grande envie et grande haine contre Bautru et Toiras, mais que maintenant il l'avoit toute déposée et n'avoit plus d'autre but d'envie et de haine que le Cardinal ; qu'il s'allioit et faisoit amitié avec tous ceux qu'il savoit qui n'aimoient le Cardinal ; que ledit Roi disant à Baradat qu'il devoit plus aimer le Cardinal que lui, parce qu'il servoit fort bien, il lui reprocha, comme si c'étoit un grand défaut, qu'il n'aimoit en le Cardinal que son intérêt et ne se soucioit pas de sa personne. »

1. Ce paragraphe est la copie textuelle d'une phrase des documents sur Baradat, écrit par Charpentier (Aff. étr., France 783, fol. 24 v°) ; à la marge, Sancy a écrit « Calori » ; ce passage a été barré.

2. Ce paragraphe est emprunté à un passage des mêmes do-

Il dit à Mme de Senecey[1] au même temps : « Le Roi verra maintenant le mauvais conseil que le Cardinal lui a donné de marier son frère »; en quoi paroissoit son peu de jugement, vu que si le conseil du mariage étoit mauvais, la grossesse de la Reine empêcheroit que l'événement le pût être[2].

Il disoit souvent au Cardinal que S. M. étoit un étrange homme, qu'il n'aimoit rien, qu'il falloit par nécessité qu'il changeât souvent de serviteurs et n'avoit rien agréable que le changement.

cuments, écrit par Charpentier, en partie en langage chiffré (Aff. étr., France 783, fol. 26 r°); le voici : « Le Plessis m'a rapporté que le cardinal de la Valette avoit su de M. de Bellegarde que Baradat avoit dit dernièrement à la Reine régnante : « Maintenant que vous êtes grosse, souffrirez-vous que le Car-« dinal vous fasse maltraiter comme vous êtes. » Je ne sais s'il est vrai. »

1. Voici le passage du document, dont ce paragraphe est tiré : « Mais il est bien certain que ledit Baradat dit l'autre jour à Mme de Senessey (*sic*) : « Maintenant que la Reine est « grosse, le Roi verra le mauvais conseil que le Cardinal lui a « donné de marier son frère »; en quoi paroît son bon jugement, vu que si le conseil du mariage étoit mauvais, la grossesse de la Reine empêcheroit que l'événement ne le pût être » (Aff. étr., France 783, fol. 26 r°). Marie-Catherine de la Rochefoucauld, comtesse, puis duchesse de Randan (1588-1677), avait épousé Henri de Bauffremont, baron, puis marquis (en 1615) de Senecey, comte de Randan, lieutenant du Roi en Mâconnais, mort en 1622. Elle fut dame d'atour d'Anne d'Autriche en 1626 et jusqu'en octobre de la même année, puis dame d'honneur de 1626 à 1640. Elle rentra en fonctions en 1644 et devint gouvernante de Louis XIV durant son bas âge.

2. Ici venait sur le manuscrit A (fol. 242) un paragraphe qui a été barré : « Mais, puisqu'il osoit bien parler contre la Reine mère et contre le Roi même, que n'eût-il point dit contre d'autres ? » (tiré du document sur Baradat, de la main de Charpentier) (Aff. étr., France 783, fol. 26 r°).

Il dit à la Reine mère, à Fontainebleau, que lorsqu'il s'étoit adressé à elle et au Cardinal pour le réconcilier avec le Roi lorsqu'il étoit brouillé, S. M. lui avoit dit que c'étoit un mauvais moyen de se raccommoder avec lui que d'avoir recours à cette intervention[1].

Il dit aussi, à Nantes, à ladite Reine mère que le Roi disoit que s'il croyoit que le Cardinal ne l'aimât pas mieux qu'elle, il ne l'aimeroit jamais[2].

Il accusoit le Roi d'ingratitude et d'avarice extraordinaire, comme si lui avoir donné en deux ans plus de 300,000 écus vaillants n'étoit pas plutôt une marque de prodigalité que d'avarice.

Il disoit que le Cardinal avoit trouvé le foible du Roi en ne lui demandant rien; qu'il prétendoit user pour un temps de même expédient pour avoir sa revanche[3].

1. Ce paragraphe et le précédent sont tirés des documents sur Baradat; le passage a été écrit par Claude Bouthillier (Aff. étr., France 783, fol. 22 v°); en voici la teneur : « Baradat a dit au Cardinal plusieurs fois que le Roi étoit un étrange homme, qu'il n'aimoit rien, qu'il falloit par nécessité qu'il changeât souvent de serviteurs, qu'il n'aimoit que le changement. Il a dit, étant à Fontainebleau, à la Reine mère que, s'étant adressé à lui Hébert [la Reine mère] et au Cardinal pour le réconcilier avec le Roi lorsqu'il étoit brouillé, ledit Roi lui avoit dit que c'étoit un mauvais moyen de se raccommoder avec lui que d'avoir recours à cette intervention. »

2. Ce paragraphe est tiré du passage suivant des documents sur Baradat (Aff. étr., France 783, fol. 23) : « Il [Baradat] a dit à Nantes audit Hébert [la Reine mère] que le Roi disoit que, s'il croyoit que Richelieu affectionnât plus la Reine mère que lui, il n'aimeroit point Richelieu. » Le passage est de la main de Bouthillier père, et à la marge Sancy a écrit « Hébert, Chesne », ce qui veut dire « Reine mère, le Roi ».

3. Même source pour ce paragraphe et le suivant (Aff. étr.,

Le Roi même dit à la Reine mère que Baradat ne l'aimoit pas et étoit venu à tel excès contre lui[1] qu'il l'avoit appelé tyran[2].

Quant à la Reine mère, il lui vouloit mal aussi; le Roi lui en donna avis, lequel elle avoit reçu d'autres endroits et particulièrement depuis que, pour l'honneur de sa maison, elle avoit, par le conseil du Roi, fait défense de laisser entrer ledit Baradat en la chambre de ses filles. Sur quoi le Roi avertit la Reine sa mère que Baradat lui avoit dit que, s'il aimoit la Cressias comme elle pensoit, il ne se soucieroit guère de ses défenses, et y entreroit au préjudice d'icelles[3].

Bref, il étoit si hors du sens qu'il estimoit que ceux qui étoient bien auprès du Roi, sans exception même de ceux que la nature excepte, lui faisoient tort, cette place lui étant uniquement due, et le déplaisir qu'il en avoit étoit si grand qu'il ne pouvoit cacher sa rage et

France 783, fol. 19) : « Il [Baradat] a dit de plus que Richelieu avoit trouvé le foible du Roi en ne lui demandant rien; qu'il prendroit pour un temps le même expédient pour prendre sa revanche » (phrase de la main d'un secrétaire). « Ce jeune homme parle licencieusement de son maître, l'accusant d'ingratitude, d'avarice extraordinaire, comme si lui avoir donné en deux ans plus de 300,000 écus vaillants n'étoit pas plutôt une marque de prodigalité que d'avarice » (passage de la main de Charpentier, écrit à la marge).

1. Le Roi.
2. Paragraphe tiré du même document (fol. 22 v°); le passage est de la main d'un secrétaire, et à la marge Sancy a écrit « Chesne », qui veut dire « le Roi ».
3. Ce paragraphe est emprunté à la même source (fol. 22 v°) : « Le Roi a dit aussi à la Reine mère que ledit écuyer ne l'aimoit point, ce dont la Reine mère a été avertie de divers lieux, particulièrement depuis une défense que la Reine mère a faite, par le conseil du Roi, de le laisser entrer dans la chambre des

eût perdu, s'il eût pu, tous ceux qui étoient bien auprès de S. M.[1].

Puisqu'il étoit si insolent que de porter si peu de respect et d'affection à LL. MM., ce n'étoit pas chose étrange qu'il voulût mal au Cardinal. Il étoit si présomptueux en la possession des bonnes grâces du Roi qu'il osa écrire à un de ses amis qu'il avoit tels avantages, lesquels il ne lui avoit jamais dits, sur l'esprit du Roi qu'il ne sauroit jamais l'éloigner de sa présence et qu'il espéroit que, jouant d'esprit comme il feroit, il ruineroit absolument la Reine mère et le Cardinal en l'esprit de S. M.[2].

La raison pour laquelle[3] il haïssoit le Cardinal étoit la présomption de ce jeune écuyer, qui, n'estimant rien de trop grand pour soi, vouloit monter au plus haut degré de grandeur où, ne pouvant parvenir parce que le Roi ne le vouloit pas, il imputoit la dis-

filles. Le Roi a dit qu'il lui avoit dit que, s'il aimoit Cressias comme l'on pensoit, il ne se soucieroit pas des défenses de la Reine mère et entreroit chez les filles nonobstant icelles. » Le passage est de la main d'un secrétaire.

1. Ce paragraphe était au présent dans le manuscrit A (fol. 243 r°); Sancy l'a mis au passé. Il est tiré de cette phrase des documents sur Baradat, écrite par un secrétaire (*Ibid.*, fol. 19), et dont voici la teneur : « Il estime que ceux qui sont bien auprès du Roi, sans exception de ceux mêmes que la nature excepte, lui font tort, cette place lui étant uniquement due. Le déplaisir de ce personnage est tel qu'il ne peut cacher sa rage, que s'il pouvoit il perdroit tous ceux qui sont le mieux auprès du Roi. »

2. Cette dernière phrase a été ajoutée à la marge du manuscrit A (fol. 243 r°), de la main de Charpentier.

3. Les verbes de ce paragraphe et des trois suivants étaient, avant les corrections de Sancy, au présent dans le manuscrit A (fol. 243).

proportion qui se trouvoit entre son ambition déréglée et l'état où il demeuroit aux conseils du Cardinal, qui avoit plusieurs fois proposé au Roi de l'avancer à certaines charges non disproportionnées; ce que S. M. n'avoit pas voulu[1].

Le Roi dit plusieurs fois[2] au Cardinal qu'il connoissoit tellement le naturel et la portée de ceux qui étoient le mieux auprès de lui qu'il ne vouloit pas trop les élever, d'autant qu'assurément ils en abuseroient et se rendroient insupportables à lui-même. Auparavant que d'avoir cette connoissance et savoir la volonté de S. M., il[3] faisoit quelquefois des propositions à leur avantage; depuis qu'il sut[4] le dessein du Roi, il s'y conforma, les volontés du maître devant servir de loi et de raison aux bons serviteurs aux choses indifférentes. Cependant, si telles gens ne s'agrandissoient à leur gré, ils croient qu'il[5] les en empêchoit, et lui imputoient le retardement de leur fortune[6], bien qu'en cela il ne fît

1. Ce paragraphe est emprunté presque textuellement à l'un des documents sur Baradat, passage de la main d'un secrétaire (Aff. étr., France 783, fol. 22 v°).
2. Ce paragraphe et les deux suivants se trouvent répétés dans le manuscrit A (fol. 244 r° et v°), où ils ont été barrés.
3. Le Cardinal. — Le document qui a servi de source à ce passage était primitivement rédigé au style direct; c'est le Cardinal qui parle. Les corrections ont été faites par Sancy sur le document que Charpentier a écrit (Aff. étr., France 783, fol. 43).
4. La source porte : « depuis que j'ai su »; c'est Richelieu qui parle.
5. Le Cardinal.
6. La source portait d'abord : « Ils croient que je les en empêche que parce qu'ils voient que le Roi a confiance en moi »; ces derniers mots, « que parce qu'ils voient », etc..., sont de la main de Richelieu; ils ont été barrés, et le Cardinal

autre chose que complaire à son maître, et le servir selon son goût.

Ainsi, en faisant son devoir, il[1] s'exposoit à recevoir de mauvais offices de ceux à qui non seulement il ne faisoit point de mal, mais à la fortune desquels il contribuoit autant qu'il lui étoit possible et qu'il le devoit[2].

Cependant leur mécontentement lui[3] pouvoit être d'autant plus préjudiciable que c'étoient ceux qui avoient plus d'accès et de familiarité auprès du Roi[4].

Il dit à M. de Bellegarde, étant en colère et pestant contre sa mauvaise fortune, que c'étoit le Cardinal qui l'empêchoit; que, s'il étoit au Conseil, il serviroit aussi bien que lui[5], et au chevalier de Souvré, que, sans le

a écrit à la place : « Et m'imputent le retardement de leur fortune. Sans autre fondement. » Finalement, le texte des *Mémoires*, après corrections de Sancy, a été établi tel que nous le donnons.

1. Le Cardinal.
2. Avant les corrections de Sancy, le document qui a servi de source était ainsi rédigé : « Ainsi, en ce faisant je fais mon devoir, mais je m'expose à recevoir des mauvais offices de ceux à qui non seulement je ne fais point de mal, mais à la fortune desquels je contribue autant qu'il m'est possible et que je le dois. » Corrections de Sancy.
3. Au Cardinal.
4. Ce paragraphe et les deux précédents ont pour source un document écrit par Charpentier, revu par le Cardinal, qui l'a peut-être dicté, et corrigé en vue des *Mémoires* par Sancy (Aff. étr., France 783, fol. 43). Au verso, Sancy a écrit « pour la feuille 65 ».
5. Le début de ce paragraphe a pour source un passage ainsi libellé (main de Bouthillier père) : « Le même écuyer [Baradat] a dit à Jehan Petit [Mr le Grand], pestant contre sa mauvaise fortune, étant en colère, que c'étoit le Cardinal qui l'empêchoit, que si il étoit au Conseil il serviroit aussi bien que lui » (Aff.

Cardinal, il auroit un gouvernement[1] ; qu'il avoit parlé de Saumur au Roi, qui lui avoit fait froide réponse ; que ce méchant prêtre l'en empêchoit, le Roi se laissant toujours aller à ses avis par foiblesse[2].

Il menaçoit de dire au Roi que le Cardinal faisoit tout, qu'il avoit fait avoir la Bastille au Tremblay et Montpellier à Fossé[3] ; comme si Fossé étoit parent ou allié du Cardinal, et comme s'il avoit été mis là par autre considération que d'y être jugé propre[4] !

étr., France 783, fol. 23 r°). En marge, Sancy a écrit « raison ». La fin du paragraphe est tirée d'un alinéa du même document, ainsi conçu (main de Charpentier) : « Le chevalier de la Vérité soumise [Souvré] a dit à Calori [Richelieu], à Nantes, que, parlant à l'écuyer Brandefer [Baradat] de ce qu'il n'avoit point de gouvernement, Brandefer [Baradat] lui dit que sans Calori [Richelieu] il en auroit : qu'il avoit parlé au Roi de Saumur, qui lui avoit fait froide réponse, que ce tufou prêtre l'en empêchoit, le Roi se laissant toujours aller à ses avis par foiblesse » (fol. 23 r°). Sancy a écrit en marge « Employé. Raison ».

1. Première rédaction du manuscrit A (fol. 243 v°) : « Il dit à Nantes au chevalier de Souvré... »

2. Les mots suivants ont été barrés dans le manuscrit A (fol. 244 r°) : « Il se prenoit aussi à lui de ce qu'il n'avoit pas ce qu'il vouloit pour son frère. Ensuite de cela il médisoit, bien que faussement, du Cardinal. Il disoit qu'il avoit mis à Montpellier le sieur de Valençay, que le Cardinal n'avoit jamais connu particulièrement. » Ce passage est tiré du document précité sur Baradat (Aff. étr., France 783, fol. 23 r°).

3. Gabriel de la Vallée, marquis de Fossez, fit son entrée comme gouverneur de Montpellier le 9 mai 1627, mais, d'après le *Mercure françois* (t. XII, p. 436), il aurait été nommé à ce poste dès septembre 1626. Son prédécesseur, Jacques d'Étampes, marquis de Valençay, avait quitté la ville le 2 mars 1627.

4. Même source (Aff. étr., France 783, fol. 23 r°); le passage est écrit par Charpentier : « Il [Baradat] a dit à d'autres, parlant de Montpellier et de Valençay, que je ne connus jamais

Ainsi, à un homme comme celui-là, qui n'est pas content, les meilleurs services sont des crimes, n'y ayant rien de si blanc qu'on ne puisse faire paroître noir par un faux jour à ceux qui ne prennent pas la peine d'y regarder de près[1]. Cependant, il étoit[2] impossible au Cardinal de remédier à semblables mécontements[3].

S. M. dit au Cardinal[4] une fourbe qu'avoit faite ledit Baradat sur le sujet de la Cressias[5]. Il vint dire au Cardinal que ce n'étoit pas lui, mais le Roi qui en étoit amoureux; mais qu'il n'en fît pas semblant à S. M., parce qu'elle lui voudroit mal si elle pensoit qu'il le sût : c'étoit recommander le secret au Cardinal par une voie infaillible, que le lui recommander sous la crainte de la disgrâce du Roi. Il alla incontinent après donner

particulièrement, que j'avois mis là mes créatures. » Sancy a écrit à la marge : « Médisances contre Calori. »

1. Ce début de paragraphe est emprunté au même document (fol. 23 r°); il est la suite de la phrase citée à la note précédente.

2. Le manuscrit A (fol. 244 r°) portait d'abord : « Cependant, il est impossible au Cardinal... »

3. C'est ici que se trouvaient sur le manuscrit A (fol. 244 r° et v°) les paragraphes qui ont été supprimés, comme il est dit à la note 2 de la page 311.

4. Ce paragraphe est le premier du vingt-deuxième cahier du manuscrit A, fol. 247 r°. La feuille de couverture de ce cahier porte (fol. 246) ces mots de Sancy : « Anno 1626. Cahier 22me », puis ce résumé, qui a été barré : « Baradat chassé. Bassompierre arrive en Angleterre et à Londres, et sa première audience. Erostratus. » Charpentier a écrit ce sommaire : « Suite des extravagances de Baradat. Sa disgrâce. Arrivée du maréchal de Bassompierre à Londres. Procédé des Anglois vers le roi de Danemark. »

5. Gabrielle de Coligny de Cressias; cf. la note 3, p. 299.

avis à S. M. de ce qu'il avoit dit au Cardinal, et ce afin de montrer à S. M. que le Cardinal, qui ne lui en oseroit parler, ne lui disoit pas tout ; et, qui plus est, bien qu'il ne lui en eût parlé qu'un jour auparavant que le Roi découvrit au Cardinal ce beau tour, il lui avoit rapporté qu'il le lui avoit dit plus de quinze jours auparavant[1].

Et il avoua au Roi[2], la veille de la Toussaint, que Tronçon et Sauveterre avoient commencé à lui parler à Blois[3], quand on alla en Bretagne, pour le disposer

1. Ce paragraphe est tiré d'un passage de la main de Charpentier (*Ibid.*, p. 23 v°) ; les noms propres y sont écrits en langage chiffré. A la marge, Sancy a écrit : « Fourbe. Employé. » « Ajoutez le trait qu'il [Baradat] a fait de la Cressias, venant dire à Calori [Richelieu] qu'il n'y pensoit point, que le Chesne [le Roi] en étoit amoureux, lui recommandant le secret en cette affaire par une voie infaillible, puisqu'il lui disoit que le Roi lui voudroit mal s'il pensoit qu'il le sût. En suite de quoi, l'Écuyer [Baradat] alla dire au Roi qu'il l'avoit dit à Amadeau [Richelieu] ; à mon avis, pour lui montrer qu'il ne lui disoit pas tout et que plus est, bien qu'il ne lui eût dit qu'un jour auparavant que le Roi découvrit à Amadeau [Richelieu] ce beau tour, il lui avoit rapporté qu'il y avoit plus de quinze jours qu'il lui avoit dit. »

2. Première leçon du manuscrit A (fol. 247 r°), corrigée par Sancy : « Monsieur le Premier reconnut au Roi... » — Ce paragraphe et le suivant sont la copie presque textuelle d'un document écrit par Charpentier (Aff. étr., France 783, fol. 24 r°). Les lettres A et B tracées à la marge, le fait que les trois premiers mots de l'extrait à faire pour les *Mémoires* sont soulignés et qu'une parenthèse à crochets termine l'extrait sont les marques de l'utilisation de ce passage dans les *Mémoires*. A noter que le dernier alinéa de l'extrait projeté, reproduit sur le manuscrit A, a été ensuite barré (voyez la note 1 de la page suivante).

3. En juin.

à parler à S. M. contre le gouvernement ou pour faire qu'il les introduisit au Roi pour lui parler eux-mêmes : reconnoissance bien importante, puisqu'elle fait voir que les avis que S. M. avoit d'ailleurs des négociations que ces personnes faisoient étoient véritables. Chose étrange que deux personnes de cette basse condition entreprissent de vouloir aborder le Roi pour lui faire changer la face de la cour, s'ils eussent pu, au propre temps que S. M. recevoit de ceux à qui ils en vouloient les plus signalés services que ministres aient rendus de longtemps.

Le même jour il reconnut aussi au Roi que Blainville étoit enragé contre le gouvernement; qu'il l'avoit sondé pour savoir s'il seroit sûr à lui parler sur ce sujet, lui disant qu'on lui communiqueroit beaucoup d'affaires, si on pouvoit s'assurer qu'il ne dit au Roi que ce qu'il faudroit; mais qu'on lui taisoit beaucoup de choses importantes, parce qu'il disoit tout au Roi, et le Roi tout à la Reine et au Cardinal[1].

Ledit Baradat dit à Sourdis[2] que, quand il voudroit

1. On lit sur le manuscrit A (fol. 247 v° et 248 r°) ce paragraphe qui a été barré : « Blainville a envoyé au même temps son secrétaire vers celui de M. de Sully pour recevoir des mémoires instructifs sur le sujet des finances, où il espéroit bientôt entrer; la lettre du marquis de Rosny le justifie. » Voyez la note 2 de la p. 315. Les révélations de Baradat portèrent vraisemblablement leurs fruits, car Blainville eut commandement le 5 décembre de se retirer en Normandie.

2. Quoique Sancy ait écrit « ledit Blainville » au lieu de « il » sur le manuscrit A (France 58, fol. 248), ce n'est pas Blainville qui parla à Sourdis, mais Baradat. Il faut donc lire : *ledit Baradat*. Du reste, le document qui a servi de source à la plus grande partie de ce paragraphe porte : « Le s^r de Sourdis m'a dit [au Cardinal] que, le Roi allant à la chasse, M. le Premier

rendre de mauvais offices au Cardinal, les sujets ne lui en manqueroient pas ; qu'il pourroit dire que les mauvaises intelligences qu'il paroît avoir avec Monsieur ne sont que feintes ; qu'il[1] prend des places de sûreté pour s'en prévaloir quelque jour contre le service de son maître ; que, sous le titre du commerce, il s'étoit approprié le commandement sur la mer. Il ajouta[2] : « Quand je dirai ces choses au Roi, vraies ou non, je lui partirai l'esprit[3] » ; qu'il lui[4] étoit honteux qu'un homme de sa naissance et qualité en fût demeuré où il étoit et que, sans les artifices du Cardinal, il seroit duc et pair ; que le traité du duché de Fronsac n'avoit été rompu que par ses inventions (et jamais le Cardinal n'en avoit ouï parler) : ce qui montroit clairement qu'il avoit dessein de faire valoir en l'esprit du Roi les maux que les ennemis que le Cardinal acquéroit en servant le Roi disoient de lui, et faire passer pour gens apostés ceux qui, parlant sans passion et regardant ses actions sincèrement, en disoient du bien à S. M.[5]

lui fit de grandes plaintes contre le Cardinal... » Quoique ces mots n'aient pas été utilisés, ce qui l'a été ici est la suite de la conversation de Baradat avec Sourdis (Aff. étr., France 783, fol. 24).

1. Le Cardinal.
2. Baradat ajouta.
3. Partir a parfois le sens de diviser ; ici « partir l'esprit » signifie troubler.
4. A lui Baradat.
5. La fin de ce paragraphe, depuis « ce qui montroit clairement... », est tirée de la même source (Aff. étr., France 783, fol. 24 v°) ; le passage est écrit par Charpentier. A la marge, Sancy a mis « Employé ». Ce morceau a été dicté par Richelieu, qui y parle à la première personne et en s'adressant au Roi. Le voici : « Si ceux que j'acquiers pour ennemis en vous

Le maréchal de Schönberg[1] dit au Cardinal, le 14ᵉ novembre, qu'il y avoit trois mois[2] que Chabans et Buy, le croyant mal content sur l'affaire de ses enfants[3], l'avoient tous deux abordé separément et commencé à parler assez librement; que Buy lui avoit fait reconnoître[4] clairement que le Cardinal empêchoit Monsieur le Premier de faire sa fortune, que c'étoit lui qui détournoit le Roi de lui faire du bien; que Chabans passa plus avant, et lui dit clairement que le Premier[5] vouloit un extrêmement grand mal au Cardinal; qu'il croyoit qu'il empêchoit sa fortune, et que, pour cet effet, il étoit résolu de faire tout ce qu'il pourroit contre lui; qu'il avoit parlé au Roi et lui vouloit encore parler pour mettre le Cardinal en soupçon; qu'il avoit un mémoire pour montrer au Roi contre ledit Cardi-

servant disent du mal de moi, leur intention est de le faire valoir en votre esprit. Si ceux qui parlent sans passion et regardent mes actions avec justice en disent du bien, ce sont des gens apostés. »

1. Ce paragraphe a été corrigé par Sancy (ms. A, fol. 248 v°-249), les corrections portant presque exclusivement sur les temps des verbes. Il est la copie presque textuelle d'un passage écrit par Charpentier (Aff. étr., France 783, fol. 25); le nom du maréchal de Schönberg y a été laissé en blanc; le passage est marqué pour entrer comme extrait dans les *Mémoires*. A la marge, Sancy a écrit « Calori. Raison. Menaces ».

2. Il faut lire probablement « trois jours », puisqu'il est dit que Chabans et Buy voulaient exploiter le mécontentement qu'aurait éprouvé Schönberg des mesures prises contre son fils et son gendre à la suite de leur querelle du 3 novembre.

3. Allusion aux incidents qui avaient mis aux prises, le 3 novembre précédent, le duc d'Halluin et Crossias et amené le bannissement des ducs d'Halluin et de Liancourt.

4. Le document porte « connoître ».

5. Baradat.

nal, lequel lui avoit été donné par Cressias, qui vouloit mal au Cardinal pour deux raisons : l'une que ledit Cressias et le Premier croyoient embarquer le Roi, à Blois, en l'amour de Cressias sa fille, ce dont il pensoit qu'il avoit été détourné par le Cardinal; l'autre, qu'il croyoit qu'il[1] eût eu le Pont-de-l'Arche sans ledit Cardinal[2]. Il dit que le mémoire portoit que le Roi devoit prendre garde au Cardinal, vu qu'outre le Havre il vouloit avoir Brest, Brouage et autres places maritimes et qu'il vouloit, par le moyen de la charge qu'il avoit au commerce et ces places, brider la France[3].

1. Cressias. — Marc de Coligny, seigneur de Cressias et de Dammartin (père de François de Coligny, marquis de Cressias, qui eut avec le duc d'Halluin cette querelle dont il est parlé plus haut), avait été gentilhomme de la chambre du Roi en 1614 et 1615.

2. En marge du document servant de source, Charpentier a écrit ces mots dictés par le Cardinal : « Parce que je ne suis pas maquereau, j'aurai perdu l'État » (Aff. étr., France 783, fol. 25).

3. On a vu que Richelieu avait été nommé « grand maître, chef et surintendant général de la navigation et commerce de France » par lettres d'octobre 1626, enregistrées au Parlement le 18 mars 1627. — M. de Villars céda à Richelieu les gouvernements du Havre, de Harfleur et de Montivilliers, moyennant 345,000 livres (22 octobre 1626), dont le Roi lui remboursa 45,000 livres le 1er décembre suivant. Brest fut occupée par les troupes royales et le gouvernement de la place enlevé à René de Sourdéac, marquis d'Ouessant, qui en reçut récompense pour 200,000 livres (décembre 1626). Quant à Brouage et aux îles et ports d'alentour, Timoléon d'Espinay-Saint-Luc en abandonna la lieutenance générale à Marie de Médicis, ce qui lui valut le bâton de maréchal de France et 50,000 écus; mais le Cardinal fut nommé pour Brouage lieutenant de la Reine mère (lettres patentes du Roi du 4 février 1627).

Toutes ces choses mettoient l'esprit du Cardinal en inquiétude.

S'il pensoit[1] au dessein de la mer, ils essayoient de le faire passer pour un crime; cela faisoit qu'il n'y osoit travailler si fortement qu'il eût fait. Ils disoient qu'il falloit dire au Roi qu'il se vouloit faire connétable, en se moquant. « Nous dirons, disoient-ils, qu'il se veut fortifier; puis dans trois mois nous dirons qu'il se veut appuyer des grands, même de Monsieur; maintenant qu'il veut ruiner les princes du sang, une autre fois qu'il veut relever la Reine. »

Cependant tout cela arrêtoit[2], et il est vrai qu'à ne faire les choses qu'à demi, il vaudroit mieux ne les

1. Pour la rédaction de ce paragraphe a été utilisé un passage des documents sur Baradat (Aff. étr., France 783, fol. 23 v°), passage qui a été dicté par Richelieu à Charpentier et que celui-ci a rédigé comme s'il s'adressait au Roi; le voici : « Le dessein de la mer (service signalé) est un crime et j'avoue qu'en cela même je n'y fais pas la moitié de ce que j'y pourrois faire, car, en effet, je n'ose mépriser ces calomnies. Je n'ose entreprendre l'affaire du sel à cause de Brouage, et, de fait, V. M. verra à y penser par autre voie que par la mienne et se souviendra que je l'abandonne, non par [manque d'af]fection, mais par crainte des calomnies; car je sais que la cabale a dit : « Il nous faut dire au Roi et publier qu'il veut être connétable, « en se moquant. Il nous faut dire qu'il se veut fortifier; dans « trois mois nous dirons qu'il se veut aussi fortifier des « grands, même de Monsieur, maintenant qu'il veut ruiner les « princes du sang, une autre fois qu'il veut élever la Reine. »

2. Ce paragraphe et les deux suivants sont empruntés aux documents sur Baradat (Aff. étr., France 783, fol. 25 v° et 26). Le passage, marqué pour entrer dans les *Mémoires*, et qui fait suite à celui indiqué dans la note précédente, est de la main de Charpentier. On n'y remarque qu'une correction insignifiante de Sancy, au début : il a mis *arrêtoit*, alors que le document portait *arrête*.

point faire du tout, et, à les faire tout à fait, la malice de ceux qui veulent faire leurs affaires aux dépens du Roi met en grand hasard. Il faut agir fortement, se préparer à des choses de loin, dont il ne faut pas dire les fins, et, quand les méchants esprits les sauroient bonnes, comme elles sont, ils les cacheroient au Roi et les découvriroient à tout le monde pour ruiner les desseins.

Sans argent on ne fait rien. Proposez de grands moyens extraordinaires, les parlements s'y opposent ; ils font crier les peuples. Cependant, il faut pour un temps mépriser cela et se laisser calomnier, passant outre. De la puissance de la mer dépend l'abaissement de l'orgueil d'Angleterre et de Hollande contre nous et la ruine des huguenots[1]. Cependant on n'osoit y travailler fortement à cause des calomnies.

Baradat dit à Marcillac[2], en jurant plusieurs fois, qu'on ne l'aidoit pas, mais qu'il viendroit un temps auquel on auroit affaire de lui, que chacun auroit son

1. Première rédaction du manuscrit A (fol. 249 v°) avant les corrections de Sancy : « De la puissance de la mer dépend l'abaissement d'Angleterre, d'Hollande, la ruine des Huguenots » ; telle est aussi la leçon du document qui sert de source (fol. 26 r°).
2. Voyez pour ce paragraphe un passage des documents relatifs à Baradat (Aff. étr., France 783, fol. 19 r° et v°) ; le premier paragraphe est de la main d'un secrétaire ; le second a été écrit à la marge par Charpentier, sauf la fin (à partir de « que le Roi l'écoutoit sur toute chose ») qui a été écrite par un secrétaire ; les troisième et quatrième sont de la main du même secrétaire, au verso du folio 19. Les noms de personnes étaient primitivement en langage convenu dans le document ; Sancy en a donné entre les lignes la traduction et a fait quelques autres corrections. Le morceau a été marqué pour être employé dans les *Mémoires*.

tour, qu'il viendroit une maladie au Cardinal, qu'il[1] étoit mieux avec le Roi que jamais, que le Roi lui disoit tout et ceux mêmes qui parloient de lui. Il dit la même chose quasi en pleine table, où étoit Blainville, qui le rapporta à l'évêque de Mende, disant publiquement que chacun auroit son tour. Sur quoi M. d'Elbeuf lui parlant en particulier et lui disant qu'il reconnoissoit mal les bons offices qui lui avoient été rendus par le Cardinal et par la Reine même, il lui parla encore plus insolemment, disant que, si on l'avoit aidé, ce n'avoit pas été pour l'amour de lui, mais pour l'amour du Roi, et partant qu'il n'en avoit point d'obligation, comme si la considération du Roi rendoit les offices qu'on lui rendoit moins recommandables; que le Roi l'écoutoit sur toute chose; qu'il défioit qu'on le pût mettre mal avec lui, à quoi le Roi savoit bien qu'on n'avoit jamais tâché, ains au contraire qu'on lui avoit fait plusieurs fois des propositions avantageuses pour lui, qu'il avoit refusées[2]. Il dit, en jurant, à Buy que le Roi auroit la guerre, qu'il ne la pouvoit éviter, que les choses ne pouvoient demeurer comme elles étoient : toutes paroles dont le ton faisoit voir clairement qu'elles ne signifioient pas tant ce qu'il jugeoit comme ce que sa passion lui faisoit désirer, si ce n'étoit que son jugement et sa passion ne fussent qu'une même chose.

Un de ses parents fut si impudent que de dire : « Voici un étrange siècle; nous n'oserions parler du pauvre Tronçon; on n'oseroit parler des serviteurs du Roi », estimant par là seuls serviteurs du Roi ceux qui

1. Baradat.
2. La fin de ce paragraphe, depuis « que le Roi l'écoutoit... », a été corrigée par Sancy (ms. A, fol. 250). Il en a été de même pour le paragraphe suivant.

méditoient des cabales dans sa maison. Enfin tous les siens trouvoient à dire à tout ce qui se faisoit, et ce qui étoit approuvé de toute la France et admiré de toute la chrétienté étoit blâmé d'eux parce qu'ils n'y trouvoient pas leur compte et ne partageoient pas tout ce qui venoit à vaquer, comme leur étant dû.

Le Roi commanda[1] à Bautru, le 26ᵉ octobre, d'écrire au Cardinal qu'il[2] avoit dit à Baradat qu'il y avoit trois ou quatre jours que Blainville avoit dit, en pleine table, qu'il avoit réduit les choses à tel point qu'il falloit que le Cardinal ou le Premier prît congé de la compagnie. Sur quoi le Premier lui dit[3] que c'étoit un fourbe, qu'il ne savoit pourquoi il disoit cela, que ce n'étoit pas de son consentement et que Blainville haïssoit le Cardinal plus que le diable; que, s'il falloit que l'un des deux délogeât, il reconnoissoit que ce seroit à lui à déloger et qu'il s'en iroit, en ce cas, sans dire adieu à S. M., parce que le Cardinal est si nécessaire à son service et à l'État qu'après lui tout le Conseil ne seroit plus rien; qu'il ne disoit pas cela pour l'amour de lui, parce qu'il en étoit mal satisfait, mais parce que la chose étoit véritable. Et, sur ce que le Roi lui demanda pourquoi il étoit mal satisfait du Cardinal, il lui dit que c'étoit à cause de la manière dont il avoit répondu l'autre jour[4] aux compliments[5] qu'il lui faisoit sur le

---

1. Ce paragraphe est tiré de l'un des documents sur Baradat; le morceau est de la main de Charpentier. Il a été marqué pour entrer dans les *Mémoires* (Aff. étr., France 783, fol. 21 r°).

2. Le Roi.

3. Dit au Roi.

4. Première leçon du manuscrit A (fol. 250 v°), corrigée par Sancy : « Il lui dit que c'étoit de ce que Calori lui répondit l'autre jour... » C'est la leçon de la source.

5. Ce mot a ici le sens de paroles de recommandation. Bara-

fait de son frère[1], d'autant qu'il avoit vu par là qu'il le tenoit[2] pour un stupide, croyant qu'il ne pouvoit rien faire qu'étant sifflé[3]; que c'étoit ce qui le fâchoit et non la considération de son frère, pour qui il avoit été, à la vérité, obligé d'essayer de faire quelque chose, mais que, chacun ayant reconnu qu'il n'avoit marque[4] de bon naturel et que le mal de son frère venoit de ce qu'il étoit une bête, il en étoit quitte et qu'il voudroit qu'il fût au diable[5].

Le Cardinal enfin[6], voyant la continuation de toutes

dat faisait la cour au Cardinal pour obtenir quelque avantage en faveur de l'un de ses frères.

1. Baradat avait deux frères cadets : Henri avait été nommé évêque de Noyon le 1er décembre 1625 et consacré le 2 août 1626; il mourut le 25 août 1660; Pierre, d'abord chanoine de Notre-Dame de Paris en 1627, quitta ce canonicat et leva une compagnie au régiment de son frère François le 20 mars 1635; depuis, il prit part à toutes les guerres de l'époque, obtint, le 4 juillet 1643, une compagnie au régiment de cavalerie de la Reine, devint maréchal de camp le 18 octobre 1650, charge dont il se démit en 1656, et ne servit plus; il mourut le 28 août 1682. Il est difficile de savoir auquel de ces deux personnages il est fait allusion ici, quoiqu'il soit plus vraisemblable de croire que c'est du second qu'il est question.

2. C'est-à-dire : que le Cardinal tenoit Baradat..., etc.

3. On siffle un oiseau pour lui apprendre sa leçon.

4. Le manuscrit B (fol. 153) porte « manque »; nous avons adopté la leçon du document servant de source, qui porte « marque ». Sur le manuscrit A (fol. 251 v°), on a d'abord écrit « manque », mais Sancy a mis « marque ».

5. Comme l'indique un passage rayé du manuscrit A (fol. 244), Baradat s'en prenait au Cardinal « de ce qu'il n'avoit pas ce qu'il vouloit » pour son frère.

6. Même source que précédemment pour ce paragraphe et les suivants jusqu'au paragraphe commençant, trois pages plus loin, par les mots « Le Roi qui depuis longtemps désiroit... »

ces menées, qui étoient préjudiciables au repos de l'État, dit au Roi qu'il étoit nécessaire qu'il arrêtât le cours de tels mécontentements, afin que cette personne, laquelle, à cause de l'amitié que S. M. lui portoit, il falloit conserver, ne se perdît pas soi-même et nuisît par même moyen aux affaires publiques; que le remède de ce mal consistoit[1] à faire de grands biens, non seulement à sa personne, mais encore à celles de ses parents[2], parce qu'il témoignoit clairement que leur donner des charges médiocres, c'étoit plutôt l'irriter que le contenter.

Si la disgrâce du Cardinal le satisfaisoit aussi pleinement comme la grande croyance que le Roi témoignoit avoir en lui le blessoit, le désir qu'il avoit que l'esprit du Roi ne fût point agité au préjudice de sa santé, qu'il avoit déjà cru deux ou trois fois ébranlée par telle voie, le porteroit à proposer, sous le bon plaisir de S. M., cet expédient pour sa satisfaction, pourvu que cette disgrâce ne consistât qu'en un retranchement d'apparence extérieure ou un éloignement local qui ne le privât pas d'avoir au cœur du Roi la place qu'il mériteroit toujours par ses services[3].

(Aff. étr., France 783, fol. 19 v°-20 v°). Le passage est écrit par un secrétaire; il a dû être dicté par Richelieu, qui y parle en général à la première personne. Mais Sancy l'a corrigé, et là où il y avait « Calori » ou « je », il a mis « le Cardinal ».

1. Première leçon du manuscrit A, corrigée par Sancy : « le remède de ce mal, dit le Cardinal, consiste... » (fol. 251 v°). — La fin du paragraphe et le paragraphe suivant qui étaient au présent de l'indicatif, comme dans la source, ont été mis au passé.

2. Ici la source portait : « Je dis grands biens », mots qui ont été barrés.

3. Cf. plus haut p. 52.

Le Cardinal avoit toujours dit à S. M. que[1], bien qu'il y eût dedans et dehors l'État plusieurs ennemis de sa grandeur, de sa prospérité et de sa personne, il se promettoit[2] qu'on en viendroit à bout, la force, son autorité et la conduite de ses serviteurs étant suffisantes pour cela, mais qu'il craignoit[3] extrêmement les cabales de son cabinet; qu'en telles menées les artifices et les mensonges y peuvent beaucoup plus que la raison et la vérité, qui en effet se trouvent souvent n'y avoir point de lieu. Il dit encore[4], et il est vrai, que si en acquérant force ennemis pour le bien de l'État, des mauvaises volontés desquels on se défendroit volontiers, quelque péril qu'il s'y pût rencontrer, il falloit encore se défendre des artifices de ceux qui, dans le cabinet, ne seroient pas contents, quoiqu'ils le dussent être, il vaudroit beaucoup mieux quitter la partie que d'entrer en cette lice; que plusieurs raisons lui devoient donner ce conseil, et son naturel l'y portoit[5].

Il étoit des mécontents comme des pourceaux, qui se réunissoient et crioient tous ensemble quand quelqu'un d'entre eux commençoit[6].

1. La source portait d'abord : « J'ai toujours dit au Chesne que... »; les corrections ont été effectuées par Sancy (fol. 20 r°).
2. Première leçon de la source avant les corrections de Sancy : « Je me promettois... » (fol. 20 r°).
3. La source portait (fol. 20 r°) : « Mais que je craignois... »
4. La source portait (fol. 20 r°) : « Je dis encore... »
5. Première leçon de la source avant les corrections de Sancy : « Plusieurs raisons doivent donner ce conseil et mon naturel m'y porte » (fol. 20 r°).
6. Le document servant de source porte (fol. 20 v°) : « Il est des mécontents comme des pourceaux qui se réunissent et crient tous ensemble quand quelques-uns d'entre eux com-

Puisque Aristote enseigne qu'il y a des faussetés qui ont plus de vraisemblance que des vérités, il est aisé à juger quel péril on court parmi plusieurs esprits qui n'ont autre but que de faire paroître les plus signalés services des crimes, principalement quand ils ont l'oreille de leur maître[1].

On s'unit volontiers pour mal faire et ceux qui font bien trouvent d'ordinaire plus d'envieux que de protecteurs. Les renards de Samson s'accordèrent jusques au nombre de deux cents pour brûler les blés des Philistins et jamais deux ne s'accordèrent pour garder une poule.

Le Roi, qui depuis longtemps désiroit congédier Baradat, ce que le Cardinal seul avoit empêché, représentant à S. M., lorsqu'elle lui disoit ses paroles et pensées malicieuses et extravagantes, qu'il falloit pardonner quelque chose à la jeunesse, se résolut de l'éloigner de lui. Et un soir qu'il s'emporta encore en quelques fols discours, lui commanda de se retirer de sa présence : ce qu'il ne fit pas sans répartir selon les caprices de son esprit[2]. Étant arrivé au Petit-Bourbon, il eut commandement de s'en aller hors de sa cour en

---

mence (*sic*). » — Le manuscrit A reproduit textuellement cette phrase (fol. 252 v°), mais Sancy y a apporté les corrections nécessaires.

1. La source porte ces mots, qui ont été rayés, on devine pour quelle raison : « et que celui à qui ils parlent est naturellement susceptible de telles impressions ». Ici les *Mémoires* ménagent le Roi dans une certaine mesure.

2. A la fin du dernier document sur Baradat, Richelieu a écrit lui-même ces mots (Aff. étr., France 783, fol. 26 v°) : « Ce fol a fait tant d'extravagances en s'en allant, parlant à la propre personne du Roi, qu'il faudroit une main de papier pour les mettre. Les pasquins de Reveillon et Cressias. »

une de ses maisons. Lors il eut recours aux soumissions et aux larmes et à toutes sortes de recherches, mais en vain ; car il n'y a point d'autre sortie de la bonne grâce de son maître que le précipice, duquel il n'y a plus d'espérance de revenir[1].

Mais il y a longtemps que la reine d'Angleterre, affligée, attend la venue du maréchal de Bassompierre, qu'elle espère, par l'autorité du Roi et de la Reine sa mère, devoir apporter le remède à ses déplaisirs. Il arriva à Boulogne le dernier septembre; il n'y trouve point de vaisseaux d'Angleterre pour l'y passer, bien que Carleton, ambassadeur d'Angleterre, le lui eût promis en partant de la cour.

Il fut reçu à Douvres comme un simple passager[2], et Dumoulin[3], qui avoit été secrétaire du comte de

---

1. Il fut disgracié le 2 décembre, et Blainville, entraîné dans sa chute, le fut le 5. Le jour de sa disgrâce, Baradat écrivit ce billet au Cardinal, que Marcillac lui remit : « Monsieur. Comme Marciliac (sic) est arrivé, j'avois la main à la plume pour vous faire savoir mon malheur qui m'est arrivé aujourd'hui ; mais, m'ayant témoigné que je m'y pouvois fier, je l'ai instruit de l'affaire pour vous la raconter avec plus de facilité, vous conjurant de me vouloir protéger contre cette maudite cabale, vous assurant que je m'en ressentirai comme celui qui vous a déjà toutes les obligations du monde, Monsieur, votre très humble et très affectionné serviteur. [Signé :] BARADAT. » Sur le repli, Baradat écrivit : « A Monsieur, Monsieur le Cardinal », et ces mots : « Je vous supplie me renvoyer (?) Marciliac. »

2. Il y arriva le 2 octobre et y passa la journée suivante.

3. Cet agent diplomatique, qui fut secrétaire de Villeroy à partir de 1608, puis devint secrétaire des ambassadeurs de France en Espagne, pour passer en 1618 ou 1619 au service des représentants de la France à Londres, eut un rôle actif dans les négociations de cette époque avec l'Angleterre, et ses lettres sont assez nombreuses. En novembre 1626, il sollicitait

[1626] DE RICHELIEU. 329

Tillières lorsqu'il y étoit ambassadeur, se trouva à son débarquement, qui lui dit qu'on avoit résolu au Conseil de ne le point envoyer recevoir et qu'il ne seroit logé ni défrayé à Londres[1].

Arrivant à Gravesend[2], Lucnar[3], conducteur des ambassadeurs, le vint trouver de la part du roi d'Angleterre[4].

la place de secrétaire adjoint de la reine d'Angleterre. En 1629, il était encore en Angleterre (Aff. étr., corresp. politique, Angleterre 41, fol. 268).

1. Ces détails nous sont donnés partiellement par une lettre de Bassompierre conservée aux Affaires étrangères (corresp. politique, Angleterre 41, fol. 238), dont voici la teneur : « Monsieur. A ma descente de Douvres, j'ai pris ce papier de chassis pour vous en donner avis et vous dire aussi comme je n'y ai été reçu que comme un simple passager, que l'on ne m'envoyera point recevoir, loger ni défrayer à mon arrivée à Londres et que l'on se prépare à me faire le même ou pire accueil que l'on a fait à Carleton. Je ne me mets guère en peine de cela, car mon but est de tirer le fruit de mon voyage et en laisser l'ostentation. Je doute néanmoins que j'aie l'un ni l'autre, car ils y sont fort mal disposés. Vous en saurez plus de nouvelles quand vous les aurez vues, et connoîtrez, Dieu aidant en la suite de cette affaire, que j'y aurai apporté toute sorte de soin et d'industrie pour la faire réussir au contentement du Roi. J'en aurai un bien grand si je puis vous témoigner combien je suis... » La lettre est de la main de Dumoulin (il signe « Dumolin »), qui devint secrétaire de Bassompierre en Angleterre (lettre de Dumoulin à d'Herbault, Londres, 20 octobre 1626. Aff. étr., corresp. politique, Angleterre 41, fol. 245).

2. Manuscrits A et B : Gravezines. En réalité, Gravesend, ville du Kent, à trente-cinq kilomètres sud-est de Londres, sur la Tamise. Le maréchal y arriva le 6 octobre et y coucha.

3. Louis Lewkenor fut nommé, en 1603, maître des cérémonies, office rétabli, à cette date, en sa faveur; ses appointements étaient de 200 livres par an, auxquels venaient s'ajouter les cadeaux, dont, à cause de sa charge, il était gratifié.

4. Cette visite eut lieu le 7 octobre.

Ledit maréchal avoit avec lui le P. de Sancy[1], qui, au départ du P. de Bérulle, fut établi confesseur de la reine et depuis chassé avec les autres, auquel le Roi avoit commandé de l'accompagner pour, sur les impostures qu'ils lui pourroient mettre en avant sur le sujet des choses passées, l'instruire de la vérité du fait comme témoin oculaire.

Lucnar lui fit commandement très exprès de la part du roi son maître de l'envoyer incontinent hors de ses États[2] : ce que le maréchal refusa absolument de faire, et dit que si Carleton avoit enduré qu'on fît un semblable commandement en son logis à Montaigu, il n'étoit pas résolu de souffrir le même[3].

Arrivant à Londres, on ne lui donna point de logis[4]. Il s'en fit apprêter un par ses gens, où on lui offrit de le défrayer jusqu'à la première audience; mais il le refusa.

En sa première audience, il trouva le roi d'Angleterre fort rude et d'un esprit arrêté à ne donner point

1. Plus tard évêque de Saint-Malo, le « secrétaire des Mémoires ».
2. La démarche de Lucnar eut lieu le 9 octobre.
3. Le *Mercure françois* (t. XIII, p. 147) dit que les Anglais étaient « en colère de ce que l'on avoit refusé en France audience au baron de Montaigu, envoyé, de la part du roi de la Grand'Bretagne, sur ledit chassement et renvoi des François ». Cf. ci-dessus, p. 239.
4. Voici ce que Bassompierre écrit dans ses *Mémoires* (p. 256, 257) : reçu à son arrivée à Londres par le comte de Dorset, il fut conduit « jusques proche de la Tour de Londres, où les carrosses du roi m'attendoient, qui me menèrent en mon logis, où ledit comte Dorset me quitta. Je ne fus logé ni défrayé par le roi et à peine put-on envoyer ce comte Dorset, selon la coutume ordinaire, pour me recevoir. Je ne laissai pour cela d'être assez bien logé, meublé et accommodé ».

de contentement à S. M., disant qu'il étoit le maître chez soi, que le Roi n'avoit que faire de se mêler de la maison de la reine sa sœur et que, quant à sa religion, elle étoit assurée et qu'il ne lui en parleroit jamais.

Le maréchal lui répondit que le Roi ne se mêloit de la maison de la reine sa sœur qu'en tant que son contrat de mariage l'obligeoit de le faire et lui de le trouver bon.

Buckingham, qui avoit toujours désir d'aller en France[1], dit audit maréchal que le roi son maître enverroit quelque homme de créance en France qui accommoderoit toutes choses.

Sur quoi le maréchal répliqua qu'il croyoit qu'il ne seroit pas le bienvenu si on ne savoit qu'il eût ordre absolu de donner au Roi la satisfaction que justement il demandoit[2].

L'ambassadeur de Danemark[3] faisoit, en même temps, de grandes poursuites pour être payé de dix-sept cent mille risdales qui étoient dues au roi son maître pour la contribution de dix-sept mois pour l'entretènement de son armée, et protestoit que le roi

1. Il y était attiré en partie par sa folle passion pour Anne d'Autriche.
2. A noter que Bassompierre obtint deux audiences de Charles Ier, l'une qui fut publique et eut lieu le 11 octobre, et à la suite de laquelle le secrétaire Conway insista auprès du maréchal pour qu'il renvoyât Sancy en France, et l'autre qui eut lieu le 15 octobre et, comme la précédente, à Hamptoncourt, mais qui fut une audience privée, au sujet de laquelle Bassompierre ne donne pas de détails sur les négociations mêmes pour lesquelles il était en Angleterre.
3. Le représentant du Danemark en Angleterre en 1626 et 1627 était Axelson Palle Rosenkranz (1587-1642).

son maître, qui étoit sollicité par le duc de Saxe[1] de s'accommoder avec l'Empereur, s'y porteroit si on ne lui donnoit contentement.

On avoit avis que le colonel Beringuestein, favori dudit roi, à la déroute duquel il avoit été pris prisonnier et renvoyé par Tilly honorablement sans rançon, étoit depuis quelque temps revenu trouver Tilly, ce qu'ils savoient bien ne pouvoir être que par ordre de son maître et les mettoit en grand soupçon que ce fût pour traiter d'accommodement[2]. Il faisoit de grandes plaintes aussi des voleries que les Anglois faisoient sur ses sujets, dont ils emmenoient les vaisseaux comme s'ils étoient ennemis[3].

Les Hollandois et les François faisoient les mêmes plaintes[4] : ce qui montroit[5] et la misère en laquelle étoit réduit cet État[6], qui ne pouvoit subsister que par

1. Jean-Georges Ier (1585-1656), électeur de Saxe après son frère Christian II.
2. Bassompierre, qui rapporte le fait dans ses *Mémoires* (p. 145), emploie des termes identiques.
3. Avec le paragraphe suivant commence le vingt-troisième cahier de 1626 (ms. A, fol. 257). La couverture de ce cahier (fol. 256) porte les mots suivants de la main de Sancy : « 1626. Cahier 23me. 23 », et ce résumé écrit par Sancy, puis barré : « Suite de l'ambassade de Bassompierre. Ce que les commissaires lui répondirent et sa réplique » ; puis Charpentier a écrit ce sommaire : « Pirateries des Anglois. Suite de l'ambassade du maréchal de Bassompierre. Écrit par lui donné aux commissaires anglois. Réponse à icelui. »
4. Première rédaction du manuscrit A (fol. 257 r°) : « Les Hollandois et les François faisoient les mêmes plaintes desdits Anglois qui prenoient tous leurs vaisseaux sans leur en faire aucune justice. »
5. Première leçon du manuscrit A (fol. 257 r°) : *ce qui montre*.
6. L'Angleterre.

les brigandages qu'ils exerçoient envers tous leurs alliés, et leur mauvaise foi, traitant leurs amis comme leurs ennemis, et leur aveuglement, courant sus à ceux-là mêmes par les armes desquels ils étoient protégés, se faisant par ce moyen plus de dommage qu'à eux.

Une nouvelle flotte qu'ils[1] avoient faite pour aller en Espagne partit en ce temps-là. Elle n'y fit autre effet que de prendre trois riches vaisseaux normands qui revenoient d'Espagne chargés d'argent et marchandises subtiles et quelques autres vaisseaux olonois de moindre considération, lesquels ils amenèrent tous en leurs ports à la vue dudit maréchal, qu'ils entretenoient de belles paroles, tandis que leurs effets étoient contraires.

Cependant, ils[2] traitoient secrètement avec Espagne pour faire la paix. Le comte d'Argyll[3], qui avoit un régiment d'Irlandois au service de l'Infante, envoya un gentilhomme à Londres, qui traita secrètement avec le duc[4]. Incontinent après, un autre gentilhomme irlandois partit d'Angleterre avec un passeport pour aller trouver ledit comte, sous prétexte d'affaires particulières.

1. Les Anglais.
2. Les Anglais.
3. Le manuscrit A (fol. 257 v°) porte la forme française d'*Arquil*. — Archibald Campbel, comte d'Argyll, fils aîné de Colin, comte d'Argyll, et de sa seconde femme, Agnès Marischal (fille du comte William Marischal), naquit vers 1576. En 1618, il s'était mis au service de l'Espagne en Flandre ; en 1638, il retourna en Angleterre, où il mourut. Il avait épousé, en 1592, Anne Douglas, fille du comte William de Morton, et, en novembre 1610, Anne Cornwallis of Brome, qui obtint finalement de son époux sa conversion au catholicisme.
4. Le duc de Buckingham.

Le maréchal de Bassompierre ayant, selon son instruction, dit à Buckingham et autres du Conseil qu'il ne recevoit pas ce que le roi d'Angleterre lui avoit dit pour une réponse absolue et qu'il croyoit qu'après y avoir mieux pensé il donneroit plus de contentement au Roi, enfin, après plusieurs conférences, ceux du Conseil lui donnant espérance de quelque contentement, le prièrent de donner par écrit ce qu'il avoit à demander de la part du Roi et établirent des commissaires pour le considérer et examiner[1].

Il le leur donna; trois semaines après ils lui vinrent apporter la réponse par écrit et la lui lurent. Ils s'ex-

1. La rédaction primitive du manuscrit A (fol. 258) est : « Il leur donna l'écrit suivant : « Par les articles accordés... » Suit le document annoncé, qui occupe les folios 258 à 260 r° du manuscrit A ; ce document est suivi sur le manuscrit A de la réponse des commissaires anglais à l'écrit de Bassompierre, datée du 6 novembre ; elle va du folio 260 r° au folio 270 v°. Puis vient la réplique de Bassompierre qui occupe dans le manuscrit A les folios 270 v° à 292 v° (folio paginé 476 au temps de Richelieu). Ces documents trop longs devaient être rejetés à la fin du volume, ainsi que l'a indiqué Sancy en marge du manuscrit A (fol. 258 r°, paginé 419) : « L'écrit que leur présenta Bassompierre, la réponse qu'ils lui apportèrent par écrit et sa réplique sur-le-champ sont à la fin de ce volume » (cette même phrase a été reproduite en marge du manuscrit B, folio 157). Mais Sancy a résumé ces trois pièces en marge du manuscrit A (fol. 257 v° et 258 r°), et c'est ce résumé que l'on trouve ici (paragraphe commençant par : « Il le leur donna ; trois semaines après... »). Le *Mercure françois* les donne au t. XIII, p. 148-192. On trouve aux Affaires étrangères (corresp. politique, Angleterre 41, fol. 257-262) l'écrit présenté par Bassompierre et la réponse des Anglais, mais ce que Sancy appelle la « réplique sur-le-champ de Bassompierre » n'y figure pas.

cusoient, bien que sans aucune apparence de vérité, avec hardiesse pourtant, imposoient beaucoup de fautes aux François qu'ils avoient éloignés, se plaignoient des manquements qu'ils prétendoient que la France avoit faits en ce qui avoit été convenu du secours qui devoit être donné au roi de Danemark, à quoi elle n'avoit pas satisfait, et principalement de ce que le Roi n'avoit pas voulu ouïr parler d'une ligue offensive et défensive avec eux, à laquelle ils prétendoient qu'il avoit promis d'entendre lorsque le traité de mariage seroit fait et parfait. Ils promettoient généralement de donner au Roi, néanmoins, toute la satisfaction possible, espérant que nous vivrions à l'avenir ensemble avec meilleure intelligence que jamais. Comme tout ce qu'ils disoient contre nous étoit faux, il fut aisé à Bassompierre d'y répondre au long et sur-le-champ[1], et leur montrer qu'ils avoient tort en tout, concluant à leur demander une réponse déterminée et précise à ce qu'il leur avoit justement demandé de la part du Roi[2].

Le lendemain Carleton vint trouver le maréchal de la

1. Bassompierre écrit qu'il parla « avec grande véhémence et mieux à mon gré que je ne parlai de ma vie ». Cette harangue fut prononcée le 6 novembre, en l'une des chambres du roi, devant le Conseil d'Angleterre.
2. Le manuscrit A porte, à la suite de cette dernière phrase des corrections faites par Sancy à la marge (fol. 258 r°), ces mots de renvoi écrits par lui : « *Vide* ici p. 476 A », auxquels un scribe a ajouté : « Le lendemain, Carleton, etc. » La suite du récit, c'est-à-dire le paragraphe commençant par : « Le lendemain, Carleton », se trouve, en effet, à la page 476 du manuscrit A (actuellement fol. 292 v°), et, en face, la lettre A est écrite à la marge.

part des commissaires du roi son maître, et lui dit qu'il étoit supplié de faire trouver bon à S. M. Très Chrétienne que la reine n'eût point d'évêque, qu'elle n'eût que huit prêtres, qu'ils fussent séculiers et nommés par le roi d'Angleterre, qui les choisiroit gens de bien, et qu'entre eux il mettroit Potier et Godefroy, qui étoient[1], ce dit-il, personnes sans reproche, et non de l'Église romaine, mais bien de la catholique, gallicane et sorbonique.

Le maréchal remontra la nécessité d'un évêque pour avoir autorité sur les prêtres et qu'il falloit pour le moins douze prêtres; mais qu'ils ne pouvoient être au choix du roi de la Grande-Bretagne; que cette proposition étoit hors du sens commun : un roi protestant nommer des prêtres catholiques[2], c'étoit comme si le Pape envoyoit des ministres pour instruire et catéchiser en Angleterre;

Que des faux ecclésiastiques[3], qui avoient trahi et abandonné l'Église, pourroient plus faire de mal sous ce faux masque et dissimulation que les ministres mêmes par leurs disputes et inductions;

Que Potier et Godefroy étoient des premiers de ce nombre, comme il paroissoit par la profession de foi qu'ils avoient faite, par la bouche de Carleton, de n'être

---

1. Première leçon du manuscrit A (fol. 292 v°) : *qui sont personnes*.

2. La leçon du manuscrit B est : *nommer des prêtres, c'étoit comme si...;* nous avons conservé la dernière leçon du manuscrit A (fol. 293 r°); la première était : *nommer des prêtres catholiques, c'est comme si*.

3. Ce paragraphe et les deux suivants étaient primitivement au présent dans le manuscrit A (fol. 293); les corrections ont été faites par Sancy.

pas de l'Église romaine, mais bien de la gallicane et sorbonique[1]; que la France n'avoit point eu depuis mille ans, ni la Sorbonne depuis qu'elle étoit établie, une autre religion que la catholique, apostolique et romaine.

Quant à nos vaisseaux qu'ils avoient pris, ils promettoient de les rendre et entretenoient de paroles ledit maréchal, le remettant de jour à autre sans effet.

Enfin ils passèrent, sous le bon plaisir du roi, le 24e novembre, un écrit[2] par lequel ils accordoient qu'on envoyât, pour le service de la chapelle de la reine, douze prêtres, et un évêque pour son grand aumônier, et qu'on lui envoyât ou qu'il choisît encore un certain nombre d'officiers françois pour la servir et deux dames de lit et quelques filles de chambre. Des autres sujets de plainte, ni du soulagement des catholiques, il n'en fut pas fait mention[3].

1. Il y avait dans le manuscrit B (fol. 157 v°) ces mots, écrits par Charpentier, qui ont été barrés : « comme si elle eût été contraire à l'Église universelle. »

2. Cet écrit, conservé aux Affaires étrangères (corresp. politique, Angleterre 41, fol. 263), figure dans le manuscrit A, aux folios 293 v° à 294. Il est suivi de deux pages et demie, que Sancy a supprimées (ms. A, fol. 294-296 r°, paginées 479-483). Cette suppression et le renvoi de ces documents à la fin du volume ont été indiqués par Sancy sur le manuscrit A (fol. 293 v°) par un renvoi à la page 483, lettre B, que Sancy a mis à la marge, et par ces mots, qu'il a écrits aussi en marge : « L'écrit qui fut passé et accepté par Bassompierre sous le bon plaisir du Roi est à la fin de ce volume » (cette mention a été reproduite sur le manuscrit B, fol. 158 r°, en marge). — Les pages supprimées ont été remplacées par deux phrases qui ont été écrites par Sancy entre les lignes et à la marge (ms. A, fol. 293 v°). Voyez la note suivante.

3. Ce qui précède, depuis *par lequel ils accordaient*, a été

Bassompierre partit peu de jours après et reçut du roi d'Angleterre un présent estimé 30,000 écus, avec promesse qu'on délivreroit tous les prêtres des prisons, ce que l'on exécuta en partie.

Le duc de Buckingham se laissa entendre de devoir bientôt partir en qualité d'ambassadeur extraordinaire en France, pour apporter la perfection à cet accommodement et à la bonne intelligence entre ces deux couronnes.

Il fut contraint séjourner trois semaines à Douvres à cause du mauvais temps, où il vit prendre par deux pinasses qui y étoient quantité de vaisseaux françois. Cette longue demeure donna loisir au duc de Buckingham de prendre un prétexte pour s'aller aboucher avec ledit maréchal, qu'il alla rencontrer à Cantorbery[1].

Le duc lui dit que, sur l'avis qu'il avoit eu que l'on avoit arrêté à Blaye quelques vaisseaux anglois chargés de vin, pour représailles des vaisseaux françois que leur flotte avoit emmenés en Angleterre[2], il s'étoit résolu, pour remédier à ces désordres, desquels il craignoit qu'on ne vînt à une rupture entière, d'accepter la charge d'ambassadeur extraordinaire et passer en France avec ledit maréchal.

écrit à la marge du manuscrit A par Sancy, comme il vient d'être dit.

1. En haut de la page 484 du manuscrit A (fol. 296 v°), un scribe a écrit : « 484ᵉ page et dernière de ce cahier 1626. »

2. Le manuscrit B (fol. 158 v°) porte seulement : *que leur flotte, il s'étoit résolu;* les mots que nous avons ajoutés, et qui figurent sur le manuscrit A (fol. 296 v°), avaient certainement été omis par le scribe du manuscrit B. — Voyez sur l'incident de Blaye, auquel les *Mémoires* font allusion, le *Mercure françois*, t. XIII, p. 200.

Il lui répondit qu'il ne croyoit pas qu'il fût de la bienséance qu'il y allât sans être assuré qu'il y seroit très bien venu; que cela dépendroit de la façon avec laquelle le Roi recevroit le traité qu'il avoit fait en Angleterre; qu'il iroit devant et, incontinent après qu'il seroit arrivé en la cour, lui manderoit son avis sur son voyage[1].

Ainsi se sépara de lui le 20ᵉ décembre et retourna à Douvres, où peu après il s'embarqua pour passer en France et retourner trouver S. M.[2].

1. Bassompierre est bien plus net (*Mémoires*, p. 279) : « Le duc m'envoya Montagu pour m'avertir que c'étoit lui que le roi envoyoit en France, [ce] que je lui déconseillai tellement que je lui fis entendre que l'on ne le recevroit pas et renvoyai Montagu en toute diligence vers lui. » — Bassompierre et les *Mémoires* de Richelieu donnent deux récits assez différents de toute cette ambassade du maréchal. Il est intéressant de comparer ces deux textes, rédigés à peu près à la même époque.

2. Première leçon du manuscrit A : *où peu après il s'embarqua pour son retour*. Sancy a fait la correction.

APPENDICES

Appendice 1.

*Mémoire à donner au Roi,
à la Reine sa mère et à Messieurs de son Conseil*[1].

Je remontre au Roi en toute humilité que, depuis trois ans, je suis privé de sa présence sans sujet.

Je le supplie très humblement se souvenir que, continuellement trois ans durant, j'ai exposé ma vie et tout ce qui a dépendu de moi pour lui rendre fidèle service ;

Que, depuis, je mets au pis tous mes ennemis de m'accuser ni reprocher aucune chose, petite ni grande, par moi faite contre son service, ni dite, ni pensée ;

Que je me sens tellement innocent que mille fois j'ai été prêt de m'aller jeter à ses pieds pour ne croupir plus longtemps en sa disgrâce et absence de sa personne ; mais que mon affection à lui complaire est si forte que j'ai mieux aimé et aime mieux encore patienter que sa volonté m'y appelle, pour n'être en cour en lui déplaisant et en sa mauvaise grâce ;

Que c'est la seule chose qui m'a retenu et me retient encore, non aucune crainte, étant très assuré de sa justice que rien n'y est à craindre pour les innocents.

Je suis encore prêt à continuer cette même patience, laquelle je lui supplie très humblement d'abréger, n'ayant autre désir que d'aller près sa personne ; qu'il est bien aisé de me contenter, car je ne demande que sa permission de l'aller trouver sans condition ni cérémonie.

1. Ci-dessus, p. 23.

Mais, en attendant qu'il lui plaise avoir égard à mes affaires et considérer le rude traitement qui m'y est fait, je commencerai par mon affaire contre ceux d'Issoudun, et, sans entrer au fait que j'ai assez expliqué par la lettre que j'écrivis au Roi par Saint-Aoust — j'entends la seconde — je demande réponse précise sur ceci, qui est que le Roi me permette de l'aller solliciter à Paris ; de quoi je le supplie très humblement. Auquel cas je me départs de mon évocation. Que si sa volonté n'est pas telle, il me conserve en madite évocation, me laissant la justice libre en lieu où je puisse aller.

Je supplie le Roi, de son mouvement, se résoudre, s'il a mon retour agréable, car, en ce cas, mon évocation est injuste, et le Parlement a raison de s'en plaindre, et moi je ne veux justice ni autre faveur que de plaider en liberté mes affaires audit parlement de Paris, lequel j'honore et respecte plus que personne. Mais, si la puissance et volonté du Roi m'interdit d'y aller et d'y avoir justice, je supplie très humblement le Roi que tous Messieurs ses ministres, les uns devant les autres, opinent s'il n'est pas juste de me donner des juges en mes affaires, et que le Roi use d'autorité en une affaire où nul ne peut comprendre autre équité ni justice que le seul point qui est que par sa volonté absolue il ne veut pas que j'aille à Paris.

Mes affaires sont toutes en ruines, manque d'aller à Paris ; néanmoins, pour le présent, je me contente de l'évocation pour celle-là en espérance d'être rappelé de mon exil ; car, si il dure, il faudra bien m'en donner une générale pour toutes mes affaires.

Que si le Roi n'a ni l'un ni l'autre agréable, je lui offre mes gouvernements et tout mon bien. Il en donnera tout ce qu'il lui plaira, car plutôt mourir que de l'offenser. Ce me sera assez qu'il connoisse que j'ai raison ; et quelque jour il reconnoîtra le traitement que je souffre et y mettra ordre.

Ce sont mes très humbles supplications, lesquelles je lui supplie très humblement de considérer et résoudre avec Messieurs de son Conseil, et commander sa réponse, afin que je m'y arrête, et qu'au moins je ne voie mon bien dépérir sans savoir ses volontés, lesquelles il y a trois mois que j'attends.

Je l'attends de sa bonté et justice favorable. Fait à Bourges, ce vingt-unième mars mil six cent vingt-six.

Signé : Henry DE BOURBON.

Envoyé à ma femme, pour en donner copie au Roi, à la Reine sa mère et à Messieurs les cardinaux de la Rochefoucauld et de Richelieu, et à Messieurs le Chancelier, maréchal de Schönberg, Marillac et de la Ville-aux-Clercs.

Suppliant aussi Sa Majesté, afin que je vive, au moins, qu'elle commande que mes pensions, garnisons et gardes et autres choses que j'ai eues toute ma vie me soient assignées et payées sans longueur. Il y a aussi l'affaire de ma bulle qui me met à telle extrémité que je ne puis plaider devant nul juge, manque de vérification. Fait le jour et an que dessus.

Signé : Henry DE BOURBON.

APPENDICE II.

Mémoire sur le mariage de Monsieur[2].

Comme le mariage de Monsieur avec Mlle de Montpensier a éclaté tout à coup dans la cour, les fidèles serviteurs du Roi ont tous été saisis d'étonnement d'une résolution si subite en une affaire de si grande importance. Et ne prévoyant que confusions d'une telle alliance faite à contretemps et avec des personnes si suspectes à l'État,

1. Ci-dessus, p. 92.

ils ont estimé qu'ils devoient faire retentir leurs cris et leurs soupirs jusques à ceux qui en sont les auteurs ou pour le moins qui y peuvent apporter les remèdes, en leur faisant entendre succinctement les puissantes raisons qui les doivent émouvoir, pour prévenir les misères dont la France est menacée, qui sont celles qui ensuivent :

Premièrement, qu'il n'y a rien qui presse de marier Monsieur en l'âge de dix-huit ans; que son mariage ne peut en tout sens qu'apporter du désordre dans le royaume et nulle sûreté présente au repos de l'État;

Que du jour du mariage de Monsieur on verra la cour partagée en cabales et le royaume en factions, ainsi qu'il semble le tout n'y être déjà que trop disposé et à quoi il faudroit travailler pour y remédier sans en faciliter davantage les menées.

Que si, par les artifices des partisans des ennemis du repos public, le Roi et Monsieur venoient à entrer en défiance l'un de l'autre (comme il n'y a que trop d'apparence qu'ils y tomberont), tant s'en faut que l'entremise de la Reine mère puisse servir à la réunion qu'au contraire la faction étrangère la fera rendre suspecte aux deux partis, afin d'allumer le feu partout, et de tous les désordres qui naîtront de telle division on accusera toujours la Reine mère comme première cause d'iceux ou Monsieur le Cardinal pour ne les avoir prévus.

Or, quand bien il seroit nécessaire pour retenir Monsieur de lui donner apanage ou de le marier, les judicieux soutiendront qu'il vaut beaucoup mieux pour le Roi et le royaume lui accorder le premier que de faire les deux ensemble. On a vu plusieurs fils de France avoir leur apanage sans être mariés, témoin feu Monsieur : et n'y a nul inconvénient d'accorder celui de Monsieur et cependant lui donner quelque espérance de grand mariage hors le royaume, pour toujours le tenir mieux attaché à la bienveillance et assistance du Roi. Mais, de le marier dès à présent avec Mlle de Montpensier, c'est le rendre trop puissant de bonne heure et en un âge trop glissant; en un mot, c'est courir risque de jeter la France dans la Lorraine et même donner un compagnon au Roi, voire un maître au cas qu'il vînt à avoir lignée devant S. M.

Il y a plus, c'est que le Roi n'ayant point d'enfants à présent et n'étant encore qu'au commencement de la fleur de son âge et la Reine aussi, c'est jouer la réputation et l'autorité de S. M. que de marier Monsieur avant que le Roi ait lignée, d'autant que mariant Monsieur au bas âge où il est c'est déjà faire connoître au public que c'est par une nécessité pressante et qu'on se défie que Dieu ne donne des enfants au Roi, et, bien qu'il en puisse avoir dans un, deux ou trois ans ou plus (comme c'est chose qui n'est hors d'espérance), néanmoins, Monsieur venant à en avoir devant S. M., il est certain que le Roi, dès ce jour-là, déchoit de son autorité et tombera dans le mépris des grands et de tout son peuple.

Que si, d'un autre côté, Dieu permettoit que Monsieur n'eût point d'enfants dès la première année de son mariage, chacun s'imaginera aussitôt qu'il n'aura pas de lignée, non plus que le Roi. Et, là-dessus, les princes du sang et leurs partisans ne manqueront de réveiller leurs espérances, et tel que l'on pense abaisser et reculer en mariant Monsieur, se haussera et s'avancera davantage dans l'État, le tout au préjudice du Roi, de la Reine mère, de Monsieur et de vous-même, Monsieur le Cardinal, en ce que chacun jettera les yeux sur lui, malgré que vous en ayez.

Un autre inconvénient très grand c'est que, mariant Monsieur à Mlle de Montpensier, il est très difficile d'empêcher que la puissante maison de Lorraine ne s'empare de lui, à raison du grand nombre de seigneurs et dames qui sont de cette maison, qui grossiront celle de Monsieur par l'assiduité qu'ils rendront auprès de lui ; et encore qu'il n'ait pour l'heure aucune inclination de ce côté-là, les artifices l'y jetteront. M. d'Épernon, qui est superlatif aux intrigues, haut à la main et oncle de Mlle de Montpensier, saura bien attirer Monsieur et se prévaloir de son alliance. Il ne manquera de faire susciter des brouilleries entre S. M. et son frère, afin de le faire tomber dans le parti lorrain au premier dégoût qu'il aura du Roi. Or, de se persuader que S. M. ni la Reine mère puissent en tout et partout contenter Monsieur, c'est chose impossible ; et ainsi, tant plus Monsieur sera puissant, et plus légèrement il s'emportera et impatiemment supportera du déplaisir

De plus, cette alliance relève une maison étrangère qui a toujours été nuisible et suspecte à la France, laquelle a même déjà par plusieurs fois heurté l'autorité de nos rois, n'ayant pour but que d'enjamber tous les jours sur les Bourbons jusques à faire difficulté de leur céder, ceux de cette tige étant aujourd'hui si puissants que les cadets d'icelle sont pour l'heure plus riches que n'étoient les aînés du temps qu'ils ont osé tramer dans le royaume une puissante ligue contre leur souverain ; que, s'il arrivoit par malheur que ceux de cette famille vinssent à posséder Monsieur avant que le Roi eût des enfants, ils sont plus que trop capables de tout entreprendre, les choses n'étant, possible déjà, que trop disposées à les favoriser par les vieilles intelligences qu'ils ont tant dedans que dehors le royaume ; et par là vous seriez bien fin, Monsieur le Cardinal, s'ils ne vous attrappent au trébuchet et le Roi aussi.

De dire que, Monsieur étant marié, cela le retardera de faire aucune escapade, c'est tomber hors du sens commun ; car, si on le craint lorsqu'il n'a encore rien, il sera bien plus à craindre quand il sera puissant, joint que le mariage, les enfants et l'alliance l'autoriseront beaucoup davantage pour entreprendre tout ce qu'il voudra sans que le Roi, la Reine mère, ni vous, Monsieur le Cardinal, osiez vous y opposer.

Est aussi à noter que Mlle de Montpensier a de grandes prétentions sur le duché de Bourbon et comté d'Auvergne, à raison de quoi elle fait même renouveler tous les ans ses demandes par significations à M. le Procureur général. Or, étant mariée à Monsieur, cela servira de sujet le quereller toutes fois et quantes qu'il aura quelque mécontentement : ainsi, en tout biais, ce mariage ne peut produire que brouillerie et nulle apparence de repos.

Pour conclusion, tous les serviteurs fidèles du Roi qui sont à présent en cette cour vous avertissent, Monsieur le Cardinal, qu'ils ne prévoient que calamités d'un tel mariage précipité et qu'indubitablement S. M. et tout le royaume vous saura mauvais gré, devant qu'il soit trois mois, si vous ne l'empêchez par votre prudence et bonne affection au bien public.

Appendice III.

Liste des principaux documents manuscrits utilisés pour la rédaction du tome VI des Mémoires.

Archives des Affaires étrangères.

Mémoires et Documents.

France 780.

	Pages
Fol. 141-149. « Discours des apanages » . . .	122, 123 [1]

France 781.

Fol. 88. Déposition de M. des Fossez . .	164, 165, 169-171
Fol. 94. Déposition du sieur de Loustelnaud . . .	169-171

1. Renvois aux pages de ce volume.

APPENDICES. 347

FRANCE 782.

Fol. 151-153. Déclaration de Gaston d'Orléans, signée
    du Roi et de la Reine mère 59-64
Fol. 160. « Ce que Monsieur le Prince dit à M. le Car-
    dinal à Limours en mai 1626 » 53-54
Fol. 222-228. « Diverses choses que Monsieur a avouées
    au Roi » (publ. par V. Cousin dans Mme *de Chevreuse*,
    p. 364-372) . 81, 104, 105, 107, 108, 115-117, 125, 130,
    131, 133, 134, 156-162, 173-176, 179, 180, 183, 184, 186
Fol. 240-244. « Considérations sur le mariage de Mon-
    sieur » 82-91
Fol. 277-285. « Discours des apanages » 122, 123
Fol. 286. « Lettres de Chalais au Roi » 136, 137
Fol. 309-312. Information du président de Montrave. 187, 188
Fol. 321. Document « secretissime » sur Anne d'Au-
    triche, Monsieur, Mme de Chevreuse 105

FRANCE 783.

Fol. 19-26. Documents sur Baradat. . . 304-311, 313-328
Fol. 34-37. « Information contre Mrs de Vendôme,
    Grand Prieur, Louvigny » 102, 103
Fol. 43. Mémoire de Richelieu 311, 312
Fol. 100. Lettre de Mme d'Elbeuf en faveur du Grand
    Prieur 166-168
Fol. 101-103. « Extrait des charges contre M. le Grand
    Prieur » 161
Fol. 104, 105. « Extrait général du procès de M. le Grand
    Prieur » 163

FRANCE 787.

Fol. 44, 45. « Mémoire que le Roi a fait faire sur l'appel
    des enfants de M. de Schönberg » 299-304

Correspondance politique.

ALLEMAGNE 6.

Fol. 158-160. Avis de Richelieu au Roi sur la politique
    extérieure 250-256

APPENDICES.

Fol. 161. « Mémoire des conditions auxquelles on pourrait terminer les affaires d'Allemagne ». . . . 256-258

Angleterre 26.

Fol. 209, 210. Mémoire de l'évêque de Mende 4

Angleterre 41.

Fol. 247, 248. Lettre de Marie de Médicis à la reine d'Angleterre. 243

Angleterre supplément 1.

Fol. 241. Lettres de la reine d'Angleterre au Roi et à la Reine mère 243

Bavière 1.

Fol. 20, 21. « Mémoire du duc de Bavière ». . . . 264, 265
Fol. 25, 26. Document sur les affaires d'Allemagne. 258, 259

Espagne 14.

Fol. 486. Dépêche envoyée à du Fargis, le 15 août. 270, 271
Fol. 491, 492. « Extrait » d'une dépêche de Louis XIII à du Fargis 205, 206
Fol. 496-498. « Extrait » d'une dépêche de du Fargis, du 7 septembre 273-278
Fol. 500, 501. Note du P. de Bérulle sur les négociations avec l'Espagne 269, 271-273
Fol. 514-517. Dépêche adressée à du Fargis, le 10 octobre 279-287
Fol. 520-528. Instructions du marquis de Rambouillet.
207-210, 213, 214

Turin 7.

Fol. 385-387. « Ce qui a été traité avec S. A. de Savoie » 194-196

Venise 44.

Fol. 148. Document relatif à Isaac Wake 201, 202

Bibliothèque nationale.

Ms. Français 15990.

P. 186-207. Instructions données au maréchal de Bassompierre et au comte de Tillières, le 23 août. . 287-293

SOMMAIRES DU TOME SIXIÈME

Année 1626.

Conspiration du maréchal d'Ornano; ses buts, p. 1-16. — Participation du prince de Condé au complot, p. 17-23; du comte de Soissons, p. 23-24; du duc de Vendôme, p. 25; de la duchesse de Chevreuse, des ducs d'Épernon et de la Valette, p. 26; du comte de Chalais, de l'entourage de Gaston d'Orléans, p. 27; du parti huguenot, p. 27, 28; de la Savoie et de l'Espagne, p. 29, 30; de l'Angleterre, p. 30-32. — Desseins poursuivis par les conjurés, p. 32-36. — Avis de Richelieu et de Schönberg sur la conspiration et les mesures à prendre, p. 36-43. — Arrestations du maréchal d'Ornano et de Chaudebonne; exil de la maréchale d'Ornano, p. 43, 44. — Arrestations de Modène et de Déageant, des sieurs de Mazarques et d'Ornano, p. 44. — Réflexions que provoquèrent ces arrestations, p. 45, 46. — Résumé des buts poursuivis par les conjurés, dont la liste est à nouveau donnée, p. 47, 48. — Conseils du Cardinal au Roi, p. 48, 49. — Entrevues du prince de Condé et de Richelieu (fin de mai), p. 49-58. — Entretien de Gaston d'Orléans et du Cardinal, 30 mai, p. 59. — Déclaration de fidélité de Gaston d'Orléans envers le Roi et la Reine mère, 31 mai, p. 60-64. — Disgrâce du chancelier d'Aligre, 1ᵉʳ juin, et remise des sceaux à Michel de Marillac, p. 64, 65. — Le Roi résout d'aller en Bretagne faire arrêter le duc de Vendôme, p. 65. — Entrevue du Cardinal et du Grand Prieur de Vendôme, à Limours, p. 66. — Attitude des Vendôme qui arrivent à Blois le 11 juin et y sont arrêtés le 13, p. 67, 68. — Sur le conseil de Richelieu, le Roi adopte une attitude de confiance vis-à-vis du comte de Soissons, p. 69. — Continuation du voyage royal, p. 69, 70. — Conspiration de Chalais et son arrestation, le

8 juillet, p. 70-73. — Commission donnée à Michel de Marillac et à Le Beauclerc, secrétaire d'État, pour informer contre Chalais, 8 juillet, p. 73. — Lettres d'érection d'une chambre de justice criminelle chargée de juger Chalais et ses complices (enregistrées au parlement de Rennes, le 5 août), p. 74; lettres de commission nommant les membres de cette chambre de justice et fixant leurs pouvoirs (enregistrées le 10 août), p. 74; les noms des principaux magistrats composant ce tribunal d'exception, p. 74, 75. — Ouverture des États de Bretagne (11 juillet); harangues du Roi et du Garde des sceaux; enregistrement des lettres de provision du gouvernement de Bretagne en faveur du maréchal de Thémines (12 juillet), p. 75-78; les États demandent que les fortifications de plusieurs villes et châteaux appartenant au duc de Vendôme en Bretagne soient démolies; cette demande est accordée (31 juillet), p. 78. — Intrigues de Gaston d'Orléans, que le Cardinal déjoue partiellement, p. 78, 79. — Monsieur s'entretient à Nantes avec Richelieu; il lui parle de son apanage (25 juillet) et précise ses exigences par l'entremise de Le Coigneux, p. 80-82. — Avis du Cardinal au Roi sur le mariage de Gaston d'Orléans avec Mlle de Montpensier, p. 82-91. — Un avis anonyme, défavorable au mariage de Monsieur, est lu par le Roi, p. 91, 92. — Louis XIII se résout au mariage de son frère, malgré l'opposition de quelques personnes de la Cour, p. 92-94. — Intrigues de Tronçon, Marsillac, Sauveterre, Baradat, hostiles au mariage de Gaston d'Orléans et à la faveur du Cardinal, p. 95-100; Marsillac est emprisonné le 1er août; Tronçon et Sauveterre sont exilés dans leurs terres et la charge de secrétaire du cabinet qu'avait Tronçon est donnée à Michel Lucas, p. 100, 101. — Les intrigues de la duchesse de Chevreuse, p. 101 à 111; elle est exilée, p. 111. — Colère de la duchesse et d'Anne d'Autriche, p. 111-113. — Le Roi pardonne aux autres personnes de la cabale, compromises à des degrés divers : les ducs d'Angoulême et de Montmorency, le comte de Soissons, le duc de Longueville, le prince de Condé, Schönberg, d'Ocquerre, le comte de Tresmes, le sieur de Buhy, le connétable de Lesdiguières, p. 113-122. — Lettres de Louis XIII sur

l'apanage et la pension du duc d'Orléans (31 juillet), p. 123-124. — Soumission de Monsieur, qui jure fidélité au Roi, p. 125. — Célébration de son mariage avec Mlle de Montpensier (5 et 6 août); réflexions de Chalais à ce sujet, p. 126, 127. — Procès de Chalais; charges relevées contre lui, p. 128-135. — Lettres qu'il écrit au Roi, de sa prison, les 2 et 8 août, p. 135-137. — Sa condamnation et son exécution, 18 et 19 août, p. 138-140. — Louis XIII gagne Rennes et tient séance au parlement, où le Garde des sceaux harangue l'assemblée au nom du Roi; enregistrement de plusieurs édits, rejet de celui du Morbihan, p. 141-148. — Le comte de Soissons quitte Paris pour Louhans, le 27 août; avis de M. d'Alincourt, du 23 juillet, sur les desseins de la cabale du comte de Soissons, p. 148-150. — Mort du maréchal d'Ornano dans la prison du Bois-de-Vincennes (2 septembre) et ses causes, p. 150, 151. — Preuves de la participation du maréchal à la conspiration de Chalais; charges relevées contre le maréchal d'Ornano, p. 151-159; contre les Vendôme, p. 159-171; contre le prince de Condé, p. 171, 172; contre le comte de Soissons, p. 172, 173; contre le duc de la Valette, Lesdiguières, Rohan, les huguenots, l'Angleterre, la Savoie, l'Espagne, p. 173-188. — Les mauvais desseins des conjurés envers le Cardinal, p. 189, 190, et envers le Roi, p. 191. — Menaces dont Richelieu est l'objet; sollicitude du Roi pour son premier ministre, p. 192, 193. — Mme de Chevreuse quitte Paris et se réfugie en Lorraine, p. 193. — Arrivée de Louis XIII à Paris, le 14 septembre, p. 193. — Difficultés rencontrées dans l'exécution du traité de Monçon et négociations à ce sujet en Savoie, p. 194-196; à Gênes et à Venise, p. 196, 197; aux Grisons, p. 199-202; avec l'Espagne, p. 203-207. — Satisfaction donnée à la France par Gênes dans l'affaire de Claudio Marini, p. 207-209. — Négociations relatives aux différends de Gênes et de la Savoie, p. 209, 210; accord conclu entre l'Espagne et la France en matière de saisies, p. 210, 211. — Le marquis de Rambouillet envoyé ambassadeur extraordinaire en Espagne, p. 211, 212. — Ses instructions, p. 213, 214. — Traité de Rome signé par la France et l'Espagne, le 11 novembre,

p. 215. — Affaires d'Angleterre; dissentiments du roi et de la reine d'Angleterre, persécutions de Buckingham contre la reine; luttes du favori et du parlement, p. 215-228. — Agissements de Buckingham contre les Français composant la « maison » de la reine, p. 228-233; leur expulsion, p. 233-238. — Mission avortée de lord Montaigu en France, p. 239. — Les Français de la « maison » de la reine sont expulsés d'Angleterre, p. 240-242. — Bassompierre destiné à une ambassade extraordinaire en Angleterre; La Barre y est envoyé, p. 242-243. — Réflexions sur Buckingham et les favoris, p. 244-249. — Avis du Cardinal au Roi sur la politique extérieure, p. 249-256. — Levées de troupes, p. 256. — Ambassade de Marcheville en Bavière, p. 256-258; réponse du duc de Bavière aux propositions françaises, p. 258-262; difficultés soulevées par l'Angleterre au cours de ces négociations, p. 263-265. — Combats en Allemagne et défaite du duc de Bavière, p. 265-269. — Négociations avec l'Espagne, p. 269-287. — Instructions au maréchal de Bassompierre, ambassadeur extraordinaire en Angleterre, p. 287-293; départ du maréchal le 27 septembre, p. 293. — Suppressions de la charge de connétable et d'amiral, p. 294-298. — Le duc d'Halluin provoque en duel le marquis de Cressias, p. 299; avis du Cardinal au Roi sur cette affaire, p. 300-303; Liancourt disgracié, p. 303. — Intrigues de Baradat contre le Cardinal; il est disgracié le 2 décembre, p. 303-328. — Ambassade de Bassompierre en Angleterre et menées des Anglais, p. 328-339.

TABLE ALPHABÉTIQUE

A

Aersens (François van), *31, 157.
Albi (l'évêque d'). Voy. Elbène (Alphonse d').
Alençon (François de Valois, duc d'), 80, 84, 85, 123.
Aligre (Etienne d'), garde des sceaux, 33, 46, 65, 301.
Alincourt (Charles de Neufville-Villeroy, marquis d'), 149.
Allemagne (l'), 30, 232, 250, 251, 253, 255, 258, 265, 269, 278, 285-287, 291-293.
Alsace (l'), 251.
Amiens (la ville d'), 6.
Ancenis (la ville d'), 78, 100.
Ancre (Concino Concini, maréchal d'), 7, 98, 100.
Andilly (Robert Arnauld, sieur d'), 6.
Angers (la ville d'), 108.
Anglais (les), 54, 147, 178, 180, 182, 184, 185, 201, 215, 221, 224, 226, 238, 241, 243, 252, 254, 256, 263-265, 268, 269, 272, 277, 278, 280-282, 284, 290, 332-335, 337.
Angleterre (le roi d'). Voy. Charles Ier, Jacques Ier.
— (la reine d'). Voy. Anne de Danemark, Henriette de France.
— (les ambassadeurs d'). Voy. Carleton et Holland.
— (l'), 3, 4, 6, 30, 31, 47, 48, 54, 111, 150, 157, 177-179, 184, 185, 215, 216, 227, 228, 230, 231, 233, 239, 244, 250-252, 255, 257, 258, 262, 265, 269, 271-273, 275, 277-279, 281, 283-287, 292, 298, 321, 328, 332, 333, 336, 338, 339.
Angoulême (Charles de Valois, duc d'), 113, 168.
Anne d'Autriche, reine de France, 3, 7, 12, 13, 15, 25, 88, 89, 99, 101, 104, 105, 112, 126, 134, 158, 186, 191, 299, 306, 307.
Anne de Danemark, reine d'Angleterre, 230.
Argyll (Archibald Campbel, comte d'), *333.
Aristote, 327.
Arnoux (le P. Jean), 98, 100.
Ast (la ville d'), 195.
Aubazine. Voy. Obazine.
Aumont (Antoine d'), gouverneur de Boulogne, 302.
Autriche (l'), 250, 261, 269, 282, 287.

B

Bachelier (le sieur), 180.
Bain (l'ordre du), 216.
Baradat (François de), *35, 94-96, 98, 110, 120, 304-319, 321-325, 327, 328.
Basque (le). Voy. Seinich (Joannès de).
Bassompierre (le maréchal de), 7, 16, 242, 244, 284, 287, 291, 293, 298, 328-331, 333-336, 338, 339.
Bastille (la), 44, 186, 313.
Baugy (Nicolas de Bar, seigneur de), *34.
Bautru (Guillaume), 7, 111, 305, 323.
Bavière (Maximilien, duc de), 256-261, 264.

356   TABLE ALPHABÉTIQUE.

Bavière (la), 252-254, 259, 260.
Béarn (le), 285.
Beauclerc (Charles de) ou Le Beauclerc, secrétaire d'État. *73, 128, 133.
Beaufort (le sieur), 186.
Beaulieu-Ruzé (Martin), *101.
Beauregard (le château de), 101.
Bellegarde (Roger de Saint-Lary, duc de). 125, 306, 312.
Bellujon (Daniel de), 175.
Bensfield (Sébastien), *231.
Bergues (Henri, comte de), *268.
Beringuestein (le colonel), 332.
Berne (la ville de), 202.
Bérulle (Pierre, cardinal de), 148, 271, 272, 330.
Bethlen (Gabor), prince de Transylvanie, 267, 278.
Béthune (Philippe, comte de), 213.
Béziers (la ville de), 187.
Bien public (la ligue du), 49.
Billard (le sieur), 16.
Biron (Armand de Gontaut, baron de), maréchal de France, 43.
Blainville (Jean de Varignier, seigneur de), ambassadeur en Angleterre, 31, 184, 217, 219-221, 228, 316, 322, 323.
Blaisois (le), 82.
Blaye (la ville de), 338.
Blois (la ville de), 68, 79, 95, 108, 116, 130, 159, 160, 176, 301, 315, 319.
— (le comté de), 123.
Bohier (Étienne), 121.
Bois-de-Vincennes (le château du), 43, 44, 130, 150.
Bois d'Ennemetz (Jacques-Daniel, seigneur de), *27, 79, 93, 132, 136, 176.
Boitalmed. Voy. Bois d'Ennemetz.
Bormio (la ville de), 204.
Bosnie (la), 267.
Bouffay (la place du), à Nantes, 140.
Boulogne (la ville de), 328.
Bourbon (Mlle de), 23.

Bourges (la ville de), 6.
Bouthillier (Claude), secrétaire d'État, 98.
Brandebourg (le), 266, 267.
Brayer (le sieur), médecin, 151.
Bresse (la), 148.
Brest (la ville de), 319.
Bretagne (la), 6, 24, 25, 45, 65, 66, 77, 78, 148, 159, 315.
— (le parlement de), 74.
Brison (Joachim de Beaumont, baron de), *113, 114, 150.
Brouage (la ville de), 319.
Brunswick (le duché de), 261.
Bruxelles (la ville de), 34, 254, 264, 265.
Bry (Isaac Loisel de), président au parlement de Bretagne, *74.
Buckingham (Georges Villiers, duc de), 31, 178, 179, 216-220, 222-231, 233, 239, 244, 245, 247-249, 269, 331, 333, 334, 338, 339.
— (la duchesse de), 229.
— (Marie Beaumont de Glenfield, comtesse de), 217.
Buhy (Pierre de Mornay, seigneur de), *96, 120, 318, 322.
Bullion (Claude de), 118, 121, 155, 182, 183, 191, 195.

C

Calais (la ville de), 210.
Calderec (le fort de) ou Kieldrecht, 268.
Canau ou Canault (le sieur), 109.
Candale (Henri de Nogaret, comte de), 303.
Cantorbéry (la ville de), 338.
Carleton (Dudley, lord), 30, 103, 104, 222, 227, 228, 232, 238, 239, 253, 292, 328, 330, 335, 336.
Carlisle (James Hay, vicomte de Duncaster et comte de), 178, 179, 218, 233.
— (Lucy Percy, comtesse de), *229.
Carlton. Voy. Carleton.

TABLE ALPHABÉTIQUE.   357

Carré (Moïse), médecin du Roi, *151.
Castañeda (Sanche de Monroy et Zuñiga, marquis de), *196.
Catholiques anglais (les), 228.
Chabans (Louis), seigneur du Maine, 318.
Chalais (Henri de Talleyrand, comte de), *26, 36, 70-73, 75, 78, 79, 92, 101-103, 106, 111. 114, 115, 126-141, 149, 150, 155, 158, 161, 162, 170, 172-174, 185, 190, 191.
— (Jeanne-Françoise de Lasseran-Massencome, princesse de), *138, 140.
Champagne (la), 256.
Champlecy (Jean Boyer, sieur de), *165.
Chapelière (Louis Cercler de la), *177.
Charles Ier, roi d'Angleterre, 31, 216-221, 223-234, 236, 237, 240, 242, 249, 278, 288, 289, 291-293, 329-331, 334, 336-338.
Charles IX, roi de France, 80, 122, 123.
Chartrain (le pays), 82.
Chartres (la ville de), 108.
— (le duché de), 123.
Châteauneuf (Charles de l'Aubespine, marquis de), abbé de Préaux, 131, 173, 196-200, 202.
Chaudebonne (Claude d'Urre, seigneur de), *27, 43, 45.
Chevreuse (Claude de Lorraine, duc de), 30.
— (Marie de Rohan, duchesse de Luynes, puis de), 25, 32, 93, 101-107, 111-113, 190, 192, 193.
Chiavenne (la ville de), 204.
Christian IV, roi de Danemark, 245, 261, 265-268, 288, 292, 331, 332, 335.
Coconas (Annibal de), 14.
Cœuvres (François-Annibal d'Estrées, marquis de), 133, 196, 199, 213.
Coire (la ville de), 200.

Cologne (la ville ou l'électorat de), 254.
Colonel (le). Voy. Ornano (Jean-Baptiste d').
Compagnie des Cent-Associés (la), 146-148.
Compiègne (la ville de), 159.
Condé (Henri II, prince de), dit Monsieur le Prince, 12, 16-24, 28, 41-43, 45, 47, 49-59, 85, 87, 89, 98, 114, 115, 119, 127, 171, 172.
— (Louis, prince de), dit le grand Condé, *18.
— (Charlotte-Catherine de la Trémoïlle, princesse de), dite Madame la Princesse la mère, 17, 18, 97, 172.
— (Charlotte-Marguerite de Montmorency, princesse de), dite Madame la Princesse, 14, 15, 17-19, 23, 157.
Conseil d'État (le), 11, 12, 15, 16, 25, 39, 41, 42, 51, 65, 74, 75, 82, 125, 149, 203, 250, 301, 312, 323.
Conseil privé du Roi (le), 147.
Conway (le vicomte Édouard), secrétaire d'État anglais, *219, 220, 240.
Cornillan (le sieur), 16.
Cornulier (Pierre), évêque de Rennes, *24, 25.
Créquy (Charles, duc de), 118.
Cressias (François de Coligny, marquis de), *299.
— (Marc de Coligny, seigneur de), *319.
— (Gabrielle de Coligny, demoiselle de), *309, 314, 319.
Criqueville (Tanneguy de Launay, seigneur de), *75.
Cucé (Jean de Bourgneuf, sieur de), premier président du parlement de Bretagne, *24, 25, 74.

D

Danemark (le roi de). Voy. Christian IV.

358 TABLE ALPHABÉTIQUE.

Danemark (l'ambassadeur de) en Angleterre, 331.
— (le), 230, 252, 254, 255, 263, 265, 291.
Dauphiné (le), 43, 149.
Déageant (Guichard) de Saint-Marcellin, 11, 12, 13, 18, 27, 44, 100.
Demarcq (Pierre), official de Sens, *97, 171.
Descartes (Joachim), conseiller au parlement de Bretagne, 74.
Dessau (la ville de), 266.
Dieppe (la ville de), 116, 160, 174, 178.
Douvres (la ville de), 242, 293, 328, 338, 339.
Dromont ou Drummond (le sieur), 236, 237.
Dumoulin (le sieur), *328, 329.
Dunault (le sieur), 164, 165, 167-171, 190, 191.

E

Écossais (les), 267.
Effiat (Antoine Coiffier, marquis d'), 12, 13.
Église romaine (l'), 336, 337.
Egmont (Louis, comte d'), *187.
Elbe (l'), 266, 268.
Elbène (Alphonse d'), évêque d'Albi, *17.
Elbeuf (Charles II de Lorraine, duc d'), 322.
— (Catherine-Henriette, légitimée de France, duchesse d'), 164-168, 170, 191.
Empereur (l'). Voy. Ferdinand II.
Empire (l'), 257, 260, 262, 269.
Épernon (Jean-Louis de Nogaret de la Valette, duc d'), 19, 25, 73, 84, 128, 129, 161.
Escalurbes (le sieur), 16.
Espagne (le roi d'). Voy. Philippe IV.
— (l'ambassadeur d'), à Gênes. Voy. Castañeda.
— (l'), 3, 4, 7, 29, 30, 38, 47, 48, 147, 182, 187, 188, 191,
196, 198, 204, 210-213, 216, 222, 227, 250-255, 258, 265, 270-273, 276-279, 282, 284-287, 290, 333.
Espagnols (les), 54, 194-196, 198, 202, 206, 211, 213, 221, 249, 253, 254, 261, 262, 264, 280, 284, 288, 290-292.
Esplan (Esprit Alard, seigneur d'), 98, 113.
Estrées (le maréchal d'). Voy. Cœuvres.
États de Bretagne (les), 75-78, 147.
Éverly (Gabriel de la Vallée-Fossez, marquis d'), 118, 165, 166, 168-170, 191, 313.

F

Fargis (Charles d'Angennes, seigneur du), 205, 269, 270, 273, 276, 279-281, 287.
Ferdinand II (l'empereur), 186, 214, 253-255, 257, 258, 260, 277, 332.
Ferté (la ville de la), 179.
Flandre (la), 34, 251, 253.
Fleury (le château de), 101, 162.
Foix (l'abbé de). Voy. Font (Bonaventure de la).
Folaine (Astremoine de Jussac, seigneur de la), *222.
Font (Bonaventure de la), abbé de Foix, *36.
Fontainebleau (la ville ou le château de), 12, 21, 43, 158, 161, 174, 308.
Fossez (le sieur de). Voy. Éverly (le marquis d').
Foucquet (François), *75.
Français (les), 3, 4, 48, 111, 224, 226, 228, 229, 232, 233, 238, 281, 332, 335.
France (la), 1, 29-31, 38, 40, 72, 81, 84, 111, 122, 146, 151, 155, 159, 181, 188, 207, 219-222, 226-233, 238-240, 244, 250-253, 255-258, 261, 262, 269-273, 276-278, 280, 285-

TABLE ALPHABÉTIQUE. 359

287, 292, 295, 323, 331, 335, 337-339.
Friedland (Albert de Wallenstein ou Waldstein, duc de), 266, 267.
Fronsac (le duché de), 317.
Fullarton (Charles), *178.

G

Garde des sceaux (le). Voy. Aligre (Étienne d').
Gascogne (la), 20.
Gênes (la république ou la ville de), 194-196, 204, 207-211.
Genovesat (le), 181.
Gentilly (le village de), 43.
Germanie (la), 292.
Gibieuf (le P. Guillaume), *151.
Godefroy (le sieur), prêtre, 236, 336.
Grand Seigneur (le), 136.
Grasseteau (Hugues), *22.
Gravesend (la ville de), 329.
Grisons (les), 53, 194, 197, 199-202, 204, 206, 207, 214.
Guise (Charles de Lorraine, duc de), 21.
— (la maison de), 25, 87.

H

Hallier (François de l'Hospital, seigneur du), 43, 158.
Halluin (Charles de Schönberg, duc d'), 299, 318.
Hamilton (Jacques Hamilton, marquis d'), *248.
Havre (la ville du), 133, 162, 174, 175, 319.
Hay (Simon), conseiller au parlement de Bretagne, 74.
Haye (le traité de la), 291.
Hécourt (le sieur), *130.
Heidelberg (la ville d'), 264.
Henri III, roi de France, 14, 84-86.
Henri IV, roi de France, 62, 81, 168, 295, 301.
Henriette de France, reine d'Angleterre, 30, 215-221, 223-227, 229-237, 240-245, 269, 277, 279, 293, 330, 331, 336, 337.
Herbault (Raymond Phélypeaux, seigneur d'), *34, 92, 175.
Hesse (le landgrave Maurice de), * 267.
— (le prince Maurice de), *267.
— (le prince Philippe de), *267.
Hildesheim (l'évêché de), 265.
Holland (Henri Rich, lord Kensington, comte de), 30, 103, 104, 222, 227, 228, 253, 292.
Hollandais (les), 3, 4, 47, 48, 147, 251, 255, 278, 280, 284, 291, 332.
Hollande (la), 31, 32, 157, 227, 250, 263, 265, 280, 284, 286, 288, 291, 321.
Honfleur (la ville de), 44, 133.
Hongrie (la), 260, 261, 267.
Huguenots (les). Voy. Protestants (les).
Hulst (la ville de), 268.

I

Imbernard (le sieur), 96.
Indes (les), 147.
Ingrande (la ville d'), 108.
Irlandais (les), 333.
Irlande (l'), 270, 272.
Isabelle-Claire-Eugénie (l'Infante), gouvernante des Pays-Bas, 333.
Italie (l'), 53, 97, 172, 193, 255, 271, 277, 286.

J

Jacques Ier, roi d'Angleterre, 223, 248.
Jules César, 5.

L

La Barre (le sieur), 242.
Lafémas (Isaac de), 16, 20.
Laforêt (le sieur), 166.
La Haye (la maison de campagne de), 78, 108.
Lamballe (la ville de), 78.

La Mole (Boniface de), 14.
Lamont (Robert de), *127, 128, 134, 161, 164, 170.
Lande (Mathieu de la), prévôt des maréchaux de Saumur, *191.
Languedoc (le), 27, 28, 85, 295.
Lansac (Artus de Saint-Gelais, seigneur de), *136.
La Planche (le soldat), 166.
La Rousselière (le sieur), 187, 188.
Le Coigneux (Jacques), *22, 27, 36, 79, 82, 108, 109, 115, 119, 126, 159, 189.
Le Jay (Nicolas), 13.
Lennox (Ludovic Stuart, duc de), *248.
Léopold (l'archiduc), 200, 214.
Le Pouzin (le village de), 113, 150.
Lesdiguières (François de Bonne, connétable de), 121, 175, 294, 295.
— (Marie Vignon, connétable de), 13.
Le Tellier (Simon), médecin du Roi, *151.
Levant (le), 146.
Lewkenor (Louis), *329, 330.
Liancourt (Roger du Plessis, seigneur de), *299, 302, 303, 318.
Ligue catholique (la), 258-260, 263, 287.
Limours (le château de), 49, 50, 52, 65, 66, 116, 173.
Limousin (le), 180.
Lindau (le traité de), 201, 214.
Loménie (Henri-Auguste de), secrétaire d'État, 101.
Londres (la ville de), 329, 330, 333.
Longueville (Henri II d'Orléans, duc de), 116-118, 125, 160, 173.
— (Anne-Geneviève de Bourbon-Condé, duchesse de), 47, 85, 86, 115.
— (Catherine de Gonzague-Nevers, duchesse douairière de), 23.

Lorraine (Charles IV, duc de), 25.
— (la), 25, 193.
Loudrières (René de Talensac, seigneur de), *176, 177.
Louhans (le château de), 148.
Louis XI, roi de France, 48, 49.
Louis XIII, roi de France, 1-3, 5, 8-16, 20, 21, 23, 24, 26, 32-38, 40-49, 51, 53-70, 72-79, 81-89, 91-98, 100, 101, 105, 107-114, 116-127, 129-131, 133-149, 151, 154-160, 162-171, 173-176, 178, 180, 184, 187, 190-193, 195, 197-201, 203, 205-215, 219, 220, 222, 228, 235, 238, 239, 241-244, 249-251, 253-258, 260-264, 269, 270, 272-274, 276-279, 287-289, 291-293, 295-297, 299-305, 307-323, 325-328, 330, 331, 334-336, 339.
Loustelnaud (Jean), *161, 164, 168-170.
Louvière (Gaston Delpuech, seigneur de la), *73, 129.
Louvigny (Roger de Gramont, comte de), *96, 132, 303.
Louvre (le), 272.
Lucante (le sieur), 113.
Lucas (Michel), secrétaire de la main de Louis XIII, *100.
Lucnar. Voy. Lewkenor.
Lutter (la ville de), 267.
Luynes (Honoré d'Albert, connétable de), 12, 98, 295.
Lyon (la ville de), 97, 172.

M

Machault (Charles de), *75.
Manheim (la ville de), 264.
Mans (la ville du), 192.
Mansfeld (Ernest, comte de), 252, 266, 267, 292.
Marc. Voy. Demarcq.
Marc-Antoine, 5.
Marche (la), 180.
Marcheville (Henri de Gournay, comte de), *6, 256.
Marie-Eugénie, infante d'Espagne, *211.

TABLE ALPHABÉTIQUE. 361

Marie de Médicis, reine de France, 11, 21, 36, 40-42, 45, 51, 59, 60, 62-64, 79, 80, 97, 98, 100, 104, 107, 111, 112, 115, 125, 126, 130, 131, 133, 159, 162, 172, 173, 176, 178, 190, 191, 227, 230, 231, 242, 243, 299, 308-310, 316, 320, 322, 328.
Marillac (Louis de), maréchal de camp, plus tard maréchal de France, 25.
— (Michel de), garde des sceaux, 65, 70, 73, 74, 76, 125, 128, 133, 142.
Marini (Claudio), *207-209.
Marseille (la ville de), 210, 211.
Marsillac (Bertrand de Crugy de), 19, 28, 93, 95, 98, 100, 172, 321.
— (Sylvestre de Crugy de), *95.
Mauny (Louis de la Marck, marquis de), 68, 160.
Maxwell (Sir James), *178.
Mayence (la ville ou l'électorat de), 254.
Mazargues (Henri-François-Alphonse d'Ornano, seigneur de), 44.
— (Marguerite de Montlaur, dame de), *109.
Meaux (la ville de), 12.
Mel (le sieur), 178.
Mende (l'évêque de). Voy. Motte-Houdancourt (Daniel de la).
Mercœur (Philippe-Emmanuel de Lorraine, duc de), *77.
Metz (la ville de), 6, 25, 26, 128, 129, 162, 174.
Milan (le duc de). Voy. Sforza (François).
— (l'État ou la ville de), 195, 196, 197, 213, 214.
— (le traité de), 201, 204.
Minimes (les) de Nantes, 126.
Mirabel (Antoine de Tolède et d'Avila, marquis de), 203, 206, 207, 209, 271, 272, 276.
Modène (François Raymond, baron de), 11, 12, 27, 44, 46, 109, 110.
Monçon (le traité de), 4, 18, 29, 40, 48, 54, 227, 228, 249, 250, 271.
Monsieur. Voy. Orléans (duc d').
Montagu (Walter), *179, 231, 239, 330.
Montaigu. Voy. Montagu.
Montferrier (Paul de Saint-Bonnet, sieur de), *28.
Montigny (Guillaume de), *116.
Montmajour-lès-Arles (Joseph-Charles d'Ornano, abbé de), 44.
Montmorency (Henri II, duc de), 113, 114, 295, 297.
Montpellier (la ville de), 313.
Montpensier (Marie de Bourbon, dite Mlle de), 3, 21, 22, 47, 80, 89, 90, 99, 101, 115, 116, 158.
Montpinçon ou Montpinson (Charles Martel, seigneur de), 36.
Montrave (Jean de Bertier de), premier président du parlement de Toulouse, *187.
Morbihan (l'édit de), 146.
— (la ville de), 146.
Mothe-Fénelon (Pons de Salignac, marquis de la), *180.
Motte-Houdancourt (Daniel de la), évêque de Mende, 30, 179, 226, 227, 235, 238, 239, 242, 322.
Moulins (la ville de), 33.
Münster (la ville de), 266.

N

Nantes (la ville et le château de), 70, 78, 80, 97, 98, 105, 107, 108, 115, 131, 133, 134, 140, 141, 149, 172, 179, 180, 270, 303-305, 308.
Neufchâtel (la ville de), 148.
Nevers (Charles de Gonzague-Clèves, duc de), 118, 181.
Nogent (Nicolas Bautru, comte de), *112.
Nonce du Pape (le) en France. Voy. Spada (Bernard).
Normandie (la), 174, 185.

TABLE ALPHABÉTIQUE.

O

Obazine (Roger de Buade, abbé d'), *8, 19, 20, 73, 128.
Ocquerre (Nicolas Potier, seigneur d'), secrétaire d'État, 100, 119.
Oldenzaal (la ville de), 268.
Olivarès (Gaspard de Guzman, comte-duc d'), 205, 214, 269, 274, 277, 278, 281, 282.
Orange (l'évêque d'). Voy. Tulles (Jean de).
— (la ville d'), 175.
Oratoire (l'), à Nantes, 126.
— (l'), à Paris, 151.
Orléanais (l'), 82.
Orléans (Gaston de France, duc d'), 2, 3, 6, 7, 9-13, 15-17, 19, 21, 23-25, 27, 30, 32-36, 39-47, 54, 59-65, 68, 70-72, 78-92, 101, 102, 104-111, 114-117, 121-131, 133, 134, 149, 150, 155-164, 169, 170, 172-176, 178-180, 183-186, 188-192, 232, 270, 278, 304, 306, 307, 317, 320.
— (Nicolas de France, duc d'), 3, 47.
— (le duché d'), 123, 124.
Ornano (Jean-Baptiste d'), colonel des Corses, maréchal de France, 2, 6, 7, 9-11, 13-17, 19, 20, 22, 25, 27, 30, 31, 34, 37-41, 43-47, 51, 57, 65, 68, 79, 92, 101, 104, 106, 117, 150, 151, 153-164, 169, 170, 172, 173, 179-181, 192.
— (Marie de Raymond, comtesse de Montlaur, maréchale d'), *11, 12, 43-45, 109.
— Voy. Mazargues, Montmajour.
Osnabrück (l'évêché ou la ville d'), 265, 266.
Ouches (Gabriel d'Arenberg de la Béraudière, baron des), 13, 25.

P

Palatin (Frédéric V, électeur), 252, 257, 258-260, 287, 288, 291.
Palatinat (le), 54, 223, 245, 252, 254, 256-259, 264-266, 278, 287, 290.
Pape (le). Voy. Urbain VIII.
Paris (la paix de), signée avec les protestants, 18, 40.
— (la ville de), 12, 28, 33, 43, 44, 64, 65, 69, 70, 78, 95, 97, 107-109, 130, 133, 134, 145, 149-151, 159, 173, 174, 178, 180, 193, 239.
Parlement d'Angleterre (le), 31, 218, 219, 222, 223, 227, 228.
— de Paris (le), 297.
— de Rennes (le), 142-148.
Pasero (Jean-Thomas), secrétaire d'État du duc de Savoie, *182.
Passart (François), *6, 7, 34.
Passau (la convention de), 259.
Pays-Bas (les), 267.
Pembroke (William Herbert, comte de), *240.
Penthièvre (la maison de), 77.
Perche (le), 108.
Père Joseph (le). Voy. Tremblay (François Le Clerc du).
Petit-Bourbon (le), 327.
Phalsbourg (Louis de Lorraine, prince de), *26.
Philippe (le Père), oratorien, 237.
Philippe IV, roi d'Espagne, 187, 195, 200, 205, 206, 210, 214, 255, 272-274, 276, 280.
Picardie (la), 159, 186, 256.
Piémont (le), 157.
— (Victor-Amédée Ier, prince de), puis duc de Savoie, 183-185.
Plessis (le sieur du), 18, 19, 23, 306.
Pologne (la), 80.
Ponant (le), 146.
Ponts-de-Cé (les), 303.
Pont-de-l'Arche (la ville de), 44, 133, 319.
Pont-Saint-Esprit (le village du), 44, 183.
Poschiavo (la ville de), 199.

Potter (Christophe), prêtre, *236, 336.
Praslin (Roger de Choiseul, marquis de), 301, 303.
Protestants (les), 4, 27, 30, 38, 47, 48, 54, 101, 114, 250, 284, 321.
Provence (la), 21, 43.
Puylaurens (Antoine de l'Age, sieur de), *27, 79, 93, 132, 176.
Puyzieulx (Pierre Brûlart, vicomte de), 34, 97, 98.

R

Rambouillet (Charles d'Angennes, marquis de), *212-214.
Rancé (Denis Bouthillier, seigneur de), *120, 121.
Ré (l'île de), 149.
Rennes (la ville de), 24, 74, 141, 142.
Rhingrave (le). Voy. Salm (Philippe-Othon, prince de).
Richelieu (Armand du Plessis, cardinal de), 2, 4-9, 13, 14, 17, 18, 21, 35-38, 40, 45, 46, 48-54, 57, 59, 65, 66, 68-70, 72, 78, 80-82, 91, 92, 95-98, 101, 106-113, 115, 117, 118, 120, 121, 126, 127, 133-136, 149, 150, 156, 157, 160, 162-164, 166, 172, 178, 182, 183, 189, 190, 192, 193, 249, 250, 269, 272, 279, 295, 296, 299-302, 304-308, 310-320, 322-327.
Rochefoucauld (François, cardinal de la), 302.
— (la ville de la), 177.
Roche-Guyon (François de Silly, duc de la), *137.
Rochelle (la ville de la), 27, 28, 31, 115, 149, 150, 161, 172, 176, 177, 180, 185.
Rochelois (les), 140.
Rohan (Henri, duc de), 28, 175, 187, 188.
— (Catherine de Parthenay, duchesse de), 101, 160.

Rome (la ville de), 53, 97, 172, 206, 213, 215.
Ropré (Jean de Villelongue, sieur de), *96, 98, 120.
Rothelin (Léonor d'Orléans, seigneur de), *181.

S

Saint-André (le village de), 44.
Saint-Aoust (Jean Fradet de), appelé Saintoul, *17, 19, 23, 98, 172.
Saint-Esprit (le village du). Voy. Pont-Saint-Esprit.
Saint-Georges (Mme de), dame d'honneur de la reine d'Angleterre, 224-226.
Saint-Germain (la foire), 222.
— (le château ou la ville de), 186.
Saint-Géry (Clément de Laroque-Bouillac, baron de), *8, 20.
Saint-James (l'église de), 216.
Saint-Nectaire (Henri de) ou Senneterrre, marquis de la Ferté-Saint-Nectaire, 115, 150.
— (Madeleine de) ou Senneterre, *23.
Saint-Quentin (la ville de), 159.
Salbert (Jean-Pierre), pasteur rochelois, *176.
Salm (Philippe-Othon, prince de), rhingrave, *29, 30.
Samson, 327.
Sancy (le Père Achille de Harlay de), 330.
Sardini (Alexandre, vicomte de), 150.
Saumur (la ville de), 115, 172, 191, 313.
Sauveterre (Jacques de Bésiade, sieur de), 35, 94, 96, 100, 119, 315, 316.
Sauvetout (la porte de), à Nantes, 140.
Savoie (Charles-Emmanuel Ier, duc de), 4, 29, 47, 48, 180, 181-183, 194, 195, 201, 202, 204, 209, 210.

Savoie (l'ambassadeur de) en France. Voy. Scaglia (l'abbé Alexandre).
— (la), 23, 150, 155, 180, 182, 183, 191, 202, 204, 277, 286.
Saxe (Jean-Georges I*er*, duc de), 332.
— (le duché de), 261.
Saxe-Weimar (le duc Bernard de), 265, 266.
Scaglia (l'abbé Alexandre), *29, 182, 184, 185.
Schönberg (Henri, comte de), maréchal de France, 7, 25, 36-38, 69, 70, 107, 108, 118, 126, 181, 299, 301, 318.
— (Jean Meinard, comte de), *29, 30.
Seinich (Joannès de), 102.
Senecey (Marie-Catherine de la Rochefoucauld, marquise de), *307.
Senneterre. Voy. Saint-Nectaire.
Sens (la ville de), 97, 171.
Seraïevo (la ville de), 267.
Sforza (François), duc de Milan, 48.
Silésie (la), 267.
Sillery (Nicolas Brûlart, marquis de), chancelier de France, 7.
Smith (le sieur), 178.
Soissons (la ville de), 12.
— (Louis de Bourbon, comte de), appelé Monsieur le Comte, 3, 19, 21, 23, 24, 42, 69, 84, 89, 90, 93, 101, 109, 115, 116, 121, 125, 127, 129, 130, 133, 148, 149, 151, 172, 173.
— (Anne de Montafié, comtesse de), dite Madame la Comtesse, 23, 45, 69, 172.
Soleure (la ville de), 202.
Sommerive (le comte de), 181.
Sommerset (le palais de), 234, 240.
Sorbonne (la), 151, 337.
Soubise (Benjamin de Rohan, seigneur de), 150, 176-178.
Sourdis (Charles d'Escoubleau, marquis de), 306, 316.

Souvré (Jacques, chevalier de), *137, 312.
Spada (Bernard), 181.
Spinola (Ambroise), 256.
Spire (la Chambre impériale de), 257.
Suède (le roi de), 278.
Suffren (le Père), 302.
Suisses (les), 194, 196, 201, 213, 277, 286.
Sully (Maximilien de Béthune, duc de), 7.

T

Tabouret (le sieur), 182.
Tangermünde (la ville de), 266.
Tarascon (la ville de), 44.
Terrat (Claude) ou du Terray, *97, 172.
Thémines (Pons de Lauzières, marquis de), maréchal de France, 77.
Tillières (Tanneguy Le Veneur, comte de), 220, 232, 329.
Tilly (Jean Tserclaes, comte de), 267, 332.
Toiras (Jean de Saint-Bonnet, seigneur de), 28, 180, 305.
Touraine (la), 82, 177.
Tremblay (Charles Le Clerc, seigneur du), 17, 22, 313.
— (François Le Clerc du), dit le Père Joseph, 13, 15.
Tresmes (René Potier, comte de), 119, 155, 168.
Trèves (la ville ou l'électorat de), 254.
Trois Ligues (les), 200.
Tronson (Louis) ou Tronçon, sieur du Coudray, 35, 45, 93, 95, 96, 98, 100, 113, 119, 120, 121, 172, 315, 316, 322.
Troyes (la ville de), 20.
Tulles (Jean de), évêque d'Orange, *175.
Turgot (le sieur), 8, 9.
Turin (la ville de), 201.

U

Urbain VIII, pape, 194, 200, 204, 206, 207, 213, 277, 336.

V

Valençay (Achille d'Étampes, chevalier, puis commandeur et cardinal de), 70, 97, 172.
Valette (Bernard de Nogaret, duc de la), 25, 26, 73, 129, 161, 174.
— (Louis de Nogaret, cardinal de la), 16, 306.
Valin (Alexandre de), *183, 184.
Valteline (la), 196, 198, 201, 204, 206, 253, 271.
Valtelins (les), 194, 200, 204-207, 213.
Vantelet ou Ventelet (Françoise de Lux, demoiselle de), *235.
Veltour (le sieur), 161.
Vendôme (Alexandre, Grand Prieur de), 36, 65-68, 70, 79, 90, 92, 102, 103, 106, 129, 133, 155, 159, 160, 162-171, 173, 182, 191.
— (César, duc de), 25, 45, 65-68, 70, 77, 90, 92, 131, 133, 155, 159, 160, 164, 173, 191.
— (Françoise de Lorraine, duchesse de Mercœur, d'Étampes, de Penthièvre et de), *77.
Venise (la république ou la ville de), 150, 194, 196, 198, 199, 201, 202, 267, 286.
Vénitiens (les), 277.
Verdun (la ville de), 26.
Verger (le sieur du), *6.
Verrue (la ville de), 195.
Versailles (le château de), 299.
Victor-Emmanuel Ier (prince de Piémont, puis duc de Savoie), 183.
Vieuville (Charles, marquis de la), 7.
Vignoles (Bertrand, marquis de), 181.
Villars (Georges de Brancas, marquis, puis duc de), *174.
— (Julienne-Hippolyte d'Estrées, marquise de), *174.
Villeroy (Nicolas de Neufville, seigneur de), 7.
— (le château de), 112.
Villiers de Brooksby (Georges), *247.
— (Jean), baron de Stoke, *247.
Vouldy (du), 20.

W

Wake (Isaac), *201.
Werden (l'évêché de), 265.
Weser (le), 265.
Wight (l'île de), 272.

Z

Zerbst (la ville de), 266.

ADDITIONS ET CORRECTIONS

Page 6, note 2. Remplacer la note par celle-ci : « Le Du Verger dont il est ici question était secrétaire du maréchal d'Ornano. »

Page 28, note 1. C'est certainement de Paul de Saint-Bonnet, sieur de Montferrier, que les *Mémoires* parlent ici.

Page 333. L'Infante nommée ici est Isabelle-Claire-Eugénie, gouvernante des Pays-Bas.

Ouvrages publiés par la SOCIÉTÉ DE L'HISTOIRE DE FRANCE
depuis sa fondation en 1834.

Volumes in-8°. — Prix : 12 fr. pour les volumes parus jusqu'en 1919; — de 1920 à 1924 : 15 fr.;
— depuis 1925 : 20 fr. — Pour les sociétaires : 10 fr., 12 fr. et 16 fr.

Ouvrages épuisés.

L'YSTOIRE DE LI NORMANT. 1 vol.
LETTRES DE MAZARIN. 1 vol.
VILLEHARDOUIN. 1 vol.
HISTOIRE DES DUCS DE NORMANDIE. 1 vol.
GRÉGOIRE DE TOURS. HISTOIRE ECCLÉSIAST. DES FRANCS. 4 v.
BEAUMANOIR. COUTUMES DE BEAUVOISIS. 2 vol.
MÉM. DE COLIGNY-SALIGNY. 1 v.
MÉMOIRES ET LETTRES DE MARGUERITE DE VALOIS. 1 vol.
COMPTES DE L'ARGENTERIE. 1 v.
RICHER. HIST. DES FRANCS. 2 v.
MÉMOIRES DE COSNAC. 2 vol.
JOURNAL D'UN BOURGEOIS DE PARIS SOUS FRANÇOIS Ier. 1 v.
CHRON. DES COMTES D'ANJOU. 1 v.
LETTRES DE MARGUERITE D'ANGOULÊME. 2 vol.
JOINVILLE. HIST. DE SAINT LOUIS. 1 vol.
CHRONIQUE DES QUATRE PREMIERS VALOIS. 1 vol.
GUILLAUME DE NANGIS. 2 vol.
MÉM. DE P. DE FENIN. 1 vol.
ŒUVRES DE SUGER. 1 vol.
HISTOIRE DE BAYART. 1 vol.
PROCÈS DE JEANNE D'ARC. 5 v.
MÉM. DE COMMYNES. 3 vol.
CHRONIQUE DE MORÉE. 1 vol.

Ouvrages épuisés en partie.

ŒUVRES D'ÉGINHARD. 2 vol.
BARBIER. JOURNAL DU RÈGNE DE LOUIS XV. 4 vol.
CHOIX DE MAZARINADES. 2 vol.
BIBLIOGRAPHIE DES MAZARINADES. 3 vol.
HIST. DE CHARLES VII ET DE LOUIS XI, PAR TH. BASIN. 4 v.
GRÉGOIRE DE TOURS. ŒUVRES DIVERSES. 4 vol.
ORDERIC VITAL. 5 vol.
CORRESP. DE MAXIMILIEN ET DE MARGUERITE. 2 vol.
LE NAIN DE TILLEMONT. VIE DE SAINT LOUIS. 6 vol.
MÉM. DE MATHIEU MOLÉ. 4 vol.
CHRON. DE MONSTRELET. 6 vol.
CHRON. DE J. DE WAVRIN. 3 vol.
MÉMOIRES D'ARGENSON. 9 vol.
ŒUVRES DE BRANTÔME. 11 v.
MÉM. ET LETTRES DE MONLUC. 5 vol.
MÉM. DE BASSOMPIERRE. 4 vol.
CHANSON DE LA CROISADE CONTRE LES ALBIGEOIS. 2 vol.
CHRON. DE J. FROISSART.
L'HISTOIRE DE GUILLAUME LE MARÉCHAL. 3 vol.

MÉMOIRES DE GOURVILLE. 2 vol.
MÉMOIRES DE SOUVIGNY. 3 vol.
MÉM. DE M. ET G. DU BELLAY. 4 v.
ÉTABLISSEMENTS DE St LOUIS. 4 vol.
MÉM. DU MAR. DE TURENNE. 2 v.

Ouvrages non épuisés.

REGISTRES DE L'HÔTEL DE VILLE PENDANT LA FRONDE. 3 vol.
MIRACLES DE S. BENOÎT. 1 vol.
MÉM. DE BEAUVAIS-NANGIS. 1 v.
CHRONIQUE DE MATHIEU D'ESCOUCHY. 3 vol.
PIÈCES INÉDITES DU RÈGNE DE CHARLES VI. 2 vol.
COMPTES DE L'HÔTEL. 1 vol.
ROULEAUX DES MORTS. 1 vol.
MÉM. ET CORRESP. DE Mme DU PLESSIS-MORNAY. 2 vol.
CHRON. DES ÉGLISES D'ANJOU. 1v.
CHRONIQUES D'ERNOUL ET DE BERNARD LE TRÉSORIER. 1 v.
ANNALES DE S.-BERTIN ET DE S.-VAAST D'ARRAS. 1 vol.
HISTOIRE DE BÉARN ET DE NAVARRE. 1 vol.
CHRONIQUES DE SAINT-MARTIAL DE LIMOGES. 1 vol.
NOUVEAU RECUEIL DE COMPTES DE L'ARGENTERIE. 1 vol.
CHRONIQUE DU DUC LOUIS II DE BOURBON. 1 vol.
CHRONIQUE DE J. LE FÈVRE DE SAINT-RÉMY. 2 vol.
RÉCITS D'UN MÉNESTREL DE REIMS AU XIIIe SIÈCLE. 1 v.
LETTRES D'ANT. DE BOURBON ET DE JEANNE D'ALBRET. 1 vol.
MÉM. DE LA HUGUERYE. 3 vol.
ANECDOTES ET APOLOGUES D'ÉTIENNE DE BOURBON. 1 vol.
EXTRAITS DES AUTEURS GRECS CONCERN. LES GAULES, 6 vol.
MÉMOIRES DE N. GOULAS. 3 v.
GESTES DES ÉVÊQUES DE CAMBRAI. 1 vol.
CHRON. NORMANDE DU XIVe S. 1 v.
RELATION DE SPANHEIM. 1 vol.
ŒUVRES DE RIGORD ET DE GUILLAUME LE BRETON. 2 v.
MÉM. D'OL. DE LA MARCHE. 4 v.
LETTRES DE LOUIS XI. 11 vol.
MÉMOIRES DE VILLARS. 6 vol.
NOTICES ET DOCUMENTS, 1884. 1 v.
JOURNAL DE NIC. DE BAYE. 2 v.
LA RÈGLE DU TEMPLE. 1 vol.
HIST. UNIV. D'AGRIPPA D'AUBIGNÉ. 10 vol.
LE JOUVENCEL. 2 vol.
CHRON. DE JEAN D'AUTON. 4 vol.
CHRON. D'A. DE RICHEMONT. 1 v.

CHRONOGRAPHIA REGUM FRANCORUM. 3 vol.
MÉMOIRES DE DU PLESSIS-BESANÇON. 1 vol.
ÉPHÉM. DE LA HUGUERYE. 1 vol.
HIST. DE GASTON IV, COMTE DE FOIX. 2 vol.
JOURNAL DE J. DE ROYE. 2 vol.
CHRON. DE RICHARD LESCOT. 1 v.
BRANTÔME, VIE ET ÉCRITS. 1 vol.
JOURNAL DE J. BARRILLON. 2 v.
LETTRES DE CHARLES VIII. 5 v.
MÉM. DU CHEV. DE QUINCY. 3 v.
CHRON. DE MOROSINI. 4 vol.
DOC. SUR L'INQUISITION. 2 vol.
MÉM. DU VIC. DE TURENNE. 1 vol.
CHRON. DE PERCEVAL DE CAGNY. 1 vol.
JOURNAL DE J. VALLIER. T. I-IV.
MÉM. DE SAINT-HILAIRE. 6 vol.
JOURNAL DE FAUQUEMBERGUE. 3 vol.
CHRON. DE JEAN LE BEL. 2 v.
MÉMORIAUX DU CONSEIL. 3 vol.
CHRON. DE G. LE MUISIT. 1 vol.
RAPPORTS ET NOTICES SUR LES MÉM. DE RICHELIEU. T. I à III.
MÉM. DU CARDINAL DE RICHELIEU. T. I à VI.
GRANDES CHRONIQUES DE FRANCE. T. I à III.
CHRONIQUE DE JEAN II ET CHARLES V. 4 vol.
MÉM. DU MAR. D'ESTRÉES. 1 vol.
CORRESP. DE VIVONNE RELATIVE A CANDIE. 1 vol.
CORRESPONDANCE DU CHEVALIER DE SÉVIGNÉ. 1 vol.
LETTRES DU DUC DE BOURGOGNE. 2 vol.
MÉM. DE BEAULIEU-PERSAC. 1 v.
MÉM. DE FLORANGE. 2 vol.
HISTOIRE DE LA LIGUE. T. I.
CORR. DE VIVONNE RELATIVE A MESSINE. 2 vol.
CAMPAGNES DE MERCOYROL DE BEAULIEU. 1 vol.
MÉM. DE BRIENNE. 3 vol.
DÉPÊCHES DES AMBASSADEURS MILANAIS. 4 vol.
MÉM. DU MAR. DE RICHELIEU.
CORRESP. DU COMTE D'ESTRADES. T. I.

SOUS PRESSE :

CHRON. DE J. FROISSART. T. XII.
HYSTORIA ALBIGENSIS. T. I.
GRANDES CHRONIQUES DE FRANCE. T. IV.
MÉM. DU CARDINAL DE RICHELIEU. T. VII.

ANNUAIRES, BULLETINS ET ANNUAIRES-BULLETINS (1834-1924).
In-18 et in-8°, à 2, 6, 8 et 12 francs.
(Pour la liste détaillée, voir à la fin de l'Annuaire-Bulletin de chaque année.)

Nogent-le-Rotrou, imprimerie DAUPELEY-GOUVERNEUR.

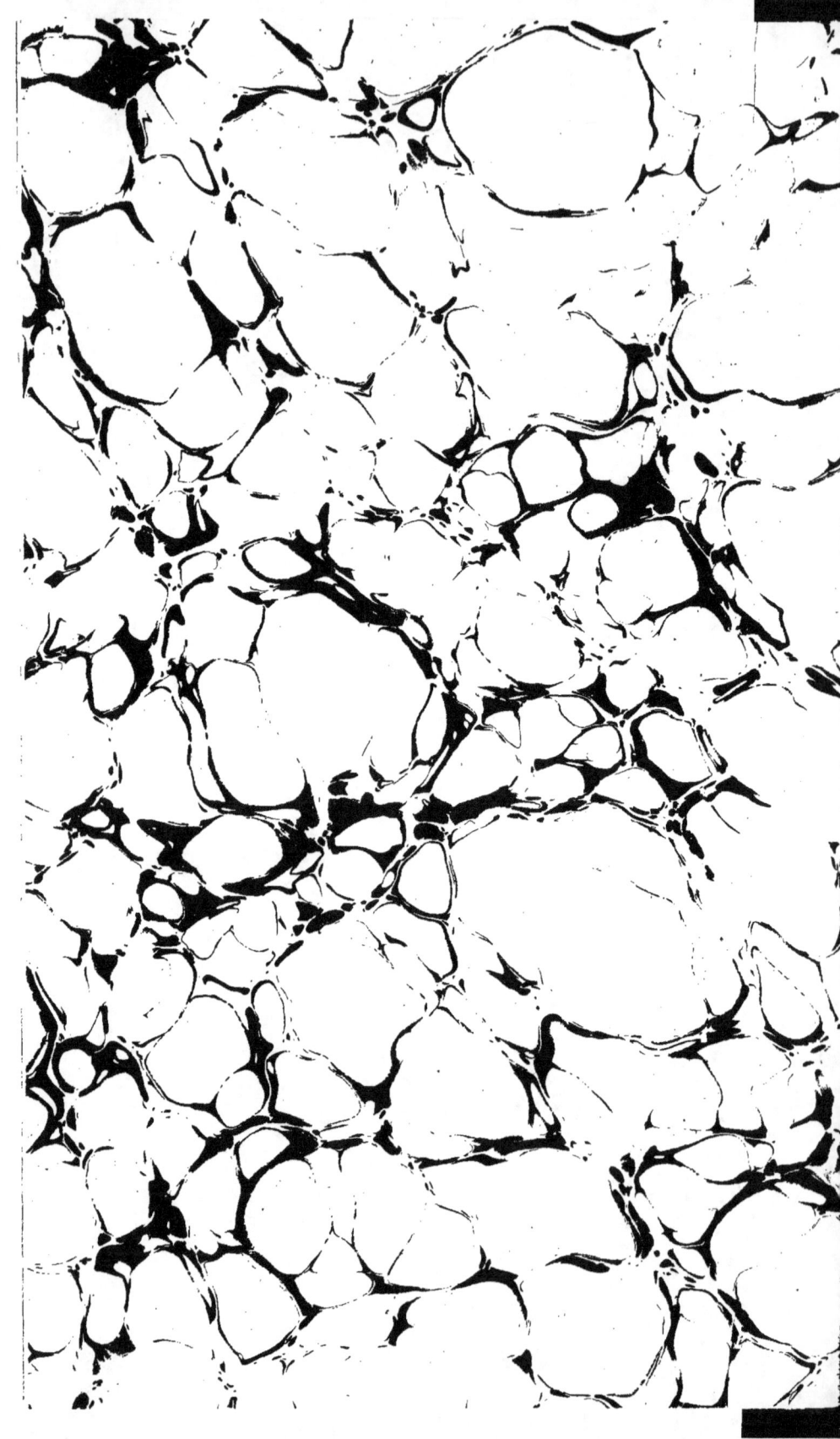

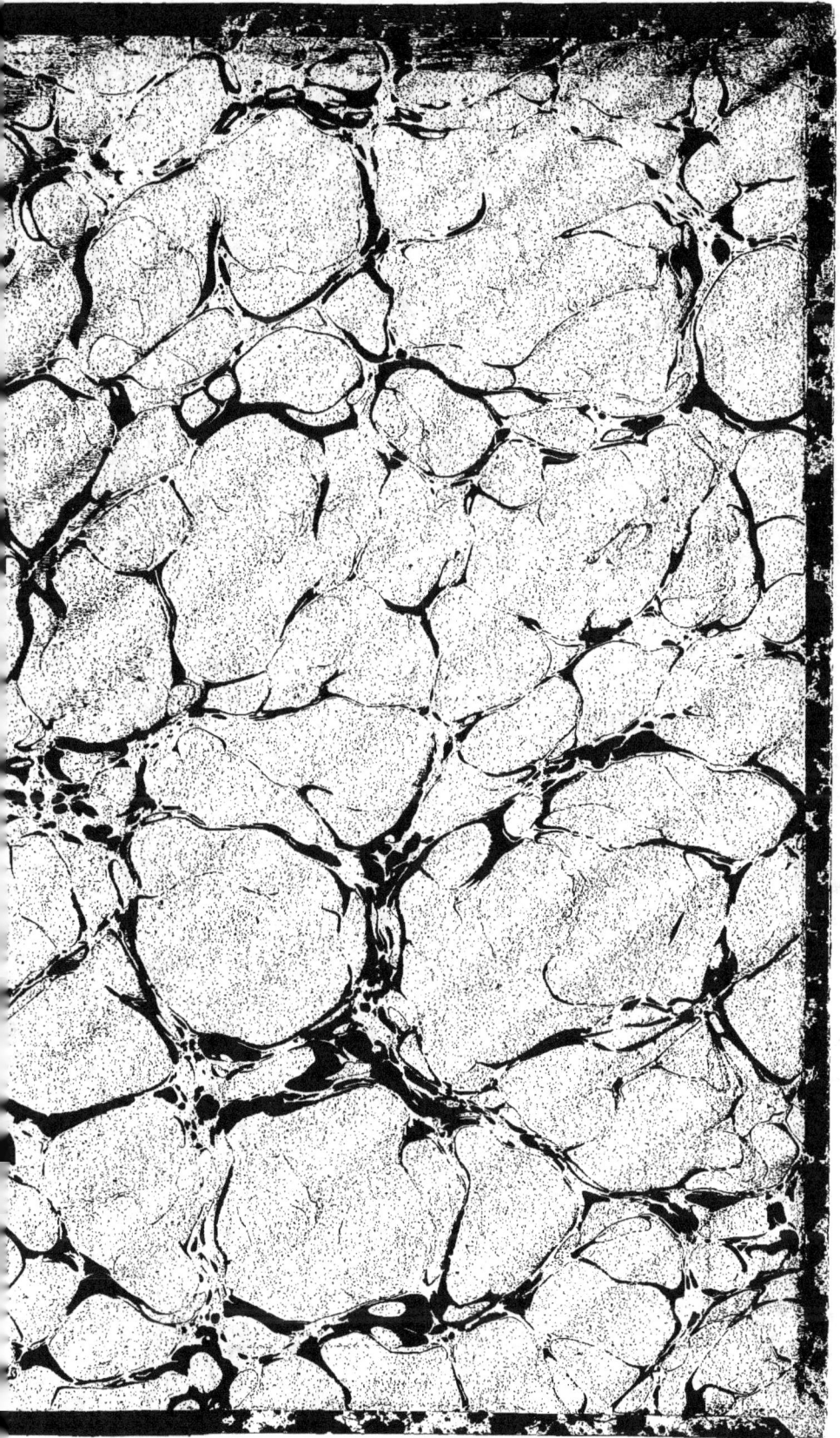

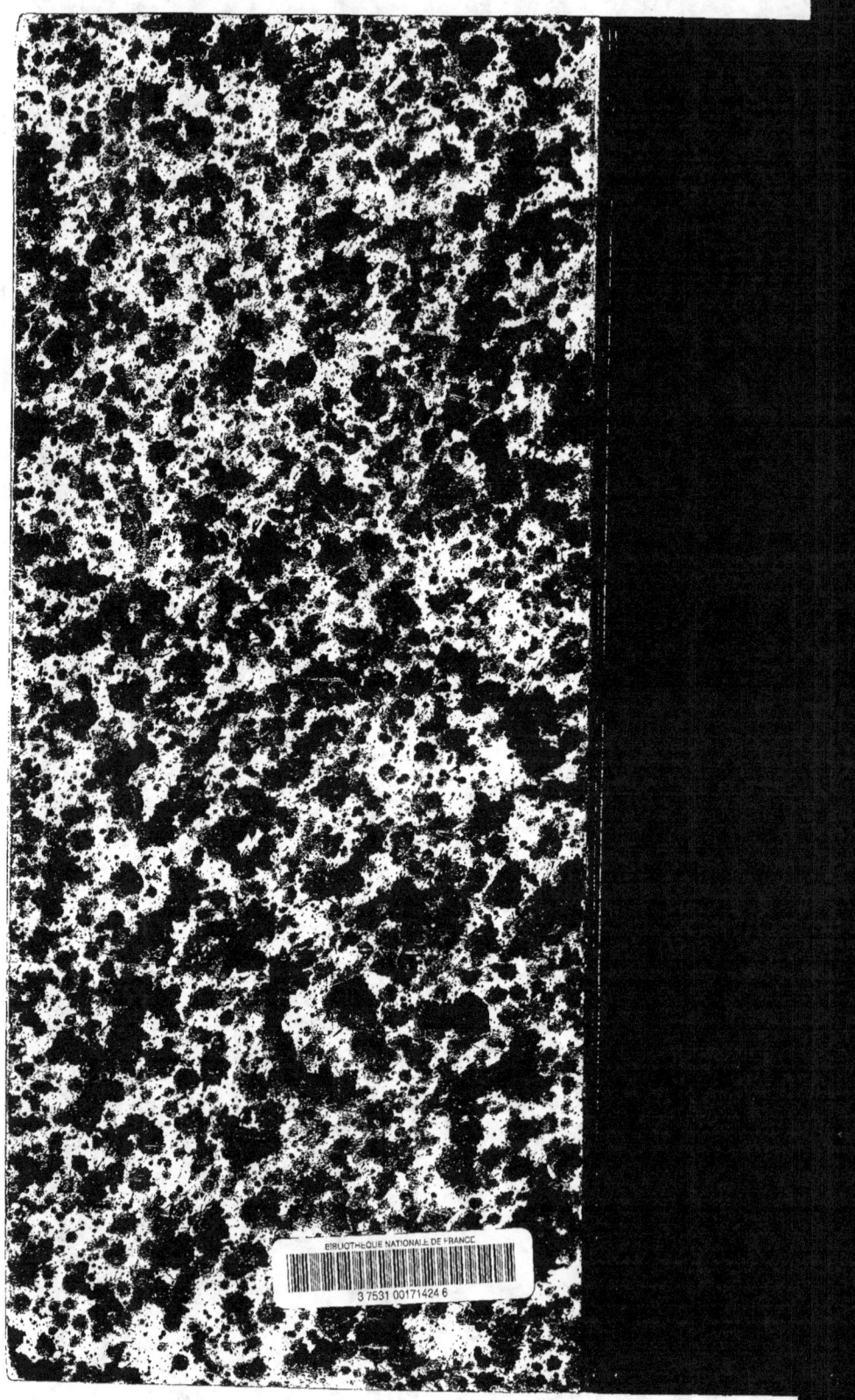

www.ingramcontent.com/pod-product-compliance
Lightning Source LLC
Chambersburg PA
CBHW070822250426
43671CB00036B/1629